Deutschzeit

1

Lese- und Sprachbuch

Herausgegeben von
Anja Fandel und Ulla Oppenländer

Erarbeitet von
Susanne Behlert, Julia Bobsin, Andreas Borrmann,
Dennis Breitenwischer, Alexandra Dauth, Benedikt Engels,
Anja Fandel, Renate Gross, Angelika Held, Franziska Jaap,
Anne Neudeck, Ulla Oppenländer, Katja Rothgerber,
Maren Scharnberg und Jan Wohlgemuth

Unter Beratung von
Markus Bente, Beatrix Brüning, Stephanie Gilbert,
Karoline Heublein, Juliane Köster, Nikolai Ruffert,
Christiane von Schachtmeyer, Susanne Winkler

Dieses Buch gibt es auch auf
www.scook.de

Es kann dort nach Bestätigung der
Allgemeinen Geschäftsbedingungen
genutzt werden.

Buchcode: **czaop-5m6qd**

Lese- und Sprachbuch: 1

Redaktion: Anne Jansen, Verena Walter, Mareike Zastrow

Illustrationen:
Michael Fleischmann, Waldegg: S. 12–25, 26–59, 60–87, 88–97, 100–109, 110–139, 140–163, 186–209, 210–226, 229–267, 268–297
Sulu Trüstedt, Berlin: S. 98–99, 164–185, 227–228
Umschlaggestaltung: WERNERWERKE GbR, Berlin, unter Verwendung eines Fotos von Shutterstock/Kiya Grafica
Layoutkonzept, Layout und technische Umsetzung: WERNERWERKE GbR, Berlin

www.cornelsen.de

Die Links zu externen Webseiten Dritter, die in diesem Lehrwerk angegeben sind, wurden vor Drucklegung sorgfältig auf ihre Aktualität geprüft. Der Verlag übernimmt keine Gewähr für die Aktualität und den Inhalt dieser Seiten oder solcher, die mit ihnen verlinkt sind.

Soweit in diesem Lehrwerk Personen fotografisch abgebildet sind und ihnen von der Redaktion fiktive Namen, Berufe, Dialoge und Ähnliches zugeordnet oder diese Personen in bestimmte Kontexte gesetzt werden, dienen diese Zuordnungen und Darstellungen ausschließlich der Veranschaulichung und dem besseren Verständnis des Inhalts.

1. Auflage, 1. Druck 2015

Alle Drucke dieser Auflage sind inhaltlich unverändert und können im Unterricht nebeneinander verwendet werden.

Druck: Mohn Media Mohndruck, Gütersloh

ISBN 978-3-06-063177-3

PEFC zertifiziert
Dieses Produkt stammt aus nachhaltig bewirtschafteten Wäldern und kontrollierten Quellen.
www.pefc.de
PEFC
PEFC/04-31-1033

auf einen Blick:

Das Buch ist in vier Kompetenzbereiche aufgeteilt:

 Sprechen – Zuhören – Schreiben

 Lesen – Umgang mit Texten und Medien

 Grammatik

 Rechtschreibung

Jedes Kapitel hat zwei Teile:

 1. Kernkapitel
Hier erarbeitest du das jeweilige Thema
Schritt für Schritt, z. B. „Erzählen",
„Märchen untersuchen und schreiben"
oder „Sachtexte erschließen".

 2. Leseteil
Dieser Teil des Kapitels bietet dir
eine Auswahl spannender und
interessanter Texte zum **Schmökern,
Schauen, Weiterdenken**.

Merkwissen findest du hier:

Merkwissen im Überblick   am **Ende jedes** thematischen **Kapitels**

Merke   in den Kapiteln **Grammatik** und **Rechtschreibung**

Auf den gelben Seiten am Ende des Buches kannst du das **Orientierungswissen** noch einmal nachschlagen.

Ausdruckstraining   Diese Seiten helfen dir, gezielt deinen Ausdruck zu verbessern.

Gewusst wie   Hier lernst du Arbeitstechniken und Methoden, die du immer
wieder benötigst, z. B. „Mündlich nacherzählen", „Diagramme
lesen" oder „Nachschlagen".

② Wahl- oder Zusatzaufgabe

Tipps & Hilfen   Hier gibt es zusätzliche Hilfestellungen hinten im Buch.

Inhaltsverzeichnis

Sprechen – Zuhören – Schreiben

1 Neue Schule, neue Klasse, neues Buch …
… und viele Fragen .... ·12

Sich gegenseitig kennen lernen 14
Schule weltweit 16
Yiting, 10, aus Schanghai in China 17
Chile 18
Oriana, 10, aus Santiago de Chile in Chile 19
Einen persönlichen Brief schreiben 20
Gespräche führen 22
Für die Schülerzeitung berichten 24

Kompetenzschwerpunkte

Personen beschreiben; durch gezieltes Fragen Informationen beschaffen (Interview); Sachtexte erschließen; formalisierte lineare Texte verfassen (persönlicher Brief); kriterienorientiert das eigene Gesprächsverhalten und das anderer reflektieren; in verschiedenen Kommunikations- und Gesprächssituationen sicher und konstruktiv agieren; von Ereignissen berichten; die Wirkungsabsicht von Berichten beschreiben

2 Erzählen wie die Profis
Geschichten lesen und selbst schreiben 26

Erzählende Texte erschließen 28
Kirsten Boie: Im Schwimmbad 28
Zu einer Bildergeschichte schreiben 30
e.o. plauen: Die vergessenen Rosinen 30
Eine Geschichte weiterschreiben 33
▶ Ausdruckstraining: Gefühle in Worte fassen 34
▶ Ausdruckstraining: Wörtliche Rede sinnvoll einsetzen 36
Zu Reizwörtern und Erzählkernen schreiben 37
▶ Gewusst wie: Filmbilder untersuchen 40

Zum Schmökern, Schauen, Weiterdenken 44
Charles M. Schulz: Peanuts 44
Cornelia Funke: Tiger und Leo 45
Gina Ruck-Pauquèt: Ein Hund mit blauen Augen 47
Xavier-Laurent Petit: Steppenwind und Adlerflügel 50
Benno Pludra: Die Schwäne auf dem Wasser 55
Åsa Lind: Alle arbeiten sie dauernd! 56
Merkwissen im Überblick: Erzählen 59

Kompetenzschwerpunkte

anschaulich erzählen; Texte planen, formulieren und überarbeiten; nach Vorlagen Texte neu, um- oder weiterschreiben; Emotionen und eigene Befindlichkeiten ausdrücken und dabei angemessene sprachliche Mittel nutzen; Texte (Erzählungen) untersuchen; Methoden der Texterschließung anwenden; Figuren und Aufbau analysieren; Medien gestalten (Fotostory); Gestaltungsmittel in Filmen beschreiben und deren Wirkung erläutern (Einstellungsgrößen)

3 Ansichtssache: Freizeit
Die eigene Meinung begründen 60

Begründungen untersuchen 62
Irina Korschunow: Gunnar spinnt 62
Die eigene Meinung begründen 64
Bill Watterson: Calvin und Hobbes 65
Begründungen prüfen 66
Einen Leserbrief schreiben 67
▶ Ausdruckstraining: Begründungen formulieren 68
▶ Ausdruckstraining: Begründungen überarbeiten 69
▶ Gewusst wie: Diagramme lesen 70
▶ Gewusst wie: Jugendzeitschriften untersuchen 72

Zum Schmökern, Schauen, Weiterdenken 76
Gina Ruck-Pauquèt: Ein Fisch sein 76
Josephina Maier: Skaten in Kabul 77
Jeff Kinney: Gregs Tagebuch – Von Idioten umzingelt! 79
Cornelia Funke: Tintenherz – Ein Fremder in der Nacht 80
Insa Gall: Oma, wie war das früher, ein Kind zu sein? 82
Brauchen Kinder ein Smartphone? 84
Freizeitaktivitäten von Jugendlichen 86
Merkwissen im Überblick:
Die eigene Meinung begründen 87

Kompetenzschwerpunkte

in Kommunikations- und Gesprächssituationen (Diskussion) sicher und konstruktiv agieren, eigene Positionen vertreten; einzelne Argumente mit plausibler Begründung formulieren; sach- und adressatenspezifisch formulierte Texte verfassen und dabei deren Wirkungsabsicht berücksichtigen (Leserbrief); Texte überarbeiten; einfache nichtlineare Texte (Diagramm) auswerten; Medien, nutzen und gestalten: Printmedien (Jugendzeitschriften), Informations-, Kommunikations- und Unterhaltungsplattformen; Medien problematisieren

4 „Ich sehe was ..."
Beschreibungen untersuchen und verfassen 88

Beschreibende Texte erschließen 90
Ähnliche Tiere beschreiben 92
Gegenstände beschreiben 94
Personen beschreiben 96
▶ Ausdruckstraining: Treffende Adjektive verwenden 97
Vorgänge beschreiben 98
▶ Gewusst wie: Aufgabenstellungen verstehen 100

Zum Schmökern, Schauen, Weiterdenken 102
Konrad Lorenz: Zwei Raubtiere im Aquarium 102
Bibi Dumon Tak: Der Mistkäfer 104
Marie von Ebner-Eschenbach: Krambambuli 105

Kompetenzschwerpunkte

Tiere, Gegenstände, Personen, Bilder und Vorgänge beschreiben; Texte planen, formulieren und überarbeiten; sach- und adressatenspezifisch formulierte Texte verfassen und dabei deren Wirkungsabsicht berücksichtigen; einen differenzierten Wortschatz verwenden; Aufgabenstellungen in konkrete Schreibziele überführen

Patrick Süskind: Die Geschichte von Herrn Sommer 105

Jan Vermeer: Das Mädchen mit dem Perlenohrgehänge ... 107

Joanne K. Rowling: Harry Potter – Der Feuerblitz 108

Merkwissen im Überblick: Beschreiben 109

5 Einfach märchenhaft …
Märchen untersuchen und schreiben 110

Märchen lesen 112

Brüder Grimm: Die Bienenkönigin 112

Japanisches Märchen: Kleiner Ein-Zoll 115

Märchen schreiben 116

Ein Märchen fortsetzen 119

▶ Ausdruckstraining: Die Märchensprache nachahmen 120

▶ Ausdruckstraining: Die richtige Zeitform verwenden 121

▶ Gewusst wie: Mündlich nacherzählen 122

   Hans Christian Andersen: Die Prinzessin auf der Erbse .. 123

   Brüder Grimm: Die Sterntaler 124

Kompetenzschwerpunkte

Texte gestaltend vorlesen; Figuren und Aufbau analysieren; epische Kleinformen (Märchen) und dialogisch-szenische Texte unter Verwendung zentraler Gattungsmerkmale erläutern; nach literarischen oder nicht literarischen Vorlagen Märchen neu, um- oder weiterschreiben und gestaltend interpretieren; Texte planen, formulieren und überarbeiten; mündlich nacherzählen; Verständnis literarischer Figuren formulieren; unterschiedliche Sprechsituationen gestalten (Märchenspiel)

Zum Schmökern, Schauen, Weiterdenken 126

Dörte Eppelin: Von Märchensammlern und Märchenfrauen 126

Türkisches Märchen: Das Töpfchen 128

Hans Christian Andersen: Das Liebespaar 130

Schneewittchen und die sieben Zwerge 132

Chinesisches Volksmärchen: Der Student und der Kranich 133

Rotkäppchen – reloaded 134

Jewgeni Schwarz: Rotkäppchen 136

Merkwissen im Überblick:

Märchen untersuchen 138

Märchen schreiben 139

6 Kolossal komisch
Merkwürdige Geschichten untersuchen 140

Lügengeschichten untersuchen 142

Walter Moers: Zwergpiraten 142

G. A. Bürger: Wunderbare Reisen zu Wasser und zu

Lande des Freiherrn von Münchhausen 144

Eine Schelmengeschichte untersuchen 146

D. u. A. Seliger: Wie Eulenspiegel ein neues Kostüm erwarb 146

Literarische Figuren beschreiben 148

J. R. R. Tolkien: Der Hobbit 148

▶ Ausdruckstraining:
Verhalten und Eigenschaften beschreiben 150

▶ Ausdruckstraining: Übertreibend schreiben 151

Walter Moers: Der gefürchtete Malmstrom 151

▶ Gewusst wie: Szenisch lesen und spielen 152

Josef Guggenmos: Haudenhund, Traumichnicht … 152

Zum Schmökern, Schauen, Weiterdenken 154

Robert Gernhardt: Auf der Insel der weinenden Riesen 154

Astrid Lindgren: Pippi erzählt von Agaton und Theodor 156

Roald Dahl: Matilda 158

*D. u. A. Seliger: Wie Eulenspiegel dem Propst des
Klosters Roda eine Mondfinsternis verdarb* 160

Merkwissen im Überblick:
Lügen- und Schelmengeschichten 162

Literarische Figuren beschreiben 163

7

Lauter Unsinn?
Besonderheiten von Gedichten entdecken 164

Heinz Erhardt: Warum die Zitronen sauer wurden 164

Joachim Ringelnatz: Im Park 165

Den Klang von Gedichten untersuchen 166

Die besondere Sprache der Lyrik 166

Johann Wolfgang Goethe: Der Musensohn 167

Heinz Erhardt: Die Beichte 167

Reimformen entdecken 168

Frantz Wittkamp: Reimreise 168

Paul Klee: Rach und Degen 169

▶ Ausdruckstraining: Reimwörter finden 170

Mirjam Pressler: Zauberspruch 171

Das Metrum untersuchen 172

Hugo Ramnek: Herz und Schmerz 172

Abzählreime 173

Wolfgang Menzel: Unsinnverse 173

Kompetenzschwerpunkte

Texte erschließen und unter Verwendung zentraler Gattungsmerkmale erläutern; Figuren und Aufbau analysieren; einzelne sprachliche Gestaltungsmittel beschreiben; Komik untersuchen; mit handlungs- und produktionsorientierten Verfahren das Textverständnis herausarbeiten (Dialog, Text szenisch umsetzen); Verständnis literarischer Figuren formulieren, dabei innere wie äußere Merkmale sowie ihr Verhalten beschreiben und bewerten

Kompetenzschwerpunkte

Gedichte unter Verwendung der Fachbegriffe Reim, Rhythmus, Metrum, sprachliche Mittel (Alliteration), Vers und Strophe beschreiben; Komik erkennen und untersuchen; die Wirkung von Gedichten beschreiben und erläutern; Gedichte vortragen; nach literarischen Vorlagen Texte neu schreiben (Parallelgedichte)

Vers und Satz untersuchen 174
Heinz Erhardt: Drei Bären 174
Peter Härtling: Satz für Satz 174
Ein Parallelgedicht schreiben 175
Christian Morgenstern: Der Schaukelstuhl 175
Wer spricht denn da? Das lyrische Ich entdecken 176
Salah Naoura: Monsterliebe 176
Christine Nöstlinger: Alles Glück 177
▶ Gewusst wie: Ein Gedicht vortragen 178
  Heinz Erhardt: Der Mathematiker 179

Zum Schmökern, Schauen, Weiterdenken 180
Felix Janosa: Das Raphuhn-Lied 180
Christian Morgenstern: Gruselett 181
Lewis Carroll / Christian Enzensberger: Der Zipferlake 181
Christian Morgenstern: Das große Lalula 182
Klapphornverse 182
Erich Kästner: Die Fabel von Schnabels Gabel 183
Edwin Bormann: Der alte Marabu 184
Merkwissen im Überblick: Gedichte untersuchen 185

8 Detektive des Alltags
Sachtexte erschließen 186

Warum rauscht das Meer in der Muschel? 187
Strategie: Sich einen Überblick verschaffen 188
Woher kommt das Meeresrauschen in Muscheln? 188
Wie funktioniert ein Kugelschreiber? 189
Strategie: Informationen markieren 190
Warum ist die Banane krumm? 190
Strategie: Einen Text durch Fragen gliedern 192
Guy Campbell: Warum kann ich nicht richtig schmecken,
wenn ich mir die Nase zuhalte? 192
Strategie: Schwierige Begriffe klären 193
Ricos Erklärungen 193
Lexikonartikel 193
Strategie: Inhalte wiedergeben 194
Joachim Hecker: Warum tränen die Augen …? 194
▶ Gewusst wie: Einen Kurzvortrag halten 196

Kompetenzschwerpunkte

Sachtexte erschließen;
Lesestrategien anwenden:
aus Texten entnommene
Informationen systematisiert
darstellen; Textverständnis
formulieren und Verstehens-
schwierigkeiten lokalisieren;
Texte vergleichen;
Text-Bild-Zusammenhänge
erläutern; grundlegende
Vortrags- und Präsentations-
techniken adressatengerecht
und zielführend einsetzen

Zum Schmökern, Schauen, Weiterdenken 200

Martin Borré / Thomas Reintjes: Warum laufen Athleten im Stadion immer gegen den Uhrzeigersinn? 200

Martin Borré / Thomas Reintjes: Können Pferde wirklich nicht kotzen? 202

Vom Pferd erzählen 204

Da liegt der Hund begraben 204

Etwas im Schilde führen 205

Laura Hennemann: Tierisch klug 206

Merkwissen im Überblick: Sachtexte erschließen 209

Nachdenken über Sprache

9

Sprache erforschen
Wortarten, Satzglieder und Sätze untersuchen 210

Wortarten unterscheiden 212

Das Nomen/Substantiv 213

Das Nomen/Substantiv und seine Begleitwörter 213

Genus und Numerus des Nomens/Substantivs 214

Die Veränderung des Nomens/Substantivs im Satz 215

Der Artikel 217

▶ Ausdruckstraining: Artikel richtig verwenden 218

Das Adjektiv 219

Mit Adjektiven beschreiben 219

Mit Adjektiven vergleichen 221

▶ Ausdruckstraining: Richtig und sinnvoll vergleichen 223

Die Pronomen 224

▶ Ausdruckstraining: Personalpronomen richtig verwenden 226

Die Präpositionen 227

Das Verb 229

Der Infinitiv und die Personalformen 229

Der Imperativ 230

Die Tempusformen des Verbs 231

Präteritum und Plusquamperfekt 232

Präsens und Perfekt 234

Das Futur 236

Die Tempusformen in der Übersicht 236

▶ Ausdruckstraining: Tempusformen richtig verwenden 237

Kompetenzschwerpunkte

Wortarten nach ihren Merkmalen und ihrer Funktion bestimmen; Tempusformen verwenden und ihre Funktionen erläutern; Genus, Numerus und Kasus verwenden und bestimmen; Komparationsformen der Adjektive bilden; Bedeutung des Prädikats benennen und die Satzglieder untersuchen; Struktur von einfachen Sätzen analysieren; verschiedene Satzarten unterscheiden; Wortbausteine und Komposita benennen und erläutern; Wortbedeutungen mithilfe von Oberbegriffen und Wörtern gleicher oder gegensätzlicher Bedeutung klären; Satzzeichen am Ende eines Satzes anwenden; die Zeichensetzung bei Nebensätzen, Appositionen, Anreden und Aufzählungen setzen; standardsprachlichen, umgangssprachlichen und dialektalen Sprachgebrauch unterscheiden

Wortbildung und Wortbedeutung 238

Zusammensetzungen und Ableitungen 238

▶ Ausdruckstraining: Den treffenden Ausdruck finden 240

Der Satz und seine Gliederung 244

Besondere Prädikate: Das Prädikativ 246

Das Subjekt 247

Die Objekte 249

Die adverbialen Bestimmungen (Adverbiale) 252

▶ Ausdruckstraining: Texte mithilfe der Umstellprobe
   überarbeiten 254

Satzarten und Satzschlusszeichen 256

Die Kommasetzung 257

Das Komma bei Anreden 258

Das Komma in Aufzählungen 258

Das Komma zwischen Haupt- und Nebensätzen 259

Die Satzreihe 260

Das Satzgefüge 261

Sprachliche Besonderheiten 264

Wie spricht man wo? – Mundart oder Dialekt 264

Umgangssprache – Standardsprache 266

Rechtschreibung

10 Der Rechtschreibung auf der Spur
Regeln und Strategien nutzen
.... 268

Wörter und Silben untersuchen 270

Lang oder kurz, offene oder geschlossene Silbe? 271

Wann schreibt man Doppelkonsonanten? 273

Besondere Silbengelenke 276

Dehnungs-h und silbentrennendes h 277

Wörter mit lang gesprochenem i 278

Merkwörter mit Doppelvokal 280

s-Laute unterscheiden 281

s oder ß? Der s-Laut nach langem betontem Vokal 281

Langer oder kurzer Vokal, ß oder Doppel-s? 282

Groß- und Kleinschreibung 283

Strategien zum Rechtschreiben 284

Strategie: Nomen an typischen Suffixen erkennen 284

Strategie: Nomen an ihren Begleitwörtern erkennen 285

Kompetenzschwerpunkte

Regeln der Schärfung und Dehnung sowie der Schreibung der s-Laute anwenden; Regeln der Großschreibung anwenden; Rechtschreibstrategien (Wortverlängerung, Ableitungen) und grundlegende Rechtschreibregeln anwenden

Strategie: Wörter verlängern 287
Strategie: Die Schreibung aus verwandten Wörtern
ableiten 289
Zum Wiederholen und Üben 291
Wörter mit h 291
Wörter mit lang gesprochenem i 291
Wörter mit Doppelkonsonanten 292
e oder ä? eu oder äu? 293
Wörter mit b, d, g im Auslaut 293
Nomen und Satzanfänge großschreiben 294
Wörter mit s-Laut 295
▶ Gewusst wie: Nachschlagen im Wörterbuch 296

Tipps & Hilfen

2 **Erzählen wie die Profis** 298
3 **Ansichtssache: Freizeit** 300
4 **„Ich sehe was …"** 302
5 **Einfach märchenhaft …** 304
6 **Kolossal komisch** 306
7 **Lauter Unsinn?** 308
8 **Detektive des Alltags** 310

Orientierungswissen

Sprechen und Zuhören 312
Schreiben 314
Mit Texten und Medien umgehen 318
Nachdenken über Sprache 322
Arbeitstechniken und Methoden 334
Text- und Bildquellenverzeichnis 337
Sachregister 340
Wichtige Operatoren 344

1 Neue Schule, neue Klasse,

… und viele Fragen

Zu welchem Märchen gehört dieses Bild? Auf welcher Seite steht es im Buch? Welches ist dein Lieblingsmärchen?

Nenne drei Gesprächsregeln. Welche findest du besonders wichtig? Welche kannst du am leichtesten/schwersten einhalten?

Was soll das Papageien-pärchen kosten, das im Kapitel „Ich sehe was …" angeboten wird?

WEITER SO !!

Auf welchen Seiten ist das Inhaltsverzeichnis dieses Buches zu finden? Gibt es ein Kapitel, das dich besonders interessiert?

Fast jedes Kapitel dieses Buches hat zwei Teile. Was ist jeweils im zweiten Teil zu finden?

Wie heißt der Tagebuchschreiber, der viel lieber Videospiele spielt, als nach draußen zu gehen? Suche im Buch, wo du etwas über ihn findest.

„Auch finden wir das Gelb abscheulich, wir wollen rot sein oder bläulich!" Wie heißen die nächsten beiden Verse dieses Gedichts?

neues Buch ...

Diese Gestalt ist Held der Geschichten auf den Seiten 146 f. und 160 f.
Wie heißt sie?

Wie kannst du hier im Buch schnell nochmals alles Wichtige nachschlagen?
Gib ein Beispiel.

Suche das Textquellenverzeichnis.
Welche Autorin/Welchen Autor kennst du?
Was hast du von ihr/ihm gelesen?

Auf welcher Seite findest du ein Diagramm zu den Lesegewohnheiten von Jugendlichen?

Du brauchst Formulierungshilfen zum schriftlichen Begünden?
Auf welchen Seiten findest du sie?

Andreas angelt Aale. Kathrin kaut Kichererbsen. Marie mag Meerschweinchen.
Bilde nach diesem Muster einen Namensatz für dich: Subjekt (hier: dein Name) – Prädikat – Objekt. Du kennst die Begriffe *Subjekt, Prädikat, Objekt* nicht?
(→ S. 244–251)

Genus –
Was ist das eigentlich?
Schau im Sachregister nach, wo du etwas darüber erfährst.

Matthes mischt Mehl.
Solche Sätze kann man sich gut merken, weil ihre Wörter mit den gleichen Lauten beginnen.
Wie nennt man so etwas?
Tipp: Schau mal auf Seite 185 nach.

run(d/t), Ta(g/k) ...
Kennst du die Schreibung am Ende?
Wie klärst du sie?
(→ S. 287 f.)

Sich gegenseitig kennen lernen

Namensätze

Namensätze, bei denen alle Wörter mit dem gleichen Anfangsbuchstaben beginnen,
kann man sich besser merken als einzelne Namen, z. B.:
Markus melkt Mäuse.

❶ Stell dich deiner Klasse mit deinem Satz vor; die/der Nächste wiederholt
ihn und fügt den eigenen hinzu. Alle der Reihe nach! Wer kann zuerst alle Namensätze?
Wer kann sie auch noch am nächsten Tag?

Vier Felder

Auch mithilfe eines solchen Blattes kannst du dich gut vorstellen und du erfährst etwas über
deine Mitschüler/-innen.

❷ a) Teile ein DIN-A 4-Blatt wie im Beispiel ein und beschrifte es.
b) Vergleicht eure Eintragungen, besprecht und erläutert sie.
- Gibt es gleiche Vornamen, das gleiche Lieblingsessen, ähnliche Interessen
oder Vorlieben?
- Frage nach. So kann sich ein richtiges Partnerinterview entwickeln.

Steckbrief

③ Du kannst auch einen Steckbrief über dich selbst oder jemand anderen erstellen:
- Der **Namensatz** bildet die Überschrift.
- Danach kommen **Lebensdaten**: Geburtstag, Geburtsort, Wohnort, …
- Schließlich kannst du **Interessen und Vorlieben** ergänzen.
- Du kannst auch persönliche **Fragen und Antworten** anschließen, z. B.:
  Was würdest du gerne im Handumdrehen lernen? Wie alt wärst du jetzt gerne? …

Matthes mischt Mehl

Geboren: 23. März in Überlingen

Wohnort: Schillerstraße 217
in Freiburg

Familie: Anne (17), Clara (14 ½)
und unsere Eltern

Sport: Fußball, Basketball

Lieblingsessen: Pizza (mit Salami)

Lieblingsbuch: Harry Potter

Lieblingstier: Blauwal

Lieblingsfach: Mathematik, Englisch

Berufsziel: Ich möchte als
Astronaut zum Mars fliegen.

Pia pflastert Parkplätze (und plant Pausen)

Ich bin mitten im Winter in Stuttgart
geboren – am 15. Januar.

Jetzt wohne ich mit meinem kleinen
Bruder Piet, mit Mama, Papa, Oma
und der Katze Anton im Annenweg 9 a.

Seit zwei Wochen habe ich ein eigenes kleines Zimmer.
Ganz besonders mag ich den Garten, wo ich gern mit
Anton spiele. Zur Schule komme ich mit dem Fahrrad.

Ich esse besonders gern Gemüsesuppen, aber auch Pommes.
Und ich gehe sehr gern schwimmen. Meine Lieblingsmusik
ist, wenn Papa Gitarre spielt. Ich selbst singe sehr oft.

Ich lese gerade ein Buch über Katzen, weil ich mir
immer vorstelle, was Anton wohl macht, wenn er nicht
im Haus ist.

Schule weltweit – Texte lesen und Fragen stellen

Koishikawa School of Secondary Education, Tokio, Japan.
Vierte Klasse, Internationale Studien (07.09.2009)

Escuela Primaria Angela Landa, Havanna, Kuba.
Zweite Klasse, Mathematik (30.11.2011)

1. Die Fotos stammen aus der Serie „Classroom Portraits" (2004–2012) des Fotografen Julian Germain, der in Hunderten von Schulen weltweit Klassenzimmer fotografierte. Beschreibe die Klassenräume.

2. Wie sähe ein Foto von deinem Klassenraum aus? Beschreibe es.

3. Skizziere deinen Wunsch-Klassenraum und verfasse eine kurze Beschreibung, wie er aussehen soll. Begründe auch, warum du dir so einen idealen Klassenraum vorstellst.

4. Erkunde deine Schule. Du kannst dir zur Vorbereitung eine Checkliste anlegen, worauf du achten möchtest, z. B.:
   - Welchen Grundriss hat die Schule? Versuche, ihn aufzuzeichnen.
   - Wie viele Stockwerke gibt es?
   - Wie viele Räume gibt es insgesamt?
   - Wie viele Klassenräume und wie viele Fachräume gibt es?
   - Wo ist das Lehrerzimmer und wo das Sekretariat?
   - Wann wurde die Schule gebaut?
   - Woher kommt der Name der Schule?
   - Gibt es Partnerschulen in anderen Ländern? Wenn ja, wo?

5. Fertige einen Steckbrief deiner Schule an.

Yiting, 10, aus Schanghai in China

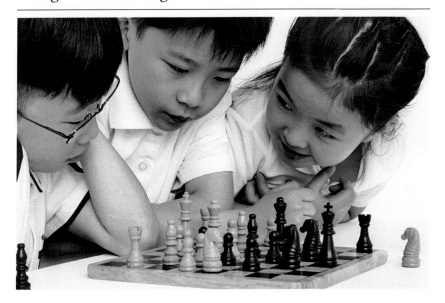

Die zehnjährige Yiting und ihre Mutter verlassen ihr Haus in Schanghai um 7 Uhr. Der kurze Schulweg führt vorbei am Spielplatz und einem Spielwarenladen. Yiting hat keine Geschwister, spielt aber oft mit einer Freundin.

An fünf Wochentagen ist von 7.15 Uhr bis 16.15 Uhr Unterricht. Yiting
5 nennt ihren Lehrer Zhang Laoshi *(Lehrer Zang)*. [...] Meist tragen die Kinder ihre eigene Kleidung. Nur montags ziehen sie für die Fahnenzeremonie die Schuluniformen an.

Schachkurse werden in China häufig nach der Schule angeboten, aber in Yitings Schule haben die Kinder jede Woche 45 Minuten Schachunterricht.
10 Die Schule ist berühmt für die Leistungen ihrer Schüler bei Schachwettbewerben.

Yitings Lieblingsfach ist Sport. Sie spielt auch sehr gerne draußen. In der Pause treiben sie und ihre Mitschüler gern Reifen mit Stöcken an oder balancieren auf Wackelbrettern.

⑥ Welche Fragen würdest du Yiting gerne stellen?
Überlege dir Fragen für ein Interview und schreibe sie auf.
Tipp: Du kannst als Vorlage das Interview mit Oriana aus Chile (→ S. 19) nutzen.
⑦ Stellt euch gegenseitig Fragen zum Thema „Schule", z. B.:
- Wann musst du morgens aufbrechen?
- Wie sieht dein Schulweg aus?
- Was machst du in der Pause besonders gern?

Chile

Chile ist ein schmales, dafür aber unglaublich lang gestrecktes Land in Südamerika. Wenn du ungefähr in der Mitte von Dänemark loslaufen und erst in der Sahara in Afrika anhalten würdest, dann

5 hättest du Chile einmal der Länge nach durchquert. Wegen dieser Besonderheit gibt es in Chile ganz unterschiedliche Klimazonen. Im Norden Chiles erstreckt sich die trockenste Wüste der Welt, die Atacama-Wüste. Dort hat es schon seit

10 über 100 Jahren nicht mehr geregnet. Weil aus diesem Grund der Himmel über der Wüste auch immer sehr klar ist, wurden in der Atacama mehrere Weltraumteleskope aufgestellt, mit denen Forscher aus aller Welt die Sterne beobachten. Ganz im Sü-

15 den von Chile fühlen sich im ewigen Eis vor allem die Pinguine pudelwohl. Bei diesen extremen Klimaunterschieden zwischen Nord und Süd ist es nicht verwunderlich, dass die meisten Chilenen in der Mitte des Landes leben, wo ähnlich gemäßigte Temperaturen wie bei uns herrschen.

20   Vor Chile liegt die sagenhafte Robinson-Crusoe-Insel. Dort hat vor mehreren hundert Jahren ein schottischer Schiffbrüchiger vier Jahre lang ganz alleine ausgeharrt, bis ihn endlich ein Schiff rettete. Diese Geschichte inspirierte den Schriftsteller Daniel Defoe zu seinem Roman *Robinson Crusoe*. Weil das Buch ein riesiger Erfolg wurde, hat man die Insel nach dem Helden

25 des Romans benannt. [...]

    Die Kinder in Chile gehen abends spät ins Bett. Die Fernsehfilme, die bei uns in der Regel um Viertel nach acht starten, beginnen in Chile erst um 22 Uhr. Und wenn Jugendliche in die Disko gehen, treffen sie sich selten vor ein Uhr nachts. Dafür stehen die Chilenen morgens allerdings auch nicht so

30 zeitig auf wie wir und auch die Schule beginnt erst später.

    Am 18. September ist in Chile Nationalfeiertag. Dann haben die Kinder eine Woche Schulferien, überall wird getanzt, gegessen und gefeiert.

1 Was ist das Besondere an Chile?
Erläutere es in eigenen Worten.

2 Was erfährst du über das Leben der Kinder in Chile?

3 Stell dir vor, du lernst ein Kind aus Chile kennen. Was könntest du über Deutschland berichten, z. B. über das Klima, die Schule, den Tagesablauf von Kindern ...?

Oriana, 10, aus Santiago de Chile in Chile

Was machst du am liebsten?

Sport, tanzen, malen, basteln und klettern.

Was war der schönste Moment in letzter Zeit?

Als wir wandern gegangen sind.

5 Was hat dir nicht gefallen?

Als meine Spanischlehrerin mal wieder sehr streng war.

Was ist dein größter Wunsch?

Dass alle glücklich und gerecht sind.

Wovon hast du diese Woche geträumt?

10 *Dass ich vom Boot ins Wasser gefallen bin. Ich bin gestorben!!!*

Was würdest du gerne an dir ändern?

Ich rede zu viel.

Was würdest du gerne an deinen Eltern ändern?

Sie sollten mehr mit mir spielen.

15 Was würdest du gerne an der Welt ändern?

Die Tatsache, dass es Reiche und Arme gibt.

Wenn du ein Tier sein könntest, welches wäre das und warum?

Ein Krokodil oder eine Schlange oder eins dieser gefährlichen,
abstoßenden Viecher – das wäre wunderbar, weil die Leute

20 *Angst vor mir hätten!*

Wenn du genug Geld hättest, was würdest du kaufen?

Ein nicht zu großes Haus mit Schwimmbad.

Wenn du einen Safe hättest, was würdest du aufbewahren?

Meine Geheimnisse, alles, was ich liebe ...

25 Was würdest du gerne im Handumdrehen lernen?

Mathe und ohne Rechtschreibfehler schreiben.

Wie alt wärst du jetzt gerne?

20, dann hätte ich eine eigene Wohnung und könnte
machen, was ich will.

30 Worüber freust du dich?

Über Feiertage.

Wovor fürchtest du dich?

Dass einem Familienmitglied etwas zustoßen könnte.

❶ Was würdest du auf die Fragen antworten?
Wähle drei Fragen aus und beantworte sie für dich.

❷ Entwickelt selbst einen Fragebogen und stellt euch gegenseitig die Fragen im
Partnerinterview.

Einen persönlichen Brief schreiben

Karlsruhe, den 1. 9. 20..

Lieber Paul,

es ist echt schade, dass du umgezogen bist und wir nicht mehr in einer Klasse sind! Ich bin jetzt in der 5c der Droste-Hülshoff-Schule. Unser Schuljahr hat gerade erst begonnen: Vor 2 Wochen bin ich eingeschult worden. In meiner neuen Klasse sind 24 Kinder (10 Mädchen und 14 Jungen). Wir haben viele neue Lehrer, die ich sehr nett finde, und neue Fächer, z.B. Biologie. Am meisten Spaß macht mir Deutsch.

Ich will dir eine Geschichte aus meiner Schule erzählen. Sie ist ja sehr groß, über 800 Kinder besuchen sie! Der Unterricht in manchen Fächern findet in extra Räumen statt. Als wir gestern aus der Pause kamen, hatten Clara und ich unsere Biologiesachen vergessen. Also sind wir zum Klassenraum gerannt. Aber der war abgeschlossen. Dann wollten wir zum Biologieraum, aber den haben wir nicht gefunden. Wir waren schon total in Panik. Zum Glück hat uns dann ein Lehrer gefragt, was wir suchen. Er hat uns den Klassenraum aufgeschlossen und uns mit unseren Heften zum Biologieraum begleitet. Und unsere Biologielehrerin hat gar nicht gemeckert. Aber die halbe Schulstunde war schon rum.

Gehst du inzwischen auch zur Schule oder hast du noch Ferien? Wie viele Kinder seid ihr in der Klasse? Hast du schon neue Freunde? Und wie findest du deine Lehrer? Schick mir doch mal ein Foto von deiner Klasse!

Ich freue mich darauf, von dir zu hören.
Viele Grüße
dein Peter

1 Briefe sind oft ähnlich aufgebaut. Welche typischen Teile erkennst du hier?

2 a) Sammelt gemeinsam weitere Möglichkeiten, wie ihr die Empfänger eurer Briefe anreden und wie ihr euch verabschieden könnt.

b) Wovon hängt die Formulierung der Anrede und der Grußformel ab? Nenne Beispiele.

③ Schreibe einen Brief an eine Freundin oder einen Freund, in dem du von deinen ersten Tagen in der neuen Schule berichtest. Orientiere dich dabei an den Angaben im Info-Kasten.

④ Schreibe einen solchen Brief an deine Klassenlehrerin oder deinen Klassenlehrer aus der Grundschule. Was ändert sich hier? Beachte die Informationen im Info-Kasten.

⑤ Vergleiche die Form eines Briefes mit einer E-Mail. Was ist ähnlich und was anders?

Info: Aufbau und Form eines Briefs

Für Aufbau und Form eines Briefes gibt es Gestaltungsvorschriften. Diese Norm gilt vor allem für formelle Briefe, wie z. B. Geschäftsbriefe.

Rand:
Lass an allen Seiten deines Briefbogens 2–3 cm Platz. Das macht deinen Brief übersichtlich.

Ort und Datum:
Damit weiß die Empfängerin / der Empfänger gleich, wie lange der Brief unterwegs war und wo du ihn geschrieben hast. Notiere diese Angaben oben rechts auf dem Brief.

Anrede:
Damit fängt der Brief an. Achte darauf, wem du schreibst und wie gut du den Adressaten (Empfänger) kennst:
- Freunde, Verwandte und gute Bekannte sprichst du z. B. so an:
  Liebe Mama, … / Hallo Kim, …
- Schreibe bei anderen Personen formeller, z. B.:
  Sehr geehrter Herr Clausen, … / Liebe Frau Rieder, …

Am Ende der Anrede setzt du ein Komma und schreibst dann in der nächsten Zeile klein weiter.

Ansprache der Empfängerin / des Empfängers:
- Duzt du den Adressaten, kannst du die Anredewörter klein- oder großschreiben.
  Gestern habe ich Dich (dich) und Deine (deine) Schwester beim Inlineskaten gesehen.
- Ansonsten musst du die Anredewörter großschreiben.
  Danke für Ihre Einladung. Bitte kommen Sie uns auch einmal mit Ihrem Hund besuchen.

Grußformel:
Beende deinen Brief mit einer Grußformel und deiner Unterschrift – ohne Satzzeichen.

| *Mit freundlichem Gruß* | *Herzliche Grüße* | *Liebe Grüße* |
| *Max Schmidt* | *Max Schmidt* | *Max* |

Gespräche führen

Gesprächsregeln festlegen

Herr Herzog: Da unsere Lesenacht bald stattfindet, sollten wir darüber sprechen, wie wir sie gestalten wollen. Wichtig ist zum Beispiel die Frage, ob wir sie unter ein bestimmtes Thema stellen wollen. Was meint ihr dazu?

Max: Ich hab eine gute Idee! Ich schlage Gruselgeschichten vor.

5 **Luisa:** Der Vorschlag ist blöd. Ich interessiere mich nicht für Gruselgeschichten und möchte lieber Pferdegeschichten lesen, außerdem …

Max: Das war ja total klar! Immer muss sich alles um Pferde drehen!

Anna: Bei uns im Reitstall wurde gestern ein Fohlen geboren.

Herr Herzog: Anna, das hat doch nichts mit unserer Lesenacht zu tun.

10 Max will noch was sagen.

Max: Noch mal zu den Gruselgeschichten: Wir könnten um Mitternacht eine richtig gruselige Geschichte vorlesen, dazu machen wir alles dunkel. Rocco, du hast doch eine super Taschenlampe, oder?

Rocco: Also ich lese überhaupt nicht gern. Wenn wir eine Lesenacht

15 machen, will ich ein Hörbuch mitbringen.

Marie: Aber nur, weil du gar nicht lesen kannst!

Rocco: Natürlich kann ich lesen! Im Gegensatz zu dir, du schaust ja beim Comic immer nur die Bilder an!

Herr Herzog: Halt, so kommen wir nicht weiter! Wir müssen doch noch so

20 viel klären. Dazu brauchen wir jedoch erst mal ein paar Regeln …

1 a) Nenne Gründe, warum dieses Gespäch zu keinem Ergebnis führt. An welchen Stellen im Text wird dies deutlich?
 b) Schlage Regeln vor, die der Klasse im Gespräch helfen können.

2 a) Wenn viele Menschen miteinander sprechen und das Gespräch gelingen soll, muss man Regeln finden, um Situationen wie die oben geschilderte zu verhindern.
 Formuliert in Gruppen weitere Gesprächsregeln, die dazu beitragen, dass Gespräche in der Klasse gelingen. Unterstreicht besonders wichtige Regeln.
 b) Stellt eure Ideen der Klasse vor und einigt euch dann auf gemeinsame Gesprächsregeln. Beginnt mit den wichtigsten Regeln. Achtet darauf, keine Regel doppelt zu nennen.
 c) Haltet die Gesprächsregeln auf einem großen Blatt Papier fest und hängt sie für alle gut sichtbar im Klassenzimmer auf.

Gesprächsregeln einüben

① Nun geht es darum, eure Gesprächsregeln einzuüben. Geht dabei folgendermaßen vor:

Die Regel der Woche
- Legt eine Gesprächsregel fest, auf die ihr in dieser Woche besonders achten wollt.
- Schreibt diese Regel zum Beispiel auf ein großes Blatt Papier und hängt es gut sichtbar im Klassenzimmer auf.
- Vereinbart ein Zeichen, das ihr gebt, wenn die Regel verletzt wird.
- Am Ende der Woche besprecht ihr, ob die Regel schon gut eingehalten wurde.
  Falls ja, wählt ihr eine neue Wochenregel.
  Falls nein, übt ihr diese Gesprächsregel noch weiter.

② Immer wieder habt ihr in der Klasse wichtige Dinge zu besprechen. Statt diese mit allen zu besprechen, könnt ihr kleinere Gesprächsgruppen bilden und dabei auf die Einhaltung der Gesprächsregeln achten. Probiert es aus.

Beobachtungsübung: Gesprächsregeln einhalten
- Bildet Gruppen mit maximal sechs Schülerinnen und Schülern. Legt fest, wer die Gesprächsleitung übernimmt und wer auf die Einhaltung der Gesprächsregeln achtet.
- Diskutiert in der Gruppe euer Thema.
  Die Gesprächsleitung bestimmt, wer als Nächstes sprechen darf.
  Die Beobachter/-innen achten auf die Einhaltung der Gesprächsregeln. Sie können sich auch Notizen machen.
- Besprecht anschließend, wie euer Gruppengespräch verlaufen ist und wer welche Regeln noch genauer beachten sollte.

Ihr könnt diese Beobachtungsübung auch mit der ganzen Klasse durchführen. Bei der Überwachung der Gesprächsregeln kann für jede Regel jemand anders zuständig sein.

Für die Schülerzeitung berichten

Text 1: Eine Kanu-Tour auf der Jagst

Am Mittwoch, dem 24. September, trafen wir, die Klasse 5c, uns um 8:00 Uhr
vor dem Haupteingang unserer Schule und fuhren zusammen mit unserer Klassenlehrerin Frau Sander und unserem Sportlehrer Herrn Wilms ins Jagsttal, wo wir
Kanu fahren wollten. Dort kamen wir um 8:45 Uhr an und wurden gleich von
5 Herrn Zimmermann begrüßt, der uns den Umgang mit den Booten erklärte und
uns mit den Sicherheitsvorkehrungen vertraut machte. Im Anschluss wurden wir in
Vierergruppen aufgeteilt, mit Schwimmwesten und Paddeln ausgestattet, ließen die
Boote ins Wasser und fuhren los. Nach eineinhalb Stunden legten wir eine längere
Picknickpause ein. Anschließend machten wir uns auf den Rückweg, denn pünktlich
10 um 13:00 Uhr startete der Bus zurück zur Schule, wo wir – wie geplant – um
13:45 Uhr ankamen.

Text 2: Teamgeist gefragt – Mit Kanus unterwegs auf der Jagst

Unser erster Wandertag an unserer neuen Schule sollte etwas ganz Besonderes sein.
Vor allem aber sollte er unsere neue Klassengemeinschaft stärken. Deshalb hatte
unsere Klassenlehrerin Frau Sander vorgeschlagen, eine Kanu-Tour zu machen,
was auf große Begeisterung in der Klasse stieß.
5 Also trafen wir uns am Mittwoch, dem 24. September, pünktlich um 8:00 Uhr
vor dem Haupteingang der Schule und starteten zusammen mit Frau Sander und
unserem Sportlehrer Herrn Wilms mit dem Bus Richtung Jagsttal.
Dort angekommen, wurden wir von Herrn Zimmermann, dem sehr freundlichen
Bootsverleiher, begrüßt. Er zeigte uns zunächst den Umgang mit den Booten,
10 sogenannten Kanadiern, und machte uns dann mit den Sicherheitsvorkehrungen
vertraut. Anschließend wurden wir in Vierergruppen aufgeteilt. Dabei gab es einigen
Protest, weil manche unbedingt zusammen fahren wollten, andere dagegen auf
gar keinen Fall. Aber Frau Sander blieb hart. Schließlich war es ja das Ziel dieses
Wandertags, die Klasse stärker zusammenzuschweißen. Nach einigem Hin und Her
15 ging es dann endlich los: Mit Schwimmwesten und Paddeln ausgestattet, ließen wir
die Boote ins Wasser und paddelten los oder besser: versuchten es. Denn es stellte
sich schnell heraus, dass es nicht so einfach war wie gedacht, das Boot in die
richtige Richtung zu lenken. Die ersten paar hundert Meter fuhren wir ziemliche
Schlangenlinien und blieben sogar zweimal im Ufer stecken. Nach und nach
20 bekamen wir aber heraus, wer lenken musste, und merkten, dass ein regelmäßiger

Paddelschlag das A und O beim Kanufahren ist. Nach ungefähr eineinhalb Stunden machten wir eine Picknick-Pause. Die hatten wir auch alle dringend nötig, da das Kanu-Fahren viel anstrengender war, als wir gedacht hatten. Im Anschluss ging es wieder zurück. Und dieses Mal war es noch viel anstrengender als auf der Hinfahrt,

25 denn wir mussten gegen die Strömung flussaufwärts paddeln.

Als wir wieder im Bus saßen, waren wir alle völlig erschöpft, aber glücklich, und alle waren sich einig, dass dies der tollste Wandertag war, den man sich vorstellen kann. Leider war die Unternehmung mit 4 Euro für die Busfahrt und 5 Euro pro Kind für die Bootsausleihe ziemlich teuer, sodass so ein Ausflug für einen Wander-

30 tag wohl eher die Ausnahme bleiben wird.

1 a) Welchen der beiden Berichte würdest du für die Schülerzeitung auswählen? Begründe.

b) Wie unterscheiden sich die beiden Berichte? Vergleiche sie anhand folgender Fragen:
- Für wen und für welchen Zweck eignen sich die Berichte jeweils?
- Welche Informationen enthalten die Berichte?

2 Bei Text 1 handelt es sich um einen sogenannten **Ereignisbericht**.
Auf welche W-Fragen aus dem Info-Kasten gibt der Text Antwort? Erstelle in deinem Heft eine Übersicht:
Was? – Kanu-Tour auf der Jagst
Wann? – am 24. September, von …

3 Schreibe nun selbst einen **Erlebnisbericht** nach dem Vorbild von Text 2, z. B. über die erste Schulwoche an der neuen Schule, ein Projekt oder einen Bibliotheksbesuch.

Info: Einen Bericht schreiben

Bevor du einen Bericht schreibst, musst du folgende Fragen klären:
- **Für wen** und für **welchen Zweck** ist der Bericht bestimmt?
- Welche Angaben sind für die Leser/-innen und den Zweck des Berichts notwendig?

Abhängig vom Zweck des Berichts musst du folgende Punkte beachten:

Ereignisbericht
- In einem Ereignisbericht informierst du deine Leser/-innen möglichst knapp, indem du Antworten auf die W-Fragen *Was?*, *Wann?*, *Wo?*, *Wer?*, *Wie?* und *Warum?* gibst.

Erlebnisbericht
- Bei einem Erlebnisbericht ist es wichtig, dass du neben den nüchternen Fakten auch deine Gefühle und persönlichen Eindrücke schilderst, damit die Leser/-innen das Erlebte nach-empfinden können.

Ein Bericht wird im **Präteritum** geschrieben.

2 Erzählen wie die Profis

Geschichten lesen und selbst schreiben

(1) „Vor allem muss man sich alles, was man erzählen und beschreiben will, ganz genau vorstellen, so genau, dass man es wirklich in der Fantasie vor sich sieht bis in die kleinsten Einzelheiten. Das heißt nicht, dass man alles auch bis in die kleinsten Einzelheiten beschreiben muss. Beim Beschreiben genügt es dann, sich auf das Wesentliche, das Charakteristische zu beschränken. Man muss sich also *viel mehr* vorstellen, als dann im geschriebenen Text steht." *Michael Ende*

(2) „Zuerst denke ich nur nach. Dann schreibe ich mir ganz viele Stichwörter auf. Für manche Bücher muss ich auch recherchieren, d.h. andere Bücher oder im Internet lesen, um mich schlau zu machen. Dann schreibe ich mir einen Plan für das ganze Buch auf [...]." *Kirsten Boie*

(3) „Ich frühstücke am Morgen mit meiner Familie, dann gehe ich ins Büro, setze mich an den einen meiner beiden Schreibtische und fange an, das Geschriebene vom Vortag durchzulesen. Dann wird verbessert und gefeilt und irgendwann schreibe ich weiter." *Markus Stromiedel*

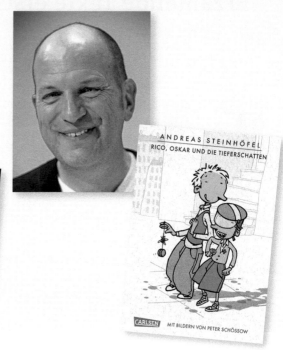

(4) „In der Regel schreibe ich aus dem Bauch. Ich sammle ein paar Ideen, tippe wild drauflos, und irgendwann fügt das Ganze sich zu einer Geschichte ... oder auch nicht. Der Vorteil einer solchen Arbeitsweise besteht darin, dass man offen bleibt für weitere Ideen, die spontan in die Story eingebaut
20 werden können. Der Nachteil ist, dass man sich dabei womöglich unglaublich verzettelt, weil man irgendwann viel zu viele lose Erzählfäden in den Händen hält [...]." *Andreas Steinhöfel*

❶ Trage aus den Zitaten zusammen, wie die Autorinnen und Autoren beim Schreiben ihrer Geschichten vorgehen.

❷ Ihr habt bestimmt schon einmal eine eigene Geschichte geschrieben. Welche Erfahrungen habt ihr gemacht? Worauf habt ihr geachtet? Tauscht euch darüber aus.

In diesem Kapitel ...

- untersuchst du, wie eine gute Erzählung geschrieben ist.
- schreibst du zu einer Bildergeschichte.
- lernst du, eigene Geschichten zu planen, zu schreiben und zu überarbeiten.

Erzählende Texte erschließen

Im Schwimmbad   *Kirsten Boie*

Im Schwimmbad ist es genauso wie immer. Als Markus vom Duschen kommt, sind die anderen schon im Wasser. Lütfiye steht auf dem Einer und macht einen Kopfsprung wie in der Sportschau.

Ganz gerade.

5 Markus klettert blitzschnell die Leiter nach unten. Jetzt muss er klug sein.

Immer genau aufpassen, dass er hinter Frau Rautenberg bleibt, zum Beispiel. Direkt hinter ihrem Rücken. Dann sieht sie ihn die ganze Stunde nicht. Und dann kommt sie auch nicht auf den Gedanken, dass Markus heute aber
10 endlich vom Dreier springen muss.

Seit vier Wochen will sie das schon. Unbedingt. Seit vier Wochen schickt sie ihn in jeder Schwimmstunde hoch aufs Dreimeterbrett. Weil sie findet, es ist eine Schande, wenn so ein guter Schwimmer nicht auch springt.

„Markus?", sagt Frau Rautenberg da auch schon.
15 „Ach, da bist du ja endlich! Dass du auch immer so lange unter der Dusche trödeln musst!"

Jaja, schon alles klar, denkt Markus. Wenn du mich nicht jedes Mal auf den Dreier schicken würdest, würde ich auch nicht so trödeln.

„Dann geh mal hoch auf das Brett, Markus!", sagt Frau Rautenberg jetzt
20 schon viel freundlicher. „Ich hab so ein Gefühl, dass du es heute ganz bestimmt schaffst."

Das Gefühl hat Markus leider nicht. Er spürt, wie in ihm drin alles ganz starr wird. Jetzt ist er noch nicht mal hochgeklettert, aber das schreckliche Gefühl hat er trotzdem schon. Ein Gefühl wie in einer anderen Welt. Da kann
25 er gar nichts mehr machen.

Markus setzt ganz langsam einen Fuß nach dem anderen auf die Leitersprossen. Unter den Fußsohlen spürt er die Riffel im Metall und der Handlauf ist in seinen Händen eiskalt. Aber das ist nicht der Grund dafür, dass Markus jetzt die Zähne klappern.
30 Es sind ja nur drei Meter, denkt Markus. Das ist ja gar nicht so hoch. Wenn ich auf Dennis' Schultern steige, dann sind wir zusammen auch fast drei Meter. Das ist doch gar nicht so hoch.

Aber es hilft überhaupt nichts, was er in seinem Kopf zu sich sagt. Weil es in Wirklichkeit eben doch schrecklich hoch ist. So hoch, dass es Markus
35 ganz schwindelig wird.

„Spring, Markus, spring!", ruft Frau Rautenberg.

Nicht mal sein Herz kann Markus jetzt mehr klopfen hören, so schrecklich ist das alles. Er fühlt sich wie ein fremder Mensch, wie einer, der ganz
woanders ist, und von unten glitzert das Wasser blau und gefährlich wie
40 eine andere Welt.

Langsam, ganz langsam geht Markus rückwärts, zur Leiter zurück. Das
Brett schwankt unter seinen Füßen und der raue Läufer, den sie hingelegt
haben, damit man nicht rutscht, kratzt ein bisschen an seinen Fußsohlen.
Daran kann er merken, dass er noch lebt. Und plötzlich hat Markus so ein
45 Gefühl, als ob er aufgewacht ist. Plötzlich sieht das Wasser wieder wie das
normale Schwimmbadwasser aus und Frau Rautenberg schimpft auch ganz
normal.

Jetzt macht es Markus plötzlich wieder etwas aus, dass die andern ihn in
der Umkleidekabine nachher bestimmt wieder auslachen.
50 Unten an der Leiter steht Lütfiye. Sie hat einen geblümten Badeanzug an
und ihre Haut ist nicht mal jetzt mitten im Winter richtig käsig.

„Ich spring auch viel lieber vom Einer, das ist schöner!", sagt sie und guckt
Markus so an. Dann rennt sie plötzlich über das Brett und landet im Wasser,
dass es spritzt.

❶ a) Was geht in Markus vor, als er auf dem Sprungbrett steht? Nenne Textstellen.
b) Untersuche, wie seine Gedanken und Gefühle im Text dargestellt werden.
Tipps & Hilfen (→ S. 298)
c) An welcher Stelle ist die Geschichte am spannendsten? Zeichne eine Spannungskurve
mit Zeilenangaben.

❷ Viele Geschichten – auch die von Markus – enthalten folgende typische
Handlungsbausteine. Findest du sie in Markus' Geschichte wieder? Notiere, …
- vor welchem Problem Markus steht,
- wie er auf das Problem reagiert oder welche Lösungsversuche er unternimmt,
- wie seine Situation am Ende der Geschichte aussieht.
Tipps & Hilfen (→ S. 298)

Ausgangssituation der Hauptfigur	Problem der Hauptfigur	Lösungsversuche der Hauptfigur	Ende der Geschichte
Markus weiß, dass er heute im Schwimmun-terricht vom Dreimeter-brett springen soll.	…	…	…

Zu einer Bildergeschichte schreiben

Die vergessenen Rosinen *e.o. plauen*

Die vergessenen Rosinen, *Berliner Illustrirte* 12/1935

Die Bildergeschichte verstehen

❶ „Lies" die Bildergeschichte auf Seite 30, indem du dir die Bilder genau anschaust:
- Achte auf die Körperhaltung der Figuren, auch auf kleine Veränderungen.
- Was ist nicht zu sehen, kann man sich aber denken?

❷ Findest du die vier Handlungsbausteine von Seite 29 auch in dieser Bildergeschichte?
Versuche, die Bilder den Bausteinen zuzuordnen.
Ausgangssituation: Bild 1 und …
Problem: Bild …
…

❸ Erzähle die Bildergeschichte als mündliche Geschichte.
❹ Tragt zusammen: Worin unterscheiden sich Bildergeschichten von Geschichten, die mit
Worten erzählt werden? Was ist bei beiden gleich?

Einen Schreibplan anlegen

❶ Du sollst nun zu der Bildergeschichte auf Seite 30 eine Geschichte schreiben. Dafür ist es
hilfreich, sie zunächst genau zu planen. Übernimm die Tabelle in dein Heft und plane
- die Handlung der Geschichte mithilfe der Bilder und der Handlungsbausteine,
- die Gedanken und Gefühle der beiden Hauptfiguren,
- den Einsatz wörtlicher Rede.

	Ort, Zeit, Handlung	Gedanken/Gefühle: Was denken/fühlen die Hauptfiguren?	Wörtliche Rede: Wo sprechen die Figuren?
Ausgangssituation der Hauptfiguren	*– Sohn backt mit Vater …*	*– beide freuen sich auf …*	*– beim Blick in den Backofen: …*
Problem	…	…	…

❷ Schreibe deine Geschichte, und zwar aus der Sicht des Jungen.
Tipps & Hilfen (→ S. 298)

❸ a) Wie gefällt dir die Überschrift der Bildergeschichte? Begründe.
b) Suche eine passende Überschrift für deine Geschichte.
Tipps & Hilfen (→ S. 298)

④ a) Zeichne eine Bildergeschichte. Fertige zu jedem Handlungsbaustein ein Bild an.
b) Schreibe eine Geschichte zu deiner Bilderfolge.

Den Text prüfen und überarbeiten

Ole und sein Vater backen einen Kuchen

An einem Wintertag haben Ole und sein Vater Lust, einen Kuchen zu backen. Als sie den Kuchen in den Backofen geschoben hatten, fand Ole die Rosinen unterm Esstisch. Schlechte Laune breitete sich aus.

Plötzlich hatte Ole eine Idee: In der Küche hing doch ein Gewehr an der Wand. Also holte Ole es. Anschließend schoss sein Vater die Rosinen in den Kuchen. Zum Schluss ist es doch noch ein Rosinenkuchen.

1 a) Überprüfe diese Geschichte mithilfe der Fragen im Info-Kasten.
   b) Mache Vorschläge, wie die Geschichte „Ole und sein Vater ..." überarbeitet werden kann:
     - An welchen Stellen sollte wörtliche Rede eingebaut werden? Mache Vorschläge.
     - Formuliere weitere Ergänzungen an passenden Stellen, zum Beispiel anschauliche Adjektive, einen Gedanken des Jungen, weitere Sätze.
     - Überprüfe die Zeitformen der Verben im Text. An welchen Stellen sind sie nicht korrekt?
     Tipps & Hilfen (→ S. 298)

2 Untersuche deine eigene Geschichte. Orientiere dich dabei an den Fragen im Info-Kasten.
3 Überprüfe die Rechtschreibung in deiner Geschichte, indem du die Wörter, bei deren Schreibung du unsicher bist, in das Textverarbeitungsprogramm eingibst.
   Achtung: Manche Fehler erkennt das Programm nicht.

Info: Eine Geschichte prüfen und überarbeiten

- Passt der Text zu den Bildern der Bildergeschichte?
- Hast du durchgehend aus der Sicht einer Person erzählt?
- Sind die einzelnen Handlungsbausteine (→ S. 29) nachvollziehbar dargestellt?
  - Wird die Ausgangssituation deutlich?
  - Ist das Problem verständlich dargestellt?
  - Können die Leser/-innen den Lösungsversuch des Jungen verstehen?
  - Ist das Ende der Geschichte gut nachvollziehbar?
- Sind die Sätze sinnvoll miteinander verbunden?
- Kann man Gedanken und Gefühle der Figuren gut nachvollziehen?
- Ist die wörtliche Rede an passenden Stellen eingesetzt?
- Wurden passende Verben und Adjektive verwendet?
- Wurde im Präteritum erzählt?
- Prüfe den Titel der Geschichte: Passt er zu dem, was du erzählst? Verrät er nicht zu viel?

Eine Geschichte weiterschreiben

1 Die Geschichte „Im Schwimmbad" (→ S. 28 f.) könnte noch weitergehen:
Markus hat eine Woche später wieder Schwimmunterricht: Diesmal soll es anders ausgehen!
Lege in deinem Heft einen Schreibplan an und plane
- die Handlung der Geschichte mithilfe der Bausteine,
- die Gedanken und Gefühle der beiden Hauptfiguren,
- den Einsatz wörtlicher Rede.

	Ort, Zeit, Handlung	Gedanken/Gefühle: Was denken/fühlen die Hauptfiguren?	Wörtliche Rede: Wo sprechen die Figuren?
Ausgangssituation der Hauptfiguren	– Markus soll wieder vom Dreimeterbrett springen.	– beim Betreten des Schwimmbads ...	– Lütfiye entdeckt Markus
Problem	...	...	...

2 Schreibe deine Geschichte. Achte dabei darauf, dass du abwechslungsreiche Satzanfänge formulierst, passende Verben und Adjektive verwendest und im Präteritum schreibst.
Tipps & Hilfen (→ S. 299)

3 Überprüfe und überarbeite deine Geschichte mithilfe der Checkliste auf Seite 59.

4 Erzähle die Geschichte aus der Sicht von Lütfiye.

Gefühle in Worte fassen

1 Gefühle müssen in Geschichten in Worte gefasst werden. Dafür gibt es mehrere Möglichkeiten. Ordne die Beispiele in der rechten Spalte den unterschiedlichen Möglichkeiten zu.

- das Gefühl direkt benennen
  (mit Nomen/Adjektiven)
- das Gefühl veranschaulichen
  (mit Vergleichen/Redewendungen)
- der Figur Gedanken durch den Kopf gehen lassen
- zum Gefühl passende Handlungen / körperliche Reaktionen darstellen

- *„Hoffentlich sieht sie mich nicht!",*
  dachte er.
- *Er hatte Angst.*
- *Er bekam eine Gänsehaut.*
- *Er war wie gelähmt.*

2 Ordne die Wörter und Wendungen zum Gefühl „Ärger" im Wortspeicher den in Aufgabe 1 genannten Möglichkeiten zu.
Lege dazu eine Liste in deinem Heft an.

Das Gefühl direkt benennen:
eingeschnappt, empört, ...

Das Gefühl veranschaulichen:
kochen vor Wut (Redewendung), ...

Zum Gefühl passende Handlungen/
Reaktionen darstellen:
die Faust ballen, ...

Gedanken nennen:
...

> eingeschnappt · empört · zittern · drohen · brüllen · die Faust ballen ·
> mit dem Fuß aufstampfen · kochen vor Wut · entrüstet · beben vor Wut · rotsehen ·
> rasend vor Wut · wie eine Rakete · rot wie eine Tomate · stinkesauer ·
> So ein Mistkerl! · Das ist gemein! · Immer ich!

3 Notiere weitere Wörter und Wendungen, die das Gefühl „Ärger" ausdrücken.

4 Sammle Wörter und Wendungen zu folgenden Gefühlen:
Begeisterung, Aufregung, Scham, Freude/Stolz, Erleichterung.

5 a) Versetze dich in folgende Situationen: Was denkst und fühlst du?

    b) Schreibe zu jeder Situation fünf bis sieben Sätze.

      A Englisch ist eigentlich nicht deine Stärke. Als ihr die Klassenarbeit zurückbekommt, siehst du, dass du eine Zwei bekommen hast.

      B Du hast deine Hausaufgaben in Biologie nicht gemacht. Das fällt dir aber erst auf, als die Lehrerin schon den Klassenraum betritt.

      C Dein Wecker klingelt – leider eine halbe Stunde zu spät! In zehn Minuten fährt dein Schulbus.

      D Deine Mutter erzählt dir, dass deine Cousine mit in den Urlaub fährt. Du kannst sie absolut nicht leiden.

6 a) Wie kann man das Gefühl „Angst" in Worte fassen? Lege eine Liste an wie in Aufgabe 2 (→ S. 34) und sammle passende Wörter und Wendungen.

    b) Überarbeite die folgenden Sätze so, dass die Gefühle des Erzählers anschaulich beschrieben werden.

> *Im Zimmer war es dunkel und still. Plötzlich hörte ich ein Knacken und bekam riesige Angst. Gleich darauf knackte es wieder und meine Angst wurde immer größer.*

7 Ein Gefühl wie Vorfreude, Angst, Aufregung oder Scham kann dazu führen, dass man die Umgebung intensiver wahrnimmt.

Ordne die Wahrnehmungen im Text den folgenden Sinnen zu:

sehen hören riechen tasten / fühlen

> *Ich sitze im Wartezimmer meiner Zahnärztin. Der Junge neben mir rutscht ungeduldig auf seinem Stuhl hin und her. Ob er wohl auch diesen stechenden Geruch bemerkt? Das Geräusch des Bohrers dringt gedämpft ins Wartezimmer. Draußen scheint die Sonne, aber hier drinnen ist es kühl, meine Hände sind eiskalt.*

8 a) Stelle dir eine der folgenden Situationen vor. Welches Gefühl herrscht vor?

      - am Morgen deines Geburtstags, du liegst noch im Bett
      - abends allein im Haus nach einem gruseligen Film
      - hinter dem Vorhang, bevor du auf die Theaterbühne deiner Schule trittst
      - vor einem wichtigen Fußballturnier deiner Mannschaft

    b) Schildere in einem kurzen Text, was du in dieser Situation siehst, hörst, fühlst, riechst oder sogar schmeckst.

Wörtliche Rede sinnvoll einsetzen

1 Der **Wechsel** zwischen dem, was erzählt wird (Erzähler/-in), und dem, was die Figuren sagen, macht eine Geschichte lebendig und anschaulich. Im folgenden Text fehlt wörtliche Rede. Wo und wie könnte wörtliche Rede für mehr Anschaulichkeit sorgen?

> *Nach dem Besuch im Schwimmbad geht Markus mit seinem Freund Dennis nach Hause. Dennis ärgert sich darüber, dass Markus Angst hat, vom Dreier zu springen. Markus will aber nicht gern darüber reden.*

2 Ordne zu: Wer könnte in der Geschichte „Im Schwimmbad" (→ S. 28 f.) die folgenden Sätze sagen und wie sagt sie oder er es?
Wähle passende Verben des Sagens aus dem Wortspeicher.
„Spring doch endlich!", schrie sein Mitschüler Bennett.

„Spring doch endlich!"

„Markus, gib dir einen Ruck! Du bist doch so ein guter Schwimmer."

„Beeil dich, Markus, wir wollen doch noch Wasserball spielen!"

„Ich spring auch lieber vom Einer, Markus!"

„Spring, Markus! Du schaffst das!"

„Angsthase!"

„Schau auf die Wasseroberfläche, nicht direkt in das Wasser hinein.
Es geht gar nicht so tief hinab, wie du denkst!"

> anfeuern · aufmuntern · giften · grölen · einwerfen · erwidern ·
> raten · rufen · schreien · zischen · zugeben

3 Ersetze die folgenden Aussagen durch wörtliche Rede mit passendem Redebegleitsatz.
Denke daran: Der Redebegleitsatz kann vor oder hinter der wörtlichen Rede stehen oder die wörtliche Rede unterbrechen.
- *„Du weißt immer alles besser!", schimpfte Markus.*
- *Markus schimpfte: „Du weißt immer alles besser!"*
- *„Ja klar", schimpfte Markus, „du weißt immer alles besser!"*

- Markus ärgert sich über seinen kleinen Bruder.
- Ben will Lena auf sich aufmerksam machen.
- Mein Vater kündigt an, mir kein Taschengeld auszuzahlen.
- Hanna leidet plötzlich an Schmerzen im rechten Knie.
- Sara will sich nicht mit David verabreden.
- Lev möchte sich bei Simon entschuldigen.

Zu Reizwörtern und Erzählkernen schreiben

Zu Reizwörtern erzählen

1 Suche dir drei bis fünf Wörter aus dem Wortspeicher aus, zu denen du eine Geschichte schreiben möchtest.
Tipps & Hilfen (→ S. 299)

> Katze · Geräusch · Freund/-in · Igel · Gelächter · Wald · Zeltlager · Film · Ferien ·
> Pony · Stock · Spannung · Schule · Geheimnis

2 Notiere Ideen zum Handlungsverlauf:
- Welche Figuren sollen in deiner Geschichte vorkommen?
- Wer ist die Hauptfigur?
- Aus wessen Sicht wird die Geschichte erzählt?
- Wann und wo spielt die Geschichte?

3 Lege einen Schreibplan an und ordne deine Notizen zur Handlung ein. Ergänze weitere Stichpunkte, falls notwendig.

Bausteine	Handlung: Was passiert?	Gedanken/Gefühle: Was denkt/fühlt die Hauptfigur?	Wörtliche Rede: Wo sprechen die Figuren?
Ausgangssituation	...	...	...

4 Schreibe deine Geschichte auf.
5 Überprüfe deine Geschichte mithilfe der Checkliste auf Seite 59 und überarbeite sie.

Einen Erzählkern ausgestalten

Manchmal erzählt auch das Leben interessante Geschichten!
In der Zeitung findest du oft kurze Meldungen, die von seltsamen Vorfällen berichten.

Bumerang

Schweinfurt. Ausgerechnet Zivilfahnder der Schweinfurter Polizei suchten sich Marburger Schüler als Opfer eines Lausbubenstreichs aus.
Vermutlich aus Langeweile hatten die hessischen Teenager während
einer Klassenfahrt nach Bamberg auf der Autobahn Schweinfurt-Bam-
5 berg einen Zettel mit den Worten: „Wir werden entführt! Hilfe!" an die
Heckscheibe des Busses gehalten. Pech für die unternehmungslustigen
Ausflügler: Im nachfolgenden Fahrzeug saßen Polizisten in Zivil. Mit
geschultem Blick durchschauten die Fahnder die angeblich so bedroh-
liche Situation der „Opfer" sofort. Als die Beamten den Bus anhielten,
10 versanken die Übeltäter in ihren Sitzen. Mit einigen ermahnenden
Worten war die Angelegenheit aber erledigt.

Ein Fünftklässler hat zu dieser Zeitungsmeldung folgende Erzählung verfasst:

Die Entführung

„Wann sind wir endlich da?" Heute fahre ich mit meiner Klasse nach Bamberg. Ich
freue mich schon sehr, weil ich finde, dass Klassenfahrten eigentlich immer schön sind,
vor allem, wenn mein bester Freund Peter dabei ist. Immer wenn Peter Auto oder Bus
fährt, sagt er alle fünf Minuten: „Wann sind wir endlich da?" Da, schon wieder,
5 lange halte auch ich das hier nicht mehr aus. Wir, das sind Peter, Richard, Paul und
ich, sitzen in der letzten Reihe vom Bus. Uns ist langweilig, weil wir die Kartenspiele,
die wir mitgenommen hatten, alle schon mindestens fünfmal durchgespielt haben. Da
sagt Richard zu uns anderen: „Ich weiß, was wir machen können. Wir können einen
Zettel mit den Worten ,Wir werden entführt! Hilfe!' an die Heckscheibe halten und
10 warten, was passiert, bestimmt gucken die Autofahrer nur dumm, aber vielleicht
kriegen sie auch Angst und holen die Polizei, aber das glaube ich nicht." Weil ich
nichts Besseres anzufangen weiß, stimme ich zu. Nun macht Richard also den Zettel.
Ich gucke ihm zu und stelle mir die lustigen Gesichter der Autofahrer vor, die den
Zettel sehen. Jetzt ist Richard fertig und hält den Zettel an die Heckscheibe. Da
15 flüstert Peter mir zu: „Hast du die Männer in dem silbernen Auto gesehen?" – „Nee,
wieso?" – „Der eine hat gerade in ein Funkgerät gesprochen, aber vielleicht war es
auch ein Handy."

Da sehe auch ich das silberne Auto und tatsächlich: Der Wagen überholt uns und plötzlich hören wir die Durchsage: „Polizei! Fahren Sie an den Rand!" Als Erstes denke
20 ich: „Polizei?" Dann denke ich: „O mein Gott, die sind bestimmt wegen des Zettels da!", und nun: „Hoffentlich komme ich nicht ins Gefängnis – oder meine Eltern!" Auch die anderen haben Panik: Richard zerknüllt den Zettel, steckt ihn schnell in den Rucksack und setzt sich ganz gerade hin, sehr unauffällig. Peter beißt sich vor Schreck seine Lippe auf und Paul sitzt pfeifend in der Ecke. Wir sind alle „total"
25 unauffällig. Der Bus hält an. Die Bustür wird geöffnet. Die Polizisten betreten den Bus. Wir vier versinken in unseren Sitzen. Da poltert der eine Polizist los: „Polizei! Ein paar von euch finden es wohl sehr lustig, Autofahrern Angst einzujagen!" Mit diesen Worten sieht er sich suchend um, und da wir so „unauffällig" sind, bleibt sein Blick auch an uns heften. Er kommt auf uns zu und sagt: „Hiermit seid ihr festgenom-
30 men." Paul schreit auf, Richard fängt an zu weinen, Paul weint mit und ich heule innerlich, vielleicht auch äußerlich. Da grinst der eine Polizist und meint: „Na, da hab ich euch aber Angst eingejagt! Natürlich seid ihr nicht festgenommen, aber wenn ihr nochmal so etwas macht, kriegt ihr viel mehr Ärger. Ihr könnt von Glück reden, dass ich so ein gut gelaunter Polizist bin ..." Nun fällt mir ein Stein vom Herzen in
35 der Größe eines Wolkenkratzers. Jetzt gehen die Polizisten mit wichtiger Miene zurück zu ihrem Wagen. Eines weiß ich jetzt: So etwas machen wir nie wieder!

1 a) Wie gefällt dir die Geschichte? Formuliere deinen ersten Eindruck.
b) Überprüfe den Text mithilfe der Checkliste auf Seite 59.

2 Verwende die folgende Zeitungsmeldung als Grundlage für deine eigene Geschichte:
a) Schreibe in Stichpunkten Antworten auf die W-Fragen aus der Zeitungsnachricht heraus: Wer? Wann? Wo? Was? Wie? Warum? Mit welcher Folge?
b) Kläre, aus wessen Sicht du die Geschichte am besten erzählst.
Tipps & Hilfen (→ S. 299)
c) Lege einen Schreibplan an (→ S. 59) und formuliere deine Geschichte.
Tipps & Hilfen (→ S. 299)
d) Überprüfe die fertige Geschichte mithilfe der Checkliste und verbessere sie.

Räuber erweicht

Zwei Kinder haben das Herz eines Räubers im Kreis Osterholz erweicht: Der Mann brach seinen Überfall auf ein Einfamilienhaus in Schwanewede ab, als die beiden Kleinen ihm ihr Erspartes anboten. Der Räuber habe daraufhin die Pistole, die er dem Babysitter unter die Nase hielt, wortlos wieder eingesteckt und sei davongelaufen, berichtet die Polizei.

Filmbilder untersuchen

1

2

3

❶ Beschreibe, was du auf den Filmbildern auf dieser Doppelseite siehst.
Welche Geschichte bzw. Momente einer Geschichte könnten hier dargestellt sein?

4

5

❷ Manchmal ist die Kamera ganz nah dran und manchmal weiter weg.
Welche Wirkung erzeugt das bei dir?

Info: Die Einstellungsgrößen der Kamera

Eine Kamera zeigt – wie ein Bilderrahmen – nur einen Ausschnitt aus einer Szene. Je nachdem, wie nah am Geschehen (oder wie fern davon) der Betrachter sein soll, wählt man die Größe des Bildausschnitts. Je nach Bildmotiv und erwünschter Wirkung werden also unterschiedliche Kamera-Einstellungen verwendet:

Die Panoramaeinstellung:

Bei der Panoramaeinstellung werden keine Einzelheiten gezeigt. Die Zuschauer/-innen sollen so einen Überblick über das Geschehen erhalten. Häufig werden Landschaftsaufnahmen in dieser Einstellung gezeigt.

Die Totale (totale Einstellung):

Bei der Totalen wird ebenfalls ein großer Bildausschnitt gezeigt. Im Unterschied zur Panoramaeinstellung ist aber eine Person oder eine Gruppe von Personen in einer Umgebung zu sehen. Die Zuschauer/-innen sollen mit dieser Einstellung einen Überblick über das Geschehen bekommen.

Die Halbtotale:

Diese Einstellung verwendet man zum Beispiel für Szenen, in denen der dargestellte Mensch das Bild (fast) ganz ausfüllen soll bzw. in denen die Figur vollständig zu sehen ist. Hier steht die Person im Mittelpunkt, die Umgebung ist eher unwichtig. Meistens soll mit dieser Darstellung die Beziehung zwischen zwei oder mehreren Personen verdeutlicht werden.

Die Nahaufnahme:

Von einer Nahaufnahme spricht man, wenn der Oberkörper einer Person in etwa bis zur Brust gezeigt wird. Diese Einstellungsgröße wird oft für die Darstellung von Gefühlen genutzt, da das Gesicht der gefilmten Person und ihre Mimik im Zentrum des Bildes stehen.

Die Detailaufnahme:

Eine Detailaufnahme stellt einen Gegenstand oder einen Teil einer Person vergrößert dar. Damit rückt sie das gezeigte Detail (Einzelheit) in den Mittelpunkt der Aufmerksamkeit, so als würde man es unter einem Vergrößerungsglas betrachten.

❸ Lege eine Tabelle in deinem Heft an, in der du die Informationen zu den Einstellungsgrößen zusammenfasst.

Panorama	Totale	Halbtotale	Nah	Detail
größter Bildausschnitt	…	…	…	…

4 a) Ordne die Bilder auf den Seiten 40 f. den verschiedenen Einstellungsgrößen zu. Begründe deine Zuordnung.

b) Warum wurde bei den untersuchten Bildern die jeweilige Kamera-Einstellung gewählt? Formuliere eine kurze Begründung.

Bild 1: Panoramaeinstellung
Die Panoramaeinstellung wurde gewählt, damit die Zuschauer/-innen sich einen Eindruck von der Umgebung verschaffen können.

5 a) Sieh dir das Bild an. Wie verändert sich die Zuschauersicht auf die Filmszene, wenn man die Einstellung so ändert, dass man nur die Ausschnitte in den Rahmen sieht?

b) Mache Vorschläge für mögliche Szenen, zu denen die jeweilige Einstellung gut passen könnte.

6 Welche Geschichten aus dem Kapitel „Erzählen" lassen sich deiner Meinung nach gut verfilmen? Begründe deine Auswahl.

7 Welche Einstellungsgrößen würdest du für den Beginn der Geschichte „Im Schwimmbad" (→ S. 28 f.) verwenden? Begründe.

8 Wählt eine Geschichte aus und setzt sie als Fotostory um. Achtet beim Fotografieren auf passende Einstellungsgrößen.

Zum Schmökern, Schauen, Weiterdenken

Peanuts   *Charles M. Schulz*

Der US-amerikanische Comiczeichner Charles M. Schulz (1922–2000) ist der Erfinder der berühmten Comicserie „Die Peanuts", die jahrzehntelang täglich erschien. Zu den Hauptfiguren gehören der Junge Charlie Brown und sein Hund Snoopy.

❶ Ordne die Bilder der Bildergeschichte den Handlungsbausteinen zu:
- Ausgangssituation, in der sich die Hauptfigur befindet
- Problem der Hauptfigur
- Lösungsversuch(e)
- Ende

② Achte genau auf Snoopys und Charlies Mimik. Was könnte in ihnen vorgehen? Verfasse einen Dialog (ein Gespräch) zwischen den beiden.

③ Formuliere die Geschichte schriftlich. Überlege, ob du
- aus der Sicht von Snoopy oder
- aus der Sicht von Charlie erzählen willst.

Formuliere auch einen passenden Titel.

Tiger und Leo   *Cornelia Funke*

Jans Hund hieß Tiger. Sein bester Freund Max fand, dass das ein alberner Name war für einen kleinen schwarzen Hund, aber der hatte sowieso immer was zu meckern.

Tiger war faul und verfressen, bellte den Briefträger und die Mülleimer-
5 leute an, bis er heiser war, lag auf dem Sofa, obwohl Mama es verboten hatte, und war für Jan der wunderbarste Hund, den er sich vorstellen konnte. Wenn er Schularbeiten machte, legte Tiger sich auf seine Füße. Und wenn er morgens aufstehen musste, zog Tiger ihm die Decke weg und leckte ihm so lange die Nase, bis er die Beine aus dem Bett streckte.

10 Jan und Tiger waren sehr glücklich miteinander. Bis Oma sich das Bein brach. Ja, damit fing der ganze Ärger an. Oma hatte einen dicken Kater na-mens Leo und der konnte natürlich nicht allein bleiben, während Oma mit ihrem Gipsbein im Krankenhaus lag. Was machte Mama also? Obwohl sie genau wusste, dass Tiger Katzen nicht leiden konnte? Dass er ganz verrückt
15 wurde, wenn er eine sah?

„Wir nehmen Leo", sagte sie. „Das wird schon klappen."

Gar nichts klappte!

Papa musste dauernd niesen, weil er die Katzenhaare nicht vertrug, und Tiger – Tiger hatte den ganzen Tag nichts anderes mehr im Kopf als den
20 Kater.

Am ersten Tag lag Leo nur auf dem Wohnzimmerschrank und schlief. Das heißt, er tat so, als ob er schlief. In Wirklichkeit blinzelte er zu Tiger hinunter, der stundenlang vor dem Schrank saß und zu Leo hinaufsah. Wenn der Kater fauchte, wedelte Tiger mit dem Schwanz. Und wenn der
25 Kater das orangefarbene Fell sträubte, bellte Tiger. Stundenlang vertrieben die beiden sich so die Zeit. Nicht ein einziges Mal legte Tiger sich auf Jans Füße.

Am nächsten Morgen wurde Jan wie immer davon wach, dass jemand seine Nase leckte. Aber irgendwie fühlte die Zunge sich rauer an als sonst.
30 Verschlafen hob Jan den Kopf – und guckte in Leos bernsteinfarbene Augen. Dick und fett saß der Kater auf seiner Brust und schnurrte.

Die Zimmertür war zu und keine Spur von Tiger.

Können Kater Türen zumachen?

Leo schnurrte, grub seine Krallen ins Bett und rieb seinen dicken Kopf an
35 Jans Kinn. Nett fühlte sich das an. Sehr nett. Obwohl Jan Katzen eigentlich nicht mochte.

Als Jan Leo hinter den Ohren kraulte, schnurrte der, als wäre ein kleiner Motor in seinem Bauch.

„Jan?" Mama machte die Tür auf. „Hast du Tiger ausgesperrt?"

40 Eine schwarze Fellkugel schoss durch Mamas Beine. Mit lautem Gebell sprang Tiger auf Jans Bett und fletschte die kleinen Zähne. Fauchend fuhr Leo hoch, machte einen Buckel und rettete sich mit einem Riesensatz auf den Schreibtisch. Dann jagte Tiger Leo durch die Wohnung.

Mama und Jan konnten nur dastehen und sich die Ohren zuhalten. Bel-
45 lend und fauchend rasten Hund und Kater vom Wohnzimmer in den Flur, vom Flur in die Küche und von der Küche zurück ins Wohnzimmer, wo Leo sich endlich mit gesträubtem Fell auf dem Schrank in Sicherheit brachte.

„O nein!", stöhnte Mama. „Nun sieh dir das an."

Die Blumentöpfe waren von den Fensterbrettern gefegt. Der Wohnzim-
50 mertisch war zerkratzt von Leos Krallen und auf dem Küchenfußboden schwammen kaputte Eier in einer Pfütze Gemüsesuppe. Tiger war gerade dabei, sie aufzuschlecken.

„Wie sollen wir denn bloß die nächsten drei Wochen überstehen?", fragte
55 Mama. „Ich glaub, wir müssen den Kater
doch ins Tierheim bringen."

„Nein!", rief Jan erschrocken. Er musste an Leos raue Zunge denken, an den
Schnurrmotor und seine bernsteinfarbe-
60 nen Augen. „Ich werd mich um die zwei
kümmern, Mama. Heiliges Ehrenwort."

Und das tat er. Jan gewöhnte den beiden an, nebeneinander zu fressen. Das war nicht einfach, weil Tiger viel schneller fraß und dann Leos Futter klauen wollte. Er schlief mit Leo auf den Füßen und Tiger auf dem Kissen,
65 auch wenn die zwei sich manchmal auf seinem Bauch rauften. Er legte Tiger eine Decke in seinen Korb, die nach Leo roch, und brachte dem Kater bei, nicht gleich einen Buckel zu machen, wenn Tiger auch auf Jans Schoß wollte.

Es war Schwerstarbeit, aus den beiden Freunde zu machen. Aber Jan
70 schaffte es. Mit Streicheln, bis ihm die Finger prickelten, und vielen, vielen Hunde- und Katzenbrekkies als Bestechungsmittel.

Aber als dann eines Abends beim Fernsehen Leo seinen dicken Kopf auf Jans linkes Knie legte und Tiger seine schwarze Schnauze auf sein rechtes, da wusste Jan, dass sich die Mühe gelohnt hatte.

1 Jan mag eigentlich keine Katzen. Erkläre, warum er sich trotzdem bemüht.
2 Aus wessen Sicht wird die Geschichte erzählt? Zeige, an welchen Stellen dies deutlich wird.
3 Erzähle die Geschichte aus der Sicht von Leo oder von Tiger.

Ein Hund mit blauen Augen   *Gina Ruck-Pauquèt*

Solange er denken konnte, hatte sich Amak einen Hund gewünscht. Einen Hund, der nur ihm gehörte. Aber sein Vater hatte stets den Kopf geschüttelt. Besaßen sie nicht dreizehn Schlittenhunde? Das sollte auch Amak genügen.

5 So war wieder ein Sommer vergangen, den sie mit Jagd und Fischfang verbracht hatten, und wieder war ein Winter gekommen. Sie hatten das Zelt aus Fellen gegen den Iglu vertauscht, und immer noch hatte sich Amaks Wunsch nicht erfüllt.

„Wenn ich einen Hund hätte", sagte er eines Abends leise, „wäre er bei mir
10 in der Nacht."

Der Vater schnitzte an einer Elfenbeinfigur.

„Nimm dir einen", sagte er lächelnd. „Es liegen dreizehn Hunde vorm Eingang."

Aber das war es ja. Amak wollte nicht irgendeinen Hund. Jung sollte er
15 sein, dass er sich an ihn gewöhnte. Und dann, vor allem, musste er blaue Augen haben. Drüben auf der Insel, die „Heimat der Winde" hieß, hatten sie Hunde mit blauen Augen. Amak hatte sie selber gesehen.

„Mein Sohn will einen besonderen Hund!" Der Vater lachte.

Die Mutter schnitt ein Stück vom gefrorenen Robbenfleisch herunter
20 und legte es in die Pfanne. Dann warf sie den Schlittenhunden ihre Fische vor wie alle Tage. Niemand sprach mehr ein Wort an diesem Abend. Lange lag Amak wach in seinem Bett aus Fellen. Ein Hund, mit Augen so blau wie der Himmel an einem guten Tag.

Am anderen Morgen zog der Vater früh mit dem Kajak los.

25 „Warum hat er mich nicht mitgenommen?", wollte Amak wissen.

Doch die Mutter nähte ruhig weiter an ihrem neuen Parka und lächelte nur. Da lief Amak hinaus zu seinem Eisloch und fischte. Aber heute fing er nichts. Es mochte daran liegen, dass er zu unruhig war. Bald lungerte er wieder um den Iglu herum.

30 Lang zogen sich die Stunden, bis endlich der Kajak in der Ferne auftauchte. Amak rannte dem Vater entgegen.

„Langsam", sagte er lächelnd. „Langsam, Söhnchen!"

Und dann wurde es Wirklichkeit: Unter den Fellen sprang ein Hund hervor – ein Hund für Amak. Es war ein halbwüchsiges, langhaariges, dunkles
35 Tier von starkem Körperbau. „Er heißt Punjon", sagte der Vater. „Und er wird einmal der größte Hund weit und breit sein."

„O!", stammelte Amak. „Danke!"

Er starrte Punjon an und Punjon starrte zurück.

Der größte Hund weit und breit, dachte Amak. Aber er hat keine blauen
40 Augen. Und seine Enttäuschung war wie ein dumpfer Schmerz, der ihn
schlug.

Der Hund blieb an Amaks Seite, den Blick auf seinen neuen Herrn gerichtet. Amak aber ging umher und grübelte. Und endlich nahm der Plan in ihm
Gestalt an.

45 Er würde Punjon zur „Heimat der Winde" bringen. Er würde ihn eintau-
schen gegen einen Hund mit blauen Augen. Punjon war schön und stark,
warum sollten sie ihn nicht wollen? Amak war sicher, dass sie ihn nehmen
würden.

Im Sommer hätte Amak mit seinem leichten Fellboot fahren können.
50 Jetzt aber, wo alles Wasser Eis war, musste er laufen.

„Komm!", sagte er zu dem Hund, und sie gingen los.

Die erste Zeit kamen sie gut vorwärts. Große Schritte machte Amak in
seinen dicken Pelzstiefeln, und Punjon folgte ihm mühelos. Dann aber, als
die „Heimat der Winde" schon greifbar vor ihnen zu liegen schien, brach der
55 Schneesturm los. Längst hatte Amak gesehen, dass der Himmel schwefel-
gelb und dann schwarz wurde. Er kannte die Zeichen. Aber was blieb ihm
übrig, als weiterzugehen?

Anfangs sprang der Wind ihn von hinten an. Da jagte er mit den Flocken
der Insel entgegen.

60 „Komm!", schrie er. Und Punjon war da.

Dann aber schlug der Sturm um. Wie ein rasend wehender Vorhang warf der Schnee sich ihnen jetzt entgegen. Millionen eisiger Speere trafen Amaks Gesicht. Verzweifelt stemmte er sich gegen sie, kämpfte sich mühsam Schritt für Schritt tiefer in die plötzliche Dunkelheit. Waren nicht auch die Schnee-
65 flocken schwarz? Laut schrie der Wind.

„Punjon?", fragte Amak. Da war die Schnauze des Hundes an seiner Hand.

Weit konnte es nicht mehr sein zur Insel. Doch dann jagte der Schnee von rechts heran, von links, von hinten, von vorne, von allen Seiten. Amak drehte sich um sich selbst. Wohin mussten sie? Nach dort? Nach da?

70 Er machte ein paar Schritte und blieb stehen. Und im selben Augenblick fühlte er, wie bleischwer die Müdigkeit in seine Glieder kroch. Wohin sollten sie denn?

„Punjon?", fragte Amak. Der Hund stupste ihn an.

„Ja", sagte Amak, und er taumelte weiter.

75 Nach einer Weile aber wurde die Müdigkeit so stark, dass er nicht mehr standhalten konnte. „Geh heim", sagte er, bevor er sich einfach fallen ließ. „Du findest vielleicht heim." Aber während er in den Schlaf sank, spürte er die Wärme des Hundes an seiner Seite! Punjon war da.

Als es wieder hell wurde, fanden sie ihn. Er hatte die Insel fast erreicht.

80 „Der Hund hat dich warm gehalten", sagten sie, als er bei ihnen im Iglu saß und heiße Fischsuppe schlürfte. Amak nickte. Vor ihm auf dem Boden spielten drei junge Hunde. Ihre Augen waren so blau wie der Himmel an einem guten Tag.

„Warum bist du gekommen?", wollte der Schamane[1] wissen.

85 Amak legte den Arm um Punjon. Fest hielt er ihn an sich gedrückt. Und Punjon blickte zu ihm auf.

„Wir wollten euch besuchen", sagte Amak. „Mein Hund und ich. Nur so."

---

1 der Schamane: Person mit magischen Fähigkeiten, tätig z. B. als Medizinmann oder Zauberpriester

① Was wird Amak seinem Vater erzählen, wenn er mit Punjon von der Insel zurückkommt?
② Untersuche, wie die Autorin die Enttäuschung Amaks darstellt, als sein Vater ihm Punjon schenkt.
③ Lies den Abschnitt über den Schneesturm (Z. 53–69) noch einmal. Untersuche, wie der Sturm dargestellt wird.

Steppenwind und Adlerflügel   *Xavier-Laurent Petit*

*Die zwölfjährige Galshan, die
mit ihrer Familie in der Stadt
lebt, muss den Winter bei ihrem
Großvater Baytar und seinen
Tieren in der mongolischen[1]
Steppe verbringen. Am Vortag
hat ihr Vater Ryham sie mit
seinem Lastwagen zu ihm
gebracht und ist am frühen
Morgen weggefahren, ohne sich
zu verabschieden. Baytar gibt
Galshan ein Pferd aus seiner
Herde mit dem Auftrag, es
kennen zu lernen.*

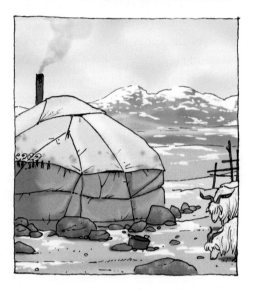

Überraschend schwungvoll für sein Alter sprang Baytar auf sein Pferd, griff
sich die Urga, einen langen Stock, an dessen Ende ein lassoartiger Riemen
befestigt war, und entfernte sich in Richtung einer kleinen Gruppe von
Pferden, die an einem Abhang weidete. In großem Bogen trabte er gegen den
5 Wind von hinten an sie heran. Die Tiere schienen ihn nicht bemerkt zu
haben. Ruhig beobachtete er sie einen Moment, als plötzlich einer der
Hengste ein leises Wiehern ausstieß, um die anderen zu warnen. Die Pferde
stoben auseinander, aber Baytar war einen Sekundenbruchteil schneller.
Ruckartig schwang er die Urga. Die Schlinge legte sich um einen Hals. Das
10 Pferd schnaubte, schlug aus und versuchte, sich aufzubäumen, doch Baytar
war bereits neben ihm. Er beugte sich über das Tier, als wollte er mit ihm
sprechen. Es dauerte nur kurz, dann hatte es sich, wie durch ein Wunder,
beruhigt.

    Als er im Schritttempo zur Jurte[2] zurückkehrte, folgte ihm das Pferd,
15 ohne auch nur zu versuchen, am Führstrick zu zerren. Baytar deutete auf
einen Verschlag aus Stein.

    „Galshan, da drinnen findest du alles, was du brauchst, um es aufzuzäumen. Reite sofort los, lerne es kennen, sprich mit ihm, lass es deinen
Geruch wahrnehmen und nimm du seinen wahr. Auf ihm zu reiten soll für
20 dich genauso normal werden wie gehen."

    Ohne ein weiteres Wort zu verlieren, übergab er ihr den Führstrick. Der

1   die Mongolei: Hochland und Staat in Zentralasien
2   die Jurte: traditionelles Zelt der Nomaden mit Holzgerüst und Abdeckung, z. B. aus Baumwolle, Wollfilz, Segeltuch

alte Mann kniff die Augen zusammen, bis sie nur noch Falten zwischen Dutzenden anderer Falten waren, die sein Gesicht durchzogen.

„Ryham hat mir versichert, dass du genauso gut reiten kannst wie er. Das
25 möchte ich gerne glauben, aber noch lieber möchte ich es sehen."

Einen Moment schwieg er und sagte dann schulterzuckend: „Aber was kann Ryham heute denn noch? Kann er noch etwas anderes, als sich auf seinen Hintern in den Dreckslaster zu setzen …?"

Baytar stieß leicht in die Flanken seines Pferdes und galoppierte davon.
30 Erdklumpen flogen auf. Die Hunde blieben ihm dicht auf den Fersen. Kurz drehte er sich um und rief:
„Dein Pferd heißt übrigens Eisengrau!"

Ohne anzuhalten oder langsamer zu werden, ritt er eine Anhöhe hinauf und verschwand dann auf der anderen Seite.
35 In ihrer Tasche drückte Galshan den kleinen Stein aus Istanbul. Durch die fast geschlossenen Lippen zischte sie: „Ich hasse dich, verrückter Alter!"

∗

Eisengrau verfiel von selbst in den Passgang, was Galshan von den Ausritten mit ihrem Vater vertraut war. Es war die typische Gangart für lange Strecken. Allen Reittieren in der Steppe wurde beigebracht, sich auf diese Weise
40 vorwärtszubewegen, wobei sie beide Beine einer Seite gleichzeitig hoben.

Zunächst hatte das Mädchen vor, in der Nähe der Jurte zu bleiben, doch das Pferd scharrte mit zuckenden Muskeln ungeduldig auf der Stelle. Es wollte nur eins: sich die Hufe heiß laufen …

Galshan fasste sich ein Herz und lenkte das Pferd in leichtem Trab in
45 Richtung der Anhöhe, hinter der Baytar verschwunden war. Das Gras reichte ihr bis zu den Oberschenkeln und die Schafe sprangen blökend zur Seite, als sie vorbeiritt.

Sie gelangte zum Kamm des Hügels. Um sie herum gab es nichts als Gras, Felsen und Himmel. Das war alles! Auf der anderen Seite ging es fast senk-
50 recht nach unten, ein bedrohlicher, steiniger Steilhang, übersät mit Saxaul-sträuchern[3]. Sie musterte jede Felsspalte, jede Unebenheit. Keine Spur von Baytar! … Sie war ganz allein. Winzig klein! Eine starke Windböe fegte über sie hinweg, dass die Halme pfiffen. Tsagüng, das hinter ihr lag, schien unglaublich weit entfernt.
55 Galshan schauderte. Sie hatte plötzlich das grausame Gefühl, keine Luft mehr zu bekommen, wie an jenem Tag, als sie in den Fluss gefallen war. Die Strömung hatte sie mitgerissen. Unmöglich zu entkommen. Sowie sie versuchte, Luft zu holen, hatte sie noch mehr Wasser geschluckt, das ihr den

3   der Saxaul: hoher Strauch der Wüsten und Steppen in Zentralasien

Atem nahm. Eiskalter Schweiß rann ihr den Rücken hinunter und die Angst
60 fraß sich wie eine fette Ratte in ihren Bauch. Sie richtete sich in ihren Steigbügeln auf und schrie aus voller Kehle.
„Baytar! … Baytar! …"
Eisengrau legte die Ohren an und zuckte zusammen. Mit einem beklem-
menden Gefühl im Bauch verharrte sie reglos und lauschte. Doch nur der
65 Wind antwortete und ein Greifvogel, der hoch am Himmel segelte, stieß
einen spitzen Schrei aus. Er kreiste über ihr, als würde er ihr auflauern.
Galshan konnte nicht anders, als wild mit den Armen zu fuchteln und
„Hau ab! Hau ab!" zu rufen. Sie hatte nur noch eins im Kopf: zurückreiten!
Sofort zurückreiten! Ihr Herz hämmerte wie ein Kolben. Panisch stieß sie
70 die Fersen in Eisengraus Flanken, der sofort den Abhang hinuntergaloppierte.
Sie klammerte sich an seiner Mähne fest und hing wie ein schwankender
Strohhalm auf seinem Rücken, um ein Haar hätte er sie abgeworfen. Plötz-
lich glitten ihre Stiefel aus den Steigbügeln, sie verlor den Halt und merkte,
wie sie rutschte und rutschte … Das Gras und die Steine sausten unter ihr
75 vorbei, die Hufe hämmerten auf den Boden.
Wäre Ryham bei ihr gewesen, hätte er ihr zugeschrien: „Hoch mit dir!"
Mit enormem Kraftaufwand und zum Zerreißen gespannten Muskeln
schaffte sie es tatsächlich, sich wieder aufzurichten. „Nach hinten lehnen,
Gewicht auf den Po …" Nach hinten … Gewicht auf den Po. Sie fand ihr
80 Gleichgewicht wieder. Ihre Muskeln arbeiteten jetzt besser im Rhythmus
des Pferdes, nach und nach fühlte es sich ähnlich an wie auf den langen
Ausritten mit ihrem Vater. Die Mähne peitschte ihr ins Gesicht, der Wind
pfiff in ihren Ohren. Genauso wie mit Ryham. Besser noch! Sie hatte das
Gefühl, noch nie so viel galoppiert zu sein, so schnell … Mit geschlossenen
85 Augen ließ sie sich tragen. Sie öffnete sie erst wieder, als Eisengrau abrupt
vor der Jurte stehen blieb. Über seinen schweißnassen Hals gebeugt, verharrte sie eine Weile reglos und spürte, wie das Blut des Tieres in den Adern
pulsierte, während es mit weit geöffneten Nüstern ihren Geruch aufsog.

Baytar kehrte erst am Nachmittag zurück. Er jagte vom Kamm herunter
90 direkt vor die Jurte und brachte das Pferd nur wenige Schritte vor ihr zum
Stehen. Sie rührte sich nicht vom Fleck.
„Hast du gar keine Angst?"
„Nein, mein Vater macht das Gleiche mit seinem Lastwagen, und der ist
um einiges größer als dein Pferd."
95 Der Alte tat, als habe er nichts gehört.
„Ich dachte, ich hätte dir gesagt, dass du mit deinem Pferd ausreiten
sollst."

„Das habe ich den ganzen Vormittag getan."

„Tut dir der Hintern weh?"

100   „Ein bisschen …"

„Nur ein bisschen! Das reicht nicht. Rauf aufs Pferd!"

„Aber ich …"

„Rauf mit dir!"

Der Ton war unmissverständlich. Baytar ritt mit Galshan bis zu den
105 letzten Jurten. Sie waren groß und rund und die zerrissenen Filzmatten
peitschten im Wind. Innerhalb von wenigen Minuten hatte sich der Himmel
zugezogen.

„Am Ende des Tals gibt es eine Quelle, wo wir die Pferde tränken können.
Wer als Erster da ist!"

110 Baytar stieß einen Schrei aus und versetzte Eisengrau einen Hieb auf den
Rücken. Galshan kippte nach hinten, als das Pferd davonstob, und musste
sich an der Mähne festhalten. Sobald sie das Gleichgewicht wiedergefunden
hatte, war der Alte ihr dicht auf den Fersen und schrie wie ein Wahnsinniger.
Und bei jedem Schrei, den er ausstieß, wurde Eisengrau schneller, immer
115 schneller.

„Nicht so schlaff", brüllte Baytar, „du hast eine Haltung wie eine
Schnecke!"

Sie wusste genau, dass das nicht stimmte! Er sagte das bloß, um sie zu
reizen, um zu sehen, wie weit er mit ihr gehen konnte. Sie schluckte die Trä-
120 nen hinunter. „Ich hasse dich!" Er wollte es sehen, der alte Spinner? Dann

sollte er es sehen! Mit ganzer Kraft hieb sie Eisengrau die Stiefel in die Flanken. Sein Hals war fast waagerecht nach vorn gestreckt, die Nüstern weit geöffnet, das Maul schäumte. Die Landschaft raste wie in einem Höhenzug an ihnen vorbei, die Hufe brachen krachend in den harten Boden ein. Bald
125 konnte sie nichts mehr sehen, nichts mehr hören, sie spürte nur noch die Kraft der Muskeln ihres wie wahnsinnig galoppierenden Pferdes.

Kurz geriet Baytars Pferd aus dem Rhythmus und dann geschah das Wunder: Ohne sich umzudrehen, merkte Galshan, dass er zurückblieb. Das Ende des Tals war jetzt ganz nah. Sie würde gewinnen! Sie würde ihn schla-
130 gen! Mit zusammengekniffenen Augen konnte sie das Wasserband hinter dem hohen Gras bereits erahnen. Und sie sollte also die Haltung einer Schnecke haben! Jetzt stieß auch sie einen Schrei aus, nicht weniger laut, als er es zuvor getan hatte. Nur noch hundert Meter!

Er reagierte hinter ihr ebenfalls mit einem Schrei.
135 „Yeeaaah!"

Plötzlich war er wieder da, ganz dicht neben ihr. Einen Moment lang galoppierten sie Schenkel an Schenkel, Flanke an Flanke. Noch wenige Meter! Wenige Meter noch durchhalten! Plötzlich löste sich Baytars Pferd. Er zog vorbei und erreichte mit einer Halslänge Vorsprung das Ziel.
140 Die Tiere schäumten vor Schweiß und schnauften wie Schornsteine, der Wind trug lange Speichelfäden mit sich, die aus ihren Mäulern hingen. Mit einem kaum sichtbaren Lächeln auf den Lippen riss Baytar ein Büschel Gras aus, um sein Pferd abzureiben.

Wortlos beobachteten der Alte und Galshan, wie die Tiere in langen Zü-
145 gen tranken. Als die ersten Tropfen auf der Erde zerplatzten, wälzten sich die abgesattelten Pferde im Gras.

Den Rückweg legten sie bei strömendem Regen im Schritttempo zurück.

Am Abend holte Galshan im flackernden Licht des Ofens ein kleines Heft, das sie mitgebracht hatte, aus ihrer Tasche hervor und strich den ersten der
150 einhundertdreiundfünfzig Tage aus, die sie in Tsagüng verbringen sollte.

Sie hatte das Gefühl, bereits viel länger da zu sein.

1. Welches Verhältnis hat Galshan zu ihrem Großvater? Suche Textstellen, die deine Meinung stützen.
2. Galshan durchlebt viele unterschiedliche Gefühle. Beschreibe ihre Gefühle im Verlauf dieses einen Tages.
3. Stelle dir vor, Galshan schreibt über diesen Tag in ihr „kleines Heft". Verfasse diesen Eintrag.

Die Schwäne auf dem Wasser *Benno Pludra*

Der kleine Junge hatte in diesem Sommer schwimmen gelernt. Er war noch sehr klein und alle Leute bewunderten ihn. „Seht mal", sagten die Leute, „der kleine Junge kann schwimmen."

Zum ersten Mal schwamm er heute ganz allein. Kein Vater war dabei, niemand am Ufer sah ihn. Der See war groß und glatt; er lächelte im Sonnenschein. Seerosenfelder blühten gelb und weiß. Zwischen den Seerosenfeldern, auf einer blanken Wassergasse, schwamm der kleine Junge vom Ufer weg und hin zu einem Pfahl. Dort hielt er sich fest, das Kinn knapp über dem Wasser, und verschnaufte. Die Wiese am Ufer erschien ihm fern, die Büsche und Bäume ruhten reglos wie im Schlaf. Der kleine Junge war glücklich und stolz. Ich habe keine Angst mehr", sagte er zu sich selber, „ich könnte sonst wohin und sonst wie weit noch schwimmen." Nun sah er die Schwäne. Es waren drei und sie zogen gemächlich heran, zwischen den Seerosenfeldern die blanke Wassergasse herauf, leicht und ruhig wie weiße segelnde Schiffe. Der kleine Junge blieb am Pfahl. Zwei Lehren hatte ihm sein Vater gegeben: „Den Seerosen weiche aus, den Schwänen komm nicht zu nahe. Hüte dich, pass auf!" Die Schwäne begannen zu fressen. Sie beugten die hohen Hälse nieder und schnatterten mit den harten Schnäbeln flach durchs Wasser. Die schweren Schwingen waren aufgestellt und sahen aus, als wären sie federleicht. Der kleine Junge klebte am Pfahl. Das Holz war glatt, von Algen bewachsen, und die Schwäne ließen sich Zeit. Sie gaben den Weg nicht frei, die blanke Wassergasse blieb versperrt.

Der Junge fror. Er war klein und ein bisschen mager, darum fror er bald und wünschte, dass die Schwäne jetzt verschwinden möchten. Er überlegte auch, ob er die Seerosenfelder nicht umschwimmen sollte; doch er war nun schon lange im Wasser und fühlte sich nicht mehr so stark, seine Muskeln waren kalt. Der kleine Junge wagte nicht, die Seerosenfelder zu umschwimmen. Die Schwäne indessen glitten langsam näher. Sie fraßen nach links und rechts und glitten auf den kleinen Jungen zu. Er hörte ihre Schnäbel schnattern, und er wusste, dass diese Schnäbel zuschlagen konnten, heftig wie die Faust eines Mannes.

Noch beachteten sie den kleinen Jungen nicht. Er verhielt sich still. Er fror immer mehr, und die Schwäne lagen drei Schritte entfernt auf dem Wasser. […]

① Welches Problem hat der Junge in dieser Geschichte?
② Wie könnte die Geschichte weitergehen? Schreibe einen Schluss.

Alle arbeiten sie dauernd! *Åsa Lind*

Im Haus am Meer war es Morgen. Zackarina saß in der Küche und frühstückte zusammen mit ihrer Mama. Sie aß langsam, aber Mama aß sehr schnell. Sie musste ihre Hafergrütze hinunterschlingen, weil sie es so eilig hatte, zur Arbeit zu kommen.

5 „Du, Mama", sagte Zackarina, „sollen wir Verstecken spielen?"

„Jetzt nicht! Ich habe keine Zeit, der Bus kommt!", sagte Mama. Sie rief: „Tschüss" und „Kuss" und „Wir sehen uns heute Abend", und schon war sie fort und auf dem Weg zu ihrer Arbeit.

Da ging Zackarina zu ihrem Papa. Er saß in seinem Arbeitszimmer am
10 Schreibtisch. Vor sich hatte er Stapel von Papieren und dicke Bücher.

„Du, Papa", sagte Zackarina, „sollen wir heute angeln gehen, du und ich?"

„Liebe Zackarina, nicht gerade jetzt, ich muss arbeiten", sagte Papa. „Dies hier sind wichtige Sachen, verstehst du!"

„Angeln ist doch auch wichtig", sagte Zackarina.

15 „Jaja, aber nicht jetzt, ich arbeite", sagte Papa. „Geh raus und spiel ein bisschen."

Zackarina stampfte auf ärgerlichen Füßen davon. Arbeit, Arbeit, Arbeit! Immer dasselbe, nur Arbeit und Arbeit. Sie stampfte aus dem Haus hinaus und im Garten herum. Aber dort, unter dem Apfelbaum, fiel ihr plötzlich
20 etwas ein.

Der Sandwolf! Ob er noch unten am Strand war? Er machte sicherlich nie langweilige Sachen, nur richtige und wichtige. Zackarina lief den Pfad zum Strand hinunter. Da saß er tatsächlich. Glitzergelb und mit gespitzten Ohren, die Nase direkt auf das Meer gerichtet, saß er da, unbeweglich wie eine Sta
25 tue aus Sand. Aber er lebte, das sah man, denn er funkelte.

„Hallo", sagte Zackarina und kletterte auf einen Stein.

„Hallo", sagte der Sandwolf und bewegte kaum seinen Kopf. „Hast du so gestampft?"

„Ja, so fest ich nur konnte", sagte Zackarina.

30 Sie sprang vom Stein herunter und hüpfte rund um den Sandwolf herum, erst auf dem einen Bein, dann auf dem anderen, bis sie schließlich umfiel.

„Das ist so dumm", sagte sie und machte einen Engel in den Sand. „Alle arbeiten und arbeiten nur und niemand hat Zeit für andere Sachen!"

„Ich arbeite auch", sagte der Sandwolf.

35 „Stimmt überhaupt nicht", sagte Zackarina. „Du sitzt doch nur still da." Sie stand auf und versuchte, einen Handstand zu machen. Das war ziemlich schwierig.

„Natürlich arbeite ich", sagte der Sandwolf. „Ich arbeite und schufte wie ein Verrückter. Ich arbeite mich fast zu Tode, das siehst du doch wohl."

40 „Aber du machst doch gar nichts", sagte Zackarina und schlug einen Purzelbaum.

„Genau", sagte der Sandwolf. „Ich mache nichts, und die Arbeit heißt Nichts, und das ist die schwerste Arbeit, die es gibt." Er seufzte tief. „Ich weiß nicht, wie ich das schaffen soll. Es ist so anstrengend."

45 „Aber ich kann dir helfen", sagte Zackarina und setzte sich neben den Sandwolf. „Was muss ich tun?"

Der Sandwolf zeigte es ihr und sie machte es genau so. Bald merkte sie, dass der Sandwolf recht hatte. Die Nichts-Arbeit war wirklich schwer. Man musste absolut still sitzen und absolut nichts tun. Man durfte nicht spre-
50 chen, nicht mit den Zehen wackeln, noch nicht einmal mit dem Finger im Sand pulen. Man musste nichts machen, die ganze Zeit!

Zackarina saß still wie ein Stein, bis ihr ganzer Körper schmerzte. Sie schnaufte und stöhnte, und gerade als sie merkte, dass sie keine Sekunde länger arbeiten konnte, streckte sich der Sandwolf aus.

55 „Ah, endlich", sagte er. „Endlich sind wir fertig!"

Er wandte sich ihr zu und lächelte mit seinen tausend scharfen Zähnen.

„Es ist unglaublich, wie gut wir heute gearbeitet haben", sagte er. „Und sieh nur, wie schnell es geht, wenn zwei sich die Arbeit teilen!"

Zackarina streckte sich auch aus. Oh, war das schön! „Puh, wie anstren-
60 gend die Arbeit war", sagte sie.

„Ja, aber jetzt haben wir frei", sagte der Sandwolf. „Und das ist der eigentliche Sinn dieser Arbeit: dass man so glücklich wird, wenn man ausruhen und machen kann, was man will!"

Zackarina sprang hoch. Sie wusste genau, was sie machen wollte,

65 während sie sich ausruhte. Sie wollte den Strand schön machen. Umräumen vielleicht? Ja, das war eine gute Idee! Alle Steine umräumen!

„Weil sie so unaufgeräumt herumliegen, oder was meinst du?", fragte sie.

Der Sandwolf stimmte ihr zu. Die Steine lagen wirklich kunterbunt durcheinander. Mit etwas Ordnung würde es ihnen sicherlich besser gehen.

70 Also fingen der Sandwolf und Zackarina an, die Steine umzusetzen. Sie rollten und stießen sie, trugen und schleppten sie, heulten und sangen: „Auf die Beine, alle Steine, seid nicht dumm, ihr zieht um!"

Als sie fertig waren, lagen alle Steine in einer neuen Ordnung da, viel besser als vorher. Und genau als der letzte Stein an seinem Platz war, tauch-
75 ten Mama und Papa auf dem Pfad auf. Der Sandwolf funkelte, glitzerte und wirbelte über den Strand davon. „Mach's gut!", rief Zackarina.

„Mach's gut?", fragte Papa.

„Nein, ich meine ... nun ist's gut!", sagte Zackarina.

„Ja, genau", sagte Mama. „Nun bin ich für heute mit der Arbeit fertig."
80 „Ich auch", sagte Papa.

„Und ich auch", sagte Zackarina. „Ich bin schon lange mit der Arbeit fertig."

Mama ging am Strand entlang. „Wie schön es heute hier ist", sagte sie.

„Ja, weil ich aufgeräumt habe", sagte Zackarina. „Ich habe alle Steine um-
85 geräumt und sie ordentlich hingelegt."

„Du meine Güte, was für eine Arbeit!", sagte Papa.

„Nein, das war keine Arbeit", sagte Zackarina. „Die Steine habe ich nach der Arbeit umgeräumt, als ich frei hatte."

Mama nickte und versuchte, so auszusehen, als ob sie alles verstanden
90 hätte, aber das hatte sie natürlich nicht. „Zackarina", sagte sie dann, „jetzt habe ich Zeit. Wir könnten Verstecken spielen, wenn du willst."

„Oder wir könnten angeln gehen", sagte Papa, „denn ich habe auch Zeit."

Aber Zackarina wollte weder Verstecken spielen noch angeln gehen. Sie wollte Mama und Papa zeigen, was sie den ganzen Tag bei ihrer anstrengen-
95 den Arbeit getan hatte. Also setzte sie sich auf einen der umgeräumten Steine und tat absolut nichts. Und Mama und Papa setzten sich daneben und halfen mit.

1 Prüfe, ob die Geschichte die Erzählbausteine enthält.

2 Erkläre, was Zackarina unter „Arbeit" und was sie unter „frei haben" versteht. Nenne Textstellen, die deine Aussagen stützen.

3 Der Sandwolf sagt: „Und das ist der eigentliche Sinn dieser Arbeit: dass man so glücklich wird, wenn man ausruhen und machen kann, was man will!" (Z. 61–63). Hast du das auch schon einmal erlebt? Erzähle.

Erzählen

1. Schritt: Eine Geschichte planen

- Sammle Ideen für deine Geschichte. Du kannst dich z. B. von Bildern, Reizwörtern oder Zeitungsberichten inspirieren lassen.
- Lege einen Schreibplan an, mit dem du deine Ideen nach den einzelnen Handlungsbausteinen deiner Geschichte ordnest.
- Entscheide, aus wessen Sicht du erzählen willst.

Bausteine	Handlung: *Was passiert?*	Gedanken/Gefühle: *Was denkt/fühlt die Hauptfigur?*	Wörtliche Rede: *Wo sprechen die Figuren?*
Ausgangssituation	...	...	...

2. Schritt: Eine Geschichte schreiben

- Verknüpfe die einzelnen Handlungsbausteine zu einer nachvollziehbaren Geschichte.
- Veranschauliche die Gedanken und Gefühle der Figuren. Du kannst ...
  - das Gefühl direkt benennen *(sie fühlte ihre Wut; wütend)*,
  - ein Gefühl durch einen Vergleich veranschaulichen *(blind vor Wut)*,
  - der Figur Gedanken durch den Kopf gehen lassen *(„O, nein!")* oder
  - Handlungen und körperliche Reaktionen der Figur darstellen, die mit dem Gefühl verbunden sind *(sie verkrampfte sich; er zitterte)*.
- Verwende an passenden Stellen wörtliche Rede (→ S. 36).
- Schreibe im Präteritum (→ S. 232).

3. Schritt: Die Geschichte überprüfen und überarbeiten

Überprüfe deine Geschichte mit folgender Checkliste und überarbeite sie, falls notwendig:

Checkliste ✔ Eine Erzählung schreiben

- ✓ Sind alle Handlungsbausteine in der Geschichte enthalten?
- ✓ Erzählst du immer aus der Sicht einer bestimmten Figur?
- ✓ Sind die Gedanken und Gefühle deiner Figuren gut veranschaulicht, z. B. durch Vergleiche?
- ✓ Hast du an passenden Stellen wörtliche Rede deiner Figur(en) eingebaut?
- ✓ Hast du einen Titel gefunden, der neugierig macht und nicht zu viel verrät?
- ✓ Steht deine Erzählung im Präteritum?

3 Ansichtssache: Freizeit

Die eigene Meinung begründen

Charlotte und Jakob haben heute keine Hausaufgaben. Sie überlegen, wie sie ihre freie Zeit gestalten wollen.

1. Nenne Charlottes und Jakobs Ideen für den Nachmittag. Welche gefällt dir besonders? Begründe deine Wahl.
2. Wie verbringst du einen freien Nachmittag? Gestalte eine Wunschblase mit Ideen für deinen freien Nachmittag.

Ein Nachmittag ohne Hausaufgaben! Ihr wollt den Tag zusammen verbringen – nur wie?

3 Suche aus dem Bild drei Aktivitäten aus, die du mit deinen Freundinnen oder Freunden gern durchführen möchtest. Erstelle eine Rangliste.

4 Formuliere für jede Idee auf deiner Liste mindestens eine Begründung, warum du den Tag mit den anderen auf diese Weise verbringen möchtest.

5 Tragt eure Begründungen vor und versucht, euch gegenseitig von euren Wünschen zu überzeugen. Einigt euch auf drei Vorschläge und erstellt eine Rangliste.

In diesem Kapitel ...

- lernst du, deine Meinung zu äußern und zu begründen.
- formulierst du deine Meinung auch schriftlich.
- übst du, die Meinung anderer Leute zu erkennen.
- lernst du, einen Leserbrief zu schreiben.

Begründungen untersuchen

Gunnar spinnt   *Irina Korschunow*

Ich heiße Lars. In den Ferien war ich mit Gunnar an der Nordsee. Gunnar ist
mein Freund. Wir sind in derselben Klasse und machen alles zusammen.
Deshalb bin ich auch mit ihm an die Nordsee gefahren. Und dort hätten wir
uns beinahe für immer verkracht.

5   Gleich am ersten Tag ging es los. Gunnars Eltern hatten ein Ferienhaus
gemietet. Gunnar kannte es schon von früher, und als wir in unser Zimmer
kamen, sagte er: „Das obere Bett ist meins. Da habe ich sonst auch
geschlafen."

Das ärgerte mich ein bisschen. Er hätte wenigstens fragen können, ob es
10 mir passt.

Nach dem Essen gingen wir an den Strand. Ich hatte mich so aufs Baden
gefreut. Aber Gunnar wollte zuerst mit der Burg anfangen: „Das habe ich
immer so gemacht", sagte er. „Los! Komm!"

Wir schaufelten eine Weile. Dann brauchten wir Wasser zum Begießen
15 und ich lief zweimal ans Meer mit dem Eimer. „Du kannst auch mal Wasser
holen", sagte ich schließlich. Gunnar schüttelte den Kopf. „Ich muss an meiner Burg arbeiten. Weil ich am besten weiß, wie man das macht."
Meine Burg! Ich dachte, ich höre nicht richtig. Meine Mutter hatte mir

gesagt, ich sollte mir Mühe geben und nett sein. Aber jetzt langte es mir. Am
20 liebsten wäre ich nach Hause gefahren. Der Gunnar war immer in Ordnung
gewesen. Und plötzlich fing er an zu spinnen. Als ob die ganze Nordsee ihm
gehörte. Abends bekamen wir dann einen Riesenkrach. Gunnars Eltern
waren weggegangen und wir saßen vor dem Fernseher. Doch wir guckten
nicht, wir zankten uns nur. Ich wollte den Krimi sehen, Gunnar die Show.

25 Wir stritten und brüllten uns an und auf einmal schrie er: „Du hast überhaupt nichts zu bestimmen! Das ist unser Haus! Und unser Fernseher!"

Da hatte ich genug. „Morgen fahre ich wieder weg", habe ich gesagt. „Wenn alles dir gehört und nur du zu bestimmen hast, dann bleibe ich nicht hier."

30 Ich habe meine Sachen zusammengepackt und mich ins Bett gelegt. Aber schlafen konnte ich nicht. Immerzu musste ich daran denken, wie gut wir uns verstanden hatten. Und nun war es aus.

Nach einer Weile kam Gunnar. Er kletterte in sein Bett und deckte sich zu. Dann flüsterte er: „Du, Lars!" Der soll mich in Ruhe lassen, dachte ich.

35 „Mann, Lars", sagte Gunnar. „Ich meine das doch nicht so. Natürlich hast du genauso viel zu bestimmen wie ich. Ist doch klar."

„Ich denke, alles hier ist deins", sagte ich.

„Fang doch nicht wieder an", sagte Gunnar. „War ja gesponnen. Ehrlich. Und fahr bloß nicht weg. Ist doch Mist ohne dich. Okay?"

40 Da habe ich auch okay gesagt und meinen Kram wieder ausgepackt. Es sind ganz tolle Ferien geworden. Und ich bin froh, dass Gunnar noch mein Freund ist.

1 a) Warum streiten Gunnar und Lars? Begründe deine Einschätzung mit Textstellen.

b) Hättest du dich an Lars' Stelle genauso verhalten (Z. 27–32)? Begründe.

c) Untersuche Gunnars Begründungen (Argumente) im Text. Übertrage die Tabelle in dein Heft und ergänze sie.

d) Beurteile Gunnars Begründungen: Überzeugen sie dich?

Tipps & Hilfen (→ S. 300)

Aussage/Forderung	Begründung (Argument)
Das obere Bett ist meins,	weil ich immer dort schlafe.
Ich will zuerst mit der Burg anfangen,	weil …
Du sollst das Wasser holen,	weil …
Du hast überhaupt nichts zu bestimmen,	weil …

2 Was könnte Lars entgegnen, um seine Ansichten und Wünsche deutlich zu machen? Ergänze die Aussagen und formuliere Begründungen, die Gunnar wirklich überzeugen.

- „Es ärgert mich, dass du im oberen Bett schläfst, weil …"
- „Bevor wir eine Sandburg bauen, möchte ich …, da …"
- „Du kannst auch mal Wasser holen gehen, …"
- „Ich möchte mit dir gemeinsam das Fernsehprogramm aussuchen, …"
  Tipps & Hilfen (→ S. 300)

Die eigene Meinung begründen

Für einen Nachmittag mit Freunden packst du einen kleinen Rucksack. Da darin nur wenig Platz ist, kannst du außer Essen und Getränken nur drei Dinge mitnehmen.

1 a) Entscheide dich für drei Gegenstände, die du mitnehmen möchtest. Begründe deine Auswahl.
Tipps & Hilfen (→ S. 301)

  b) Stellt euch in Zweierteams gegenseitig eure Ideen vor. Einigt euch auf drei Dinge, die ihr mitnehmen wollt. Begründet bei jedem Gegenstand, warum er unbedingt mit muss.

  c) Stellt eure Auswahl einem anderen Team vor und einigt euch wiederum auf drei Dinge.

  d) Präsentiert der Klasse eure Entscheidungen und Begründungen.

2 a) Urlaub ohne Fernsehen? Untersuche das folgende Gespräch anhand dieser Fragen:
  - Welche Aussagen geben nur eine Meinung wieder, ohne sie zu begründen?
  - Wer begründet den eigenen Standpunkt?
Tipps & Hilfen (→ S. 301)

> **Ben:** Das geht gar nicht! Ohne Fernseher kann ich nicht leben!
> **Sven:** Ich finde es wichtig, dass ich auch im Urlaub einen Fernseher habe, damit ich keine Folge meiner Lieblingsserie verpasse.
> **Lena:** Im Urlaub braucht man keinen Fernseher. Schließlich fährt man doch weg, um den Tag anders als zu Hause zu verbringen: schwimmen, was erleben, …
> **Merve:** Meine Eltern finden Fernsehen im Urlaub unnötig, da zu viel Fernsehen angeblich nicht gut ist. Das sehe ich nicht so.

  b) Nenne weitere Argumente für oder gegen das Fernsehen im Urlaub.
Tipps & Hilfen (→ S. 301)

  c) Überlege, welche Argumente für das Fernsehen im Urlaub deine Eltern vermutlich am ehesten überzeugen.

3 Formuliere ein Gespräch zwischen dir und einer Freundin oder einem Freund zum Thema „Fernsehen im Urlaub – ja oder nein?". Achte auf sinnvolle Begründungen.

Calvin und Hobbes *Bill Watterson*

4 Calvin fährt mit seinen Eltern am Wochenende an einen See. Untersuche die Aussagen von Calvin und seinem Vater. Was gefällt dem Vater an dem Ausflug? Welche Meinung hat Calvin?

5 Urlaub kann man auf verschiedene Art und Weise verbringen, z. B. als Campingurlaub auf einem Zeltplatz.
- Was spricht für einen Campingurlaub?
- Was spricht gegen einen Campingurlaub?

Lege eine Tabelle in deinem Heft an und ergänze weitere Begründungen.

Das ist schön am Campingurlaub:	Das spricht gegen einen Campingurlaub:
Man ist den ganzen Tag draußen.	*Es gibt keinen Fernseher.*
…	…

6 Untersuche die Einträge in deiner Tabelle:
- Gelten diese Begründungen für dich und deine Eltern gleichermaßen?
- Welche Begründungen gelten nur für dich, welche nur für deine Eltern? Woran liegt das?

Begründungen prüfen

Sollte man für Abenteuer schulfrei bekommen?

Sie wollte als jüngste Seglerin die Welt umrunden, allein, zwei Jahre lang. Doch die 14-jährige Laura Dekker aus der Nähe von Utrecht in den Niederlanden sitzt an Land fest. Ende Oktober nämlich hat ein Gericht ihre abenteuerlichen Pläne durchkreuzt – und die Tour verboten. Die Begründung: Die Weltumrundung sei für eine 14-Jährige einfach zu gefährlich, außerdem gelte auch für sie die Schulpflicht. Sollte man für ein Abenteuer, wie Laura Dekker es geplant hatte, schulfrei bekommen?

1 Schulfrei für ein Abenteuer?
Zu dieser Frage kann man sehr unterschiedlicher Ansicht sein.
Gib die Meinungen der Kinder mit eigenen Worten wieder.

> Ich finde es ganz in Ordnung, dass Laura diese Reise macht. Natürlich muss sie danach nachholen, was die anderen in ihrer Klasse lernen. Aber das weiß sie bestimmt. Später hat sie vielleicht nie wieder die Chance, so eine aufregende Reise zu unternehmen. Das sollte sie sich nicht entgehen lassen.   Finn, 11 Jahre

> Was wird passieren, wenn Laura wirklich für ihre Reise von der Schule beurlaubt wird? Dann wollen bestimmt noch mehr Schülerinnen und Schüler lieber Abenteuer erleben, als zu Schule zu gehen. Die müsste man doch dann auch beurlauben, sonst wäre das ja ungerecht.   Cleo, 12 Jahre

> Die Idee, die Welt zu umsegeln, ist natürlich toll. Aber das ist doch auch ganz schön gefährlich. Ich finde es nicht gut, für solche gefährlichen Abenteuer Kinder von der Schule freizustellen. Laura kann doch warten, bis sie größer ist.
> Noah, 10 Jahre

> Auf jeden Fall: ja! Erwachsene dürfen ihre Träume doch auch leben. Dann muss man das genauso auch Kindern erlauben.   Ayse, 11 Jahre

2 Überprüfe die Argumente der Kinder. Begründen sie ihren Standpunkt überzeugend?
3 Diskutiert in der Klasse die Frage, ob man für Abenteuer schulfrei bekommen sollte.
4 Formuliere deine Meinung zu der Frage schriftlich und begründe sie.

Einen Leserbrief schreiben

> *Reutlingen, den 10.02.20..*
>
> *Artikel über Laura Dekker in GEOlino Nr. 1, Januar 20..*
>
> *Sehr geehrte GEOlino-Redaktion,*
> *mit großem Interesse habe ich Ihren Artikel gelesen, in dem Sie von der*
> *14-jährigen Laura Dekker berichtet haben, die für eine Weltumrundung*
> *mit dem Segelboot schulfrei erhalten wollte.*
> *Ich bin der Ansicht, dass dies nicht erlaubt werden darf. Denn auch ich*
> *muss mein liebstes Hobby, mit dem Fahrrad große Touren zu machen, in*
> *den Schulferien ausüben. Für alle Schülerinnen und Schüler sollte gleiches*
> *Recht gelten. Wer legt fest, welches Hobby eine Ausnahme wert ist?*
> *Das kann nicht fair entschieden werden. Daher bin ich gegen solche*
> *Ausnahmen. Ich wünsche mir eine Gleichbehandlung für alle.*
>
> *Mit freundlichen Grüßen*
> *Charlotte Welke (11 Jahre)*

Ein Leserbrief ist eine schriftliche Meinungsäußerung zu einem bestimmten Thema. Dabei äußern sich Leser/-innen von Zeitungen oder Zeitschriften oder auch Fernsehzuschauer/-innen zu einem Artikel bzw. einer Sendung.

1 Wie ist ein Leserbrief aufgebaut? Ordne die Informationen aus dem Info-Kasten dem Brief von Charlotte zu.

2 Verfasse selbst einen Leserbrief zur Frage: Schulfrei für ein besonderes Abenteuer?
Tipps & Hilfen (→ S. 301)

Info: So schreibst du einen Leserbrief

1. Gib in der **Betreffzeile** an, zu welchem Artikel und Thema du Stellung nehmen willst.
2. Formuliere eine passende **Anrede** an die Redaktion.
3. Achte auf großgeschriebene **Anredepronomen** bei Personen, die du nicht duzt.
4. Formuliere deinen **Standpunkt** zum Thema als Zustimmung oder Widerspruch und begründe ihn. Am **Schluss** kannst du ihn nochmals zusammenfassen.
5. Beende den Brief mit einer **Grußformel** …
6. … und **unterschreibe** ihn. Hier kannst du auch kurze Informationen über dich hinzufügen.

Begründungen schriftlich formulieren

❶ Die Schülerinnen und Schüler der Klasse 5 b finden, dass sie zu viele Hausaufgaben in den verschiedenen Fächern aufhaben. Um das zu ändern, will die Klasse in einem Brief an die Schulleitung ihre Forderung „Weniger Hausaufgaben – mehr Freizeit!" begründen.

Sammle Begründungen (Argumente) für die Forderung „Weniger Hausaufgaben – mehr Freizeit!" Notiere sie in einer Liste.

Weniger Hausaufgaben – mehr Freizeit
– mehr Zeit für Freundinnen und Freunde
– kein Zeitdruck bei Hausaufgaben
– ...

❷ Prüfe deine gesammelten Begründungen (Argumente). Beachte dabei, an wen sich der Brief richtet, also wer der Adressat ist:
- Welche Begründungen werden vermutlich die Schulleitung überzeugen?
- Welche Begründungen wird sie eher nicht gelten lassen?

❸ Formuliere deine Begründungen in ganzen Sätzen. Nutze die Formulierungshilfen im Info-Kasten.
- Formuliere im Plural, da du aus Sicht der Klasse schreibst: *Wir finden, dass ...*
- Schreibe so, dass der Adressat (Schulleitung) die Argumente gut nachvollziehen kann.

Info: Formulierungshilfen zum schriftlichen Begründen

So kannst du deine Meinung einleiten:
Wir sind der Meinung, dass ... / Unserer Ansicht nach ... / Wir denken, dass ...
Wir sind der Meinung, dass weniger Hausaufgaben besser für uns wären.
So kannst du deine Sätze einleiten oder verknüpfen:
- **weil, denn, da ... (Grund)**
- *..., weil Erholungspausen wichtig sind.*
- **sodass, folglich, darum ... (Folge)**
- *..., sodass auch Zeit zur Erholung bleibt.*
- **außerdem, darüber hinaus ... (Aufzählung)**
- *Zeitdruck führt zu Fehlern. Außerdem macht das Lernen unter Zeitdruck keinen Spaß.*
- **Besonders wichtig ist ... (Hervorhebung)**
- *Besonders wichtig ist, dass genügend Zeit für besondere Interessen bleibt.*
- **beispielsweise, so ... (Beispiel)**
- *Beispielsweise spielen viele von uns ein Instrument oder sind in einem Sportverein.*

Begründungen überarbeiten

1 Die Schülerinnen und Schüler der 5 b schreiben Entwürfe für den Brief an die Schulleitung. Lies die Briefauszüge von Jakob, Tim und Viola und untersuche:
- Wurde der Adressat des Briefs berücksichtigt, passen also Sprache und Inhalt zu einem Brief an die Schulleitung?
- Wo wurden die Formulierungshilfen aus dem Info-Kasten auf Seite 68 genutzt?

Ich bin der Meinung, dass wir weniger Hausaufgaben haben sollten, damit noch genug Zeit für unsere Hobbys bleibt. Denn Bewegung ist ebenso wichtig, wie für die Schule zu üben. So hat man einen Ausgleich zum Stillsitzen am Vormittag. Nach einem langen Schultag ist es beispielsweise gut, Fußball zu spielen, um den Kopf freizukriegen. (Jakob)

Weniger Hausaufgaben sind besser. Wenn man weiß, dass man nachmittags mehr Zeit für andere Aktivitäten hat, lernt man morgens umso lieber und erledigt auch die Hausaufgaben gerne. Toll ist es auch, ohne Zeitdruck zu lernen. Zum Beispiel braucht man für Vokabeln Ruhe und Zeit. Viele von uns machen mehrmals in der Woche Sport in einem Verein. Sie schaffen es dann kaum, Sport und Hausaufgaben unter einen Hut zu bringen. Außerdem wollen wir genug Zeit haben, um Freunde zu treffen, am Computer zu spielen oder einfach mal gar nichts zu tun. (Tim)

Ich möchte weniger Hausaufgaben haben. Es bleibt durch die vielen Aufgaben oft keine Zeit für mein Instrument. Klavierspielen ist ja auch wichtig, und man muss regelmäßig üben, wenn man gut werden will. (Viola)

2 An welchen Stellen würdest du die Briefauszüge umformulieren? Überarbeite die Textstellen. Nutze dabei die Formulierungshilfen auf Seite 68.

Diagramme lesen

Diagramme stellen Zahlenwerte und Größenverhältnisse in einer anschaulichen, übersichtlichen Form dar. Es gibt unterschiedliche Diagrammtypen, z. B.:

- Säulendiagramm,
- Balkendiagramm,
- Kreisdiagramm.

Wie man ein Säulendiagramm liest und auswertet, lernst du hier:

Info: Ein Säulendiagramm lesen

Schritt 1: Verschaffe dir einen Überblick über das Diagramm.
- Lies dazu die Überschrift oder die Bildunterschrift.
- Worüber informiert das Diagramm? Benenne das Thema.
  Das Diagramm zeigt die Ergebnisse einer Befragung von Jugendlichen zwischen …
  Es ging um die Frage, …

Schritt 2: Lies die Angaben auf der x-Achse und der y-Achse.
- Kläre die Maßeinheit (Meter, Kilogramm …).
  Überprüfe: Werden Prozentsätze oder absolute Zahlen aufgeführt?
- Wird eine zeitliche Entwicklung (meist auf der x-Achse) dargestellt (z. B. 2010, 2012 …)?
- Von wem stammen die Zahlen? Wer hat z. B. die Umfrage beauftragt?
Achte auf zusätzliche Erklärungen in einer Legende (meist unten und klein gedruckt).

Schritt 3: Beschreibe die Säulen und werte sie aus.
- Ermittle den höchsten und den niedrigsten Wert.
  Im Jahr … war der Prozentsatz der Befragten, die täglich oder mehrmals pro Woche ein Buch lasen, am niedrigsten …
- Welche Werte sind ähnlich oder gleich groß?
- Wo siehst du deutliche Unterschiede?
- Nehmen die Werte über den Zeitverlauf ab oder nehmen sie zu?

Schritt 4: Fasse die Ergebnisse in eigenen Worten zusammen.
Was lässt sich an dem Diagramm ablesen? Formuliere die Ergebnisse in ganzen Sätzen.
Zwischen 37 % und 44 % der Befragten lasen in den Jahren 2003 bis 2012 täglich oder …

Schritt 5: Stelle Überlegungen zu den Ergebnissen an.
- Welche Ursachen könnte es für die Ergebnisse geben?
- Welche Ergebnisse kannst du nachvollziehen, welche nicht?
- Lassen sich Schlussfolgerungen aus den Ergebnissen ableiten?

---

❶ Werte das folgende Säulendiagramm in den genannten Schritten 1 bis 5 (→ S. 70) aus.

Eine Umfrage unter Jugendlichen zwischen 12 und 19 Jahren

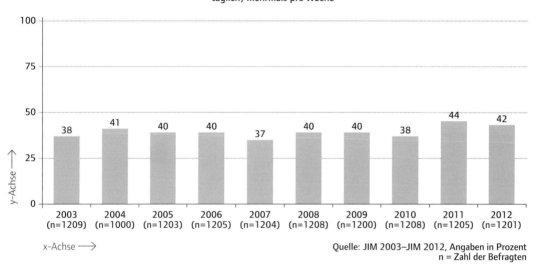

Bücher lesen 2003–2012
täglich/mehrmals pro Woche

Quelle: JIM 2003–JIM 2012, Angaben in Prozent
n = Zahl der Befragten

❷ Die folgenden Aussagen zu dem Diagramm haben Schüler/-innen der Klasse 5 gemacht.
Lies die Aussagen durch und verbessere inhaltliche Fehler.

A Das Säulendiagramm zeigt, wie viele Jugendliche täglich oder mehrmals in der Woche Bücher lesen.

B Im Jahr 2010 gaben 38 % aller Befragten an, täglich oder mehrmals in der Woche Bücher zu lesen.

C 2012 lasen mehr Jugendliche täglich oder mehrmals pro Woche Bücher als 2004.

D Die Umfrage-Ergebnisse aller Jahre zeigen, dass weniger als die Hälfte aller befragten Jugendlichen täglich oder mehrmals in der Woche ein Buch lesen.

E Insgesamt ist eine starke Schwankung zwischen 2003 und 2012 festzustellen.

❸ Erstellt eine Umfrage in der Klasse, z. B. zu folgenden Themen:
- Wie ist das Leseverhalten in eurer Klasse?
- Wie lange seht ihr in der Woche insgesamt fern?
- Wie (mit welchen Geräten) hört ihr Musik?

❹ Stellt eure Umfrage-Ergebnisse in einem Säulendiagramm dar.

Kinder- und Jugendzeitschriften untersuchen

❶ a) Welche Kinder- und Jugendzeitschriften lest ihr häufiger? Sammelt gemeinsam.

b) Erstelle für eine Zeitschrift, die du gut kennst und gerne liest, einen Zeitschriften-Steckbrief nach folgendem Muster:

Mein Zeitschriften-Steckbrief

Name der Zeitschrift: Geolino

Besonders geeignet für: Kinder zwischen 8 und 12 Jahren

Erscheinungsweise: monatlich

Preis: ...

Themen, die in dieser Zeitschrift behandelt werden: ...

Besonders gut gefällt mir: ...

---

❷ Welche Kinder- und Jugendzeitschriften sind in eurer Altersgruppe besonders beliebt? Macht eine Kurzumfrage in allen 5. Klassen eurer Schule.

Erstellt im Anschluss eine Hitliste der beliebtesten Kinder- und Jugendzeitschriften.

POLITIK	MENSCHEN	WIRTSCHAFT	NATUR + TECHNIK	KULTUR	SPORT
6 GLOBUS Nachrichten aus aller Welt	14 DAS WAR 2014 Ein Nobelpreis für Malala, Krieg in Syrien und natürlich die Fußball-Weltmeisterschaft: was in diesem Jahr alles passiert ist	28 WIR ARBEITEN HEUTE NICHT! Warum Züge stillstehen und Flugzeuge nicht abheben: Was ist ein Streik?	34 NEWS 36 TITEL: DADDELN, ABER RICHTIG Warum man beim Spielen nicht nur Zeit verschwenden, sondern auch eine Menge lernen kann/ 18 tolle Handy-, PC- und Brettspiele/Braucht man eine Konsole?	52 KULTURTIPPS 54 „ÜBEN KANN LANGWEILIG SEIN" Die Kinderreporter Nina und Chesta trafen den Star-Pianisten Lang Lang und holten sich Profi-Tipps	68 DER MANN IM TOR Silvio Heinevetter fährt im Januar mit der National-mannschaft zur Handball-WM nach Katar. Im Interview verrät er, ob er schon aufgeregt ist
10 UNTERRICHT UMSONST Das afrikanische Land Kenia hat die Schulgebühren abgeschafft. Eigentlich eine gute Idee – trotzdem lernen viele Kinder jetzt weniger als zuvor. Warum?	20 EURE TEXTE Hanna, 12, feiert Weihnachten in Bethlehem, der Geburtsstadt Jesu	30 ARMES FEDERVIEH Woher kommen die Daunen, die in kuscheligen Winterjacken stecken? Tierschützer fanden heraus, dass Enten und Gänse oft bei lebendigem Leib gerupft werden		57 BESTSELLER 58 KINO-ZAUBER IM ADVENT Hexen, Geister und Hobbits: In der Vorweihnachtszeit wird es magisch. Fünf Filme, die jetzt anlaufen	70 SERIE: TRAUMBERUF RENNFAHRER Mit 300 Sachen unterwegs – so ist der Beruf wirklich
	22 MEINUNG Muss man sich zu Weihnachten etwas schenken?	32 RÄTSELMASCHINE	44 ZUM FRESSEN GERN Kennen Tiere so etwas wie Freundschaft? 47 LESERBRIEFE/WITZE 48 ZAHLEN, BITTE! Wie lange steht ein Mensch pro Jahr unter der Dusche? Hier gibt's die Antwort	60 COMIC 65 EIN PROMI UND SEINE WELT Die Sängerin Kiesza 66 QUERBEET	73 AUFLÖSUNG/ IMPRESSUM 74 FERDINAND
	24 SCHÜSSE IN DER STADT Auch in Großstädten gibt es Jäger – und die werden dringend gebraucht				

❸ a) Untersuche den Auszug aus dem Inhaltsverzeichnis der Zeitschrift „Dein Spiegel".
 In welche Themenbereiche (Rubriken) ist es unterteilt?

 b) Vergleiche die Aufteilung des Inhaltsverzeichnisses mit denen anderer Zeitschriften,
 z. B. auf Seite 74. Welche Ähnlichkeiten und Unterschiede stellst du fest?

④ Stellt euch vor, ihr seid Redakteurinnen oder Redakteure einer Kinder- und Jugendzeitschrift. Welche Rubriken und Themen sollten in eurer Zeitschrift vorkommen? Entwerft ein
Inhaltsverzeichnis.

Info: Zeitschriften untersuchen

Zeitschriften gibt es zu vielen **verschiedenen Themenschwerpunkten**, z. B. zu den Themen
Sport, Pferde, Kunst, Natur und Umwelt oder *Politik*. Die meisten Kinder- und Jugendzeit-
schriften bieten jedoch eine breite Themenvielfalt an, damit für möglichst viele Kinder etwas
Interessantes dabei ist.
Orientiere dich bei der Untersuchung einer Zeitschrift an folgenden Punkten:
- **Themenschwerpunkt:** Hat die Zeitschrift einen eindeutigen Themenschwerpunkt?
 Wenn ja, welchen?
- **Zielgruppe:** An welche Leser/-innen richtet sich die Zeitschrift, z. B. eher an Mädchen oder
 an Jungen? Für welche Altersgruppe ist sie geeignet?
- **Rubriken** (Einteilung in bestimmte Themenbereiche): Sind im Inhaltsverzeichnis bestimmte
 Rubriken zu erkennen, z. B. *Politik, Wirtschaft, Kultur, Comic, Meinung*, die sich in allen
 Ausgaben der Zeitschrift wiederholen?
- **Besonderheiten:** Welche Besonderheiten zeichnen diese Zeitschrift aus, z. B. ansprechende
 Gestaltung, besonders schöne Bilder und Fotos, tolle Comics, spannende Interviews mit
 bekannten Persönlichkeiten …?

Jedes Hundeleben zählt

Die Rumänin Ana-Maria ist gerade einmal 14 Jahre alt, doch sie hat schon mehreren hundert Hunden das Leben gerettet. Wir haben die junge Tierschützerin letzten Sommer besucht und sie bei einer Rettungsaktion begleitet. Mit Fotostrecke

mehr »

Bilderrätsel: Bäume

Wissenstest: Roboter

MEMOlino: Superbauten

Jedes Hundeleben zählt

GEOlino Extras

Roboter · Das Mittelalter · Wie wir die Welt retten · Basteltipps

» Alle Extras «

Redewendungen

Inhalt

3 Gib mir 5
Fünfmal staunen über – den Regenbogen

6 Menschenskinder!
Vier Geschichten aus dem Leben der Kinder dieser Welt

12 TITELTHEMA: Wasserschweine
Diese Nager mögen es nass: die Capybaras aus Südamerika

16 Ein Roboter auf Reisen
Der Tramp-Roboter »Hitchbot« hat uns in der Redaktion besucht

18 Gletscher – Giganten aus Eis
Lest, wie die Eisriesen entstehen – und wieder vergehen

24 Das rätselhafte Labyrinth
Für Pfadfinder, Fährtenfahnder, Spurensammler

28 Spritziger Sport!
Wasserball: auf Torejagd im Schwimmbecken

34 Planet Lino
Die verrücktesten Nachrichten des Monats

36 Der Supersaurier
Forscher haben die Knochen eines Riesendinos entdeckt

42 Tipps des Monats
Neues zum Lesen, Spielen, Angucken im Juni

44 Kleiner Pikser, große Wirkung
Warum Impfen Leben rettet

48 Ratsport
Sieben knifflige Knobeleien zum Kopfzerbrechen

52 Hilfe für die Straßenhunde
Ana-Maria kümmert sich um herrenlose Vierbeiner

58 Ein paar ganz heiße Reifen ...
... zeigen wir euch in diesem Heft!

60 Einfach umwerfend: Kubb
Aus der Werkstatt: So baut ihr euch ein Wikinger-Schachspiel

64 UNICEF in der Ukraine
Weil in ihrer Heimatstadt Krieg herrscht, musste Ariadna fliehen

68 Ratekrimi!
Tödliche Schatten – ein Fall für die Wadenbeißer

72 Hier schreibt ihr!
Eure Briefe, eure Fragen, eure Antworten

73 Impressum

74 Vorschau

Mehr auf GEOlino.de

Erst lesen, dann klicken: Zu Beiträgen, die wir mit diesem Pfeil kennzeichnen, findet ihr noch mehr Spannendes, Verrücktes, Interessantes auf **www.geolino.de**

5
GEOlino

❺ a) Beschreibe den Aufbau der Internetseite der Zeitschrift „Geolino" und vergleiche ihn mit dem Inhaltsverzeichnis der gedruckten Ausgabe.

b) Erläutere, was du unter den einzelnen Themenbereichen (Rubriken) der Internetseite finden könntest.

❻ Überlegt gemeinsam, unter welchen Rubriken der Internetseite ihr die im Inhaltsverzeichnis des gedruckten Hefts genannten Artikel finden könntet.

❼ a) Was verbirgt sich hinter der Rubrik „Community"? Stellt Vermutungen an.

b) Überprüft eure Vermutungen, indem ihr die Internetseite aufruft.

8 Ein Teil der „Geolino-Community" ist der sogenannte „Online-Briefkasten". Hier könnt ihr eure Meinung zum aktuellen Heft äußern, z. B. zur Themenauswahl oder zu einzelnen Artikeln. Ihr könnt auch neue Themen vorschlagen.
Verfasse einen solchen Beitrag zur Zeitschrift „Geolino" oder zu einer anderen Kinder- oder Jugendzeitschrift deiner Wahl.

9 Die Teilnahme an einer Internet-Community unterliegt immer bestimmten Regeln.

a) Lies den folgenden Auszug aus den Regeln der „Geolino-Community" und fasse sie in eigenen Worten zusammen. Erkläre dabei auch schwierige Wörter, wie *Trolling*, *Pinboard* oder *Spam-Mails*.

b) Liste die Regeln in einem schriftlichen Regel-Katalog auf.

Forum-Regeln
1. Jeder hat ein Recht auf freie Meinungsäußerung.
2. ...

Regeln der „Geolino-Community"

[...]

Allgemeines

Jeder hat das Recht auf freie Meinungsäußerung. Trotzdem behalten wir uns vor, bestimmte Inhalte nicht oder nur gekürzt zu veröffentlichen. Dazu zählen zum Beispiel persönliche Beleidigungen, rassistische Äußerungen,
5 kommerzielle Werbung, Antworten, die schon mehrfach ähnlich gegeben wurden, und offensichtlich unsachliche Beiträge, die nicht das im Forum diskutierte Thema betreffen und eine bestehende Diskussion ernsthaft stören („Trolling"). Die Pinboards sind außerdem weder Kontaktbörse (siehe Datenschutz), noch Platz für öffentliche Beschimpfungen. [...]

10 ### Formelles

Bitte fasst euch kurz beim Formulieren des Betreffs für eure Beiträge und achtet darauf, dass die Texte lesbar bleiben: Ein Ausrufungszeichen statt zehn reicht zum Beispiel vollkommen aus!

Datenschutz

15 Um euch vor Menschen zu beschützen, die eure privaten Kontaktdaten vielleicht missbrauchen möchten (z. B. für Spam-Mails), können wir eure E-Mail-Adresse, SchülerVZ und Facebook-Namen, Postanschrift, Home-page-Adresse, Telefonnummer und Ähnliches nicht in Beiträgen veröffent-lichen. [...]

Zum Schmökern, Schauen, Weiterdenken

Ein Fisch sein   *Gina Ruck-Pauquèt*

Hanna steht am Fenster. Es regnet. Der Regen rinnt die Scheibe hinab, un-
aufhörlich, endlos. Schön ist das. Hanna gefällt es. Draußen ist es neblig und
grau. Verschwommen sind die Konturen der Bäume und die Lichter in der
Ferne leuchten gelblich und matt.

5   „Hanna", sagt Dietz, „spiel doch mit mir."

„Nein", sagt Hanna. „Ich mag jetzt nicht. Lass mich." Dietz ist ihr kleiner
Bruder. Er fällt ihr auf die Nerven. Immer will er was. Hanna starrt hinaus.
Nebelwelt, Wasserwelt. Ringsum ist es still.

Als wären alle Geräusche ertrunken, denkt Hanna. Das Wasser hat die
10 Welt zugeflutet, das Land, die Stadt, die Straße, das Haus, dieses Zimmer.
Ich bin ein Fisch in einem Aquarium.

„Hanna", ruft Dietz, „bei dem roten Auto ist ein Rad ab! Kannst du das
wieder dranmachen?"

„Nein", sagt Hanna. „Jetzt lass mich endlich in Ruhe!" Sie braucht ein paar
15 Minuten, bis sie wieder ein Fisch geworden ist. Weich, flink und geschmei-
dig. Taucht hinab, immer tiefer auf den Grund, wo es leuchtende Muscheln
gibt, glitzernden Sand und Korallen.

Stille – nur ein Klang ist da. Es mag das Geläut einer fernen Glocke sein.
Vielleicht ist es aber auch einfach das Lied des Wassers, das nur die Fische
20 hören können.

„Hanna", dringt da die Stimme aus der anderen Welt, die Stimme von
Dietz, quengelig, fordernd. „Hanna, das gelbe Auto ist auch kaputt."

„Dietz", sagt Hanna, „wenn du mich nicht in Ruhe lässt, werde ich nie
wieder mit dir spielen. Im ganzen Leben nie wieder. Hast du verstanden?"
25 Ein Fisch. Ich bin ein Fisch, denkt sie. Ich will wieder ein Fisch sein. Drückt
ihre Nase gegen das Fenster, die Fischnase gegen das Glas des Aquariums,
lässt sich sinken, tief, tief. Spürt die Beweglichkeit ihrer Flossen und das
Wasser, das sie trägt, so weich und doch so fest. Stille zwischen den Muscheln, Stille über dem Sand, Stille zwischen den Korallen, endlos. Nur der
30 Hall der fernen Glocke, der sich nicht verändert. Hanna ist ein Fisch, der sich
in der Stille wiegt, wiegt und wiegt, Stunden und Tage, wiegt und wiegt.

Nichts verändert sich je. Selbst die kleine Säule der Luftblasen, die vor
dem Fischmaul aufsteigt, bleibt immer gleich. Hanna ist ein Fisch. Ein einsamer Fisch in einem Aquarium. Hebt sich ein wenig, lässt sich hinabsinken,
35 weiter nichts. Ein einsamer Fisch. Ein einsamer, trauriger Fisch. Nichts als
die Welt im Dämmerlicht, in der Lautlosigkeit, nichts als Wasser ringsum.

Nein, denkt Hanna, Fische können nicht weinen. Oder doch? „Dietz“, ruft sie. Es klingt ganz erstickt, so unter Wasser ausgesprochen. „Dietz?“

„Ja?“, sagt Dietz mit seiner sehr kleinen Stimme.

40 Hanna taucht auf, schnell. Die Aquariumwand wird wieder ein Fenster, an dem das Wasser hinabrinnt. Auf dem Boden des Zimmers hockt Dietz, der kleine Dietz, und heult. Auf einmal ist es toll, dass es ihn gibt.

„Dietz“, sagt Hanna, „hör auf. Bitte, hör auf und lass uns was spielen.“

① a) Warum will Hanna nicht mit Dietz spielen und wie begründet sie dies?
b) Wie hätte sie besser begründen können? Sammle Beispiele.

② Überzeuge Hanna mit guten Argumenten, an diesem verregneten Nachmittag mit dir zu spielen. Schreibe ein mögliches Telefongespräch zwischen dir und ihr auf.

③ Zeichne Hannas Aquariumfenster. Halte dich dabei an die Beschreibung im Text.

Skaten in Kabul   *Josephina Maier*

Tamana mag am liebsten den „Ollie“. Das ist ein Trick auf dem Skateboard, bei dem man so abspringt, dass man das Brett in der Luft unter den Füßen behält und danach wieder darauf landet. Vor zwei Jahren stand Tamana zum ersten Mal in ihrem Leben auf einem Skateboard. Inzwischen ist sie

5 zwölf Jahre alt und so gut geworden, dass sie anderen Kindern ihre Tricks beibringt: Tamana ist Trainerin bei Skateistan, einer Skateboardschule in der afghanischen Hauptstadt Kabul. Wenn ein Mädchen richtig gut skateboarden kann, ist das schon in Deutschland etwas Besonderes. In Afghanistan, wo Tamana lebt, sind Mädchen auf dem Skateboard eine Sensation. [...]

10 Dass es die Skateboardschule überhaupt gibt, ist ein großer Zufall. Vor sechs Jahren kam Oliver Percovich aus Australien nach Afghanistan. Er wollte dort eine Freundin besuchen, die für eine Hilfsorganisation arbeitete. Als begeisterter Skateboarder hatte er ein paar Bretter im Gepäck. Die Kinder in Kabul kannten Skateboards, wenn überhaupt, nur aus dem Fernsehen. Als sie sa-

15 hen, wie Oliver auf den staubigen Straßen seine Tricks übte, wollten sie es unbedingt auch mal versuchen. Anfangs trafen sie sich nur draußen, aber das war sehr gefährlich. [...] Deshalb hatte Oliver die Idee, eine Skatehalle in Kabul zu bauen, mit Rampen und einer richtigen Halfpipe. Dazu sammelte

er Spenden in aller Welt. Ende 2009 wurde die Halle schließlich eröffnet und
20 inzwischen kommen mehr als 350 Kinder regelmäßig dorthin.

Natürlich könnte man sagen, dass es für Kinder, die in einem Kriegsland wie
Afghanistan leben, Wichtigeres gibt, als skaten zu lernen. Andererseits sind
für sie in Kabul kaum Freizeitangebote vorhanden. Bei Skateistan sind sie
sicher und können einfach Spaß haben. Außerdem gibt es eine Vereinba-
25 rung: Für jede Stunde Skaten in der Halle müssen die Teilnehmer eine Un-
terrichtsstunde belegen. Bei Skateistan gibt es nämlich auch Klassenzimmer und Lehrer. Mit ihnen pauken die Kinder Mathe und Englisch oder
lernen, mit dem Computer umzugehen. Sie spielen aber auch Theater, malen, lernen zu fotografieren und Filme zu drehen.

30 In vielen afghanischen Familien müssen die Kinder mitverdienen, damit alle
etwas zu essen haben. Sie gehen auf die Straße und betteln oder versuchen,
Kleinkram zu verkaufen. Mehr als der Hälfte der Skateistan-Schüler ergeht
es so. Weil neben der Arbeit oft keine Zeit für die Schule bleibt, lernen viele
erst hier lesen und schreiben. [...] Tamana muss nicht auf der Straße arbei-
35 ten. Ihrem Vater ist es wichtig, dass sie zur Schule geht. Dennoch war er
anfangs unsicher, ob er seiner Tochter erlauben sollte, zu Skateistan zu
gehen.
   Ein Mädchen auf dem Skateboard? Zusammen mit Jungs? Weil viele Eltern solche Bedenken haben, kommen Jungen und Mädchen an verschiede-
40 nen Tagen in die Halle. Und weil es für Mädchen alleine auf den Straßen
Kabuls zu gefährlich ist, holt ein Busfahrer sie ab und bringt sie nach dem
Unterricht wieder nach Hause. „Wenn sie das hören, sind die meisten Eltern
beruhigt", erklärt Oliver. „Inzwischen haben wir hier fast genauso viele Mädchen wie Jungs." Was Tamana und ihre Freundinnen alles draufhaben, sehen
45 die Jungen zum Beispiel bei gemeinsamen Skatewettbewerben, die hin und
wieder stattfinden.
   Suliman, ein 13-jähriger Junge, ist überzeugt: „Es ist Quatsch zu denken,
dass Skateboarden nur was für Jungs ist." Für Tamana ist das sowieso klar.
„Mit dem Skateboarden mache ich auf jeden Fall weiter", sagt sie, „und spä-
50 ter werde ich es auch meinen Töchtern erlauben."

❶ Was ist das Besondere an Skateistan? Welche Argumente könnten Gegner dieses Projekts
ins Feld führen? Lies dazu vor allem die Zeilen 21 bis 34.
② Diskutiert in der Klasse, ob es typische Mädchenhobbys und typische Jungenhobbys gibt.
③ Gestalte ein Werbeplakat für Skateistan.

Gregs Tagebuch – Von Idioten umzingelt! *Jeff Kinney*

Dienstag

Hab ich eigentlich schon erwähnt, dass ich SUPER-GUT Videospiele spielen kann? Ich wette, ich kann jeden in meiner Klasse im direkten Duell schlagen.

Leider weiß mein Dad meine Begabung nicht wirklich zu schätzen. Stattdessen nervt er mich immer damit, ich solle rausgehen und etwas „Aktives" machen.

Als mein Dad mich heute nach dem Abendessen wieder damit zugetextet hat, nach draußen zu gehen, wollte ich ihm erklären, dass man beim Videospielen genauso Fußball oder Basketball spielen kann – und das ohne dass einem dabei total heiß wird und man ins Schwitzen kommt.

Das hat Dad aber wie immer nicht kapiert.

24

1. Welche unterschiedlichen Meinungen zur Freizeitgestaltung haben Vater und Sohn?
2. Teilst du Gregs Meinung, dass Videospiele eine Alternative zum Sport sind? Begründe.
3. Schreibe und zeichne eine Fortsetzung der Geschichte.

Ein Fremder in der Nacht *Cornelia Funke*

Es fiel Regen in jener Nacht, ein feiner, wispernder Regen. Noch viele Jahre später musste Meggie bloß die
Augen schließen und schon hörte sie ihn, wie winzige
Finger, die gegen die Scheibe klopften. Irgendwo in der
5 Dunkelheit bellte ein Hund, und Meggie konnte nicht
schlafen, sooft sie sich auch von einer Seite auf die andere drehte.

   Unter ihrem Kissen lag das Buch, in dem sie gelesen
hatte. Es drückte den Einband gegen ihr Ohr, als wollte
10 es sie wieder zwischen seine bedruckten Seiten locken.
„Oh, das ist bestimmt sehr bequem, so ein eckiges, har-
tes Ding unterm Kopf", hatte ihr Vater gesagt, als er
zum ersten Mal ein Buch unter ihrem Kissen entdeckte. „Gib zu, es flüstert
dir nachts seine Geschichte ins Ohr." – „Manchmal!", hatte Meggie geantwor-
15 tet. „Aber es funktioniert nur bei Kindern." Dafür hatte Mo sie in die Nase
gezwickt. Mo. Meggie hatte ihren Vater noch nie anders genannt.

   In jener Nacht – mit der so vieles begann und so vieles sich für alle Zeit
änderte – lag eins von Meggies Lieblingsbüchern unter ihrem Kissen, und
als der Regen sie nicht schlafen ließ, setzte sie sich auf, rieb sich die Müdig-
20 keit aus den Augen und zog das Buch unter dem Kissen hervor. Die Seiten
raschelten verheißungsvoll, als sie es aufschlug. Meggie fand, dass dieses
erste Flüstern bei jedem Buch etwas anders klang, je nachdem, ob sie schon
wusste, was es ihr erzählen würde, oder nicht. Aber jetzt musste erst einmal
Licht her. In der Schublade ihres Nachttisches hatte sie eine Schachtel
25 Streichhölzer versteckt. […] Meggie liebte es, bei Kerzenlicht zu lesen. Drei
Windlichter und drei Leuchter hatte sie auf dem Fensterbrett stehen. Sie
hielt das brennende Streichholz gerade an einen der schwarzen Dochte, als
sie draußen die Schritte hörte. Erschrocken pustete sie das Streichholz aus
– wie genau sie sich viele Jahre später noch daran erinnerte! –, kniete sich
30 vor das regennasse Fenster und blickte hinaus. Und da sah sie ihn. Die
Dunkelheit war blass vom Regen und der Fremde war kaum mehr als ein
Schatten. Nur sein Gesicht leuchtete zu Meggie herüber. Das Haar klebte
ihm auf der nassen Stirn. Der Regen triefte auf ihn herab, aber er beachtete
ihn nicht. Reglos stand er da, die Arme um die Brust geschlungen, als wollte
35 er sich wenigstens auf diese Weise etwas wärmen. So starrte er zu ihrem
Haus herüber.

   Ich muss Mo wecken!, dachte Meggie. Aber sie blieb sitzen, mit klopfen-
dem Herzen, und starrte weiter hinaus in die Nacht, als hätte der Fremde sie

angesteckt mit seiner Reglosigkeit. Plötzlich drehte er den Kopf und Meggie
40 schien es, als blickte er ihr direkt in die Augen. Sie rutschte so hastig aus
dem Bett, dass das aufgeschlagene Buch zu Boden fiel. Barfuß lief sie los,
hinaus auf den dunklen Flur. In dem alten Haus war es kühl, obwohl es
schon Ende Mai war.

In Mos Zimmer brannte noch Licht. Er war oft bis tief in die Nacht wach
45 und las. Die Bücherleidenschaft hatte Meggie von ihm geerbt. Wenn sie sich
nach einem schlimmen Traum zu ihm flüchtete, ließ sie nichts besser ein-
schlafen als Mos ruhiger Atem neben sich und das Umblättern der Seiten.
Nichts verscheuchte böse Träume schneller als das Rascheln von bedruck-
tem Papier.

50 Aber die Gestalt vor dem Haus war kein Traum.

Das Buch, in dem Mo in dieser Nacht las, hatte einen Einband aus blass-
blauem Leinen. Auch daran erinnerte Meggie sich später. Was für unwichti-
ge Dinge im Gedächtnis kleben bleiben!

„Mo, auf dem Hof steht jemand!"

55 Ihr Vater hob den Kopf und blickte sie abwesend an, wie immer, wenn sie
ihn beim Lesen unterbrach. Es dauerte jedes Mal ein paar Augenblicke, bis
er zurückfand aus der anderen Welt, aus dem Labyrinth der Buchstaben.

„Da steht einer? Bist du sicher?"

„Ja. Er starrt unser Haus an."

60 Mo legte das Buch weg. „Was hast du vorm Schlafen gelesen? Dr. Jekyll
und Mr Hyde?"

Meggie runzelte die Stirn. „Bitte, Mo! Komm mit."

Er glaubte ihr nicht, aber er folgte ihr. Meggie zerrte ihn so ungeduldig
hinter sich her, dass er sich auf dem Flur die Zehen an einem Stapel Bücher
65 stieß. Woran auch sonst? Überall in ihrem Haus stapelten sich Bücher. Sie
standen nicht nur in Regalen wie bei anderen Leuten, nein, bei ihnen stapelten sie sich unter den Tischen, auf Stühlen, in den Zimmerecken. Es gab sie
in der Küche und auf dem Klo, auf dem Fernseher und im Kleiderschrank,
kleine Stapel, hohe Stapel, dicke, dünne, alte, neue ... Bücher. Sie empfingen
70 Meggie mit einladend aufgeschlagenen Seiten auf dem Frühstückstisch,
trieben grauen Tagen die Langeweile aus – und manchmal stolperte man
über sie.

1 Welche Bedeutung haben die Bücher für Meggie?
Welche Atmosphäre schafft sie sich zum Lesen?
2 Stelle dein Lieblingsbuch der Klasse vor. Begründe, warum du es gern magst.
3 Eine Jugendzeitschrift fragt ihre Leser/-innen nach Buchtipps für die Ferien.
Schreibe einen Leserbrief an die Redaktion und begründe deinen Buchvorschlag.

Oma, wie war das früher, ein Kind zu sein? *Insa Gall*

Wie war es eigentlich früher, ein Kind zu sein? Gab es Taschengeld? Mehr
Aufgaben? Vielleicht auch mehr Freiheit? Der neunjährige Benni aus
Ahrensburg hat seine Großmutter Freya Hamann gefragt und von der
pensionierten Lehrerin viel über deren Kindheit erfahren. Hier folgt ein
Ausschnitt aus diesem Interview:

Benni: Was musste man früher im Haushalt machen, das heute Maschinen
übernehmen? Habt ihr Waschmaschinen benutzt?

Freya Hamann: Nicht nur nicht benutzt, wir hatten gar keine. Das Waschen
bedeutete einen unheimlichen Aufwand. Die Stoffe waren dick und schwer,
5 die wurden in großen Zinkwannen über Nacht eingeweicht und immer wieder geknetet oder mit dem Stock hin- und hergewälzt. Am nächsten Tag
wurde die Wäsche auf dem Waschbrett gerubbelt, damit die Flecken rausgingen. Wenn die Flecken gar nicht rausgingen, wurden Laken und Bett-
wäsche in der Sonne zum Bleichen auf der Wiese hinter dem Haus ausge-
10 breitet. Wir Kinder mussten sie immer wieder gießen, damit beim Trocknen
die Flecken rausgingen. Bei Heidelbeerflecken konnte das Tage dauern. Darum waren die Erwachsenen damals ziemlich streng, wenn die Kinder ihre
Kleider schmutzig machten. [...]

Benni: Waren die Lehrer streng?

15 **Freya Hamann:** Schon, allerdings nicht zu uns Mädchen. Wir fanden unseren Lehrer toll, weil er den frechen Jungs die Leviten gelesen hat[1].

Benni: Wie habt ihr eure Freizeit gestaltet?

Freya Hamann: Unsere Freizeit bestand oftmals daraus, dass wir helfen
mussten – Schuhe putzen, Holz stapeln. Häufig war das Spiel in die Arbeit
20 einbezogen. Nachdem wir das Holz gestapelt hatten, haben wir gefragt, ob
wir damit spielen durften, und uns richtige Zimmer daraus gebaut. Wenn
wir uns an die Regeln hielten und hinterher alles aufräumten, durften wir
das. Wir haben im Garten gearbeitet oder mussten in den Wald gehen und
Heidel- und Walderdbeeren, Nüsse und Bucheckern sammeln. Das war
25 einerseits Arbeit, andererseits auch Spiel. Und wir hatten danach etwas
zu essen.

Benni: Gab es auch Spiele, die heute noch gespielt werden?

---

1 jemandem die Leviten lesen: jemanden tadeln, zurechtweisen

Freya Hamann: Einige schon, wie etwa mit Kreide Kästchen zum Hüpfen auf das Pflaster malen. Wir konnten ja den ganzen Tag auf der Straße spie-
30 len, da kam kein Auto vorbei, sondern höchstens mal das Ochsenfuhrwerk eines Bauern. Unser ganzes Dorf war für uns Spielplatz. Wir durften überall hin, auf Mauern balancieren, über Gräben springen. Darum hat sich kein Erwachsener gekümmert, auch wenn wir mal reingefallen sind.

Benni: Durften Kinder früher mehr als heute?
35 **Freya Hamann:** Ja und nein. Auf der einen Seite hatten wir viel mehr Frei-heiten und standen nicht dauernd unter Beobachtung, auf der anderen Seite mussten wir auch ganz schön mit anpacken. Man wurde wenig ausge-schimpft für Dinge, wegen denen heute großes Theater gemacht wird. Aber es gab richtige Strafen – Stubenarrest oder Gartenarbeit – für alles, was mit
40 der Moral zu tun hat, wenn also beispielsweise gelogen oder jemand belei-digt wurde. Man musste zu Tisch kommen, wenn das Essen fertig war. End-lose Diskussionen wie heute gab es nicht. Kinder waren wichtig, weil sie zum gemeinsamen Leben etwas beigetragen haben. Heute sind Kinder durch ihre Überbehütung manchmal ausgegrenzt.

Wäschewaschen noch früher: Große Wäsche auf einem Bauernhof in den 1930er-Jahren

1 Was erfährst du über die Freizeitgestaltung von Bennis Großmutter?
2 Vergleiche mit deiner eigenen Freizeitgestaltung. Gelten die von Bennis Großmutter beschriebenen Unternehmungen für dich als Freizeitbeschäftigungen?
3 Befrage weitere Personen, z. B. deine Eltern. Nutze Bennis Fragen und finde mehr über die Freizeitgestaltung deiner Interviewpartner in ihrer Kindheit heraus. Du kannst dir auch andere Fragen überlegen.

Brauchen Kinder ein Smartphone?

*Ja, sagt der Pädagoge **Thomas Irion**. Denn nur so können sie schon früh lernen, verantwortungsvoll damit umzugehen. Der Kinderarzt **Christian Fricke** dagegen findet: Kinder müssen nicht ständig erreichbar sein und sollten ihre Zeit sinnvoller nutzen.*

Ja

Smartphones gehören heute zum Leben dazu

In Zukunft wird fast jeder Mensch so ein Gerät mit sich herumtragen, und man wird noch viel mehr damit machen können. Ich finde, dass deshalb auch Kinder lernen sollten, damit richtig umzugehen. Man kann mit Smartphones viel Sinnvolles machen, aber auch einiges falsch. Zum Beispiel aus
5 Versehen sehr viel Geld ausgeben, wenn man im Internet auf den falschen Seiten landet oder teure Apps herunterlädt. Oder wenn man zu viel telefoniert und schreibt. Außerdem gibt es im Internet verbotene Seiten, die man nicht aufrufen sollte. Und natürlich ist es auch eine Gefahr, dass man zu viel mit seinem Smartphone herumdaddelt. Sodass man sich nicht mehr um
10 seine Freunde und Familie kümmert oder sich nicht mehr auf etwas anderes konzentrieren kann. Das alles kann man aber lernen. Kinder könnten mit ihren Eltern handyfreie Zeiten ausmachen. Und jedes Kind könnte sich überlegen, wie viel Zeit es mit Handyspielen verbringen will, und sich dann eine Uhr danebenlegen. Damit man auf dem Handy nicht zu viel Geld
15 ausgibt, gibt es die Prepaid-Karten, die nach einer bestimmten Summe gesperrt werden. Kinder brauchen auch gar nicht das neueste und teuerste Smartphone.
Da werden andere nur neidisch. Oder es wird sogar geklaut. Am besten wäre es eigentlich, wenn es spezielle Kinder-Smartphones gäbe, mit denen man
20 nicht so viel falsch machen kann.

Smartphones sind für Erwachsene und Jugendliche wichtig – aber nicht unbedingt für Kinder

Jugendliche organisieren ihre Verabredungen darüber oder suchen im Internet die Verkehrsverbindungen heraus, ich denke aber, dass Kinder und junge Jugendliche noch kein Smartphone brauchen und sie deshalb auch nicht nutzen sollten. Mit einem Smartphone kann man sehr viel falsch machen,

5 zum Beispiel, wenn man ins Internet geht. Zu Hause am Computer oder Tablet können Kinder das gemeinsam mit ihren Eltern lernen. Die Eltern können direkt helfen und vorher einstellen, dass bestimmte Seiten nicht aus Versehen angewählt werden. Auf einem Smartphone haben sie darüber keine Kontrolle. Kinder müssen auch nicht ständig über das Telefon erreichbar

10 sein, erst recht nicht in der Schule. Viel wichtiger ist es, sich dort auf das zu konzentrieren, was um einen herum passiert, und direkt mit den anderen Kindern und Lehrern zu reden. Auch in der Freizeit stehlen Smartphones viel Zeit, ohne dass man es merkt. Dabei kann man in der Welt viel besser etwas entdecken, wenn man nicht ständig von einem Gerät abgelenkt ist.

15 Man kommt auf die besten Gedanken, wenn man auch mal Langeweile hat. Leider sind die Erwachsenen nicht die besten Vorbilder. Den meisten fällt es ja selbst schwer, mal das Telefon auszuschalten oder im Urlaub zu Hause zu lassen. Vielleicht können die Eltern da sogar noch was von den Kindern lernen.

1 Wie begründen Thomas Irion und Christian Fricke ihre Ansichten zu der Frage, ob Kinder ein Smartphone brauchen? Nenne Textstellen.

2 Welche Meinung hast du zu dieser Frage? Formuliere sie in einem Satz und begründe sie in einem kurzen Text.

3 Sammelt weitere Fragen, zu denen man unterschiedlicher Meinung sein kann, z. B.:
   - Sollte es ein Mindestalter für die Teilnahme an Casting-Shows geben?
   - Sollte man Schreiben nur noch am Computer lernen?

Formuliert zu jeder Frage mindestens zwei Argumente dafür und zwei dagegen.

Freizeitaktivitäten von Jugendlichen 2013

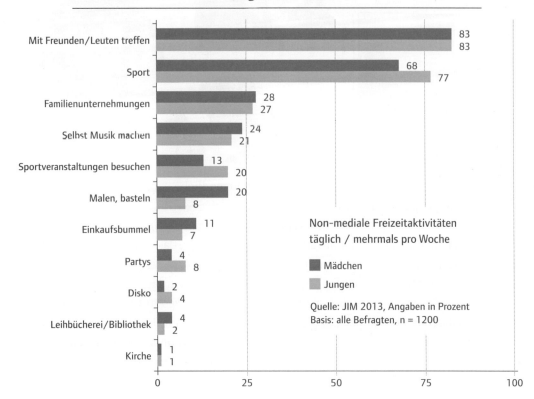

Non-mediale Freizeitaktivitäten
täglich / mehrmals pro Woche

■ Mädchen
■ Jungen

Quelle: JIM 2013, Angaben in Prozent
Basis: alle Befragten, n = 1200

Freizeitaktivitäten von Jugendlichen

Internet und Computer stehen bei vielen Jugendlichen hoch im Kurs. Dass die Jugendlichen jedoch auch anderen Freizeitaktivitäten nachgehen, zeigten die Ergebnisse der sogenannten JIM-Studie – JIM steht für Jugend, Information und (Multi-)Media. Seit 1998 werden im Rahmen dieser Studie jedes
5 Jahr über 1000 Jugendliche zu ihrem Freizeitverhalten befragt, so auch im Jahr 2013. Es zeigte sich, dass beispielsweise die große Mehrheit der Jugendlichen täglich oder mehrmals in der Woche Freunde trifft. Aktivitäten mit Freunden sind beliebter als Familienunternehmungen. Die meisten Jugendlichen treiben Sport, davon anteilig mehr Jungen als Mädchen. Hoch im
10 Kurs stehen außerdem der Besuch von Sportveranstaltungen, Malen und Basteln sowie das Musikmachen. So sind zum Beispiel 18 Prozent der befragten Jugendlichen Mitglied in einem Musikverein.

① Werte das Diagramm aus. Nutze dazu die Hinweise auf Seite 70.
② Wie verbringt ihr eure Freizeit? Führt eine Klassenumfrage durch.
③ Vergleiche mit dem Text: Welche zusätzlichen Informationen enthält er?

Die eigene Meinung begründen

Gehe in folgenden Schritten vor, wenn du deine eigene Meinung schriftlich begründen willst:

Schritte	Beispiele
1. Schritt: Die Fragestellung lesen Lies genau die Fragestellung, denn erst wenn du die Fragestellung genau verstanden hast, kannst du dich überzeugend äußern.	*Sollte man im Urlaub bewusst aufs Fernsehen verzichten?*
2. Schritt: Deine Meinung formulieren Überlege, welche persönliche Meinung du zu dieser Fragestellung hast, und formuliere deinen Standpunkt in einem Satz.	- *Meiner Meinung nach sollte man auch im Urlaub fernsehen dürfen.* - *Ich bin der Ansicht, dass man im Urlaub unbedingt aufs Fernsehen verzichten sollte.* - *Ich denke, dass …*
3. Schritt: Argumente/Begründungen sammeln - Notiere Argumente/Begründungen, mit denen du deine Meinung untermauern kannst. - Überlege, wen du mit deinen Argumenten überzeugen willst, und entscheide, welche Argumente dazu geeignet sind, genau diese Person(en) zu überzeugen.	- *… weil man dann mehr Zeit als in der Schulzeit hat, seine Lieblingssendungen anzuschauen.* - *… da man durch das Fernsehen Zeit für andere schöne Dinge verliert.* - *… denn im Urlaub sollte man die Chance nutzen, sich viel an der frischen Luft zu bewegen.*
4. Schritt: Argumente/Begründungen ordnen und formulieren - Ordne deine Argumente nach Wichtigkeit (zuerst das schwächste und zuletzt das stärkste Argument). - Formuliere einen zusammenhängenden Text, z. B. für einen Leserbrief.	*Ich bin der Ansicht, dass man im Urlaub unbedingt aufs Fernsehen verzichten sollte, da man durch das Fernsehen Zeit für andere schöne Dinge verliert, zum Beispiel neue Freunde kennenzulernen. Besonders wichtig ist aber, dass man im Urlaub die Chance hat, sich viel an der frischen Luft zu bewegen, indem man beispielsweise draußen Fußball spielt, auf Bäume klettert oder schwimmen geht.*

4 „Ich sehe was ..."

Beschreibungen untersuchen und verfassen

Papagei – sprechendes Federvieh

Papageien leben auf fast allen Erdteilen, nur in Europa gibt es keine. Insgesamt gibt es 326 verschiedene Papageienarten. In Australien zum Beispiel leben die kleinen Wellensittiche und die Kakadus, die man an dem Schopf am Hinterkopf erkennt. Aus Afrika kommt der Graupapagei, der besonders
5 gut sprechen kann und dafür bekannt ist, dass er im richtigen Moment die passenden Sprüche anbringt. Die Spechtpapageien aus Papua sind nur so groß wie ein Spatz, dagegen sind die Aras aus dem brasilianischen Urwald vom Kopf bis zur Schwanzspitze einen ganzen Meter lang. Jede Art hat ein unterschiedlich buntes Gefieder, es gibt sie in Weiß, Blau, Gelb, Rot und in
10 fast allen anderen Farben.

Nicht alle Papageien können sprechen. Nur manche Arten wollen und können es lernen. Das hängt auch davon ab, wie beweglich die Zunge ist. Ganz besonders geschickt stellen sich Graupapageien an. Wenn Papageien im Urwald leben, kann es passieren, dass sie plötzlich die Laute anderer
15 Tiere selbst erzeugen – wie eine Fremdsprache. Das kann manchmal ganz schön verwirrend sein. Zum Beispiel, wenn sie von einem gefährlichen Tier den Drohruf nachmachen, dann verunsichern sie damit andere Tiere. So ärgern sie einfach gerne mal ihre Nachbarn.

1. Welche Informationen über Papageien gibt dir der Text auf Seite 88?
2. Erkennst du Papageienarten, die im Text genannt werden, auf den Fotos wieder?
3. Wähle einen Papagei von den Fotos aus und beschreibe ihn so, dass deine Zuhörer/-innen erkennen können, um welche Papageienart es sich handelt.
4. Überlege, welche Anlässe es gibt, ein Tier zu beschreiben.

In diesem Kapitel ...

- lernst du Anlässe für unterschiedliche Arten von Beschreibungen kennen.
- lernst du, was eine gute und verständliche Beschreibung ausmacht.
- beschreibst du selbst Tiere, Gegenstände und Personen.
- findest du heraus, wie Beschreibungen in literarischen Texten wirken.

Beschreibende Texte erschließen

M 1 Halmahera-Papageien

Aussehen

Halmahera-Edelpapageien gehören
zu den schönsten Vögeln der Tro-
pen. Wie bei allen Edelpapageien
5 unterscheiden sich Weibchen und
Männchen so stark, dass man sie
früher sogar verschiedenen Arten
zurechnete. Die Männchen sind
grün mit wenigen roten Farbtupfen
10 auf den Körperseiten. An Hinterkopf, Nacken und Rücken sind sie
fast gelblich. Die Schwanzfedern
haben einen weißlich gelben Saum.
Die Schwanzunterseite ist schwärz-
15 lich. Der Schnabel ist orange mit

gelber Spitze. Die Weibchen haben eine violette bis rote Brust. Der Schwanz
ist auf der Ober- und Unterseite rot und hat einen bis zu vier Zentimeter
breiten Saum. Halmahera-Edelpapageien werden etwa 38 Zentimeter groß
und wiegen etwa 450 Gramm. Die Flügelspannweite beträgt bis zu 70
20 Zentimetern.

Heimat

Edelpapageien kommen in Neuguinea und den kleinen Inseln rund um Neuguinea und Indonesien vor. Manche Unterarten leben auch im Nordosten
Australiens. Die Halmahera-Edelpapageien stammen von den indonesischen
25 Zentral- und Nordmolukken, unter anderem von der Insel Halmahera, nach
der sie benannt sind.

Lebensraum

Halmahera-Edelpapageien sind in Wäldern, Savannen mit einzelnen Baum-
gruppen und auch in Mangrovenwäldern zu finden. Sie kommen bis in
30 1900 Meter Höhe vor. [...]

Lebenserwartung

Wie andere Papageien können auch Halmahera-Edelpapageien mehrere
Jahrzehnte alt werden.

M 2   Papagei entflogen

Mein Papagei ist am Vormittag des 14.09. im Birkenweg 12 entflogen. Es handelt sich um einen ca. 60 cm großen Ara mit blau-gelbem Gefieder. Die Flügel sind blau, die Brust ist gelb. Er hat einen schwarzen Schnabel. Der Bereich um die Augen ist weiß mit schwarzen Streifen. Der Ara kann „hallo" sagen. Wer hat ihn gesehen und kann mir helfen, ihn wiederzufinden? Bitte melden Sie sich unter der Telefonnummer 0155-234567.

M 3   Papagei sucht neues Zuhause

Wegen eines Umzugs muss ich mein Graupapageien-Pärchen Maxi und Moni schweren Herzens abgeben. Beide sind ein Jahr alt, ca. 30 cm groß und sehr kinderlieb, verspielt und zutraulich. Da die beiden aneinander gewöhnt sind, kann ich sie leider nicht einzeln abgeben – sorry! Notwendig sind ein ausreichend großer Käfig und die Möglichkeit, die Papageien auch mal frei fliegen zu lassen. Preis inkl. Käfig: 500 €. Kontakt: 0166-12345.

❶ Zu welchem Zweck und für welche Adressaten (Leser/-innen) sind die einzelnen Texte verfasst worden? Formuliere zu jedem Text einen Satz.

❷ Vergleiche die Texte M 1 – M 3. Welche Informationen enthält welcher Text? Ordne die folgenden Oberbegriffe zu.

> Abstammung · Größe · Gewicht · Gefieder · besondere Kennzeichen · Lebensraum · Eigenschaften · Hinweise zur Haltung

❸ Welche Begriffe der folgenden Paare passen zu welchem Text? Ordne jedem Text passende Begriffe zu.

> sachliche Beschreibung   –   persönliche Beschreibung
> Tierart allgemein   –   einzelnes Tier
> ausführlich   –   kurz zusammengefasst
> allgemein   –   speziell
> Fachbegriffe   –   Umgangssprache

❹ Ordne die drei Beschreibungen den Fotos auf den Seiten 88 und 89 zu. Welcher Papagei wird jeweils beschrieben?

Ähnliche Tiere beschreiben

Australian Shepherd

Beagle

Springer Spaniel

1 Wähle einen der Hunde aus und beschreibe ihn mündlich.

2 a) Übertrage den folgenden Steckbrief in dein Heft.

b) Entscheide dich für einen der drei Hunde und ergänze in deinem Steckbrief die allgemeinen äußeren Merkmale.
   Tipps & Hilfen (→ S. 302)

c) Denke dir Informationen zu den besonderen Merkmalen aus und ergänze sie.

Biologische Einordnung
Tierart: *Hund*
Rasse:
Allgemeine äußere Merkmale
Größe (geschätzt):
Fell (Beschaffenheit):
Farbe/Muster:
Körperbau:
Ohren:
Besondere Merkmale
auffällige Besonderheiten / äußere Kennzeichen:
Charakter/Eigenschaften/Verhalten:

③ a) Lies den folgenden Schülertext. Um welche Art von Beschreibung handelt es sich hier? Auf welchen der drei Hunde passt die Beschreibung?

b) Was ist aus deiner Sicht an dem Text besonders gut gelungen? Nenne mindestens drei Pluspunkte.

c) Die markierte Textstelle muss noch überarbeitet werden. Mache einen Vorschlag.

Tipps & Hilfen (→ S. 302)

Hund entlaufen

Wer kann mir helfen, meinen Hund wiederzufinden? Mein Hund Charly ist am 2. Juli in der Innenstadt von Rottweil weggelaufen.
Er ist mittelgroß und kräftig gebaut. Charly hat wunderbar flauschiges, braun-weißes Fell, eine ockerfarbene Schnauze und leicht herabhängende Ohren.
Wenn Sie ihn gesehen haben, rufen Sie mich bitte an unter 0170-123456.

④ Entscheide, ob du einen Lexikonartikel, eine Suchanzeige oder eine Vermittlungsanzeige für den ausgewählten Hund verfassen möchtest.

Tipps & Hilfen (→ S. 302)

Lexikonartikel:
- Verfasse auf der Grundlage des Steckbriefs eine Tierbeschreibung für ein Kinderlexikon oder einen Wiki-Artikel.
- Verwende für den Text alle Informationen aus dem Steckbrief und gehe bei deiner Beschreibung in der Reihenfolge vor, die der Steckbrief vorgibt.

Suchanzeige:
- Welche Informationen aus dem Steckbrief benötigst du für die Suchanzeige? Markiere sie in deinem Steckbrief.
- Welche zusätzlichen Informationen benötigt der Finder? Ergänze sie in deinem Steckbrief.
- Bringe die Stichpunkte in eine sinnvolle Reihenfolge, z. B. vom Allgemeinen zum Speziellen, vom Großen zum Kleinen. Orientiere dich am Beispiel auf Seite 91, M 2.

Tiervermittlung:
- Welche Informationen aus dem Steckbrief benötigst du dafür? Markiere sie im Steckbrief.
- Welche zusätzlichen Informationen benötigt derjenige, der sich für das Tier interessiert? Ergänze sie.
- Bringe die Stichpunkte in eine sinnvolle Reihenfolge.
- Verfasse die Vermittlungsanzeige. Nutze dabei das Beispiel auf Seite 91, M 3.

Gegenstände beschreiben

➊ Stell dir vor, du hast einen der abgebildeten Gegenstände in der Schule verloren und möchtest eine Suchanzeige verfassen, die du am schwarzen Brett aushängen kannst.

a) Lege eine Tabelle nach folgendem Muster in deinem Heft an.

b) Wähle einen der Gegenstände aus und ergänze die Tabelle in Stichpunkten.

c) Bringe die Merkmale in eine sinnvolle Reihenfolge, indem du deine Stichpunkte nummerierst. Du kannst z. B. von außen nach innen, von oben nach unten oder vom allgemeinen Eindruck zum Speziellen vorgehen.

Bezeichnung	Brille
Größe	20 cm lang
Form	...
Farbe	...
Material	...
Besondere Kennzeichen	linkes Glas zerkratzt
...	...

➋ Verfasse eine Suchanzeige.

Tipps & Hilfen (→ S. 303)

Stell dir vor: Archäologen des Jahres 2990 sind bei Ausgrabungen auf neue Fundstücke gestoßen, die in einem Museum ausgestellt werden. Für den Museumskatalog sollen Texte verfasst werden, die die Gegenstände genau beschreiben und ihre Verwendung erläutern.

3 Untersuche den folgenden Text: Welche Merkmale und Besonderheiten der Brille werden hier beschrieben?

Die Brille

Bei diesem Fundstück handelt es sich um eine Brille. Damals gab es noch keine Laser-Operationen, wenn jemand eine Sehschwäche hatte. Die Menschen trugen

5 *Gläser vor den Augen, die an einem Metall- oder Plastikgestell befestigt waren, das man sich auf die Nase setzte und mit Bügeln hinter den Ohren befestigte. Wenn man die Brille abnahm, ließen sich die Bügel einklappen, sodass die Brille transportiert werden konnte. Die Gläser waren rund, oval oder eckig und in besonderer Weise geschliffen, sodass die Sehschwäche*
10 *ausgeglichen wurde. Einige trugen sie als Lesehilfe (Weitsichtige), andere zum Auto-fahren (Kurzsichtige). Brillen mit getönten Gläsern wurden als Sonnenschutz oder als Schmuckstück getragen. Es gab sehr einfache Modelle, die man in einem Supermarkt kaufen konnte, aber auch sehr teure Markenmodelle. Für den Sport gab es extra stabile Sportbrillen. Beim Schwimmen schützte eine Schwimmbrille mit Plastikgläsern*
15 *die Augen vor dem Wasser. Hier haben wir das Modell der dekorativen Sonnenbrille.*

4 Wähle einen anderen Gegenstand von Seite 94 aus. Notiere Stichpunkte zu Bezeichnung, Größe, Form, Farbe, Material, besonderen Kennzeichen und zur Verwendung/Funktion.

Der Schlüssel
Funktion: Gerät zur Öffnung von Türen, ...
Spezielle Arten von Schlüsseln: Haustürschlüssel, ...

5 Verfasse eine Beschreibung zu deinem Gegenstand.
Denke dabei immer daran, dass deine Beschreibung Museumsbesuchern im Jahr 2990 Gegenstände aus längst vergangenen Zeiten verständlich erklären soll.
Tipps & Hilfen (→ S. 303)

6 Entwirf für das Jahr 2990 eine Seite eines Museumskatalogs für einen Alltagsgegenstand deiner Wahl.

Personen beschreiben

① Auf welchen Jungen auf dem Foto oben passt folgende Beschreibung? Begründe.

„Er hat glatte, dunkle Haare. Die trägt er kurz, mit ein paar frechen Fransen in der Stirn. Sein Gesicht ist eher rund. Er hat große braune Augen, eine schmale Nase und volle Lippen. Seine Haut ist hell und er hat ein paar süße Sommersprossen."

② Übertrage die Tabelle in dein Heft und trage die Angaben aus Aufgabe 1 ein.

Haare	Gesichtsform	Augen	Nase	Mund/ Lippen	Besondere Kennzeichen
glatt, …	…	…	…	…	…

③ a) Wähle ein anderes Gesicht aus und ergänze die Tabelle in Stichpunkten. Im Wortspeicher findest du einige Vorschläge.
Tipps & Hilfen (→ S. 303)

> kantig · länglich · gerade · lang · gebogen · lockig · gewellt · stoppelig · oval ·
> eng beieinander · weit auseinanderliegend · breit · schmal · voll · gescheitelt

b) Beschreibe das Gesicht nun so genau, dass die Leser/-innen deines Textes erkennen können, um welches Gesicht es sich handelt.
Der Junge, den ich beschreibe, hat …
Tipps & Hilfen (→ S. 303)

④ Beschreibt euch gegenseitig Personen, die ihr kennt, und notiert euch im Anschluss, welche Erkennungsmerkmale besonders wichtig waren.

Treffende Adjektive verwenden

Adjektive sind beim Beschreiben unverzichtbar. Sie benennen Merkmale und Eigenschaften eines Lebewesens oder eines Gegenstands, sodass die Leser/-innen sich etwas gut vorstellen können, das sie nicht vor Augen haben. Wichtig sind Adjektive, die Angaben zu Farbe, Form, Beschaffenheit und Eigenschaften einer Sache machen.

❶ Um Farben genau zu benennen, werden Farbadjektive häufig mit einem Nomen oder einem anderen Adjektiv zusammengesetzt.
Ergänze weitere Zusammensetzungen in deinem Heft. Nutze den Wortspeicher.
- *rot: fuchsrot, feuerrot, …*   *– grün: moosgrün, …*
- *gelb: strohgelb, …*   *– braun: schokoladenbraun, …*
- *blau: himmelblau, …*   *– schwarz: pechschwarz, …*

> blut-, raben-, hell-, tief-, dunkel-, lind-, smaragd-, zitronen-, reh-, nacht-

❷ a) Wie kann etwas beschaffen sein? Ordne den unterstrichenen Begriffen passende Adjektive aus dem Wortspeicher zu. Schreibe in dein Heft.
Achtung: Einige Adjektive passen zu mehreren Begriffen!
- *So kann ein Kleidungsstück sein: bunt, …*
- *So kann die Figur eines Menschen sein: dünn, …*
- *So kann das Fell eines Tieres sein: kuschelig, …*
- *So kann ein Schuh sein: abgetragen, …*
- *So kann eine Frucht sein: matschig, …*

> bunt · gemustert · matschig · geblümt · abgetragen · zerrissen · kuschelig ·
> schäbig · schick · glatt · stumpf · rau · dünn · dick · groß · lang · kurz ·
> flauschig · geriffelt · weich · hart · hager · spitz · rund · mehlig · gedrungen ·
> untersetzt · winzig · gefleckt · gepunktet · schlank · saftig · kratzig · borstig ·
> schmal · breit · langhaarig · dicht · wollig · zottelig · gestreift · geringelt · kariert ·
> zerknittert · muskulös · schwer · leicht · glänzend

b) Einige dieser Adjektive beschreiben nicht nur, sondern bewerten auch. Markiere sie in deinem Heft.

❸ Welche Adjektive aus dem Wortspeicher (Aufgabe 2) eignen sich besonders gut für eine Verkaufsanzeige für Schuhe oder einen Pullover? Notiere sie.

④ Sammle Adjektive, die sich für die Beschreibung eines Möbelstücks eignen.

Vorgänge beschreiben

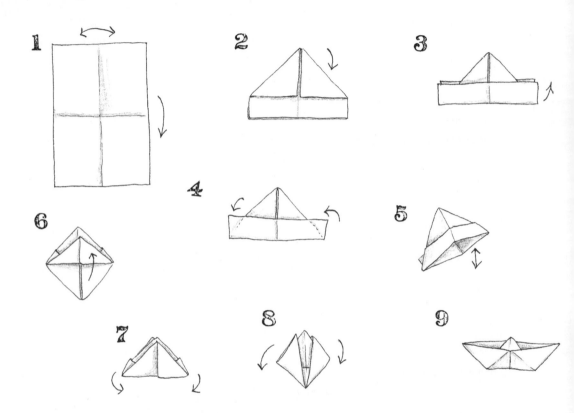

① Beschreibe anhand dieser Anleitung mündlich, wie ein Papierboot gefaltet wird. Du kannst die Formulierungen im Wortspeicher nutzen.

> DIN-A4-Blatt · hochkant · längs · quer · lange Seite · kurze Seite · Kante ·
> Mittellinie · Ecke · Dreieck · Rand/Ränder · nach vorne / nach hinten falten ·
> klappen · Dreieck · auseinanderziehen · zusammendrücken

② Verfasse einen Schreibplan für eine schriftliche Bastelanleitung in Form einer Tabelle. Schreibe zu jedem Bild Stichpunkte.
Tipps & Hilfen (→ S. 303)

Schritt	Anleitung
1	DIN-A4-Blatt einmal längs und einmal quer in der Mitte falten
2	Blatt quer zusammenfalten; offene Seite nach unten legen und ...
3	...

❸ Verfasse nun eine schriftliche Bastelanleitung für die Herstellung eines Papierbootes:

a) Entscheide dich zunächst, ob du die persönliche oder die unpersönliche Ausdrucksweise verwenden möchtest:

persönliche Ausdrucksweise   unpersönliche Ausdrucksweise
Du nimmst …   *Man nimmt …*

b) Achte bei der Formulierung darauf, dass du deutlich machst, in welcher Reihenfolge die einzelnen Schritte unternommen werden müssen. Die Formulierungshilfen im Info-Kasten unten helfen dir.
Du nimmst ein DIN-A4-Blatt, legst es hochkant vor dich hin …

Man nimmt ein DIN-A4-Blatt …

❹ a) Probiere aus, ob deine Bastelanleitung funktioniert, indem du deine Eltern oder Geschwister ausprobieren lässt, ob sie anhand deiner Anleitung das Papierboot falten können.

b) Überarbeite deine Anleitung, falls notwendig.

⑤ a) Suche in einem Buch oder im Internet nach Faltanleitungen und formuliere selbst eine schriftliche Bastelanleitung.

b) Lass deine Mitschüler/-innen ausprobieren, ob sie mithilfe deiner Anleitung ohne Bilder den Gegenstand falten können. Überarbeite deine Bastelanleitung, falls notwendig.

Info: Formulierungshilfen zum Beschreiben von Vorgängen

So kannst du ausdrücken, in welcher Reihenfolge etwas geschieht:
- zunächst / erst / zuerst / als Erstes / am Anfang / zu Beginn / im ersten Schritt
  Zunächst nimmst du ein Blatt Papier …
- dann / danach / anschließend / gleich darauf / daraufhin / im Anschluss / als Nächstes / im nächsten Schritt
  Anschließend faltest du …

So kannst du ausdrücken, dass etwas gleichzeitig geschieht:
- währenddessen / gleichzeitig / dabei / parallel dazu

Aufgabenstellungen verstehen

Vor allem bei Klassenarbeiten ist es wichtig, dass du dir vor Beginn der Arbeit klar machst, was genau in der Aufgabe von dir verlangt wird.

> **Info: Aufgabenstellungen verstehen**
>
> - Lies die Aufgabe aufmerksam durch und **unterstreiche die Verben**, z. B.:
>   *nenne, beschreibe, erläutere, formuliere, begründe, notiere.*
> - Überlege, was genau mit diesen Verben gemeint ist.
> - Beachte alle **zusätzlichen Hinweise**, z. B.:
>   *Schreibe Stichpunkte.*
>   *Nenne ein bis zwei Merkmale.*
>   *Fasse in ein bis zwei Sätzen zusammen.*

❶ Was sollst du jeweils tun? Ordne den Verben in der linken Spalte die jeweils passende Erklärung aus der rechten Spalte zu. Arbeite mit einer Folie.

beschreiben	- einen Text lesen und wichtige Informationen entnehmen
erschließen	- Stichpunkte schreiben
formulieren	- einzelne Punkte ohne Erklärung aufzählen
begründen	- die äußeren Merkmale eines Gegenstands, eines Tiers oder eines Menschen ohne Bewertung darstellen
nennen	- etwas in zusammenhängenden Sätzen aufschreiben
notieren	- etwas anhand eines Beispiels verdeutlichen
erläutern	- eine Ansicht mit einem Argument untermauern
verfassen	- einen zusammenhängenden Text schreiben
zusammenfassen	- Unterschiede und Übereinstimmungen nennen
vergleichen	- in eigenen Worten kurz und knapp wiedergeben
prüfen	- untersuchen, ob etwas korrekt ist

❷ Stell dir vor, du bekommst in einer Klassenarbeit diese Aufgabenstellung. Was sollst du tun? Notiere alle richtigen Antworten (unten) in dein Heft.

Verfasse eine Verkaufsanzeige für dieses Fahrrad. Verwende dabei die Fachbegriffe und die zusätzlichen Informationen, die du in der Abbildung findest.
Formuliere einen Einleitungssatz, in dem du sagst, worum es geht, und gib an, wo sich die Interessenten für das Fahrrad melden sollen.

Gelsattel

Metallschutzbleche

neuwertig

26-Zoll-Reifen

Kettenschaltung
21 Gänge

A Ich soll einen zusammenhängenden Text schreiben.
B Ich soll Stichpunkte schreiben.
C Ich soll in der Einleitung erwähnen, dass ich das Fahrrad verkaufen will.
D Ich muss das Fahrrad so genau beschreiben, dass es sich auch jemand vorstellen kann, der nicht weiß, was ein Fahrrad ist.
E Ich soll mich bei der Beschreibung auf die Merkmale konzentrieren, die für den Käufer interessant sind, z. B. Größe, Zustand und besondere Ausstattung.
F Ich soll vor allem die Vorteile des Fahrrads betonen.
G Ich soll bei der Beschreibung Fachbegriffe verwenden.
H Ich soll am Ende meinen Namen und meine Telefonnummer nennen.

❸ Was genau musst du tun, wenn du die folgende Aufgabe gestellt bekommst?
Erläutere die Aufgabe deiner Tischnachbarin / deinem Tischnachbarn.

Stell dir vor, dir ist die abgebildete Katze entlaufen.
Notiere wichtige Merkmale in einem Steckbrief.
Verfasse dann eine Suchanzeige für sie.

Zum Schmökern, Schauen, Weiterdenken

Zwei Raubtiere im Aquarium *Konrad Lorenz*

Furchtbare Raubtiere gibt es in der Welt des Tümpels, die Grausamkeit eines unerbittlichen Kampfes ums Dasein spielt sich da vor unseren Augen ab. Hat man einen gemischten Käscherfang, der nur nicht zu viele Tiere enthalten darf, in das Aquarium gesetzt, wird man sogleich eine Probe dieses
5 Kampfes zu sehen bekommen; denn wahrscheinlich ist unter den angesiedelten Tieren auch eine Larve eines Wasserkäfers, des Gelbrandes (Dytiscus). Gemessen an der verhältnismäßigen Größe der Beutetiere, an der Fressgier und dem Raffinement der Tötungsmethode verblassen neben diesem Tier so berüchtigte Räuber wie Tiger, Löwen, Wölfe, Mörderwale, Haie und Raub-
10 wespen. Sie alle sind wahre Lämmer gegen die Dytiscuslarve.

Sie ist ein schlankes, stromlinienförmiges Insekt, etwa sechs Zentimeter lang; die breiten Borstenruder an den sechs Beinen ermöglichen im Wasser eine rasche und sichere Bewegung. Der breite, flache Kopf trägt ein gewaltiges Paar zangenförmige Kiefer; die sind hohl und dienen als Gift-Injektions-
15 spritzen sowie gleichzeitig auch zum Aufsaugen der Nahrung.

Das Tier sitzt ruhig lauernd an Wasserpflanzen; plötzlich schießt es mit raschem Vorstoß an
20 seine Beute heran, und zwar unter sie, blitzschnell zuckt der Kopf empor, sodass das Opfer in die Zange gerät. „Beu-
25 te" aber ist diesem Räuber alles, was sich bewegt oder einigermaßen „nach Tier riecht". Es ist mir wiederholt passiert, dass
30 ich, ruhig im Wasser eines Tümpels stehend, von einer Dytiscuslarve „gefressen" wurde; auch für den Menschen ist die Injektion des giftigen Verdauungssaftes ungemein schmerzhaft.

Dytiscuslarve

Diese Käferlarven gehören nämlich zu den wenigen Tieren, die sozusa-
35 gen „außer Hause" verdauen. Das Drüsensekret, das sie durch ihre hohlen Zangen in das Beutetier einspritzen, löst dessen gesamte Innereien in eine

flüssige Suppe auf, die dann durch denselben Kanal in den Magen wandert. Selbst große Beutetiere, wie dicke Kaulquappen und Libellenlarven, die von einer Dytiscuslarve gebissen werden, erstarren nach wenigen Abwehrbewe-
40 gungen, ihr Inneres, das bei den meisten Wassertieren mehr oder weniger durchsichtig ist, wird trübe, wie in Formalin fixiert, das Tier quillt auf, scheint zuerst größer zu werden und schrumpft dann allmählich zu einem schlaffen Hautsack, der in der tödlichen Zange hängt, zusammen und wird schließlich fallen gelassen.

45   Im engen Raum des Aquariums fressen einige große Dytiscuslarven innerhalb weniger Tage alles Lebende, das größer als etwa einen halben Zentimeter ist, restlos auf. Und dann? Dann fressen sie einander, wenn sie es nicht schon vorher getan haben; und zwar kommt es dabei durchaus nicht darauf an, wer größer und stärker ist, sondern wer zuerst zufasst.

50   Ich habe es oft erlebt, dass zwei annähernd gleich große Larven gleichzeitig einander schnappten und beide den raschen Tod der inneren Auf-lösung starben. Es gibt
55 nur sehr wenige Tiere, die in höchster Not, in der Gefahr zu verhungern, gleich große Artgenossen anfallen, in der Absicht,
60 sie zu fressen. Sicher weiß ich dies nur von Wanderratten und eini-gen verwandten Nagern;

ausgewachsener Gelbrandkäfer

dass Wölfe ein Gleiches tun, bezweifle ich auf Grund einiger vielsagender
65 Tatsachen, von denen später die Rede sein wird. Dytiscuslarven aber fressen gleich große Artgenossen auch dann, wenn genug andere Nahrung vorhan-den ist. Und das tut, soviel ich weiß, kein anderes Tier.

1 Fasse in wenigen Sätzen zusammen, was du aus dem Text über das Aussehen und die Verhaltensweisen der Wasserkäferlarve (Dytiscuslarve) erfährst.

2 Mit welchen Formulierungen macht der Autor deutlich, wie gefährlich die Dytiscuslarve ist? Nenne Beispiele.

3 Schreibe einen Lexikonartikel (maximal 200 Wörter) zur Dytiscuslarve.

Der Mistkäfer   *Bibi Dumon Tak*

Sie sehen aus wie Lakritzbonbons. Ja, wenn man sie
über den Boden schlurfen
sieht, will man sie aufsam-
5 meln und in den Mund
stecken. Sie sind glänzend
schwarz, selbst ihre Beine
schimmern. Sie sehen fun-
kelnagelneu aus, als ob sie
10 mit einem weichen Tuch po-
liert worden wären. Sie kom-

men frisch aus der Süßigkeitenfabrik, hmmmmmmmmmmmmm.

Aber bevor du an ihnen rumlutschst, solltest du wissen, dass diese krab-
belnden Lakritzbonbons im Kot wohnen. Kuhdung, Pferdemist, Erdmänn-
15 chenkacke. Eigentlich völlig unklar, wie sie es schaffen, immer so blitzeblank
auszusehen.

Sie nehmen kleine Stücke Kot zwischen die Vorderbeine und kneten Bälle daraus. Diese Bälle graben sie dann zusammen mit ihren Eiern im Boden
ein. Das finden die Larven, die später geboren werden, lecker. Beim Kneten
20 schlecken die Käfer natürlich selber auch daran. Praktisch, denn das ist
nichts anderes als vorgekaute Nahrung. Da ist eigentlich nichts schmutzig
dran.

Die Mistkäfer räumen aber nicht nur den Mist anderer auf. Durch das
Eingraben sorgen sie auch dafür, dass der Boden nahrhaft bleibt. Kot ist Es-
25 sen für sie selbst, für ihre Kinder und für die Blumen und Pflanzen. Und als
wäre das noch nicht genug, haben die Mistkäfer auch noch einen Nebenjob
als Gärtner. Die Kotkugeln, die sie einbuddeln, stecken nämlich voller Blu-
mensamen. So sorgen sie jedes Jahr wieder für einen neuen Blumengarten.

Der Mistkäfer ist Putzmann, Koch und Gärtner gleichzeitig. Der Mist-
30 käfer ist ein Wunderlakritzbonbon.

1 Erkläre, was den Mistkäfer zu einem „Wunderlakritzbonbon" macht.
2 Was erfährst du über den Mistkäfer? Schreibe alle Informationen heraus, die auch in einem
Lexikonartikel stehen könnten.
3 Untersuche die Sprache des Textes. Wie gelingt es der Autorin, die Beschreibung anschaulich
zu machen? Welche Textstellen findest du lustig?

Krambambuli (Auszug)   *Marie von Ebner-Eschenbach*

Der Revierjäger Hopp trifft in einem Wirtshaus auf einen Vagabunden
(Landstreicher) mit einem Hund, der Hopp auf Anhieb gefällt. Er bezahlt
die Schulden des Vagabunden und erhält dafür den Hund.

Hopp wartete geduldig und bewunderte im Stillen den trotz der schlechten
Kondition, in der er sich befand, wundervollen Hund. Höchstens zwei Jahre
mochte er alt sein, und in der Farbe glich er dem Lumpen[1], der ihn hergab,
doch war die seine um ein paar Schattierungen dunkler. Auf der Stirn hatte
5   er ein Abzeichen, einen weißen Strich, der rechts und links in kleine Linien
auslief, in der Art wie die Nadeln an einem Tannenreis[2]. Die Augen waren
groß, schwarz, leuchtend, von tauklaren, lichtgelben Reiflein umsäumt, die
Ohren hoch angesetzt, lang, makellos. Und makellos war alles an dem ganzen Hunde von der Klaue bis zu der feinen Witternase; die kräftige, ge-
10   schmeidige Gestalt, das über jedes Lob erhabene Piedestal[3]. Vier lebende
Säulen, die auch den Körper eines Hirsches getragen hätten und nicht viel
dicker waren als die Läufe eines Hasen. Beim heiligen Hubertus! Dieses
Geschöpf musste einen Stammbaum haben, so alt und rein wie der eines
deutschen Ordensritters.

1   der Lump: Gauner, mieser Typ
2   das Tannenreis: Tannenzweig
3   das Piedestal: wörtlich: Sockel, Unterbau

1   Beschreibe, welchen Eindruck Hopp von dem Hund hat.
2   Die Beschreibung enthält viele Vergleiche. Wie wirken sie auf dich?
3   Verfasse eine Suchanzeige für den beschriebenen Hund.

Die Geschichte von Herrn Sommer   *Patrick Süskind*

Der Erzähler schildert einen Bewohner seines Dorfes:

Er war leicht zu erkennen. Auch auf die Entfernung war seine Erscheinung
ganz unverwechselbar. Im Winter trug er einen langen, schwarzen, überwei-
ten und sonderbar steifen Mantel, der ihm bei jedem Schritt wie eine viel zu
große Hülse um den Körper hüpfte, dazu Gummistiefel und auf der Glatze
5   eine rote Bommelmütze. Im Sommer aber – und der Sommer dauerte für
Herrn Sommer von Anfang März bis Ende Oktober, also die weitaus längste
Zeit des Jahres –, da trug Herr Sommer einen flachen Strohhut mit schwarzem

Stoffband, ein karamellfarbenes Leinenhemd und eine kurze, karamellfarbene Hose, aus der seine langen, zähen, fast nur aus Sehnen und Krampf-
10 adern bestehenden Beine lächerlich dürr hervorstaken, ehe sie unten in einem Paar klobiger Bergstiefel versanken. Im März waren diese Beine blendend weiß und die Krampfadern zeichneten sich darauf als ein vielverzweigtes tintenblaues Flusssystem deutlich ab; aber schon ein paar Wochen später hatten sie eine honiggleiche Färbung angenommen, im Juli leuchte-
15 ten sie karamellenbraun wie Hemd und Hose, und im Herbst waren sie von Sonne, Wind und Wetter dermaßen dunkelbraun gegerbt, dass man an ihnen weder Krampfadern noch Sehnen oder Muskelstränge unterscheiden konnte, sondern dass Herrn Sommers Beine nun aussahen wie die knotigen Äste eines alten rindenlosen Föhrenbaums, bis sie schließlich im November
20 unter den langen Hosen und unter dem langen schwarzen Mantel verschwanden und, allen Blicken entzogen, bis zum nächsten Frühjahr ihrer ursprünglichen käsigen Weiße entgegenbleichten.

Zwei Dinge hatte Herr Sommer sowohl im Sommer als auch im Winter bei sich und kein Mensch hat ihn je ohne sie gesehen: Das eine war sein
25 Stock und das andere sein Rucksack. Der Stock war kein gewöhnlicher Spazierstock, sondern ein langer, leicht gewellter Nussbaumstecken, der Herrn Sommer bis über die Schulter reichte und ihm als eine Art drittes Bein diente, ohne dessen Hilfe er niemals die enormen Geschwindigkeiten erreicht und die unglaublichen Strecken bewältigt haben würde, die die Leistungen
30 eines normalen Spaziergängers um so vieles übertrafen. Alle drei Schritte schleuderte Herr Sommer seinen Stock mit der Rechten nach vorn, stemmte ihn gegen den Boden und schob sich damit im Vorübergehen mit aller Macht voran, sodass es aussah, als dienten ihm die eigenen Beine bloß noch zum Dahingleiten, während der eigentliche Schub aus der Kraft des rechten
35 Arms herstammte, die mittels des Stockes auf den Boden übertragen wurde – ähnlich wie bei manchen Flussschiffern, die ihre flachen Kähne mit langen Stangen übers Wasser staken. Der Rucksack aber war immer leer, oder fast leer, denn er enthielt, soweit man wusste, nichts anderes als Herrn Sommers Butterbrot und eine zusammengefaltete hüftlange Gummipelerine[1] mit Ka-
40 puze, die Herr Sommer anzog, wenn ihn unterwegs ein Regen überraschte.

---

1 die Pelerine: Schulterumhang; ärmelloser Regenmantel

1 Wie wird Herr Sommer beschrieben? Nenne Beispiele.
2 Der Erzähler findet Herrn Sommer merkwürdig. Woran zeigt sich das im Text?
3 Eines Tages ist Herr Sommer verschwunden. Verfasse eine Suchanzeige.

Das Mädchen mit dem Perlenohrgehänge   *Jan Vermeer*

Das Mädchen mit dem Perlenohrgehänge (Jan Vermeer, 1665, Öl auf Leinwand)

1. Gefällt dir das Bild? Begründe.
2. Beschreibe die auf dem Gemälde abgebildete Person möglichst genau.
3. Wer ist das Mädchen, warum wurde es gemalt …? Schreibe eine kleine Geschichte dazu.

Harry Potter – Der Feuerblitz *Joanne K. Rowling*

Ein neues Schuljahr in Hogwarts beginnt. Harry ist fest entschlossen zu sparen, aber er stöbert trotzdem gern in den Läden der Winkelgasse ...

Doch eine Woche nach seiner Ankunft im *Tropfenden Kessel* tauchte etwas in seinem Lieblingsladen *Qualität für Quidditch* auf, das seine Entschlossenheit hart auf die Probe stellte.

5   Neugierig geworden durch den Menschenauflauf im Laden, drängelte Harry hinein und quetschte sich zwischen den aufgeregten Hexen und Zauberern durch bis vor ein eigens errichtetes kleines Podest, auf dem der herrlichste Rennbesen ausgestellt war, den er je gesehen hatte. [...]

  Eine große Hexe vor Harry trat zur Seite und jetzt konnte er das Schild neben dem Besen lesen:

Der Feuerblitz

10 Dieser Rennbesen nach neuestem Stand der Technik hat einen stromlinienförmigen, superveredelten Stiel aus Eschenholz mit diamantharter Politur und von Hand eingemeißelter Registriernummer. Jede handverlesene Birkenholzrute des Schweifs ist aerodynamisch optimal abgeschliffen, was dem Feuerblitz unvergleichliche Stabilität und
15 haarscharfe Präzision verleiht. Der Feuerblitz beschleunigt von 0 auf 250 Stundenkilometer in 10 Sekunden und ist mit einem unbrechbaren Bremszauber ausgestattet. Preis auf Nachfrage.

Preis auf Nachfrage ... Harry mochte sich lieber nicht ausmalen, wie viel der
20 Feuerblitz kosten würde. Nie hatte er sich etwas sehnlicher gewünscht – doch immerhin hatte er auch noch nie ein Quidditch-Spiel auf seinem Nimbus Zweitausend verloren, und weshalb sollte er sein Verlies in Gringotts für den Feuerblitz plündern, wenn er bereits einen sehr guten Rennbesen hatte? Harry fragte nicht nach dem Preis, doch er kam fast jeden Tag in den Laden,
25 nur um den Feuerblitz zu sehen.

1. Wie stellst du dir den Feuerblitz vor? Zeichne ihn und beschrifte ihn mit den beschriebenen Eigenschaften.
2. Denke dir selbst einen magischen Gegenstand aus und beschreibe ihn.
3. Dein Gegenstand soll in einem Laden in der Winkelgasse verkauft werden. Entwirf ein Schild für ihn.

Beschreiben

1. Schritt: Die Beschreibung vorbereiten

- Beachte die Aufgabe: Für wen und zu welchem **Zweck** sollst du eine Beschreibung verfassen? Welche Informationen benötigen die **Adressaten** der Beschreibung?
- Lege zunächst einen Schreibplan an, z. B. in Form eines Steckbriefs oder in Form einer Liste.

Merkmale	Beispiele
Tiere beschreiben: Auf welche Merkmale du dich konzentrieren musst, hängt vom Zweck ab, z. B. davon, ob du das Tier für eine Suchanzeige oder für eine Vermittlungsanzeige beschreibst.	- *langhaariger, weißbrauner, ca. 55 cm großer Australian-Shepherd-Rüde (Suchanzeige)* - *kinderliebes Australian-Shepherd-Weibchen (Vermittlungsanzeige)*
Gegenstände beschreiben: Konzentriere dich auf besondere Merkmale, z. B. Form, Farbe, Alter oder Gebrauchsspuren. Beschreibe die allgemeinen Merkmale nur, wenn sie den Lesern/Leserinnen unbekannt sind.	- *hellrote Porzellanschüssel mit weißen Punkten und einem kleinen Riss in der Glasur*
Personen beschreiben: Beschreibe vor allem die besonderen Merkmale, die diese Person von anderen unterscheidet.	- *Er hat ein rundes Gesicht mit braunen, mandelförmigen Augen ...*
Vorgänge beschreiben: Bei einer Vorgangsbeschreibung kommt es darauf an, dass alle Schritte des Vorgangs in der richtigen Reihenfolge wiedergegeben werden. Entscheide dich dabei für die persönliche oder unpersönliche Ausdrucksweise.	- *Du legst zunächst die langen Kanten aufeinander und faltest das Blatt.* - *Man legt zunächst die langen Kanten aufeinander und faltet das Blatt.*

2. Schritt: Die Beschreibung verfassen

- Wähle die Stichpunkte aus, die du für den Zweck deiner Beschreibung benötigst.
- Formuliere einen einleitenden Satz, der auf den Zweck deiner Beschreibung hinführt, z. B.: *Am Montag, dem 3.9., ist mein Hund im Stadtwald entlaufen. / Ich verkaufe einen gebrauchten Wanderrucksack. / Zum Falten eines Papierbootes benötigt man ...*
- Schreibe im Präsens (→ S. 234 f.).

3. Schritt: Die Beschreibung überarbeiten

- Überprüfe, ob deine Beschreibung den Zweck erfüllt, und überarbeite sie, falls notwendig.

5 Einfach märchenhaft ...

Märchen untersuchen und schreiben

Zur Winterszeit, als einmal tiefer Schnee lag, musste ein armer Junge hinausgehen und Holz auf einem Schlitten holen. Wie er es nun zusammengesucht und aufgeladen hatte, wollte er, so erfroren er war, noch nicht nach Hause gehen, sondern erst Feuer anmachen und sich ein bisschen wärmen. Da scharrte er den Schnee weg, und wie er so den Erdboden aufräumte, fand er einen kleinen goldenen Schlüssel. Nun glaubte er, wo der Schlüssel wäre, müsste auch das Schloss dazu sein, grub in der Erde und fand ein eisernes Kästchen. „Wenn der Schlüssel nun passt!", dachte er. „Es sind gewiss kostbare Sachen in dem Kästchen."

❶ Lies den Märchenanfang. Welche „kostbaren Sachen" könnten im Kästchen sein?

❷ Ist dies ein typischer Märchenanfang? Begründe.

❸ Wie könnte das Märchen weitergehen? Notiere Stichpunkte.

3

4

5

6

④ Ordne die Memory-Karten zu passenden Paaren. Begründe deine Entscheidung.

⑤ Wähle ein Memory-Paar aus und schreibe den Anfang dieses Märchens.

⑥ Entwirf selbst ein Memory-Paar und erzähle das Märchen dazu.

In diesem Kapitel ...

· lernst du Märchen aus Deutschland und aus anderen Ländern kennen.

· findest du heraus, an welchen Merkmalen man ein Märchen erkennen kann und warum Märchen früher wie heute verstanden werden.

· schreibst du selbst Märchen.

Märchen lesen

Die Bienenkönigin *Brüder Grimm*

Zwei Königssöhne gingen einmal auf Abenteuer und gerieten in ein wildes, wüstes Leben, sodass sie gar nicht wieder nach Haus kamen. Der Jüngste, welcher der Dummling hieß, ging aus und suchte seine Brüder; aber als er sie fand, verspotteten sie ihn, dass er mit seiner Einfalt sich durch die Welt
5 schlagen wolle, da sie zwei nicht durchkämen und wären doch viel klüger.

Da zogen sie miteinander fort und kamen an einen Ameisenhaufen; die zwei Ältesten wollten ihn aufwühlen und sehen, wie die kleinen Ameisen in der Angst herumkröchen und ihre Eier forttrügen; aber der Dummling sagte: „Lasst die Tiere in Fried', ich leid's nicht, dass ihr sie stört." Da gingen sie
10 weiter und kamen an einen See, auf dem schwammen viele, viele Enten; die zwei Brüder wollten ein paar fangen und braten, aber der Dummling sagte wieder: „Lasst die Tiere in Fried', ich leid's nicht, dass ihr sie tötet." Endlich kamen sie an ein Bienennest, darin war so viel Honig, dass er am Stamm herunterlief; die zwei wollten Feuer unter den Baum legen und die Bienen
15 ersticken, damit sie den Honig wegnehmen könnten.

Der Dummling hielt sie aber wieder ab und sprach: „Lasst die Tiere in Fried', ich leid's nicht, dass ihr sie verbrennt."

Da kamen die drei Brüder in ein Schloss, wo in den Ställen
20 lauter steinerne Pferde standen, auch war kein Mensch zu sehen, und sie gingen durch alle Säle, bis sie vor eine Türe ganz am Ende kamen, davor hingen drei
25 Schlösser; es war aber mitten in der Türe ein Lädlein, dadurch konnte man in die Stube sehen. Da sahen sie ein grau Männchen an einem Tische sitzen, das rie-
30 fen sie an, einmal, zweimal, aber es hörte nicht; endlich riefen sie zum dritten Mal, da stand es auf

und kam heraus. Es sprach aber kein Wort, sondern fasste sie an und führte sie zu einem reich besetzten Tisch; und als sie gegessen und getrunken hat-
35 ten, führte es einen jeglichen in ein eigenes Schlafgemach.

Am andern Morgen kam es zu dem Ältesten, winkte ihm und brachte ihn zu einer steinernen Tafel, darauf standen die drei Aufgaben geschrieben, wodurch das Schloss erlöst werden konnte. Die erste war: In dem Wald unter dem Moos lagen die tausend Perlen der Königstochter, die mussten aufge-
40 sucht werden, und wenn vor Sonnenuntergang noch eine einzige fehlte, so ward der, welcher gesucht hatte, zu Stein. Der Älteste ging hin und suchte den ganzen Tag, als aber der Tag zu Ende war, hatte er erst hundert gefunden; es folgte, wie auf der Tafel stand, und er ward in Stein verwandelt.

Am folgenden Tag unternahm der zweite Bruder das Abenteuer; es ging
45 ihm aber nicht besser als dem ältesten, er fand nicht mehr als zweihundert Perlen und ward zu Stein.

Endlich kam auch an den Dummling die Reihe, der suchte im Moos, es war aber so schwer, die Perlen zu finden, und ging so langsam! Da setzte er sich auf einen Stein und weinte. Und wie er so saß, kam der Ameisenkönig,
50 dem er einmal das Leben erhalten hatte, mit fünftausend Ameisen, und es währte gar nicht lang, so hatten diese die Perlen miteinander gefunden und auf einen Haufen getragen. Die zweite Aufgabe aber war, den Schlüssel zu der Schlafkammer der Königstochter aus dem See zu holen. Wie der Dummling zum See kam, schwammen die Enten, die er einmal gerettet hatte, her-
55 an, tauchten unter und holten den Schlüssel aus der Tiefe. Die dritte Aufgabe aber war die schwerste: Aus den drei schlafenden Töchtern des Königs sollte die jüngste und die liebste herausgesucht werden, sie glichen sich aber vollkommen und waren durch nichts verschieden, als dass die älteste ein Stück Zucker, die zweite Sirup, die jüngste einen Löffel voll Honig gegessen
60 hatte, und es war bloß an dem Hauch zu erkennen, welche den Honig gegessen. Da kam aber die Bienenkönigin von den Bienen, die der Dummling vor dem Feuer geschützt, und versuchte den Mund von allen dreien; zuletzt blieb sie auf dem Mund sitzen, der Honig gegessen, und so erkannte der Königssohn die rechte, und da war aller Zauber vorbei, alles war aus dem
65 Schlaf erlöst, und wer von Stein war, erhielt seine menschliche Gestalt wieder. Und der Dummling vermählte sich mit der jüngsten und liebsten und ward König nach ihres Vaters Tod; seine zwei Brüder aber mit den beiden andern Schwestern.

❶ Sprecht über den Inhalt des Märchens:
   - Welche Bedeutung haben die Tiere in diesem Märchen?
   - Warum heißt das Märchen „Die Bienenkönigin"? Schlagt einen anderen Titel vor.
❷ Erkläre, woran du erkennst, dass „Die Bienenkönigin" ein Märchen ist.
Tipps & Hilfen (→ S. 304)

❸ Übernimm die folgende Tabelle ins Heft und ergänze in der rechten Spalte Beispiele aus dem Märchen „Die Bienenkönigin".

Märchenmerkmal	Beispiele
Hauptfigur (Held/-in)	…
Gegenspieler / böse Figur(en)	*die beiden älteren Brüder*
Helfer / gute Figur(en)	*Ameisen,* …
Aufgaben / Prüfungen	…
verwunschener Ort	…
Zauberkräfte / Verwandlungen	…
magische Zahlen	…
Bestrafung / Belohnung am Ende	…
formelhafte, altertümliche Sprache	…

❹ a) Auch viele Märchen enthalten die typischen Handlungsbausteine. Ordne die Karten A – D den vier Handlungsbausteinen zu.

b) Zu welchem Handlungsbaustein gehört das Bild auf Seite 112? Begründe.

Ausgangssituation, in der die Hauptfigur sich befindet	Problem, oft ausgelöst durch ein Ereignis	Lösungsversuche, z.B. Prüfungen, Überwindung von Hindernissen	Ende, z.B. Lösung, Belohnung oder Bestrafung

A   Die geretteten Tiere helfen dem Dummling, die drei Aufgaben zu bewältigen.

B   Das Schloss und die Brüder werden vom Zauber befreit. Der Dummling heiratet die jüngste Prinzessin und wird König. Die Brüder vermählen sich mit den Schwestern.

C   Der Dummling muss drei Aufgaben lösen, um das verwunschene Schloss zu befreien. Gelingt es ihm nicht, wird er in einen Stein verwandelt.

D   Der Dummling rettet dreimal Tiere vor dem bösartigen Verhalten seiner Brüder.

⑤ Erzähle das Märchen „Die Bienenkönigin" nach. Nutze die Handlungsbausteine zur Orientierung (→ „Mündlich nacherzählen", S. 122–125).

Kleiner Ein-Zoll *Japanisches Märchen*

Es waren einmal ein Mann und eine Frau, die sich schon sehr lange ein Kind wünschten. Sie beteten und beteten, und schließlich schickten die Götter ihnen einen Jungen. Er war ein schönes, gesundes Kind; weil er aber nicht mehr wuchs, nannten sie ihn Kleiner Ein-Zoll. Als er alt genug war, schick-
5 ten seine Eltern ihn in die Welt hinaus. Anstatt mit einem Schwert war er mit einer Nadel bewaffnet. In einer Reisschale als Boot und mit Essstäbchen als Ruder fuhr er den Fluss hinunter in die Hauptstadt Kioto. Dort wurde er von einer Familie aufgenommen.

Eines Tages brach Kleiner Ein-Zoll mit der Tochter der Familie, die ihn
10 sehr gern hatte, zu einer Reise auf. Unterwegs wurden sie von einem men-schenfressenden Riesen angegriffen, der das Mädchen rauben wollte.

„Dazu musst du mich zuerst besiegen!", schrie Kleiner Ein-Zoll und schwenkte seine Nadel. Der Riese lachte, packte ihn und verschlang ihn im
15 Ganzen.

Im Magen des Riesen stach Kleiner Ein-Zoll mit seiner Nadel zu, bis der Rie-se ihn erbrach. Dann stieß er die Nadel in das Auge des Riesen. Der heulte vor
20 Schmerz auf und rannte davon. Dabei verlor er einen kleinen Hammer.

„Das ist ein Zauberhammer, der Wün-sche erfüllt", rief das Mädchen und hob ihn auf.
25 „Dann schlage mich damit; vielleicht lässt er mich größer werden", sagte Kleiner Ein-Zoll.

Das Mädchen versetzte ihm einen kräftigen Schlag auf den Kopf und er begann zu wachsen ... Bald war er ein großer, gut aussehender Samurai, den jedes Mädchen gern geheiratet hätte.

❶ Welches Problem hat die Hauptfigur in diesem Märchen zu bewältigen?
Erkläre auch die Bedeutung der körperlichen Merkmale und ihre Veränderung.
Tipps & Hilfen (→ S. 304)

❷ Überprüfe, ob dieses japanische Märchen die vier Handlungsbausteine enthält.

❸ Untersuche, ob „Kleiner Ein-Zoll" die typischen Märchenmerkmale aufweist.
Orientiere dich an der Tabelle auf Seite 114, Aufgabe 3.

❹ Suche in der Märchensammlung der Brüder Grimm das Märchen „Daumesdick" und
vergleiche es mit „Kleiner Ein-Zoll".

Märchen schreiben

1 Zu diesen Märchenkarten wurde das folgende Märchen verfasst. Untersuche:

a) Wie wurden die Bildanregungen umgesetzt?

b) Welche Elemente bzw. Märchenmerkmale wurden ergänzt?

c) Sind die Handlungsbausteine erkennbar (→ S. 114)? Nenne genaue Textstellen.

Tipps & Hilfen (→ S. 304)

Die wundersame Pflanze

Es war einmal eine Königin, deren Kind durch eine schwere Krankheit erblindete. Die Königin war verzweifelt. Eines Nachts hörte sie im Traum eine Stimme, die zu ihr sprach: „Geh in den Wald! Dort wirst du Hilfe finden." Voller Hoffnung machte sich die Königin am nächsten Morgen auf die Suche. Sie drang tief in den düsteren Wald
5 vor, doch alles schien vergeblich. Plötzlich vernahm sie wieder die Stimme aus dem Traum, sie folgte der Stimme und gelangte zu einem Bach. Im klaren Wasser erkannte sie ihr Spiegelbild, das plötzlich zu sprechen begann: „Was führt dich an diesen Ort?" Die Königin klagte ihr Leid. Da verkündete das Spiegelbild: „Damit dein Kind sein Augenlicht zurückerhält, musst du drei Kleider nähen: eines so golden wie
10 die Sonne, eines so silbern wie der Mond, das dritte so glänzend wie die Sterne!"

Die Königin ging dankbar von dannen, suchte den größten Markt auf und befragte die Stoffhändler: „Ich suche drei Stoffe: einen so golden wie die Sonne, die anderen so silbern wie der Mond und so glänzend wie die Sterne!" Doch niemand konnte ihre Wünsche erfüllen. Fast gab sie auf, da sah sie einen schäbigen kleinen
15 Stand, an dem eine alte Frau Stoffe verkaufte. Als die Königin ihren Wunsch vortrug, zog sie drei wunderbare Stoffe hervor: einen goldenen, einen silberfarbenen und einen herrlich glänzenden.

Überglücklich kaufte die Königin die Stoffe und kehrte zum Schloss zurück. Sie ruhte nicht und nähte die drei Kleider. Als sie den letzten Stich gesetzt hatte, waren ihre
20 Hände wund und ihre Finger blutig. Mit letzter Kraft machte sie sich auf den Weg in den Wald. Am Bach kniete sie nieder und breitete die drei Kleider vor sich aus. Wieder erschien ihr Spiegelbild: „Dein Wunsch soll erfüllt werden! Geh zur höchsten Eiche des Waldes. Darunter wächst eine kleine Pflanze mit violetten Blüten. Zerstoße ihre Blätter und trage sie drei Tage lang auf die Augen deines Kindes auf!" Die
25 Königin tat, wie ihr geheißen. Sie eilte mit der wundersamen Pflanze zu ihrem Kind, trug sie drei Tage nacheinander auf, und am Abend des dritten Tages konnte ihr Kind wieder sehen. Die Königsfamilie ließ im ganzen Reich ein Freudenfest feiern, und sie lebten noch lange glücklich und gesund.

❷ Sammle Ideen für ein eigenes Märchen. Lass dich dabei von den Märchenkarten inspirieren.
Tipps & Hilfen (→ S. 305)

Gute Figur: armer Junge

sieben gefährliche Täler überwinden

Hilfsmittel: fliegender Teppich

❸ Plane den Erzählverlauf für dein Märchen. Die folgenden Fragen helfen dir:

Ausgangssituation, in der sich die Hauptfigur befindet (→ Märchenkarte 1):
- Wo befindet sich die Hauptfigur? Mit welchem Ereignis wird sie konfrontiert?
Problem und Lösungsversuche (→ Märchenkarten 2 und 3):
- Warum müssen die sieben Täler überwunden werden? Welche Gefahren warten dort? Tritt ein Gegenspieler auf? Welche Eigenschaften hat dieser?
- Wie hilft der fliegende Teppich der Hauptfigur?
- Gibt es weitere Helfer oder gute Figuren? Welche Eigenschaften haben diese?
Ende:
- Welche Belohnung erwartet die Hauptfigur? Was passiert mit dem Gegenspieler?
Tipps & Hilfen (→ S. 305)

4 Was für ein Märchen könntest du zu diesen Märchenkarten schreiben?
Übertrage die Tabelle unten in dein Heft und notiere Stichpunkte.

Ausgangssituation	Problem	Lösungsversuche	Ende
In welcher Situation befinden sich die Hauptfiguren?	Welche Gefahren und Prüfungen gibt es?	Wie lösen die Figuren das Problem?	Wie endet das Märchen?
…	…	…	…

5 a) Entscheide dich, zu welchen Märchenkarten (→ S. 117 oder 118) du dein Märchen schreiben willst, und verfasse es.

b) Formuliere eine passende Überschrift.

c) Überprüfe dein Märchen mit der Checkliste auf Seite 139.

Tipps & Hilfen (→ S. 305)

Ein Märchen fortsetzen

Es war ein Mann, der hatte drei Söhne und weiter nichts im Vermögen als
das Haus, worin er wohnte. Nun hätte jeder gerne nach seinem Tode das
Haus gehabt, dem Vater war aber einer so lieb wie der andere, da wusste er
nicht, wie er's anfangen sollte, dass er keinem zu nahe tät. Verkaufen wollte
5 er das Haus auch nicht, weil's von seinen Voreltern war, sonst hätte er das
Geld unter sie geteilt. Da fiel ihm endlich ein Rat ein, und er sprach zu seinen
Söhnen: „Geht in die Welt und versucht euch und lerne jeder sein Handwerk.
Wenn ihr dann wiederkommt, wer das beste Meisterstück macht, der soll
das Haus haben." Das waren die Söhne zufrieden, und der älteste wollte ein
10 Hufschmied, der zweite ein Barbier, der dritte aber ein Fechtmeister
werden.

❶ Bereite eine Fortsetzung des Märchenanfangs vor.
   a) Notiere, welche Vorgaben dir der Märchenanfang gibt. Übernimm dazu die folgenden
   Notizen in dein Heft und ergänze sie.
   b) Schreibe Ideen zur Fortsetzung des Märchens auf.
   Tipps & Hilfen (→ S. 305)

Was gibt der Märchenanfang vor?

– Ausgangssituation:
– Mann, der nicht viel besitzt außer sein Haus
– drei Söhne
– kann sich nicht entscheiden, wem er sein Haus vererbt
– Aufgabe: ein Handwerk erlernen und perfektes Meisterstück herstellen

Wie soll das Märchen weitergehen?

Problem:
_..._

Lösungsversuche:
_..._

Ende:
_..._

❷ a) Schreibe das Märchen in deinem Heft zu Ende.
   b) Formuliere eine passende Überschrift.
   c) Überprüfe deinen Text mithilfe der Checkliste auf Seite 139.

Die Märchensprache nachahmen

❶ In Märchen kommen oft altertümlich klingende Ausdrücke vor.
Erkläre kurz die Bedeutung dieser „märchenhaften" Formulierungen:

Es begab sich vor langer Zeit, dass …
*Damit wird angedeutet, dass die Handlung in
einer weit zurückliegenden Vergangenheit spielt.*

Da gab sie sich zu erkennen.
Und so vermählten sie sich.
Und als die Zeit gekommen war, wurden sie zu
König und Königin.
So hatte die wahre Liebe den Bann gebrochen.
Und es weiß niemand auf diese Stunde, wo sie hingelaufen ist.
Und die Eltern waren mit ihrem verschollenen Kind vereint.
Und sie trug es ewiglich, auf dass es sie erinnern möge.

❷ Die heutige Sprache lässt sich in Märchensprache „übersetzen":
Ein Bauer hatte zwei Söhne. Der ältere war <u>sehr von sich überzeugt</u>. Der jüngere war
<u>ein ruhiger und zurückhaltender Typ</u>.
*Ein Bauer hatte zwei Söhne. Der ältere war überheblich und eitel, der jüngere war von stiller und
schüchterner Natur.*

Folge diesem Beispiel und übertrage die unterstrichenen Ausdrücke in die Märchensprache.
Nutze den Wortspeicher.

> hocherfreut sein · den Bann brechen · bangen um · auf der Stelle verharren ·
> vernehmen · aufbrechen · erfreuen mit

Der Prinz <u>fand es toll, dass sein Trick geklappt hatte</u>. Der Drache stellte nun keine Gefahr
mehr dar.

Die Tochter des Müllers <u>hatte Angst um ihr Leben</u>. <u>Jetzt konnte sie nicht weiterlaufen</u>.

Als die Hexe die Nachricht vom Glück ihrer Stieftochter <u>hörte</u>, holte sie ihren Zauberspiegel
hervor.

Am nächsten Morgen <u>ging</u> Rotkäppchen <u>los</u>. Sie <u>wollte</u> der Großmutter einen Kuchen und
eine Flasche Wein <u>bringen</u>.

Die richtige Zeitform verwenden

❶ Märchen werden in der Regel im Präteritum erzählt.
Schreibe das folgende Märchen in dein Heft und setze die Verben in Klammern ins Präteritum.

Es (leben) einmal in einem tiefen Wald eine Frau mit ihrem Sohn, der Förster (sein). Eines Tages (gehen) der Sohn auf die Jagd und (schießen) Hirsche und Rehe. Als er gerade heimkehren (wollen), (lassen)
5 sich ein wunderschönes Reh sehen. Es (springen) unbekümmert an ihm vorbei und (verschwinden) im Unterholz. Rasch (sich schwingen) der Förster auf sein Pferd und (reiten) wie der Wind in die Richtung, die das Reh eingeschlagen hatte. Auf einmal
10 (liegen) ein spiegelheller See vor ihm. Der Förster (entsinnen) sich nicht, auf seinen Streifzügen je den See gesehen zu haben. Während er seinen Gedanken (nachhängen), (erscheinen) das Reh am gegenüberliegenden Ufer. Es (heben) seinen Kopf, dann (beginnen) es Gras zu fressen. Leise (sich schleichen) der Förster heran, er (vermeiden) jedes Ge-
15 räusch. Plötzlich (erklingen) ein lautes Gurren – zwei Tauben (fliegen heran) und (warnen) das Reh. Schnell (sinken) der Förster auf die Knie. Doch es (sein) zu spät, das Reh war schon entflohen. Enttäuscht (antreten) der Förster seinen Heimweg. Am nächsten Tag (kommen) er um dieselbe Stunde wieder. Diesmal (bleiben) er jedoch unentdeckt, er hatte sich in einer Baum-
20 krone versteckt. Was sich nun vor seinen Augen (abspielen), (verschlagen) ihm den Atem. Das Reh (abwerfen) sein Fellkleid und eine liebreizende junge Frau (stehen) auf der Wiese.

❷ Schreibe die Fortsetzung des Märchens in dein Heft. Setze dabei passende Verben aus dem Wortspeicher in der richtigen Form ein.

Die junge Frau ▨▨▨ zum See, ▨▨▨ in das kühle Nass und ▨▨▨ zum anderen Ufer. Sie ▨▨▨ im Schatten des Baumes ▨▨▨, auf dem der Förster ▨▨▨. Da ▨▨▨ ein Blatt ▨▨▨. Erschrocken ▨▨▨ die Frau nach oben und in diesem Moment ▨▨▨ sie sich wieder in ein Reh und ▨▨▨.

schreiten · gleiten · schwimmen · sich ausruhen · sitzen · herabfallen · starren · verwandeln · davonjagen

Mündlich nacherzählen

Einer mündlichen Nacherzählung sollen die Zuhörer/-innen gerne zuhören. Im Idealfall bekommen sie Lust, die Geschichte selbst zu lesen. Für eine gute Nacherzählung ist es wichtig, dass du

- dich eng an die Textvorlage hältst (einschließlich Tempusform),
- den Inhalt richtig und zusammenhängend wiedergibst und nichts hinzuerfindest,
- möglichst anschaulich mit eigenen Worten erzählst.

Info: Mündlich nacherzählen

So bereitest du das mündliche Nacherzählen vor:

1. Schritt: Lies die Geschichte / das Märchen zu Hause mehrmals **laut** durch.
Präge dir den Handlungsverlauf ein:
- Wie fängt die Geschichte an?
- Was geschieht im Hauptteil?
- Wie endet die Geschichte?

2. Schritt: Notiere wichtige Handlungsschritte stichpunktartig.
Orientiere dich dabei entweder
- an den W-Fragen (Wer? Wann? Wo? Was? Wie? Warum?),
- an den Handlungsbausteinen (Ausgangssituation, Problem, Lösungsversuche, Ende) oder
- gliedere den Text in Abschnitte und formuliere zu jedem eine treffende Überschrift.

3. Schritt: Lerne wichtige Textstellen auswendig.
Bei einem Märchen sind das zum Beispiel Anfangs- und Schlussformel, Zaubersprüche und wiederkehrende Formulierungen.

So trägst du deine Nacherzählung vor:
- **Erzähle** die Geschichte **anhand deiner Stichpunkte.** Achte darauf, dass du im Präteritum erzählst.
- Versuche, mit deiner **Stimme** deutlich zu machen, wann welche Figur spricht.
  Wähle für verschiedene Figuren **unterschiedliche Sprechweisen**.
- Achte darauf, dass deine Stimmführung (Betonung, Lautstärke) zu den Gefühlen, Stimmungen und Handlungen der Figuren passt.
- Sprich deutlich, langsam, mache genügend Pausen und sieh deine Zuhörer/-innen an.

---

❶ Lies die beiden folgenden Märchen (→ Seiten 123 und 124) und entscheide, welches du nacherzählen willst. Präge dir den Handlungsverlauf ein (Schritt 1).

Die Prinzessin auf der Erbse   *Hans Christian Andersen*

Es war einmal ein Prinz, der wollte eine Prinzessin heiraten, aber es sollte eine wirkliche Prinzessin sein. Nun reiste er die ganze Welt umher, um eine solche zu finden, aber überall stand etwas im Wege. Prinzessinnen waren schon genug da, aber ob es auch wirkliche Prinzessinnen waren, dahinter
5 konnte er durchaus nicht kommen. Immer war etwas, das nicht stimmte. So kam er denn wieder nach Hause und war ganz betrübt, denn er wollte so gern eine wirkliche Prinzessin haben.

Eines Abends entstand ein furchtbares Unwetter; es blitzte und donnerte, der Regen strömte hernieder, es war geradezu entsetzlich. Da klopfte es an
10 das Stadttor, und der alte König ging hin, um zu öffnen.

Es war eine Prinzessin, die draußen vor demselben stand. Aber, mein Gott, wie sah sie von dem Regen und dem bösen Wetter aus! Das Wasser triefte ihr von den Haaren und Kleidern herunter und lief in die Schuhspitzen hinein und an den Hacken wieder heraus, und sie sagte, dass sie eine
15 wirkliche Prinzessin wäre.

Nun, das wollen wir bald genug herausbekommen!, dachte die alte Königin sagte aber nichts, ging in das Schlafzimmer, nahm alle Betten ab und legte eine Erbse auf den Boden der Bettstelle. Darauf nahm sie zwanzig Matratzen und legte sie auf die Erbse und dann noch zwanzig Eiderdaunen-
20 betten[1] oben auf die Matratzen.

Da sollte die Prinzessin nun des Nachts liegen.

Am Morgen fragte man sie, wie sie geschlafen hätte.

„O, entsetzlich schlecht!", sagte die Prinzessin. „Ich habe fast die ganze Nacht kein Auge zutun können! Gott weiß, was da im Bette gewesen ist? Ich
25 habe auf etwas Hartem gelegen, sodass ich am ganzen Körper braun und blau bin! Es ist wahrhaft entsetzlich!"

Daran konnte man sehen, dass sie eine wirkliche Prinzessin war, da sie durch die zwanzig Matratzen und die zwanzig Eiderdaunenbetten hindurch die Erbse gefühlt hatte. So feinfühlig konnte nur eine wirkliche
30 Prinzessin sein!

Da nahm der Prinz sie zur Frau, denn nun wusste er, dass er eine wirkliche Prinzessin hatte, und die Erbse kam auf die Kunstkammer, wo sie noch zu sehen ist, wenn niemand sie genommen hat.

Seht, das ist eine wirkliche Geschichte.

---

1 die Eiderdaunen: Daunen (flaumige Federn) der Eiderenten, zählen zu den edelsten Füllmaterialien für Bettdecken

Die Sterntaler *Brüder Grimm*

Es war einmal ein kleines Mädchen, dem waren Vater und Mutter gestorben, und es war so arm, dass es kein Kämmerchen mehr hatte, darin zu wohnen, und kein Bettchen mehr, darin zu schlafen, und endlich gar nichts mehr als die Kleider auf dem Leib und ein Stückchen Brot in der Hand, das ihm ein
5 mitleidiges Herz geschenkt hatte. Es war aber gut und fromm.

Und weil es so von aller Welt verlassen war, ging es im Vertrauen auf den lieben Gott hinaus ins Feld. Da begegnete ihm ein armer Mann, der sprach: „Ach, gib mir etwas zu essen, ich bin so hungrig." Es reichte ihm das ganze Stückchen Brot und sagte: „Gott segne dir's" und ging weiter.

10   Da kam ein Kind, das jammerte und sprach: „Es friert mich so an meinem Kopfe, schenk mir etwas, womit ich ihn bedecken kann." Da tat es seine Mütze ab und gab sie ihm.

Und als es noch eine Weile gegangen war, kam wieder ein Kind und hatte kein Leibchen an und fror: Da gab es ihm seins; und noch weiter, da bat eins
15 um ein Röcklein, das gab es auch von sich hin.

Endlich gelangte es in einen Wald, und es war schon dunkel geworden; da kam noch eins und bat um ein Hemdlein, und das fromme Mädchen dachte: „Es ist dunkle Nacht, da sieht dich niemand, du kannst wohl dein Hemd weggeben", und zog das Hemd aus und gab es auch noch hin.
20   Und wie es so stand und gar nichts mehr hatte, fielen auf einmal die Sterne vom Himmel und waren lauter blanke Taler; und ob es gleich sein Hemdlein weggegeben, so hatte es ein neues an, und das war vom allerfeinsten Linnen[1]. Da sammelte es sich die Taler hinein und war reich für sein Lebtag.

1 das Linnen: Leinen

❷ Vervollständige die Stichpunktliste zu dem von dir ausgewählten Märchen.
Schreibe in dein Heft (Schritt 2).

Titel: Die Prinzessin auf der Erbse

Anfang:
Prinz will eine wirkliche Prinzessin heiraten, reist in die Welt, findet keine Prinzessin, kommt traurig nach Hause

Hauptteil:
- eines Abends starkes Gewitter, Klopfen am Stadttor, durchnässte Prinzessin, will hinein, behauptet, eine wirkliche Prinzessin zu sein
- alte Königin denkt: „Ja, das werden wir schon herausbekommen!", sagt nichts, legt eine Erbse auf den Boden, darauf zwanzig Matratzen und zwanzig Decken ...

Titel: Die Sterntaler

Anfang:
armes Mädchen, Vater und Mutter gestorben ...

---

❸ Lerne wichtige Textstellen auswendig (Schritt 3).
❹ Erzähle das Märchen anhand deiner Stichpunktliste.
❺ Gebt euch gegenseitig eine Rückmeldung, wie gut euch das Nacherzählen gelungen ist.
Die folgenden Fragen helfen euch dabei:

Info: Fragen an die Zuhörer/-innen

- Was war besonders gelungen?
- Konnte man den Vortrag gut verstehen?
- Konnte man den Inhalt gut nachvollziehen?
- Wurde die richtige Reihenfolge beachtet?
- Wurde nichts Wichtiges weggelassen?
- Waren unterschiedliche Sprechweisen zu erkennen?
- Konnte man sich die Figuren und Situationen gut vorstellen?
- Passte die Erzählweise zum Inhalt des Textes?
- Wurde im Präteritum erzählt?

Zum Schmökern, Schauen, Weiterdenken

Von Märchensammlern und Märchenfrauen   *Dörte Eppelin*

Jacob Grimm wurde 1785 in dem hessischen Städtchen Hanau geboren, sein Bruder Wilhelm ein Jahr später. Sie waren die ältesten von insgesamt sechs Geschwistern. Als die Brüder gerade 11 und 10 Jahre alt waren, starb ihr Vater. Er hatte als Beamter für den Unterhalt der Familie gesorgt. Nun wurde
5 das Geld knapp und so wurden die beiden ältesten Geschwister aufs Gymnasium nach Kassel geschickt, damit sie den Vater bald ersetzen und Geld verdienen konnten.

Die beiden Brüder waren eifrige Schüler, lasen und lernten viel und waren unzertrennlich. Auch später in ihrem Leben waren sie selten getrennt.
10 Als erwachsene Männer lebten sie zusammen in einem Haushalt, und das änderte sich auch nicht, als Wilhelm eine Familie gründete.

Als junge Studenten begannen Jacob und Wilhelm, in Bibliotheken und Archiven zu forschen. Sie interessierten sich besonders für die deutsche Sprache und die bis dahin vor allem mündlich weitergegebenen Märchen.
15 Sie begannen, diese Märchen zu sammeln und aufzuschreiben, damit sie nicht verloren gingen.

Erzähl mir eine Geschichte! Dafür zogen Jacob und Wilhelm aber nicht von Dorf zu Dorf, um sich die Märchen von Handwerkern und Bauern erzählen zu lassen, wie viele Menschen lange glaubten. Die Brüder ließen sich
20 die Märchen in ihrem Arbeitszimmer erzählen, und zwar vor allem von gebildeten Frauen, die selbst viele Bücher lasen. Dorothea Viehmann, die in ihrer Kindheit in der väterlichen Gaststube viele Erzählungen von Reisenden gehört hatte, war eine dieser „Märchenfrauen". Sie erzählte den Brüdern

Märchen wie das vom Aschenputtel, das von der Gänsemagd und das von
25 den Bremer Stadtmusikanten.

Die Brüder schrieben die Märchen auf und formulierten sie so um, dass
alle eine ähnliche Sprache hatten. Jacob und Wilhelm Grimm haben sich die
Märchen also nicht selbst ausgedacht, sondern zusammen mit den „Märchenfrauen" aufgeschrieben. Weil Märchen früher nur erzählt wurden, lässt
30 sich heute nicht mehr genau herausfinden, wer sie sich ausgedacht hat.
Heutzutage hingegen schreiben Märchenerzähler ihre Geschichten meistens auf und nennen dazu auch ihren Namen.

Sechs Jahre lang sammelten die Brüder Grimm insgesamt 240 Märchen.
[...] Den ersten Teil ihrer Kinder- und Hausmärchen veröffentlichten sie im
35 Jahr 1812 in Berlin. Später haben sie ihre Texte immer wieder überarbeitet
und geändert, denn die damaligen Leser waren sehr kritisch. Sie waren ro-
mantische französische Feengeschichten gewöhnt, keine grausamen Geschichten von menschenfressenden Wölfen. Zudem hielten viele Menschen
die Märchen damals für Aberglauben oder „Kinderkram". So kauften zu Be-
40 ginn nur wenige das Märchenbuch der Brüder Grimm und es wurde erst
etwa 20 Jahre nach der ersten Veröffentlichung erfolgreich. Heute ist es das
meistgelesene deutsche Buch weltweit. Es wurde in über 160 Sprachen über-
setzt. Obwohl die Brüder Grimm schon vor mehr als 150 Jahren gestorben
sind, leben sie auch heute noch in ihren Märchen weiter.

❶ Erkläre, warum die Grimms zu „Märchensammlern" wurden und wie sie dabei vorgingen.
② Als „Quelle" bezeichnet man die Herkunft von Informationen. Nenne die Quellen für die
Grimm'sche Märchensammlung, die im Text erwähnt werden.
③ Kritische Stimmen meinen heute, einige Grimm'sche Märchen wie „Rotkäppchen und der
Wolf" seien zu grausam für Kinder. Teilst du diese Meinung? Begründe.

Das folgende Märchen hat man sich im Osmanischen Reich, zu dem auch die heutige Türkei gehörte, erzählt. Die damaligen Herrscher hießen *Sultan* oder *Padischah*. Ihre Söhne wurden von Oberdienern erzogen, die man *Lala* nannte. Die Ehefrauen von Herrschern hatten *Zofen*, die sie beispielsweise zum *Basar*, d. h. zum Markt, begleiteten.

Das Töpfchen   *Türkisches Märchen*

Es war einmal, und es war auch nicht. In früheren Zeiten war einmal eine arme Frau mit einer Tochter. Die Mutter spann vom Abend bis zum Morgen Garn, das Mädchen aber verkaufte es auf dem Basar, und so verdienten sie ihren Lebensunterhalt.

5 Eines Tages hatte die Mutter wieder Garn gesponnen, es dem Mädchen gegeben, und das Mädchen hatte das Garn auf dem Basar verkauft. Für dieses Geld kaufte sie statt des Brotes einen kleinen Topf, der zum Kauf angeboten wurde. An dem Topf hatte sie großen Gefallen, gab das Geld hin und erhielt ihn.

10 Als sie nach Hause kam, war kein Brot zum Essen da; denn in der Hand hatte sie nur den Topf. Die Mutter schlug das Mädchen tüchtig und warf den Topf auf die Straße. An jenem Tag legten sie sich hungrig schlafen.

Eine Hebamme kehrte von einer Wöchnerin[1] zurück und sah auf der Straße einen schönen Topf liegen, nahm ihn, ging nach Hause, wusch und
15 reinigte ihn, machte eine Weinblattroulade, setzte den Topf auf den Herd und kochte Essen.

Gerade als sie den Deckel hob und sich ans Essen setzen wollte, wurde an die Tür geklopft, und jemand rief die Hebamme schnell zu einer Geburt.

Die Hebamme sagt: „Ich esse, wenn ich zurückkomme", lässt das Essen
20 stehen und geht.

Der Topf steht – holterdiepolter – auf und geht schnurstracks zum Haus des Mädchens. Er klopft an die Tür, das Mädchen läuft zur Tür und fragt:
„Wer ist da?"

Der Topf antwortet: „Das Töpfchen."

25 Das Mädchen fragt: „Was ist darin?"

Er sagt: „Eine kleine Weinblattroulade."

Das Mädchen holt die Weinblattroulade heraus und wirft den Topf auf die Straße. Die Mutter und die Tochter setzen sich hin und lassen sich die Weinblattroulade gut schmecken.

30 Die Frau des Padischahs, die Sultanin, ging ins Bad, da sieht sie auf der

1 die Wöchnerin: Mutter in den ersten sechs bis acht Wochen nach der Geburt des Kindes

Straße einen schönen Topf. „Nimm diesen Topf!", sagt sie zu ihrer Zofe. Die Zofe nimmt den Topf, und sie gehen ins Bad. Im Bad legt die Sultanin, als sie sich auszieht, ihre Diamanten und Perlen hinein. Sie gibt ihrer Zofe den Topf und steigt ins Bad.

35 Als die Zofe den Topf im Arm hält, wird sie vom Schlaf übermannt, und der Topf geht schnurstracks zum Haus des Mädchens und klopft an die Tür.

Das Mädchen fragt: „Wer ist da?"

Der Topf antwortet: „Das Töpfchen."

Das Mädchen sagt: „Was ist darin?"

40 Er sagt: „Etwas Schönes."

Das Mädchen nimmt die Diamanten und das Gold, zieht sich an, schmückt sich und wirft den Topf wieder auf die Straße.

Am nächsten Tag ging der Prinz ins Bad. Er sieht den Topf auf der Straße und sagt: „Lala, nimm diesen Topf, was ist das für ein schöner Topf!"

45 Der Lala nimmt den Topf. Sie gehen in das Bad, der Prinz badet sich dort, reinigt sich und lässt sich rasieren. Der Topf nimmt den Prinzen – hopp – in sich auf und bringt ihn schnurstracks zum Haus des Mädchens.

Als er an die Tür klopft, fragt das Mädchen: „Wer ist da?"

Er antwortet: „Das Töpfchen."

50 Sie fragt: „Was ist darin?"

Er antwortet: „Ein kleiner Bräutigam."

Als das Mädchen den Deckel des Topfes aufhebt, steigt ein Prinz heraus, schön wie der Vollmond. Der Prinz aber mustert das Mädchen von oben bis unten: Sie ist ein Mädchen, auch so schön wie der Vollmond. Sie trägt Dia-

55 manten und Juwelen …

Der Prinz fragt: „Mädchen, heiratest du mich?"

Das Mädchen ist einverstanden. Sie machen vierzig Tage und vierzig Nächte lang Hochzeit, und das Mädchen wirft den Topf nicht mehr auf die Straße …

60 Sie haben das Ziel ihrer Wünsche erreicht, wir wollen auch unser Ziel erreichen.

1 Welche Wünsche und Ziele im Märchen wurden erreicht?

2 Weist „Das Töpfchen" die typischen Merkmale eines Märchens auf (→ S. 138)? Notiere sie und erkläre gegebenenfalls Unterschiede.

3 Mit welchen „Überraschungen" würdest du als Märchenerzählerin oder Märchenerzähler den Topf füllen? Schreibe das Märchen entsprechend um.

Das Liebespaar   *Hans Christian Andersen*

Ein Kreisel und ein Ball lagen im Kasten beisammen unter anderem Spielzeug, und da sagte der Kreisel zum Ball: „Wollen wir nicht Brautleute sein, da wir doch in dem Kasten zusammen liegen?" Aber der Ball, welcher von Saffian[1] genäht war und der sich ebenso viel einbildete als ein feines Fräulein,
5 wollte auf dergleichen nicht antworten.

Am nächsten Tage kam der kleine Knabe, dem das Spielzeug gehörte; er bemalte den Kreisel rot und gelb und schlug einen Messingnagel mitten hinein; dies sah recht prächtig aus, wenn der Kreisel sich herumdrehte.

„Sehen Sie mich an!", sagte er zum Ball. „Was sagen Sie nun? Wollen wir
10 nun nicht Brautleute sein, wir passen so gut zueinander: Sie springen und ich tanze! Glücklicher als wir beide würde niemand werden können!"

„So, glauben Sie das?", sagte der Ball. „Sie wissen wohl nicht, dass mein Vater und meine Mutter Saffianpantoffeln gewesen sind und dass ich einen Kork im Leibe habe?"

15 „Ja, aber ich bin von Mahagoniholz", sagte der Kreisel, „und der Bürgermeister hat mich selbst gedrechselt. Er hat seine eigene Drechselbank und es hat ihm viel Vergnügen gemacht."

„Kann ich mich darauf verlassen?", fragte der Ball.

„Möge ich niemals die Peitsche bekommen, wenn ich lüge!", erwiderte
20 der Kreisel.

„Sie wissen gut für sich zu sprechen", sagte der Ball, „aber ich kann doch nicht, ich bin mit einer Schwalbe so gut wie versprochen! Jedes Mal, wenn ich in die Luft fliege, steckt sie den Kopf zum Neste heraus und fragt: ‚Wollen Sie?' und nun habe ich innerlich Ja gesagt, und das ist so gut wie eine halbe
25 Verlobung. Aber ich verspreche Ihnen, Sie nie zu vergessen!"

„Ja, das wird viel helfen!", sagte der Kreisel, und so sprachen sie nicht mehr miteinander.

Am nächsten Tage wurde der Ball von dem Knaben hervorgenommen. Der Kreisel sah, wie er hoch in die Luft flog, gleich einem Vogel, zuletzt
30 konnte man ihn gar nicht mehr erblicken; jedes Mal kam er wieder zurück, machte aber immer einen hohen Sprung, wenn er die Erde berührte, und das geschah entweder aus Sehnsucht oder weil er einen Kork im Leibe hatte. Das neunte Mal aber blieb der Ball weg und kam nicht wieder, der Knabe suchte und suchte, aber weg war er.

35 „Ich weiß wohl, wo er ist", seufzte der Kreisel, „er ist im Schwalbenneste und hat sich mit der Schwalbe verheiratet!"

---

1 der Saffian: feines, weiches Ziegenleder

Je mehr der Kreisel daran dachte, umso mehr wurde er für den Ball einge-
nommen. Gerade weil er ihn nicht bekommen konnte, darum nahm seine
Liebe zu; dass er einen andern genommen hatte, das war das Eigentümliche
40 dabei; und der Kreisel tanzte herum und schnurrte, dachte aber immer an
den Ball, welcher in seinen Gedanken immer schöner und schöner wurde.
So verstrich manches Jahr – und da war es eine alte Liebe.

Der Kreisel war nicht mehr jung –! Aber da wurde er eines Tages ganz
und gar vergoldet, nie hatte er so schön ausgesehen; er war nun ein Gold-
45 kreisel und sprang, dass es schnurrte. Ja, das war doch noch etwas. Aber auf
einmal sprang er zu hoch, und – weg war er! […]

Er war in den Kehrichtkasten² gesprungen, wo allerlei lag: Gerümpel,
Kohlstrünke³, Kehricht und Schutt, der von der Dachrinne heruntergefallen
war.

50 „Nun liege ich freilich gut! Hier wird die Vergoldung bald von mir verschwinden; ach, unter welches Gesindel bin ich hier geraten!" Dann schielte
er nach einem langen Kohlstrunk und nach einem sonderbaren runden
Dinge, welches wie ein alter Apfel aussah; – aber es war kein Apfel, es war
ein alter Ball, welcher viele Jahre in der Dachrinne gelegen und den das
55 Wasser durchdrungen hatte.

2 der Kehricht: (Straßen-)Müll, Schmutz
3 der Strunk: Wurzel, Stamm (ohne Frucht bzw. Kohlkopf)

❶ Sind Kreisel und Ball ein Liebespaar? Beschreibe die Beziehung zwischen den beiden.
② Prüfe, ob „Das Liebespaar" ein typisches Märchen ist:
   - Weist der Text die typischen Märchenmerkmale auf (→ S. 138)?
   - Folgt der Aufbau des Märchens den vier Handlungsbausteinen (→ S. 139)?
③ Für welche Art von Menschen stehen Ball und Kreisel? Beschreibe deren Eigenschaften.

Schneewittchen und die sieben Zwerge

❶ Kennst du das Märchen von Schneewittchen und den sieben Zwergen? Erzähle es nach.

② a) Gib den dargestellten Szenen jeweils eine Überschrift.

b) Beschreibe die Figuren. Achte auf Farben, Körpersprache usw.

c) Welche Szene würdest du für ein Filmplakat zu „Schneewittchen" auswählen?
Fertige eine Skizze mit Kommentaren für deinen Entwurf an.

Der Student und der Kranich *Chinesisches Volksmärchen*

Es war einmal ein armer Student. Er wusste sehr viel, er konnte dichten und malen, doch es mangelte ihm stets an Geld. Abends ging er immer zu einem befreundeten Gastwirt, setzte sich in eine Ecke und begann zu schreiben oder zu malen. Der Wirt hatte Mitleid mit dem armen Studenten und gab
5 ihm eine Tasse Tee zu trinken oder Speisereste zu essen.

Eines Tages kam der Student wie üblich ins Wirtshaus. Doch diesmal setzte er sich nicht hin, sondern er nahm Tusche und Pinsel zur Hand und zeichnete mit wenigen Strichen einen Kranich an die Wand. Er sah aus, als würde er jeden Augenblick die Flügel ausbreiten und davonfliegen. Die
10 Gäste und der Wirt betrachteten den Kranich mit Erstaunen und Bewunderung.

Da sprach der Student zum Wirt: „Herr Wirt, ich ziehe heute fort von hier. Ihr seid stets gut zu mir gewesen, wenn ich Durst und Hunger hatte. Zum Dank habe ich Euch diesen Kranich gemalt. Ihr müsst nur dreimal in die
15 Hände klatschen, dann schwebt der Kranich auf den Boden nieder und tanzt für Euch und Eure Gäste. Bitte merkt Euch jedoch, Herr Wirt: Der Kranich kann nur einmal am Tag tanzen.“

Nun klatschte der Student dreimal in die Hände. Und tatsächlich: Der Kranich breitete die Flügel aus, schüttelte sein Gefieder und stieg auf den
20 Boden nieder. Er begann einen sonderbaren Tanz mit eleganten Bewegungen. Als er zu Ende getanzt hatte, erhob er sich vom Boden und schon stand er wieder reglos als Zeichnung an der Wand. Die Gäste hielten während seines Tanzes den Atem an und brachen in Jubel aus, nachdem er beendet war. Der Student verabschiedete sich vom verblüfften Wirt und ging davon.
25 Von nun an hatte der Wirt sein sicheres Auskommen. In Scharen strömten die Gäste herbei, denn jeder wollte mit eigenen Augen den Tanz des Kranichs sehen.

Eines Tages nun besuchte ein allseits bekannter böser, reicher und hab-
gieriger Mensch das Wirtshaus. Nachdem der Kranich zu Ende getanzt
30 hatte, wünschte der Reiche, dass er nochmals tanze.

„Das ist leider unmöglich", erklärte der Wirt. Doch der Reiche gab sich mit
dieser Antwort nicht zufrieden.

„Er soll noch einmal tanzen!", sagte er gebieterisch und stellte dem Wirt
einen Beutel voll Goldstücke hin.

35 Der Wirt wusste sich nicht anders zu helfen, so klatschte er dreimal in die
Hände. Der Kranich an der Wand bewegte sich langsam. Mit traurigen
Augen und hängendem Kopf stieg er auf den Boden herab.

Er tanzte, doch diesmal traten bei seinem merkwürdigen Tanz den
Gästen die Tränen in die Augen. Kaum hatte der Kranich seinen Tanz been-
40 det, öffnete sich die Tür und der Student trat ein. Ohne ein Wort zu sagen,
zog er eine Flöte heraus und begann zu spielen. Der Kranich schritt ihm
langsam entgegen. Niemand wagte sich zu rühren. Der Student und der
Kranich verließen das Wirtshaus. Während sie die Dorfstraße entlangliefen,
erklang eine beklemmende Melodie aus der Flöte. Am Ende des Dorfes
45 angelangt, verschwanden der Student und der Kranich so plötzlich, als hätte
sie der Erdboden verschlungen.

Seit diesem Tag hat niemand mehr den Studenten und den Kranich
gesehen.

❶ Erkläre, welche Rolle der Kranich in diesem Märchen spielt.

② Wie hätte der Wirt auf die Aufforderung des reichen Gastes reagieren können?
Stellt in Partnerarbeit dieses Gespräch nach.

③ Welche Lehre könnte am Ende dieses Märchens stehen? Formuliere sie in eigenen Worten.

Rotkäppchen – reloaded

Es war einmal eine Bloggerin, die schrieb unter dem Namen „Rotkäppchen"
an einem Drehbuch über ein bitterarmes Mädchen, das alles verschenkt
hatte, aber durch einen Talentwettbewerb berühmt und reich wurde. Ein
Geldregen befreite es von allen Sorgen! Als Rotkäppchen sich gerade aus-
5 malte, was das Mädchen alles kaufen könnte, erschien im Blog ein neuer
Kommentar mit dem Namen der Mutter: „Vergiss nicht – heute hat Oma
Geburtstag." „Gut, dass Mama mich daran erinnert", dachte Rotkäppchen.
Schnell packte sie ihre Lieblingskekse in den Korb und verließ die Wohnung.
Da ihr der Bus vor der Nase wegfuhr, schnappte sie sich ihr Mountainbike
10 und radelte ins Seniorenheim.

Was das liebe Kind nicht wusste: Der Kommentar stammte vom Wolf. Schon länger hatte er das Rotkäppchen beobachtet. Es war ein Leichtes für ihn, den Blog „Little Red Riding Hood" zu hacken und sich dann mit dem Alias von Rotkäppchens Mutter einzuloggen.

15 Unterwegs traf Rotkäppchen noch den Frosch an einem Brunnen. Es glaubte zwar nicht an einen verwunschenen Prinzen, aber das Tier blickte mit seinen großen Augen so herzzerreißend, dass Rotkäppchen ihn aufhob und in ihren Korb setzte.

Als die beiden bei Oma eintra-
20 fen, fiel diese ihrer Enkelin voller Freude um den Hals. Während Rotkäppchen sich kurz im Bad frisch machte und die Haare stylte, schaltete Oma den Fernseher
25 aus, der sonst den ganzen Tag lief. Da klopfte es an die Tür. Die Oma öffnete, doch, o Schreck, es war der Wolf! Der war nach der anstrengenden Verfolgungsjagd – er
30 hatte ja kein Rad – hungrig wie ein Bär und wollte sich gleich die Oma einverleiben. Da sprang der

Frosch aus dem Korb und quakte verführerisch: „Warte, warte, mein lieber Wolf! Als Königssohn verfüge ich über eine goldene Kreditkarte. Ich hüpfe
35 schnell zum nächsten Imbiss und kaufe dir ein Dutzend Hot Dogs." Diesem Angebot konnte der Wolf nicht widerstehen. Nach einer Stunde kam der Frosch mit den versprochenen Würstchen zurück. Der Wolf aß alles auf und konnte sein Glück kaum fassen. Zärtlich schleckte er den Frosch ab. In diesem Moment fiel die glitschige Haut von dem Tier ab und der Königssohn
40 stand in Omas Wohnzimmer. Von diesem Tag an waren Rotkäppchen, die Oma, der Wolf und der Königssohn die besten Freunde.

❶ Welche weiteren Märchen haben sich in „Rotkäppchen – reloaded" versteckt? Erkläre in diesem Zusammenhang den Titel.

❷ Dieses moderne Märchen über Rotkäppchen haben sich Schüler ausgedacht. Was haben sie verändert? Vergleiche die Originalversion mit dem Schülertext.

❸ Schreibe selbst eine moderne Fassung eines Märchens. Verändere beispielsweise die Eigenschaften der Figuren oder die Aufgabe der Hauptfigur. Du kannst auch mehrere Märchen oder Figuren aus unterschiedlichen Märchen kombinieren.

Rotkäppchen   *Jewgeni Schwarz*

*In dieser Fassung des Märchens überlistet das schlaue Rotkäppchen, mit Niespulver
und Feuerzeug bewaffnet, den Wolf. Dabei helfen ihr ihre Freunde, die Waldtiere.
Sogar der ehemalige Angsthase Weißohr wird zum mutigen Kämpfer. Verlierer ist
am Schluss der Fuchs, der eigentlich besonders schlau sein wollte.*

Personen
Rotkäppchen, Rotkäppchens *Mutter*, Rotkäppchens *Großmutter*,
der *Hase Weißohr*, *Ringelnatter*, der *Bär Mischa*, *Fuchs*, *Wolf*, *Förster*,
Vögel, *Jungvögel (Nestlinge)*, *Hasen*, ein *Försterhund*, ein *Kaninchen*, eine *Biene*

Erster Akt
*Ein kleines Haus am Waldrand. – Aus der Tür treten Rotkäppchens Mutter und
Rotkäppchen mit Schultertasche und Korb; im Korb sind eine Flasche Milch und
eine große Pirogge*[1].

	Mutter	Also auf Wiedersehen, Kind.
5	*Rotkäppchen*	Wiedersehn, Mutter.
	Mutter	Gib nur Acht, wenn du an den Sumpf kommst. Bleib nicht stehen, rutsch nicht aus, geh keinen Schritt vom Weg und fall nicht ins Wasser.
	Rotkäppchen	In Ordnung. Und wenn du ein Hemd für Vater nähst, träum nicht
10		herum, guck nicht aus dem Fenster und sorg dich nicht um mich, sonst stichst du dich in den Finger.
	Mutter	In Ordnung. Aber wenn es regnet und kalter Wind weht, atme durch die Nase und, bitte, sprich nicht.
	Rotkäppchen	In Ordnung. Und du tu Schere, Zwirn, Nadelkissen und alle
15		Schlüssel in die Schürzentasche und, bitte, verkram sie nicht.
	Mutter	Also auf Wiedersehen, Kind.
	Rotkäppchen	Wiedersehn, Mutter.
	Mutter	Oi aijejai.
	Rotkäppchen	Weshalb sagst du „oi aijejai", Mutter?
20	*Mutter*	Weil ich keine ruhige Minute haben werde, bis du zurück bist.
	Rotkäppchen	Mutter, wer kann mir etwas antun? Alle Tiere im Wald sind meine Freunde.
	Mutter	Und der Wolf?

1 die Pirogge: Teigtasche

Rotkäppchen	Der Wolf traut sich nicht. Er weiß, meine Freunde erlauben nicht,
25	dass er mir etwas tut. Wiedersehn, Mutter.
Mutter	Auf Wiedersehen, Kind. Deine Großmutter liegt krank, also musst
	du gehen. Hast du die Flasche mit Milch für sie? Ja. Die Pirogge?
	Auch. Auf Wiedersehen, Kind. [...]

Die Mutter seufzend ab ins Haus. Rotkäppchen macht sich auf den Weg; sobald sie
30 *am Gesträuch ist, ertönt zaghaft eine Stimme.*

Stimme des Hasen	Rotkäppchen!
Rotkäppchen	Wer ruft?
Hase	Ich, der Hase Weißohr.
Rotkäppchen	Grüß dich, Weißohr.
35 *Hase*	Grüß dich, liebes freundliches kluges Rotkäppchen.
	Ich muss dir etwas ganz Wichtiges sagen.
Rotkäppchen	Dann komm her.
Hase	Aber ich fürchte mich.
Rotkäppchen	Dass du dich nicht schämst.
40 *Hase*	Verzeih mir bitte.
Rotkäppchen	Habe ich euch Hasen alle zusammengerufen?
Hase	Das hast du.
Rotkäppchen	Habe ich euch Bücher vorgelesen?
Hase	Das hast du.
45 *Rotkäppchen*	Und? Habe ich euch was beigebracht?
Hase	Allerdings.
Rotkäppchen	Was habe ich euch beigebracht?
Hase	Dass wir tapfer sein müssen. Wir haben den Wolf durch-
	genommen, den Fuchs und alle. Wir erschrecken nicht mehr vor
50	ihnen, wir verstecken uns tapfer. Wir sind Prachthasen!
Rotkäppchen	Aber vor mir fürchtest du dich.
Hase	Verzeih mir bitte. Aber deine neuen Stiefel knarren so schauerlich.
Rotkäppchen	Also habe ich euch umsonst beigebracht, dass ihr tapfer sein
	müsst. [...]

❶ Inwiefern unterscheidet sich dieser Anfang des Rotkäppchen-Märchens von der Fassung, die
du kennst? Nenne alle Unterschiede.

② Wie könnte das Theaterstück weitergehen? Schreibt eine Fortsetzung. Achtet darauf, dass
alle genannten Personen vorkommen, und berücksichtigt auch, was im Vorspann über die
weitere Handlung steht. Notiert auch Regieanweisungen.

③ Verteilt die Rollen und studiert das Theaterstück ein.

Märchen untersuchen

Das Märchen ist eine sehr alte Erzählform, die es zu allen Zeiten und bei allen Völkern gab. Folgende Merkmale sind typisch für viele Märchen:

Merkmale	Beispiele
Figuren: - Meist gibt es eine gute Hauptfigur und böse Gegenspieler. - Die Figuren sind auf ihre wesentlichen Eigenschaften festgelegt. - Viele haben magische Fähigkeiten oder sind Fantasiewesen.	- *Rapunzel – böse Fee, Königin – Rumpelstilzchen, Aschenputtel – böse Stiefmutter* - *gut – böse, dumm – schlau ...* - *Hexe, Fee, Zauberer, Rumpelstilzchen, Frau Holle, sprechender Frosch, Riese*
Ort und Zeit: - Ort und Zeit sind nicht genau festgelegt. - Die Orte bergen oft ein Geheimnis.	- *Es war einmal ... Vor langer Zeit ...* - *ein altes Schloss in einem großen, dichten Wald*
Magische Elemente: - Zauberkräfte, Verwandlungen - Reime, Zaubersprüche - besondere Zahlen (3, 7 und 12)	- *Prinz wird in Frosch verwandelt, Stroh wird zu Gold* - *„Ach, wie gut, dass niemand weiß, dass ich Rumpelstilzchen heiß!"* - *drei Wünsche, sieben Zwerge, zwölf Prinzessinnen*
Erzählweise: - Typisch für Märchen sind eine altertümliche Sprache und formelhafte Wendungen.	- *Es war einmal ...* - *Und wenn sie nicht gestorben sind ...*

Märchen schreiben

1. Schritt: Ein Märchen planen

Sammle Ideen für dein Märchen. Schreibe Stichpunkte zu folgenden Fragen:
- Welche **Figuren** sollen in deinem Märchen vorkommen (Hauptfigur, Gegenspieler)?
- An welchem **Ort** spielt dein Märchen?
- Welche **Aufgaben** muss die Hauptfigur lösen? Welche **Gefahren und Prüfungen** gibt es?
- Mit welchen **Mitteln** gelingt es ihr, das Problem zu lösen? Gibt es Helfer, z. B. Zaubersprüche,
  magische Gegenstände oder Fantasiewesen mit Zauberkräften?
- Wie soll das Märchen enden? Wie wird die Hauptfigur belohnt und wie werden die
  Gegenspieler bestraft?

Ordne deine Stichpunkte den vier Handlungsbausteinen eines Märchens zu.
Ergänze weitere Stichpunkte, falls notwendig.

2. Schritt: Ein Märchen schreiben

Ausgangssituation, in der sich die Hauptfigur befindet	Problem, das die Hauptfigur lösen muss	Lösungsversuche Überwindung von Hindernissen und Gefahren	Ende Sieg des Guten, Bestrafung des Bösen
…	…	…	…

- Achte auf eine passende und abwechslungsreiche Wortwahl. Verwende auch **märchentypische
  Wendungen und Formulierungen,** z. B.:
  Es war einmal … Vor langer Zeit …
- Mache deutlich, was deine Figuren **sagen** und **denken,** z. B.:
  Die Prinzessin sagte: „Gut, … ." Insgeheim aber dachte sie …
- Schreibe im Präteritum (→ S. 232).

3. Schritt: Das Märchen überarbeiten

Überprüfe dein Märchen mit folgender Checkliste:

Checkliste ✔

- ✓ Hat dein Märchen eine passende **Überschrift**?
- ✓ Kann man den **Inhalt** deines Märchens gut nachvollziehen?
- ✓ Hast du **unnötige Wortwiederholungen vermieden**?
- ✓ Hast du an passender Stelle **wörtliche Rede** eingebaut?
- ✓ Ist dein Märchen (mit Ausnahme der wörtlichen Rede) im **Präteritum** geschrieben?

6 Kolossal komisch

Merkwürdige Geschichten und Figuren untersuchen

Ich bin bekannt dafür, immer die Wahrheit zu sagen. Blaubären – und das ist erwiesen – können nämlich überhaupt nicht lügen. Jawohl!

Ich bin als Lügenbaron berühmt geworden. Zum Beispiel habe ich mich und mein Pferd am eigenen Schopf aus dem Sumpf gezogen und bin auf einer Kanonenkugel geritten.

Was ist eigentlich Seemannsgarn?

„Der Hai war riesig und er schwamm direkt auf mich zu. In letzter Sekunde konnte ich ihn mit einem Tritt vertreiben. Dann bin ich hundert Kilometer zurück ans Ufer gekrault." Diese unterhaltsame Geschichte ist mit ziemlicher Sicherheit Seemannsgarn. Das heißt, dass der Erzähler nicht ganz bei
5 der Wahrheit bleibt. Das Wort *Seemannsgarn* dürfte sich irgendwann aus dem Wort *Schiemannsgarn* entwickelt haben. [...] Die Seefahrer stellten [dieses Garn] selbst her, sie sponnen es. Dabei erzählten sie sich von ihren Erlebnissen auf See. Um es spannender zu machen, dichteten sie noch etwas hinzu. So wurde *Schiemannsgarn* oder *Seemannsgarn* zu einem Synonym
10 für Geschichten, in denen übertrieben wird.

Natürlich können nicht nur Seefahrer Seemannsgarn erzählen. Auch der Urlauber, der von seiner Begegnung mit einem Hai berichtet, erzählt vielleicht Seemannsgarn. Möglicherweise war der Hai ja nur ein kleiner Fisch und das rettende Ufer war nicht hundert Kilometer, sondern nur zehn Meter
15 entfernt. Aber das wäre doch langweilig.

1. Beschreibt euch gegenseitig die Figuren auf den Bildern. Schafft ihr das so genau, dass eure Mitschüler/-innen die Figur erkennen und ihren Namen nennen können, ohne das entsprechende Bild zu sehen?

2. Die Sprechblasen sind durcheinandergeraten. Ordne sie den richtigen Bildern zu und begründe deine Zuordnung.

3. Kennst du die Geschichten zu den Figuren? Erzähle sie den anderen.

4. Was findet ihr an diesen Geschichten komisch?

In diesem Kapitel …

- lernst du komische Geschichten aus Deutschland und aus anderen Ländern kennen.
- findest du heraus, an welchen Merkmalen man Lügen-geschichten erkennen kann, wie sie aufgebaut sind und warum sie komisch wirken.
- übst du, literarische Figuren und ihr Handeln zu beschreiben und zu bewerten.

Lügengeschichten untersuchen

Zwergpiraten *Walter Moers (aus: Die 13 ½ Leben des Käpt'n Blaubär)*

Das war der Augenblick, in dem ich zum ersten Mal eines der schaurigen Lieder der Zwergpiraten hörte. Die Zwergpiraten waren die Herrscher des Zamonischen Ozeans. Es wusste allerdings niemand davon, weil sie so klein waren, dass keiner sie bemerkte. [...]

5   Ein Zwergpirat von zehn Zentimetern Größe galt unter seinesgleichen als Hüne. Die Zwergpiraten befuhren die Meere auf winzigen Schiffen, immer auf der Suche nach etwas, das klein genug war, damit sie es kapern konnten. Was sehr selten geschah. Eigentlich nie. Um die Wahrheit zu sagen: In der ganzen Geschichte der Seefahrt wurde niemals auch nur ein

10 einziges Schiff, nicht mal ein Ruderboot, von Zwergpiraten erfolgreich gekapert. Gelegentlich, meist aus Verzweiflung, griffen Zwergpiraten auch größere Schiffe, sogar Ozeanriesen, an. In der Regel wurden ihre Bemühungen nicht einmal wahrgenommen. Die winzigen Seeräuber warfen ihre Enterhäkchen in das Holz der großen Schiffe und wurden dann so lange mit-

15 geschleppt, bis sie endlich aufgaben. Oder sie feuerten ihre niedlichen Kanönchen ab, deren Geschosse nie das Ziel erreichten – schon nach wenigen Metern plumpsten sie wirkungslos ins Meer.

    Da sie niemals Beute machten, ernährten sich die Zwergpiraten hauptsächlich von Algen oder den Fischen, mit denen sie es aufnehmen konnten,

20 Sardellen etwa oder ganz kleinen Scampis. In Notlagen verschmähten sie auch Plankton nicht.

    Anstelle von Händen besaßen die Zwergpiraten kleine Eisenhäkchen, anstelle richtiger Beine Holzbeine. Außerdem habe ich keinen von ihnen

jemals ohne Augenklappe gesehen. Zuerst dachte ich, es handle sich um
Blessuren, die sie sich bei ihren waghalsigen Kaperversuchen zugezogen
hatten, aber später erfuhr ich, dass sie so geboren wurden, samt Schnurr-
bart und Hut. [...]

Trotz oder vielleicht gerade wegen ihrer eigentlichen Harmlosigkeit
führen sich Zwergpiraten sehr gerne blutrünstig und raubeinig auf. Sie
schwingen gerne großmäulige Reden, die bevorzugt von erfolgreichen
Kaperfahrten und fetter Prise handeln. Man könnte fast sagen, sie neigen
zur Prahlsucht. Wenn sich zwei Zwergpiraten begegnen (und das passiert
auf einem Schiff voller Zwergpiraten ja andauernd), dann zählen sie sich
gegenseitig mit großartigen Gebärden und viel Geschrei die Anzahl der
Handelsschiffe vor, die sie angeblich in den Grund gebohrt haben, und
protzen mit den unschuldigen Matrosen, die sie erbarmungslos kielgeholt
oder über die Planke gejagt haben. Dabei trinken sie Rhumm, ein Getränk
aus Algensaft und Zuckerrohr, das ihre Kaperfantasien noch befeuert und
ihre Zungen schnell schwer werden lässt, obwohl es gar keinen Alkohol enthält. Zwergpiraten vertragen nicht viel.

Oft habe ich damals diesen Begegnungen beigewohnt und den grandiosen Aufschneidereien der Zwergpiraten gelauscht. Ich gebe allerdings gerne
zu, dass diese Art von blümeranter Ausschmückung und üppiger Fantasie
Wirkung auf mich hatte. Was ich von ihnen lernte, war, dass eine gute Not-
lüge oft wesentlich aufregender ist als die Wahrheit. Es ist so, als würde man
der Wirklichkeit ein schöneres Kleid geben.

Für einen Zwergpiraten gab es nichts Schlimmeres als die Langeweile.
Sobald sich einer von ihnen auch nur ein kleines bisschen langweilte,
führte er sich dermaßen gequält auf, dass es einem ans Herz ging. Er
seufzte und stöhnte und drohte dem Himmel mit seiner Hakenhand, raufte
sich die Haare und zerriss manchmal sogar seine Kleidung. Was alles nur
noch schlimmer machte, denn dann jammerte er über die Risse in seiner
Garderobe und klagte das Schicksal an, ihn mit Tragik zu überschütten.
Da aber auf See die Langeweile häufiger Gast an Bord eines jeden Schiffes
ist, herrschte eigentlich ständiges Gejammer und Gestöhne unter den
Zwergpiraten. Wenn nicht gejammert wurde, wurde geprahlt. Wenn
weder gejammert noch geprahlt wurde, grölte man Piratenlieder.

❶ Erläutere, warum es sich bei dieser Geschichte um „Seemannsgarn" handelt.
Beachte dazu den Text auf Seite 140.
Tipps & Hilfen (→ S. 306)

❷ a) Nenne Stellen, die du besonders lustig findest.
   b) Erkläre, wodurch diese Komik zustande kommt.

Wunderbare Reisen zu Wasser und zu Lande des Freiherrn von Münchhausen – Drittes Seeabenteuer *Gottfried August Bürger*

Einst war ich in großer Gefahr, im Mittelländischen Meere umzukommen. Ich badete mich nämlich an einem Sommernachmittage unweit Marseille[1] in der angenehmen See, als ich einen großen Fisch mit weit aufgesperrtem Rachen in der größten Geschwindigkeit auf mich daherschießen sah. Zeit
5 war hier schlechterdings nicht zu verlieren, auch war es durchaus unmöglich, ihm zu entkommen. Unverzüglich drückte ich mich so klein zusammen als möglich, indem ich meine Füße herauszog und die Arme dicht an den Leib schloss. In dieser Stellung schlüpfte ich denn gerade zwischen seinen Kiefern hindurch bis in den Magen hinab. Hier brachte ich, wie man leicht
10 denken kann, einige Zeit in gänzlicher Finsternis, aber doch in einer nicht unbehaglichen Wärme zu. Da ich ihm nach und nach Magendrücken verursachen mochte, so wäre er mich wohl gern wieder los gewesen. Weil es mir gar nicht an Raume fehlte, so spielte ich ihm durch Tritt und Schritt, durch Hopp und He gar manche Possen[2]. Nichts schien ihn aber mehr zu beun-
15 ruhigen als die schnelle Bewegung meiner Füße, da ich's versuchte, einen schottischen Triller[3] zu tanzen. Ganz entsetzlich schrie er auf und erhob sich fast senkrecht mit seinem halben Leibe aus dem Wasser. Hierdurch ward er aber von dem Volke eines vorbeisegelnden italienischen Kauffahrteischiffes entdeckt und in wenigen Minuten mit Harpunen erlegt. Sobald er
20 an Bord gebracht war, hörte ich das Volk sich beratschlagen, wie sie ihn aufschneiden wollten, um die größte Quantität Öl von ihm zu gewinnen. Da ich nun Italienisch verstand, so geriet ich in die schrecklichste Angst, dass ihre Messer auch mich par compagnie[4] mit aufschneiden möchten. Daher stellte ich mich so viel möglich in die

25 Mitte des Magens, worin für mehr als ein Dutzend Mann hinlänglich Platz war, weil ich mir wohl einbilden konnte, dass sie mit den Extremitäten[5] den Anfang machen würden.
30 Meine Furcht verschwand indessen bald, da sie mit Eröffnung des Unterleibes anfingen. Sobald ich nun nur ein wenig Licht schimmern sah,

1 Marseille: Hafenstadt in Südfrankreich
2 die Posse: Spaß, Streich
3 der Triller: *gemeint ist* schnelles Trippeln beim Tanzen
4 par compagnie: *gemeint ist* zusammen mit dem Fisch
5 Extremitäten: Gliedmaßen

schrie ich ihnen aus voller Lunge entgegen, wie angenehm es mir wäre, die
35 Herren zu sehen und durch sie aus einer Lage erlöset zu werden, in welcher
ich beinahe erstickt wäre. Unmöglich lässt sich das Erstaunen auf allen Ge-
sichtern lebhaft genug schildern, als sie eine Menschenstimme aus einem
Fische heraus vernahmen. Dies wuchs natürlicherweise noch mehr, als sie
lang und breit einen nackenden Menschen herausspazieren sahen. Kurz,
40 meine Herren, ich erzählte ihnen die ganze Begebenheit, so wie ich sie Ihnen
jetzt erzählt habe, worüber sie sich denn alle fast zu Tode verwundern
wollten.

Nachdem ich einige Erfrischungen zu mir genommen hatte und in die
See gesprungen war, um mich abzuspülen, schwamm ich nach meinen Klei-
45 dern, welche ich auch am Ufer ebenso wiederfand, als ich sie gelassen hatte.
Soviel ich rechnen konnte, war ich ungefähr zweieinhalb Stunden in dem
Magen dieser Bestie eingekerkert gewesen.

❶ Woran erkennst du, dass es sich um eine Lügengeschichte handelt? Nenne Textbeispiele.

❷ Lügengeschichten sind meistens nach einem festen Schema aufgebaut.

  a) Suche die vier Handlungsbausteine in Münchhausens drittem Seeabenteuer und notiere,
    wo ein neuer Baustein beginnt (Zeilennummer).

  b) Schreibe zu jedem Baustein in Stichpunkten auf, was passiert.

  Tipps & Hilfen (→ S. 306)

Ausgangssituation, in der sich die Hauptfigur befindet	Problem, oft ausgelöst durch ein Ereignis	Lösungsversuche, bei denen die Hauptfigur Hindernisse überwinden muss	Ende, an dem die Hauptfigur Erfolg hat

③ Untersuche, wie glaubhaft die einzelnen Erzählabschnitte sind.
Halte dein Ergebnis in deinem Heft in Form einer „Lügenkurve" fest.

Eine Schelmengeschichte untersuchen

Wie Eulenspiegel ein neues Kostüm erwarb und damit in Kronach ein gutes Geschäft machte *Dirk und Anke Seliger*

An einem kalten Februartag wanderte Till Eulenspiegel Richtung Kronach. Als er durch das kleine Dorf Föritz kam, nahm der eisige Wind derart zu, dass Eulenspiegel in seinem leichten Schelmengewand nur so zitterte. Deshalb klopfte er kurzerhand an die erstbeste Tür und bat um warme Klei-
5 dung. Die Frau des Hauses zeigte sich barmherzig und schenkte Eulenspiegel ein abgelegtes Gewand ihres Gemahls. Weil die Föritzer Bauern nicht zu den reichsten gehörten, sah Eulenspiegels neues Wams zerschlissen und schäbig aus. Doch das störte ihn nicht, solange es nur schön warm hielt. Eulenspiegel bedankte sich und setzte seinen Weg fort.

10 Nach wenigen Stunden erreichte der Spaßmacher die Stadt Kronach. Er lenkte seine Schritte zu einem Gasthaus, aus dem laute Musik und Gelächter drangen. Gerade wollte Eulenspiegel eintreten, da stellte sich ihm ein betrunkener Mann in der Maske des Todes in den Weg und sagte: „Wir feiern Fastnacht. Hier kommst du nur verkleidet herein, Bauer."

15 Eulenspiegel erwiderte: „Das Bauerngewand ist mein Kostüm." Dann versuchte der Schelm erneut, in die Schankstube zu gelangen, doch ein feister Herr mit kostbarem Pelzmantel und Krone auf dem Kopf hielt ihn diesmal zurück. „Verschwinde!", knurrte der Herr. „Solch ein zerlumpter Tagedieb wie du stört unsere Gesellschaft."

20 Eulenspiegel besann sich kurz und sprach: „Glaubt mir, edler Herr, mein Anblick täuscht. Ich bin von gleichem hohem Blute wie Ihr, Eure Durchlaucht, doch ich trage dieses abgewetzte Gewand aus gutem Grunde. Denn seht, Eure Hoheit, immer wenn ich Geld brauche, greife ich in die Tasche meines alten Wamses und hole ein Goldstück hervor." Mit diesen Worten
25 zog der Schelm einen blinkenden Taler aus seinem Bauernkittel. Dabei wandte er einen Gauklertrick an, den er dereinst in Zerbst gelernt hatte. Ein Goldstück nach dem anderen zauberte Eulenspiegel in seine Hand. Dem feisten Herrn im Pelzmantel gingen die Augen über.

„Was wollt Ihr für dieses Gewand haben?", fragte er den Spaßmacher.
30 Dieser tat so, als sei der Fetzen unverkäuflich. Der feiste Herr im Pelzmantel bot mehr und mehr, bis Eulenspiegel schließlich einwilligte und seine Bauernlumpen für einen großen Beutel puren Goldes und den Pelzmantel des feisten Herrn hergab. Nachdem der Handel abgeschlossen war, bemerkte der Schelm noch, dass es bestimmt ein schlechtes Geschäft für ihn

35 gewesen sei. Aber der feiste Herr meinte, bezahlt wäre bezahlt. Darauf ging
er, bekleidet mit seiner Neuerwerbung, in das Gasthaus zurück.

Noch bevor man den Schwindel aufdeckte, hatte sich Eulenspiegel mit
seinem neuen Wintermantel und einer vollen Reisekasse schon längst auf
Nimmerwiedersehen aus dem Staube gemacht. Und einen Tag später freute
40 sich ein Föritzer Bauer über eine prall gefüllte Geldkatze, die er auf seiner
Türschwelle fand.

❶ Überprüfe, ob du die Handlungsbausteine (→ S. 145) auch in dieser Geschichte
wiederfindest.
Tipps & Hilfen (→ S. 306)

❷ Wie würdest du Eulenspiegels Verhalten beschreiben? Begründe.

> schlau · listig · unverschämt · rücksichtslos

❸ a) Wie verhalten sich die Figuren, denen Eulenspiegel auf seiner Reise begegnet?
Übertrage die Tabelle in dein Heft und schreibe Stichpunkte in die linke Spalte.
b) Erläutere in der rechten Spalte, welche Gründe die Figuren für ihr Verhalten haben.

Zeilen	Figur/Verhalten	Gründe für dieses Verhalten
5–6 ...	*Eine Frau schenkt ihm das Gewand ihres Mannes.* ...	*Sie hat Mitleid mit Eulenspiegel.* ...

❹ a) Beurteile das Verhalten der verschiedenen Figuren. Wähle passende Adjektive aus dem
Wortspeicher oder andere geeignete Adjektive.
Die Frau, die Eulenspiegel das Gewand schenkt, ist großzügig.

> dumm · arrogant · schlau · listig · eingebildet · großzügig · rücksichtslos ·
> unverschämt · freundlich

b) Begründe dein Urteil über das Verhalten der Figuren, z. B.:
*Die Frau, die Eulenspiegel in Föritz das Gewand schenkt, handelt großzügig, weil sie ihm das
Kleidungsstück kostenlos überlässt und auch keine Gegenleistung dafür verlangt.*
Tipps & Hilfen (→ S. 306)

> da · weil · denn · aus folgendem Grund · dafür hat sie/er folgenden Grund

❺ Ist Eulenspiegel ein vorbildlicher Charakter? Begründe deine Meinung schriftlich.

Literarische Figuren beschreiben

Der Hobbit *J. R. R. Tolkien*

[Hobbits] sind (oder waren) kleine Leutchen, etwa halb so groß wie wir, kleiner noch als die langbärtigen Zwerge. Hobbits haben keine Bärte. Mit Zauberei haben sie wenig oder nichts zu tun, abgesehen von dem bisschen Alltagsmagie, das ihnen erlaubt, schnell und geräuschlos zu verschwinden,
5 wenn große und täppische Leute wie du und ich dahergestapft kommen, mit einem Lärm wie eine Elefantenherde, den die Hobbits meilenweit hören. Sie werden oft ein wenig rund um die Leibesmitte und kleiden sich in helle Farben (vor allem Grün und Gelb). Schuhe tragen sie nicht, weil ihnen an den Füßen natürliche Ledersohlen und ein dichter brauner Pelz wachsen,
10 ähnlich wie das Kraushaar auf ihren Köpfen. Sie haben lange und geschickte braune Finger, gutmütige Gesichter und ein tiefes, saftiges Lachen (besonders nach dem Mittagessen, das sie am liebsten zweimal täglich einnehmen).

❶ Beschreibe in eigenen Worten und möglichst genau, wie ein Hobbit aussieht.

❷ Hobbits ergreifen gerne die Flucht, „wenn große und täppische Leute wie du und ich dahergestapft kommen, mit einem Lärm wie eine Elefantenherde, den die Hobbits meilenweit hören" (Z. 5 f.).
Erkläre, welche Rückschlüsse das auf die Eigenschaften von Hobbits zulässt.

Tipps & Hilfen (→ S. 307)

Sicher kennst du Astrid Lindgrens Figur Pippi Langstrumpf. Pippi ist kein gewöhnliches Mädchen, wie Moritz in seiner Beschreibung deutlich gemacht hat:

Pippi Langstrumpf

Die Person, die ich beschreibe, heißt mit vollem Namen Pippilotta Viktualia Rollgardina Pfefferminz Efraimstochter Langstrumpf. Pippilotta ist neun Jahre alt und groß und schlank. Sie hat rote Haare mit abstehenden, geflochtenen Zöpfen. Das Mädchen hat ein rundes Gesicht mit vielen Sommersprossen. Pippi guckt einen mit ihren

5 *wachen blauen Augen unternehmungslustig an. Mitten in ihrem Gesicht sieht man eine kleine Stupsnase. Pippi trägt ein gelbes T-Shirt mit einer Schleife am Kragen, außerdem eine sehr kurze blaue Hose mit weißen Punkten. Auffallend sind die verschiedenen Socken, die mit Strumpfbändern an der Hose befestigt sind: Der eine Strumpf ist schwarz, der andere ist schwarz-gelb gestreift. Sie trägt große braune*

10 *Schuhe, die vom vielen Quatschmachen und vom vielen Reisen schon sehr mitgenommen aussehen.*

Pippi Langstrumpfs Mutter ist schon lange tot und ihr Vater ist König einer Südseeinsel, weshalb Pippi viel Geld hat und eine kleine Villa namens Villa Kunterbunt. Mit ihrem Geld ist Pippi nicht geizig, sie kauft sich und ihren zwei besten Freunden

15 *Tommy und Annika lieber ganz viele Bonbons. Außer Pippi wohnen in der Villa Kunterbunt noch ihr Pferd Kleiner Onkel und Herr Nilson, ihr kleiner Affe. Pippi ist ziemlich frech zu Erwachsenen, darum handelt sie sich auch oft Ärger ein. Außerdem ist sie auch ziemlich stark: Sie stemmt gerne mal ihr Pferd hoch, auf dem Tommy und Annika sitzen! Pippi Langstrumpf führt ein Leben fast ohne Sorgen, trotzdem*

20 *würde sie ihren Vater gern öfter mal sehen.*
(Moritz, 11 Jahre)

❸ Der Text nennt äußere Merkmale Pippis, aber auch Verhaltensweisen und Eigenschaften. Sortiere die Informationen über Pippi entsprechend und schreibe sie in dein Heft.

> groß · neun Jahre alt · rote Haare mit abstehenden, geflochtenen Zöpfen ·
> kauft ihren Freunden viele Bonbons · stark · großzügig · nicht geizig ·
> kann ihr Pferd allein hochheben

- Äußere Merkmale: *groß, …*
- Verhalten: *kauft …*
- Eigenschaften: *neun Jahre alt, …*
- Lebensumstände: *Mutter gestorben, Vater ist …*

Verhalten und Eigenschaften beschreiben

❶ Von welchen Verhaltensweisen kann man welche Eigenschaften ableiten?
Ordne in deinem Heft Verhalten und Eigenschaften zu wie im Beispiel.
Sie kann Bäume ausreißen. ⟶ *stark*

Verhalten	Eigenschaften
Sie kann Bäume ausreißen. · Er lauscht der Geschichte aufmerksam. · Sie dreht jeden Cent drei Mal um. · Er erkennt immer sofort, worauf es ankommt. · Er hat nie Lust, mitzuspielen. · Er streichelt vorsichtig die Katze. · Sie bricht unter der Last zusammen. · Sie schüttet sich aus vor Lachen. · Er verteilt seine Süßigkeiten an alle.	lanqweilig · stark · schwach · sanft · lustig · geizig · freigiebig · interessiert · aufgeweckt

❷ Wenn du eine literarische Figur beschreiben willst, musst du zeigen, wie das Verhalten der Figur mit ihren Eigenschaften zusammenhängt. Das kann z. B. so aussehen:
– *Pippi hebt ab und zu sogar ihr Pferd hoch. Das zeigt, dass sie stark ist.* ...
Welche weiteren Eigenschaften von Pippi kannst du aus ihrem Verhalten ableiten?
Nenne die entsprechenden Textstellen in der Beschreibung auf Seite 149.
Tipps & Hilfen (→ S. 307)

❸ Lies noch einmal den Text „Zwergpiraten" (→ S. 142 f.) und mach dir Notizen zu
- den äußeren Merkmalen,
- dem Verhalten,
- den Eigenschaften und
- den Lebensumständen der Zwergpiraten.

❹ Schreibe auf, wie das Verhalten der Zwergpiraten mit ihren Eigenschaften zusammenhängt.
– *Die Zwergpiraten sind eitel und halten sich für mächtig und bedeutend. So schwingen sie z.B. gerne große Reden mit grandiosen Aufschneidereien.*

⑤ Wähle eine der beiden folgenden Aufgaben aus:
a) Nutze die Ergebnisse aus Aufgabe 3 und verfasse eine Beschreibung der Zwergpiraten.
b) Lies den Text „Matilda" von Roald Dahl (→ S. 158 f.) und verfasse eine Beschreibung der Lehrerin Fräulein Knüppelkuh oder von Fräulein Honig.
Berücksichtige dabei
- die äußere Erscheinung,
- das Verhalten und
- mögliche Eigenschaften.

Übertreibend schreiben

Der gefürchtete Malmstrom   *Walter Moers*
(aus: Die 13 ½ Leben des Käpt'n Blaubär)

Meine erste Erinnerung ist, dass ich in rauer See trieb, nackt und allein in einer Walnussschale, denn ich war ursprünglich sehr, sehr klein. Ich erinnere mich weiterhin an ein Geräusch. Es war ein sehr großes Geräusch. Wenn man noch so klein ist, neigt man dazu, die Dinge zu überschätzen, aber
5 heute weiß ich, dass es tatsächlich das größte Geräusch der Welt war.

Erzeugt wurde es vom monströsesten, gefährlichsten und lautesten Wasserwirbel der sieben Weltmeere – ich ahnte ja nicht, dass es der gefürchtete Malmstrom war, auf den ich da in meinem Schälchen zuschaukelte. Für mich war es nur ein gewaltiges Gurgeln. Wahrscheinlich dachte ich damals
10 (wenn man das schon denken nennen konnte), dass es wohl der natürlichste Zustand war, nackt in einer Nussschale auf dem offenen Meer einem ohrenbetäubenden Tosen entgegenzutreiben.

❶ Untersuche, wodurch der Text komisch wirkt.
Tipps & Hilfen (→ S. 307)

❷ Lügengeschichten wirken oft kolossal komisch, weil sie maßlos übertreiben. Übertreiben kann man auf unterschiedliche Weisen, z. B. durch gesteigerte Adjektive, verstärkende Wörter oder durch sprachliche Bilder.
Lege eine solche Tabelle in deinem Heft an und sammle darin Übertreibungen zu den Adjektiven im Wortspeicher.
Tipps & Hilfen (→ S. 307)

groß · klein · stark · schwach · schlau · dumm · weit · lang

Das Adjektiv steigern	Verstärkende Wörter verwenden	Sprachliche Bilder einsetzen
schnell, schneller, am schnellsten	sehr, äußerst, überaus; sehr schnell, äußerst schnell	pfeilschnell, schnell wie der Blitz

③ „Der Hai war riesig und er schwamm direkt auf mich zu …"
Verfasse eine eigene Lügengeschichte, die so anfängt. Verwende Ausdrücke aus deiner Tabelle.

Szenisch lesen und spielen

Haudenhund, Traumichnicht, Tutmirleid *Josef Guggenmos*

Das Telefon klingelte. Herr Bierkriegle hob ab: „Hallo!"

„Haudenhund!"

Welchen Hund sollte er hauen? Herr Bierkriegle musste an den Hund von Nachbar Zillebiller denken. Der Hund hieß Barry und war groß wie ein Kalb.

5 „Trau mich nicht!", sagte er.

„-tschuldigung! Falsch verbunden!"

Aus. Gleich darauf klingelte das Telefon wieder.

Herr Bierkriegle hob ab: „Hallo!"

„Haudenhund!"

10 Herr Bierkriegle konnte von seinem Platz aus auf die Straße sehen. Auf der gegenüberliegenden Straßenseite trippelte ein Rehpinscher.

„Tut mir leid!", sagte Herr Bierkriegle.

„-tschuldigung! Falsch verbunden!"

Da kam Frau Bierkriegle ins Zimmer. „Entsetzlich, diese Handwerker!",

15 jammerte sie. „Seit drei Tagen warte ich schon auf diesen Herrn Haudenhund, dass er mir endlich meinen Kühlschrank in Ordnung bringt!"

„Wie heißt der Mann?", rief Herr Bierkriegle. „Haudenhund?"

„Natürlich! Der hat doch das neue Geschäft ums Eck!"

„Richtig! Ich war ja selber dort!", stöhnte Herr Bierkriegle. „Ich hatte den

20 Namen völlig vergessen. Eben hat sich Herr Haudenhund zweimal am Telefon gemeldet – und ich habe gedacht, ich solle einen Hund hauen!"

„Du bist doch ein …!", erklärte Frau Bierkriegle. Sie sagte nicht, was. Telefon!

„Gottlob, das ist er bestimmt wieder!", rief Herr Bierkriegle erleichtert.

25 Er hob ab: „Bierkriegle!"

„Haudenhund! – Herr Bierkriegle, ein Glück, dass ich Sie endlich erreiche! Ich habe Sie schon zweimal anzurufen versucht, aber zuerst meldete sich ein Herr Traumichnicht und dann ein Herr Tutmirleid. – Was ich sagen wollte, Sie waren doch wegen des Kühlschranks bei mir. Ist es Ihnen recht,

30 wenn ich in einer halben Stunde bei Ihnen vorbeikomme?"

„Großartig! Wir erwarten Sie, Herr Haudenhund!"

Ja, so kann's gehen. Übrigens, solche Missverständnisse am Telefon kann man vermeiden. Da braucht es nicht viel Geschick. Man meldet sich nicht mit „Hallo!", sondern mit seinem Namen. Das ist der ganze Trick.

❶ Lest den Text gemeinsam laut vor. An welchen Stellen müsst ihr lachen?

❷ Schreibe den Text in eine Spielszene um. Die Tabelle zeigt dir, wie du dabei vorgehst.

❸ Spielt nun die Szene.

Textvorlage	Sprechtext und Regie-anweisungen
	Zimmer mit Tisch, darauf altmodisches Telefon. Im Sessel daneben sitzt Herr Bierkriegle und liest Zeitung.
Das Telefon klingelte. Herr Bierkriegle hob ab: „Hallo!"	*Das Telefon klingelt. Herr Bierkriegle nimmt den Hörer ab.* **Herr B.:** *„Hallo!"*
„Haudenhund!" Welchen Hund sollte er hauen? Herr Bierkriegle musste an den Hund von Nachbar Zillebiller denken. Der Hund hieß Barry und war groß wie ein Kalb.	*Anruferstimme ist zu hören.* **Anrufer:** *„Hallo! Hauden-hund!"* *Herr Bierkriegle runzelt die Stirn, schaut irritiert.*
„Trau mich nicht!", sagte er. [...] Da kam Frau Bierkriegle ins Zimmer. „Entsetzlich, diese Handwerker!", jammerte sie. [...]	**Herr B.** *(nach einigem Zögern): „Trau mich nicht!"* *[...] Man hört, wie sich die Zimmertür öffnet. Frau Bierkriegle betritt den Raum.* **Frau B.** *(in jammerndem Tonfall): „Entsetzlich, diese Handwerker! [...]"*

Zum Schmökern, Schauen, Weiterdenken

Auf der Insel der weinenden Riesen   *Robert Gernhardt*

In der Küche standen bereits Kakao und Kuchen auf dem Tisch, als Sandra und Inti ihren Besuch bei Herrn P. abstatteten, doch Sandras erster Blick fiel auf zwei Stiefelchen, die im Küchenfenster standen.

„Guck mal, diese Stiefelchen!", rief sie Inti zu. „Süß sind die, ganz süß!"

5 „Der Kakao hier ist süß", sagte Herr P. „Und wenn du ihn nicht gleich trinkst, wird er auch noch kalt."

„Die Stiefelchen sind aber auch süß", sagte Sandra, während sie sich mit Inti an den Tisch setzte und Herr P. die Tassen füllte.

„Woher weißt du denn das?", fragte Inti. „Hast du schon mal in eins
10 reingebissen?"

„Blödmann!", sagte Sandra. „Du weißt ganz genau, wie ich es meine!"

„Nein, das weiß ich nicht, Blödfrau", erwiderte Inti und wandte sich an Herrn P.: „Weißt du, wie die es meint?"

„Ich glaube es zu wissen", sagte Herr P. „Aber was ich ganz sicher weiß, ist,
15 dass Sandra sich irrt. Das sind nämlich keine süßen Stiefelchen, sondern Riesenstiefel."

„Riesenstiefel!", ächzte Sandra. „Jetzt spinnt ihr hier wohl alle!"

„Ich für meinen Teil möchte diese Frage mit aller Entschiedenheit verneinen", sagte Herr P. ernst. „Ich habe diese Stiefel vor etwa dreißig Jahren von
20 einer Forschungsreise mitgebracht, und ich kann euch versichern, dass es die Stiefel von Riesen sind."

Eine Zeit lang schwiegen alle, dann schaute Sandra Herrn P. scharf an und fragte: „Unter Riesen versteht man doch besonders große Menschen, nicht wahr?"

25 „Ja", sagte Herr P.

„Und diese Stiefel sind doch besonders kleine Stiefel, oder?"

„Das stimmt", sagte Herr P.

„Also hast du gelogen!", rief Sandra aus. „Du widersprichst dir nämlich selber!"

30 „Das tue ich nicht", erwiderte Herr P., „obwohl es in der Tat so scheint. Passt auf, es war so: Vor etwa dreißig Jahren lief ich mit meinem Forschungs-schiff Norwegen an und erhielt den Auftrag, von dort aus die sagenhaften Inseln der Riesen anzusteuern, von denen man damals lediglich wusste, dass es sie gab, nicht aber, wo sie lagen. Und auch ich wäre sicherlich achtlos
35 an ihnen vorbeigefahren, hätte mich nicht ein Ruderschaden gezwungen, in einer geschützten Bucht einer der zahllosen kleinen Inseln vor der Küste Norwegens Zuflucht zu suchen. Und schon als wir in die Bucht einliefen, hatte ich das Gefühl, dass diese Insel anders war als die anderen."

„Weil alles so riesig war?", fragte Inti.

40 „Im Gegenteil – weil alles so klein war", sagte Herr P. „Die höchsten Bäu-me reichten mir bis zu den Waden, die Hasen hatten die Größe von Mäusen, und die Kühe waren nicht länger als mein Unterarm."

„Und die Menschen?", fragte Sandra. „Gab's da auch Menschen?"

„Ja", sagte Herr P., „die gab's. Und die waren riesig. Sie gingen mir bis zum
45 Bauch."

„Aber dann waren es doch Zwerge!", rief Inti.

„Nein, Riesen", sagte Herr P. „Hier wären sie natürlich Zwerge gewesen, hier, wo die Bäume zehn Meter hoch und die Hasen achtzig Zentimeter lang sind. Aber auf ihrer Insel überragten sie jeden Baum und jedes Tier. Dort
50 waren sie die Allergrößten, und da sie außer ihrer Insel nichts von der Welt kannten, glaubten sie, die Allerallergrößten überhaupt zu sein."

„Und was geschah, als sie dich und deine Leute sahen?"

„Ach, es war schrecklich", seufzte Herr P. „Kaum dass sie uns erblickten, begannen sie zu jammern und zu wehklagen. Würdige Männer mit langen
55 Bärten zerstampften vor Verzweiflung darüber, dass es andere Wesen gab, die noch größer waren als sie, ganze Wälder. Greisinnen im Silberhaar setz-ten sich fassungslos auf unschuldige Kühe, die vor Schmerz laut muhten – weinende Riesen, habt ihr schon mal weinende Riesen gesehen?"

„Und ihr? Was habt ihr gemacht?", wollte Inti wissen.

60 „Wir haben sie angelogen", sagte Herr P. „Einfach angelogen. Wir sagten, wir seien weiße Götter aus dem Weltall, die zu einem Besuch auf der Erde weilten und noch nirgendwo, weder auf der Erde noch sonstwo im Weltall, so große, starke und schöne Riesen gesehen hätten wie auf dieser Insel. Und dann machten wir, dass wir davonkamen. Das einzige Andenken, das ich

65 mitgehen ließ, waren diese Stiefel."

„Die Riesenstiefel?", fragte Inti.

„Genau die", sagte Herr P.

„Und das sind nicht zufällig Kinderstiefeletten?", fragte Sandra.

„Aber, aber!", rief Herr P. gekränkt aus. „Willst du unsere ganze Unterhal-
70 tung noch mal von vorn anfangen? Soll ich dir etwa die ganze Geschichte
noch mal erzählen?"

„Nein", sagte Sandra. „Bitte nicht. Gib mir bitte lieber noch etwas Kakao!"

„Bitte schön", sagte Herr P., der jetzt selber lachen musste. „Gib mir mal
bitte deine Tasse rüber!"

❶ Handelt es sich hierbei um eine Lügengeschichte? Begründe.

❷ Wovon hängt es in der Geschichte ab, ob etwas niedlich und „süß" oder „riesig" ist?

❸ Ein Schiff der Zwergpiraten (→ S. 142 f.) landet auf der Insel der weinenden Riesen.
Verfasse eine Geschichte, in der du vom Treffen der Zwergpiraten mit einem Riesen erzählst.
Verdeutliche dabei die äußeren Merkmale und Eigenschaften der Zwergpiraten und der
Riesen.

Pippi erzählt von Agaton und Theodor   *Astrid Lindgren*

„Ja, was ich eben erzählen wollte, als mich unsere
kleine Freundin hier unterbrochen hat", sagte
Tante Laura, „das war von einem komischen Zusammentreffen gestern ..."

5 „Wenn von komischen Zusammentreffen die
Rede ist, dann wird es euch sicher amüsieren, die
Geschichte von Agaton und Theodor zu hören.
Eines Tages, als Papas Schiff nach Singapur kam,
brauchten wir einen neuen Matrosen an Bord.
10 Und da kriegten wir Agaton. Agaton war zweieinhalb Meter lang und so mager, dass seine Knochen rasselten wie der Schwanz einer wütenden
Klapperschlange, wenn er angelaufen kam. Rabenschwarzes Haar hatte er, das ihm bis zum
15 Gürtel reichte, und nur einen einzigen Stachel im
Mund. Aber der war dafür umso größer, denn er
reichte ihm bis unters Kinn. Papa fand ja, dass
Agaton zu hässlich wäre, und er wollte ihn erst
nicht an Bord nehmen, aber dann sagte er, dass
20 man ihn ganz gut gebrauchen könnte, falls man

mal Pferde scheu machen wollte. Na also, dann kamen wir nach Hongkong. Und da brauchten wir noch einen Matrosen. Und da kriegten wir Theodor. Zweieinhalb Meter lang war er, rabenschwarzes Haar hatte er, das ihm bis zum Gürtel reichte, und einen einzigen großen Stachel im Mund. Agaton
25 und Theodor waren sich wirklich kolossal ähnlich. Besonders Theodor. Sie sahen sich einfach ähnlich wie zwei Zwillinge."

„Das ist ja komisch", sagte Tante Laura.

„Komisch?", fragte Pippi. „Was ist daran komisch?"

„Dass sie sich so ähnlich sahen", sagte Tante Laura. „Das ist doch
30 komisch!"

„Nee", sagte Pippi. „Das ist nicht die Spur komisch. Denn sie waren Zwillinge. Beide. Sogar schon von Geburt an." Sie schaute Tante Laura fast etwas vorwurfsvoll an. „Ich versteh nicht, was du meinst, Tante Laura. Was gibt es da zu fragen und zu streiten, wenn zwei arme Zwillinge sich zufällig ähnlich
35 sehen? Dafür können sie ja nichts. Du musst nicht glauben, Tantchen, dass jemand freiwillig wie Agaton aussieht. Auch nicht wie Theodor."

„Ja, aber", sagte Tante Laura, „warum sprichst du dann von einem komischen Zusammentreffen?"

„Wenn ich auf diesem Kaffeekränzchen hier nur auch mal zu Wort käme,
40 dann würd ich euch schon was von komischen Zusammentreffen erzählen. Ja, könnt ihr euch das vorstellen, Agaton und Theodor hatten beide etwas sehr Unnatürliches an sich. Sie gingen einwärts mit den Zehen. Und bei jedem Schritt, den sie taten, stieß der rechte große Zeh mit dem linken zusammen. War das nicht ein komisches Zusammentreffen? Die großen Ze-
45 hen fanden das jedenfalls."

Pippi nahm noch einen Zwieback. Tante Laura stand auf, um zu gehen.

„Aber du wolltest doch von dem merkwürdigen Zusammentreffen gestern erzählen, Tante Laura", sagte Frau Settergren.

„Ich glaube, das erzähle ich euch ein andermal", sagte Tante Laura. „Wenn
50 ich es mir richtig überlege, dann war das übrigens nicht so besonders merkwürdig."

❶ Warum will Tante Laura ihre Geschichte am Ende nicht mehr erzählen?

❷ Erkläre, was Tante Laura von einem „komischen Zusammentreffen" erwartet und wie Pippi den Begriff versteht. Belege deine Aussagen mit Textstellen.

③ Mit welchen sprachlichen Bildern werden die Matrosen beschrieben? Denke dir andere aus.

④ Schreibe selbst eine Geschichte, in der du von einem komischen Zusammentreffen erzählst. Verwende dazu geeignete sprachliche Bilder.

Matilda *Roald Dahl*

In seinem Roman „Matilda" erzählt der englische Autor Roald Dahl die Geschichte eines hochbegabten Mädchens. Sie hat das Pech, dass niemand in ihrer Umgebung merkt, wie gescheit sie eigentlich ist, weder ihre etwas beschränkte Familie noch die Lehrer in der Schule. Das heißt, eine Lehrerin gibt es schon, die merkt, was in Matilda steckt ...

Matilda kam natürlich in die unterste Klasse, in der achtzehn andere kleine Jungen und Mädchen etwa in ihrem Alter waren. Ihre Lehrerin hieß Fräu-
5 lein Honig, und sie konnte nicht älter als dreiundzwanzig oder vierundzwanzig sein. Sie hatte ein liebliches blasses, ovales Madonnengesicht mit blauen Augen und hellbraune Haare. Sie war
10 so schlank und zerbrechlich, dass man das Gefühl bekam, wenn sie hinfiele, müsste sie in tausend Stücke zerspringen wie eine Porzellanfigur.

Fräulein Florentine Honig war eine freundliche und ruhige Person, die
15 niemals die Stimme erhob und die man selten lächeln sah. Aber zweifelsohne besaß sie die seltene Gabe, von jedem der Kinder, die ihrer Obhut anvertraut waren, angebetet zu werden. Sie schien vollkommen die Verwirrung und die Angst zu verstehen, die Kinder so oft überfällt, wenn sie das erste Mal im Leben in einen Klassenraum gepfercht werden und gehorchen
20 müssen. Irgendeine seltsame Wärme, die man fast spüren konnte, leuchtete aus Fräulein Honigs Gesicht, wenn sie mit einem verwirrten Neuankömmling in der Klasse sprach, der schon Heimweh hatte.

Fräulein Knüppelkuh, die Schulleiterin, war vollkommen anders. Sie war ein Riesenweib, ein heiliger Schrecken, ein wildes tyrannisches Ungeheuer,
25 das Kinder und Lehrer gleichermaßen in Panik versetzte. Selbst aus der Entfernung hatte sie etwas Drohendes, und wenn sie einem dicht auf den Leib rückte, konnte man ihre gefährliche Hitze so wahrnehmen, als ob sie ein Stück glühendes Eisen wäre. Wenn sie marschierte – Fräulein Knüppelkuh ging niemals, sondern marschierte immer wie eine Sturmtruppe mit langen
30 Schritten und schwingenden Armen –, wenn sie also einen Korridor entlangmarschierte, konnte man sie tatsächlich bei jedem Schritt schnauben hören, und wenn ihr einmal eine Kinderschar im Wege war, pflügte sie sich

querbeet durch wie ein Panzer, sodass die Kleinen nach rechts und links zur
Seite spritzten. [...]

35 Fräulein Honig verließ in der Pause den Klassenraum und ging gerade-
wegs zum Arbeitszimmer der Schulleiterin. Sie war vollkommen außer sich.
Sie war auf ein kleines Mädchen gestoßen, das hochbegabt war oder das ihr
wenigstens so vorkam. Sie hatte noch nicht feststellen können, wie der genaue Grad dieser Begabung war, hatte aber genug mitgekriegt, um zu dem
40 Schluss zu kommen, dass in dieser Sache so bald wie möglich etwas geschehen musste. Es wäre geradezu lächerlich, wenn man solch ein Kind bei den
Abc-Schützen ließe.

Normalerweise verspürte Fräulein Honig eine heilige Angst vor der Schulleiterin und hielt sich möglichst fern von ihr, aber in diesem Augenblick
45 hatte sie das Gefühl, dass sie es mit jedem aufnehmen könnte. Sie klopfte an
die Tür des gefürchteten privaten Arbeitszimmers.

„Herein!", dröhnte die tiefe und gefährliche Stimme von Fräulein Knüppelkuh. Fräulein Honig trat ein.

Schulleiter bekommen ihre Stellung meistens deshalb, weil sie über eine
50 Anzahl von hervorragenden Eigenschaften verfügen. Sie verstehen Kinder,
und nichts liegt ihnen so am Herzen wie die Interessen dieser Kinder. Sie
sind liebenswürdig. Sie sind gerecht, und sie beschäftigen sich eingehend
mit Erziehungsfragen. Fräulein Knüppelkuh besaß jedoch keine dieser Eigenschaften, und wie sie zu ihrer augenblicklichen Stelle gekommen war,
55 blieb ein ewiges Geheimnis.

Sie war zudem ein gewaltiges Weib. Früher war sie eine bekannte Athle-
tin gewesen, und ihre Muskeln fielen einem heute noch auf. Man konnte sie
an ihrem Stiernacken erkennen, den breiten Schultern, den dicken Armen,
den sehnigen Handgelenken und an den mächtigen Beinen. Beim Anblick
60 von Fräulein Knüppelkuh bekam man sofort das Gefühl, jemanden vor sich
zu haben, der Eisenstangen verbiegen und Telefonbücher quer durchreißen
konnte. Auf ihrem Gesicht zeigte sich leider nicht die geringste Spur von
Schönheit noch war es ein erfreulicher Anblick. Sie besaß ein eigensinniges
Kinn, einen grausamen Mund und kleine hochmütige Augen.

❶ Wie wirken die beiden Lehrerinnen auf dich?
Halte erste Eindrücke stichpunktartig fest und vergleiche beide Figuren miteinander.
❷ Ist Fräulein Knüppelkuh eher eine Furcht einflößende oder eine komische Figur?
Begründe deine Meinung.
❸ Verfasse einen Dialog zwischen der Schulleiterin und der Lehrerin über Matildas weitere
Schullaufbahn.

Wie Eulenspiegel dem Propst des Klosters Roda eine Mondfinsternis verdarb   *Dirk und Anke Seliger*

Die Pröpste[1] des Klosters Roda waren zu allen Zeiten meist nur auf ihr eigenes Wohl bedacht. Einer von ihnen handelte besonders eigennützig. Erträge aus Lehen[2] und vielerlei Abgaben reichten ihm noch nicht. Er wollte mehr. Aber weil dieser Propst auf legalem Wege sein Ziel nicht verwirklichen
5 konnte, ohne seine Befugnisse zu überschreiten, musste er eine andere Möglichkeit finden. Eine Mondfinsternis kam ihm da gerade recht, um sich mit einem heimtückischen Plan noch mehr Geld und Gut zu erschleichen.

Doch wie der Zufall es wollte, wanderte just zu dieser Zeit der Schelm Till Eulenspiegel durch die Gegend bei Roda, dem heutigen Stadtroda. Und
10 während Till im Schatten einer alten Eiche rastete, belauschte er versehentlich den Propst, wie er einem der kirchlichen Geldeintreiber letzte Anweisungen zur Ausführung seiner Machenschaften gab. Nachdem die Verschwörer schließlich gegangen waren, lief Eulenspiegel schnurstracks nach Roda und führte ein langes Gespräch mit der Stadtwache. Als die Nacht
15 hereinbrach und der Vollmond in all seiner Pracht erstrahlte, sah man den Propst auf dem Marktplatz von Roda stehen. Er rief alle Bürger zusammen und hielt eine fesselnde Rede: „Gott hat mich zu eurem Hirten berufen. Ich bin in seinem Namen für euer Seelenheil verantwortlich. Aber damit ich eure Seelen von den Sünden reinwaschen kann, müsst ihr euch von dem
20 üblen Einfluss des irdischen Besitzes trennen. Ich weiß, dass ihr bereits viele Abgaben entrichtet, aber für den Einzug ins Paradies ist das noch nicht genug. Um euch zu beweisen, wie ernst er es meint, hat Gott mir die Macht gegeben, den Mond zu verdunkeln. Seht und staunt!" Mit diesen Worten wies der Propst gen Himmel, wo sich schon seit geraumer Zeit ein dunkler
25 Schatten vor den leuchtenden Vollmond schob. Ein vielstimmiger Aufschrei kündete von der Angst der Leute. Wenig später war der Mond ganz verschwunden.

„Nur ich bin in der Lage, den Mond zurückzuholen", tönte der Propst und genoss diesen Augenblick der Macht. Aber der währte nicht lange, denn
30 Eulenspiegel trat aus der Menge hervor und sprach: „Alles Lüge! Auch ich kann den Mond scheinen lassen und noch viele andere Monde dazu! Schaut zur Mauer und seht eure Wache!" Die Augen der Bürger wandten sich zur Stadtmauer, wo die Wachmannschaft Fackeln entzündet hatte. Dann sahen die Leute, wie einige Wächter ihre Beinkleider herunterließen und die nun
35 blanken Hinterteile ins Licht reckten.

1 der Probst: kirchlicher Verwalter
2 das Lehen: von einem Fürsten an Untergebene verliehener Grundbesitz

Da rief einer der Umstehenden: „Er hat die Wahrheit gesagt! Bewundert die vielen Vollmonde dort! Und auf dem
40 Wachturm ist noch einer!" Im Nu hatte sich die Angst der Menschen in allgemeine Heiterkeit verwandelt. Das Schauspiel, welches sich ihnen bot,
45 war aber auch sehr unterhaltsam. Tanzende Vollmonde hier, hüpfende Vollmonde dort. Der Propst sah seine Felle davonschwimmen und wollte etwas
50 dagegen tun, aber Eulenspiegel ließ ihn nicht zum Zuge kommen. „Und nun schaut zum

Himmel!", rief er. Dort gab der Schatten gerade den Mond wieder frei. Ein Aufatmen ging durch die Menge. Die Wachmänner steckten ihre Monde
55 in die jeweiligen Hosen zurück und stimmten ein lautes Gelächter an. Das Ganze war so ansteckend, dass kurz danach der gesamte Marktplatz vor Lachen dröhnte. „Die lachen mich aus!", ärgerte sich der Propst und rauschte davon.

Tags darauf gab es in Roda niemanden mehr, der von den Geschehnissen
60 der Nacht nichts wusste. Und Angst vor einer Mondfinsternis hatte auch keiner mehr. Till Eulenspiegel blieb noch eine Weile Gast bei den freundlichen Rodaern, bevor er wieder seiner Wege zog. Der beschämte Geistliche jedoch schwor der Stadt ewige Rache. Aber wie es dann einem Propst schließlich über hundert Jahre später gelang, diesen Schwur tatsächlich zu
65 erfüllen, und wie er im sogenannten Bierkrieg die Stadt Roda mithilfe einer Rübe bezwingen konnte, ist eine ganz andere Geschichte.

❶ Passt der Begriff „Schelm" zu Eulenspiegel? Lies die Informationen zur Schelmengeschichte auf Seite 162 und begründe mit Beispielen aus dem Text.

❷ „Nachdem die Verschwörer schließlich gegangen waren, lief Eulenspiegel schnurstracks nach Roda und führte ein langes Gespräch mit der Stadtwache." (Z. 12–14)
Verfasse dieses Gespräch. Achte darauf, dass der Dialog zur Handlung passt.

❸ Vergleiche die Geschichte mit der Eulenspiegel-Geschichte auf Seite 146 f.
Was ist gleich oder ähnlich?

Lügen- und Schelmengeschichten

Lügengeschichten gab es schon in der Antike, im frühen Judentum und in der orientalischen Dichtung. Seemannsgarn und Jägerlatein sind besondere Formen der Lügengeschichte.

Merkmale der Lügengeschichte	Beispiele
Die Erzählerin / Der Erzähler ... erzählt meist in der Ich-Form und beteuert oft ihre/seine Glaubwürdigkeit. Häufig werden die Lügen gereiht („Lügenreihe") und dabei gesteigert („Lügentreppe").	*Jeder, der mich kennt, weiß, dass mir schon die winzigste Notlüge tiefstes körperliches Unbehagen bereitet.*
Inhalt und Handlung ... sind durch höchst unwahrscheinliche Ereignisse bestimmt, die der Erzähler (oft auf Reisen) erlebt haben will. Durch die Übertreibung wirkt das Erzählte komisch.	*Wie jeder weiß, werden alle Arten von Zeit in der Zeitfabrik auf den chronologischen Inseln hergestellt: Ferienzeit, Teilzeit, Essenszeit usw.*

Typische **Handlungsbausteine**:

1. Die Hauptfigur befindet sich in einer bestimmten **Ausgangssituation.**
2. Ein **Problem** taucht auf, oft ausgelöst durch ein Ereignis.

3. Die Hauptfigur unternimmt **Lösungsversuche** und überwindet die Hindernisse auf unglaubliche Weise.

4. Am **Ende** erreicht die Hauptfigur ihr Ziel.

1. *Nun sollte ich einmal 'ne Ladung Sommerzeit nach Australien liefern.*
2. *Aber Hein, der olle Dummfisch, wollte ja unbedingt mal den Zeitverladekran lenken und richtete ein ganz schönes Chaos an.* Der Sahara lieferte er Eiszeit und den Osterinseln Weihnachtszeit. Sogar die Gezeiten kamen durcheinander – Seefahrt konnte man glatt vergessen.
3. *[Ich] lud einfach Reisezeit auf sein Schiff und vermischte sie mit einer Prise Aufräumzeit und tat zur Sicherheit noch einen Schuss Ordnungszeit hinzu.*
4. *In null Komma nix war die Welt wieder in Ordnung: Die Wüste war heiß, es osterte auf den Osterinseln und die Gezeiten hatten wieder unendlich viel Zeit.*

Die **Schelmengeschichte** (auch: **Schwank**) ist eine kurze, humorvolle Erzählung, in der meist ein gerissener Spaßvogel eine höhergestellte Figur hereinlegt und ihr so eine Lehre erteilt. Berühmte Schelme sind Till Eulenspiegel oder Nasreddin Hodscha.

Literarische Figuren beschreiben

Gehe so vor, wenn du eine literarische Figur beschreiben willst:

Arbeitsschritte	Beispiele
Das Äußere beschreiben Suche im Text alle Informationen über das Äußere der Figur, z. B. - Körperbau, - Haarfarbe und Frisur, - Gesicht. Oft findest du nur wenige Merkmale. Manchmal sind die Figuren aber auch sehr genau beschrieben.	- *Pippilotta ist neun Jahre alt, groß und schlank.* - *Sie hat rote Haare mit abstehenden, geflochtenen Zöpfen.* - *Ihr rundes Gesicht hat viele Sommer-sprossen.*
Das Verhalten erklären Gib Auskunft darüber, was die Figur tut, wie sie **handelt** oder sich anderen Figuren gegenüber **verhält**. Nenne auch **Ursachen und Gründe** für dieses Verhalten, wenn du sie dem Text entnehmen kannst.	- *Pippi lebt allein in der Villa Kunterbunt, weil ihr Vater König einer Südseeinsel ist.* - *Pippi lässt sich von Erwachsenen nicht gerne etwas sagen, da sie es gewohnt ist, selbst für sich zu sorgen.*
Die Eigenschaften ableiten Schließlich kannst du aus dem Verhalten einer Figur und den Gründen dafür oft bestimmte **Charaktereigenschaften** ableiten.	- *Dass Pippi fantasievoll ist, erkennt man daran, dass sie häufig lustige Lügen-geschichten erzählt.* - *Pippi ist sehr großzügig und freundlich zu anderen Kindern, denn sie verteilt oft Bonbons oder Geschenke an ihre Freunde.*

7 Lauter Unsinn?

Besonderheiten von Gedichten entdecken

Warum die Zitronen sauer wurden

Heinz Erhardt

Ich muss das wirklich mal betonen:
Ganz früher waren die Zitronen
(ich weiß nur nicht genau mehr, wann dies
gewesen ist) so süß wie Kandis.

5 Bis sie einst sprachen: „Wir Zitronen,
wir wollen groß sein wie Melonen!
Auch finden wir das Gelb abscheulich,
wir wollen rot sein oder bläulich!"

Gott hörte oben die Beschwerden
10 und sagte: „Daraus kann nichts werden!
Ihr müsst so bleiben! Ich bedauer!"
Da wurden die Zitronen sauer ...

❶ Welches der beiden Gedichte auf dieser Doppelseite gefällt dir besser?
Begründe deine Wahl.

❷ Entscheide dich für ein Gedicht und trage es vor.

❸ Was macht ein Gedicht zum Gedicht? Sammelt Merkmale.

Im Park *Joachim Ringelnatz*

Ein ganz kleines Reh stand am ganz kleinen Baum,
Still und verklärt wie im Traum.
Das war des Nachts elf Uhr zwei.
Und dann kam ich um vier
5 Morgens wieder vorbei,
Und da träumte noch immer das Tier.
Nun schlich ich mich leise – ich atmete kaum –
Gegen den Wind an den Baum
Und gab dem Reh einen ganz kleinen Stips.
10 Und da war es aus Gips.

In diesem Kapitel ...

· lernst du, wie sich Gedichte von anderen Texten unterscheiden.
· erfährst du, warum Gedichte klingen.
· erkennst du, wer im Gedicht „spricht".
· experimentierst du mit Gedichten, indem du sie vorträgst und
  selbst Gedichte schreibst.

Den Klang von Gedichten untersuchen

Die besondere Sprache der Lyrik –
Vers und Strophe, Metrum und Reim

Die ältesten Gedichte der Menschheit waren Anrufungen an die Götter oder Beschwörungen von Geistern. Die besondere Ehrerbietung gegenüber Göttern und Geistern verlangte eine besonders festliche Sprache, die sich in ihrem Klang von der Alltagssprache unterschied. Mit diesem Klang wurden
5 Gesang und Tanz nachgeahmt. Noch heute ist es in vielen Teilen der Welt üblich, Gebete zu singen und zu tanzen.

Auch an der Bezeichnung „Lyrik" ist abzulesen, dass Gedichte mit dem Gesang verwandt sind: Die „Lyra" (Leier) war nämlich bei den Griechen das Instrument des Sängers, mit dem er seine Verse begleitete.
10 Der besondere Klang in Gedichten entsteht durch ein regelmäßiges Betonungsmuster, das Metrum. Es ordnet einen Vers ähnlich wie ein Musikstück in Takte. Der Reim trägt durch gleich klingende Laute oder Silben zusätzlich zum festlichen Klang bei.

Auch wenn Gedichte heute nicht mehr Götter und Geister anrufen, sind
15 sie doch immer noch geprägt von einer besonderen Sprache und heben sich vom alltäglichen Sprachgebrauch durch eine strengere Form ab: Das Gedicht ist in Verse (Gedichtzeilen) und häufig auch in Strophen (Absätze) eingeteilt. Metrum und Reim schaffen eine klangliche Ordnung.

❶ Was erfährst du in dem Text über die Bezeichnung „Lyrik"? Fasse es zusammen.

❷ Versuche mithilfe des Textes die folgenden Begriffe zu erläutern:
- Metrum,
- Vers,
- Strophe,
- Reim.

Tipps & Hilfen (→ S. 308)

Der Musensohn   *Johann Wolfgang Goethe*

Durch Feld und Wald zu schweifen,
Mein Liedchen wegzupfeifen,
So geht's von Ort zu Ort!
Und nach dem Takte reget
5 Und nach dem Maß beweget
Sich alles an mir fort.

Ich kann sie kaum erwarten,
Die erste Blum' im Garten,
Die erste Blüt' am Baum.
10 Sie grüßen meine Lieder,
Und kommt der Winter wieder,
Sing ich noch jenen Traum.
[...]

Die Beichte   *Heinz Erhardt*

„Warum machst du in Gedichten?",
fragte mich ein Menschenkind.
„Warum schreibst du nicht Geschichten,
die doch leicht verkäuflich sind?"
Oh, ich habe meine Gründe
für mein Tun – und sprach verträumt:
„Weil ich es viel schöner finde,
wenn sich hinten alles reimt."

❸ Vergleiche die beiden Gedichte. Was haben sie gemeinsam? Worin unterscheiden sie sich?
Tipps & Hilfen (→ S. 308)

❹ Welche im Text auf Seite 166 genannten Merkmale findest du in diesen Gedichten wieder?
Nenne Beispiele.

❺ In Heinz Erhardts Gedicht heißt es: „Weil ich es viel schöner finde, wenn sich hinten alles
reimt." Was gefällt euch an Gedichten? Tauscht euch darüber aus.

Reimformen entdecken

Reimreise *Frantz Wittkamp*

Der Himmel ist blau,
sagte der Pfau.
Zeit zu verreisen,
sagten die Meisen.
5 Ja, mit der Bahn,
sagte der Hahn.
Oder wir fliegen,
sagten die Ziegen.
Nach Amsterdam,
10 sagte das Lamm.
Dauert das lange,
fragte die Schlange.
Gibt es da Schnee,
fragte das Reh.

15 Liegt Amsterdam am Nil,
fragte das Krokodil.
Ist da ein Zoo,
fragte der Floh.
Ganz in der Nähe,
20 sagte die Krähe.
Wo soll das sein,
fragte das Schwein.
Da um die Ecke,
sagte die Schnecke.
25 Kaum zu glauben,
sagten die Tauben.

❶ Lest das Gedicht mit verteilten Rollen.

❷ a) Was genau reimt sich hier? Schreibe die Reimwörter in dein Heft und markiere farbig, was gleich klingt.

b) Beschrifte dann die gleich klingenden Endreime mit denselben Kleinbuchstaben.

blau	a
Pfau	a
verreisen	b
Meisen	b

❸ Das Muster des Endreims, z. B. aa bb, wird als Reimschema bezeichnet. Benenne das Reimschema dieses Gedichts mithilfe des Merkwissens auf Seite 185.

④ Ergänze das Gedicht mit vier bis sechs neuen Versen zu anderen Tieren, z. B. Katze oder Maus.

Rach und Degen   *Paul Klee*

1. Strophe:
Rach und Degen
ein Dach dem Regen
Schurm und Stirm
5 im Sturm ein Schirm

2. Strophe:
Rach und Degen
Schurm und Stirm
im Sturm ein Schirm
10 ein Dach dem Regen

3. Strophe
Schurm und Stirm
im Sturm ein Schirm
Rach und Degen
15 ein Dach dem Regen

Neue Möglichkeiten:
Degen und Rach
dem Regen ein Dach
Stirm und Schurm
20 ein Schirm im Sturm

Schurm und Stirm
Rach und Degen
ein Dach und Regen
im Sturm ein Schirm

❺ Lest das Gedicht laut. Wie wirkt es auf euch?
Besprecht, wie diese Wirkung zustande kommt.

❻ a) Untersuche die Reime des Gedichts. Was fällt dir auf?
b) Erkläre, warum man das Reimschema der 2. Strophe als „umarmenden Reim" bezeichnet.
c) Schlage im Merkwissen (→ S. 185) nach, wie ein Kreuzreim aufgebaut ist, und probiere
ihn mit den Reimwörtern des Gedichts aus.
Tipps & Hilfen (→ S. 308)

Reimwörter finden

❶ a) Bildet Reimschlangen: Sucht zu den Wörtern im Wortspeicher so viele Reimwörter wie möglich. Wer in fünf Minuten die längste Schlange hat, hat gewonnen.

b) Gebt reihum andere Startwörter für Reimschlangen vor und sucht möglichst viele Reimwörter.

> Witz · lesen · sagen

Witz – Sitz – spitz ...
lesen – Wesen ...
sagen – plagen ...

❷ a) Sortiere die Wörter im folgenden Wortspeicher in deinem Heft so untereinander, dass
  - einmal Paarreime und
  - einmal Kreuzreime entstehen.

b) Suche selbst acht Reimwörter, von denen sich immer zwei reimen, und sortiere sie so, dass einmal Paarreime und einmal Kreuzreime entstehen.

> Gedichte · Geschichte · erzählen · leimen · recht · reimen · schlecht · wählen

❸ a) Ordne die folgenden acht Wörter so, dass umarmende Reime entstehen.

b) Suche selbst acht Reimwörter, mit denen umarmende Reime gebildet werden können. Lass sie von deiner Tischpartnerin / deinem Tischpartner sortieren.

> beben · Bier · Brühe · Fisch · geben · Mühe · Tisch · vier

Zauberspruch   *Mirjam Pressler*

Wenn schräg tagnachts der Kubu schreint
Und lasch der Lamenturo _____,
Die Warzenwogen _____,
Dann will ich wallewalle wingen.
5 Wenn aus dem Wald der Wodu wiebelt,
Der Hodudodu sich _____,
Die Dagabundas ächzkrächz _____,
Dann will ich wallewalle wingen.
Und wenn der Nebuloso schleift
10 Und Akakazias heiß _____,
Die Wiebelkiebel _____,
Dann will ich wallewalle wingen.

❹ a) Worin besteht das Besondere dieses Gedichts? Nenne Beispiele.

b) Schreibe das Gedicht ab und ergänze passende Reimwörter.
Lass dabei deiner Fantasie freien Lauf.

c) Vergleicht eure Lösungen: Welche Reimwörter sind gelungen, welche sollten verändert
werden?

⑤ Schreibe zu den folgenden zwölf Reimwörtern ein (Unsinns-)Gedicht.
Entscheide dich zwischen Paarreim, Kreuzreim oder umarmendem Reim.

aufgepustet · fern · Floh · Flöte · hier · kratzen · Kröte · mir · platzen · Stern ·
umgehustet · Zoo

Das Metrum untersuchen

Herz und Schmerz   *Hugo Ramnek*

Ein Karpfen sprach zu einem Mädchen,
Die Stimme süß wie Schokolädchen:
Ich kenn da einen Wasserplatz
Für dich und mich allein, mein Schatz.
Sie aber lispelt glockenhell:
Mein Herz gehört schon der Forell.

❶ Worin besteht das Überraschende an diesem Gedicht?

❷ Das Muster von betonten und unbetonten Silben in einem Gedicht nennt man Metrum.
   Erarbeite das Metrum des Gedichts in folgenden Schritten:
   a) Sprich die Verse laut und klatsche zu jeder Silbe.
   b) Sprich die Verse noch einmal laut und klatsche zu den betonten Silben laut, zu den
      unbetonten leise.
   c) Schreibe nun die Verse nach Silben getrennt ab. Lass über jedem Vers eine Zeile frei und
      kennzeichne die betonten Silben mit einem Akzent wie im Beispiel unten.
   d) Setze über jeden Vers ein x und markiere auch hier die betonten Silben mit einem Akzent.

   x   x́   x   x́   x x́   x   x́   x
   Ein Kárp-fen sprách zu éi-nem Mä́d-chen

❸ Informiere dich auf der Merkwissenseite (→ S. 185), wie dieses Metrum heißt.

❹ Untersuche das Metrum des folgenden, veränderten Verses. Wie wird dieses Metrum
   genannt (→ S. 185)?

   Karp-fen spre-chen nicht zu Mäd-chen

⑤ Verfasse nun allein oder in Partnerarbeit ein Gedicht im Metrum von „Herz und Schmerz",
   indem du andere Tiere wählst und neue Reimwörter suchst.
   Ein Kälbchen sprach zu einem Kind ...

Abzählreime

Enne denne
Dubbe denne
Dubbe denne dalia
Ebbe bebbe bembio
Bio bio buff

Ene dene ditschen datschen
Zwibbel di bibbel boneratschen
Ene dene daus
Und du bist raus

Enchen, denchen, dittchen,
dattchen,
sibeti, bibeti, bonchen, battchen,
sibeti, bibeti, buff.

6 Zählt mit den Abzählreimen in der Gruppe einen nach dem anderen „raus".
Was fällt euch beim Sprechen und Zählen auf?

7 a) Übertrage die Abzählverse in dein Heft und notiere das Metrum wie im Beispiel auf
Seite 172.

b) Was fällt dir im zweiten und dritten Abzählreim auf? Achte auf die unbetonten Silben.
Tipps & Hilfen (→ S. 308)

Unsinnverse   *Wolfgang Menzel*

Liest du vor, dann gib fein Acht,
dass die Stimme herrlich lacht
oder dass sie weint und zittert
oder gar vor Wut gewittert!

5 Jümmer wühnen! Jümmer ochzen!
Jümmer muss ich treunen, schlochzen!
Moine Nüse trüpfelt schurig.
Och, mir üst ersutzlich trurig!

Kinnemax und ratzeflitt
10 Teppten in den Timmelpitt,
Als sie wieder rausgekraxt,
Haben sie sich krommgelaxt.

Dauster, wonn ich dich verknügle!
Dir in doine Protzen bügle!
15 Hauderwetsch, wenn ich dich pracke,
Knoll ich dir ne Rox ans Schlacke!

8 Was passiert in diesem Gedicht? Trage es so vor, wie in der ersten Strophe verlangt.

9 Notiere in deinem Heft das Betonungsmuster des Gedichts und benenne das Metrum
mithilfe des Merkwissens (→ S. 185).

X́ x X́ x …

Vers und Satz untersuchen

Drei Bären   *Heinz Erhardt*

Ein Brombär, froh und heiter, schlich durch einen
Wald. Da traf es sich, dass er ganz unerwartet,
wie's so kommt, auf einen Himbär stieß.
Der Himbär rief – vor Schrecken rot – „Der grüne
5 Stachelbär ist tot! Am eignen Stachel starb er
eben!" „Ja", sprach der Brombär, „das soll's geben!"
und trottete – nun nicht mehr heiter, weiter ...
Doch als den „Toten" er nach Stunden gesund und
munter vorgefunden, kann man wohl zweifels-
10 ohne meinen: Hier hat der andre Bär dem einen
'nen Bären aufgebunden!

❶ In Gedichten müssen sich die Sätze den Versen unterordnen. Versuche, die Verse des
Gedichts wieder herzustellen, indem du die Reimwörter suchst und das Metrum beachtest.
Tipp: Es sind insgesamt 15 Verse.

Tipps & Hilfen (→ S. 309)

Ein Brombär, froh und heiter, schli<u>ch</u>
durch einen Wald. Da traf es si<u>ch</u>

...

Satz für Satz   *Peter Härtling*

Einen Satz machen mit einem Satz ins falsche
Ende krachen mit einem Satz über einen Tisch
springen das kann gelingen mit einem Satz doch
ein Satz hilft dir nicht unbedingt in die Höhe mit
5 einem Satz springen auch die Flöhe von Leib zu
Leib so wechseln sie die Orte mit einem Satz dann
fehlen allerdings die Worte aus wär's dann mit der
Hatz ein Satz, der Wörter braucht, kann nicht
hüpfen muss Wort für Wort in seine Bedeutung
10 schlüpfen.

❷ Versuche auch hier, die Versform wieder herzustellen. Achte dabei vor allem auf die
Reimwörter. Setze auch Satzschlusszeichen. Achtung: Nicht alle Verse reimen sich.

Tipps & Hilfen (→ S. 309)

Ein Parallelgedicht schreiben

Der Schaukelstuhl auf der verlassenen Terrasse *Christian Morgenstern*

Ich bin ein einsamer Schaukelstuhl
Und ich wackel im Winde,

                im Winde.

Auf der Terrasse, da ist es kuhl
5 Und ich wackel im Winde,

                im Winde.

Und ich wackel und nackel den ganzen Tag.
Und es nackelt und rackelt die Linde.
Wer weiß, was sonst wohl noch wackeln mag
10 Im Winde,

        im Winde,

                im Winde.

❶ Mach's wie Morgenstern: Schreibe ein Parallelgedicht zu diesem Gedicht.
Ich bin der einsame Besenstiel ...

❷ Tragt euch eure Gedichte gegenseitig vor und überprüft:
- Sind der Strophenaufbau, das Metrum und die Endreime gelungen?
- Gibt es witzige Verben, die sich innerhalb der Verse reimen?
- Hat das Gedicht eine passende Überschrift?

Wer spricht denn da? –
Das lyrische Ich entdecken

Monsterliebe *Salah Naoura*

Was ich an dir gerne mag?
Dein Gemotze jeden Tag!

Und ich, dass du blöde bist,
du redest immerzu nur Mist!

5 Du bist so herrlich hundsgemein,
so fies, so mies kann keiner sein.

Und du, du lügst so wunderbar,
bei dir ist wirklich nie was wahr.

Ich weiß auch nicht, was das soll:
10 Ich finde dich zum Kotzen toll!

Und ich, ich lieb dich schauerlich!
Los, lieb mich auch, sonst hau ich dich!

❶ Sprecht über das Gedicht: Warum heißt es „Monsterliebe"?
❷ Dieses Gedicht kannst du schlecht alleine vortragen. Warum?
❸ Ordnet die Strophen einem Sprecher A und einem Sprecher B zu und tragt es zu zweit vor.
❹ Untersuche das Gedicht „Monsterliebe" anhand folgender Fragen:
- Wer spricht hier?
- Welche Gefühle haben die lyrischen „Ichs" füreinander?
- Was teilen sie sich mit und wie teilen sie es mit?

> **Info: Das lyrische Ich**
>
> In vielen Gedichten spricht ein „Ich", das sich der Autor oder die Autorin ausgedacht hat.
> Dieses „Ich" nennt man das **lyrische Ich**.
> Das lyrische Ich kann über sich selbst sprechen oder über etwas, das andere erlebt haben oder
> das es beobachtet hat. Es kann auch jemanden anreden und manchmal sprechen sogar zwei
> lyrische „Ichs" miteinander.

Alles Glück   *Christine Nöstlinger*

Ich weiß es ganz genau:
Der miese Mann und die fiese Frau,
die sich als meine Eltern ausgeben
und mir mein junges Leben
5 zur grausigen Hölle machen,
diese zwei alten Drachen
sind nicht mit mir verwandt!
Schließlich ist ja allgemein bekannt,
dass alle Kinder den Eltern gleichen.
10 Dafür gibt's bei mir keine Anzeichen.
Ich passe in diese Familie nicht rein!
Ich muss ein vertauschtes Baby sein.
Weil Neugeborene einander sehr ähnlich sehen,
kann das im Krankenhaus schon mal geschehen.

15 Und bei den lieben Eltern, die meine echten sind,
wohnt der zwei alten Drachen miesfieses Kind
und kassiert seit zwölf Jahren ungerührt
alles Glück, das eigentlich mir gebührt.

5 Wer spricht in diesem Gedicht?

6 a) Wähle aus dem Wortspeicher passende Ausdrücke zur Beschreibung des lyrischen Ichs aus.
b) Ergänze weitere Ausdrücke, die dir passend erscheinen.

> wütend · verärgert · enttäuscht · hasserfüllt · neidisch (auf das andere Kind) ·
> besserwisserisch · unverschämt · unglücklich · traurig · ungerecht · bösartig ·
> lieblos · hartherzig · herabsetzend · anklagend

7 Fasse mithilfe der Verben im Wortspeicher in eigenen Worten zusammen, was das lyrische
Ich sagt.
Das lyrische Ich beschwert sich darüber, dass ...

> sich beschweren · anklagen · schimpfen · finden · meinen · der Meinung sein ·
> überlegen · schließen · den Schluss ziehen · zum Schluss kommen · begründen ·
> sich Gedanken machen · glauben · überzeugt sein · der Überzeugung sein

Ein Gedicht vortragen

Gedichte kann man leise für sich lesen oder vor einem Publikum laut vortragen. Um die Besonderheiten eines Gedichts zur Geltung zu bringen, solltest du seinen Inhalt verstehen.

Die passende Vortragsweise herausfinden

❶ a) Lies das Gedicht „Der Mathematiker" auf der folgenden Seite zuerst lustig, dann jämmerlich und beim dritten Mal bedrohlich. Welche Vortragsart passt am besten zu dem Gedicht? Begründe.

b) Mit welchen Mitteln kann man außerdem die Aufmerksamkeit der Zuhörer/-innen bei einem Gedichtvortrag erregen? Sammelt Vorschläge.

> **Info: Beantworte diese Fragen vor dem Gedichtvortrag**
>
> - Welche **Grundstimmung** geht von den einzelnen Strophen aus (*traurig, fröhlich, feierlich, aufgeregt, erwartungsvoll* …)?
> - Hat das Gedicht einen **Höhepunkt**? Falls ja, wie kannst du ihn hervorheben?
> - Unterstreiche alle Wörter, die du **besonders betonen** willst.
> - Welcher Tonfall passt zu genau dieser Stelle? Notiere am Rand, z. B. *traurig, fröhlich*.
> - Wo passt eine **kurze Pause**, bevor ein neuer Gedanke beginnt?
> - Wo brauchst du eine **kurze Pause**, um die Spannung wirkungsvoll zu steigern?
> - Wo musst du **langsamer oder schneller** sprechen, vielleicht sogar hetzen?
> - Wo musst **du leiser oder lauter** sprechen, vielleicht sogar rufen?
> - Gibt es **Gesten**, die zu einer bestimmten Stelle in dem Gedicht passen?

Das Gedicht für den Vortrag vorbereiten

❷ Sehr hilfreich für deinen Gedichtvortrag sind Hinweise zur Betonung, die du im Text oder am Rand notieren kannst. Schreibe dazu das Gedicht auf ein Blatt oder nutze eine Kopie.

> **Info: Betonungszeichen für den Gedichtvortrag**
>
> - besonders betonen: <u>unterstreichen</u>
> - schneller sprechen ∿∿
> - langsamer sprechen ∿∿∿
> - leiser werden ↘
> - lauter werden ↗
> - kurze Pause I
> - lange Pause I I

Der Mathematiker   *Heinz Erhardt*

Es war sehr <u>kalt</u>, der Winter dräute[1],	*bedrohlich*
da trat – und außerdem war's glatt –	
<u>Professor Wurzel</u> aus dem Hause,	
weil er was <u>einzukaufen</u> hat'.	*fröhlich*

5 <u>Kaum</u> tat er seine ersten Schritte,
als ihn das <u>Gleichgewicht</u> verließ,
er <u>rutschte aus</u> | und fiel | und <u>brach</u> sich   *Spannung aufbauen*
<u>die Beine</u> und noch das und dies.

Jetzt liegt er nun, |<u>völlig</u> gebrochen,| *traurig*
10 <u>im Krankenhaus</u> in Gips und spricht:
„Ich rechnete schon <u>oft</u> mit Brüchen,|
mit <u>solchen</u> Brüchen aber nicht."   *lustig, Pointe*

1   dräuen: veraltet für „drohen"

❸ a) Versuche, das Gedicht genau so vorzulesen, wie es die Markierungen und Betonungszeichen vorgeben.
Achte darauf, dass du bei deinem Vortrag die Reimwörter nicht zu stark betonst. Sonst
wirkt das Gedicht heruntergeleiert.

b) Welche Geste würdest du in den letzten beiden Versen wählen? Probiere verschiedene
Möglichkeiten aus.

Ein Gedicht auswendig lernen

❹ Lerne das Gedicht „Der Mathematiker" auswendig. Nutze die Vorschläge im Info-Kasten.

Info: So lernst du ein Gedicht auswendig

- Lies das Gedicht mehrmals **laut** und **ausdrucksstark** betont vor.
- Lerne dann den Text **Vers für Vers, Strophe für Strophe auswendig**.
  Tipp: Du kannst als Merkhilfe zu jeder Strophe ein kleines Bild zeichnen.
  Oder du nimmst das Gedicht beim Vorlesen auf und hörst es dir mehrmals an. Du kannst
  auch mehrere Varianten aufnehmen und prüfen, wie es am besten klingt.
- Übe dann das **freie Vortragen** des Gedichts, Strophe für Strophe. Du kannst vor dem
  Spiegel oder vor „Publikum", wie z.B. Eltern oder Geschwistern, üben.

Zum Schmökern, Schauen, Weiterdenken

Das Raphuhn Lied   *Felix Janosa*

Hallo, Leute, wir sind heute auf dem Bauernhof.
Alle Tiere sind in Ordnung, nur eins ist doof!
Denn es findet sich so lässig und so obertoll.
Und es quasselt allen anderen die Ohren voll.

5   Das Raphuhn, tok toke tok tok, das rappt nun!
(Tok toke toke tok tok)
Ja, ich rappe so toll und ich bin gut drauf.
Und beim Rappen hab ich immer eine Mütze auf.

Und es gammelt auf der Leiter oder im Gesträuch.
10   Und es kommt aus seinem Schnabel immer dummes Zeug.
Und die andern Tiere kriegen dieses dumpfe Gefühl,
Wo die grauen Zellen fehlen, ja, da quatscht man viel!

Das Raphuhn, tok toke tok tok, das rappt nun!
(Tok toke toke tok tok)
15   Ja, ich rappe so toll und ich bin gut drauf.
Und beim Rappen hab ich immer eine Mütze auf.

Und es redet und es redet und es hört nie auf,
Und der Bauer, der wird sauer und er regt sich auf.
Auch die Kühe haben Mühe und sie machen Muh.
20   Und inzwischen halten alle sich die Ohren zu.

Das Raphuhn, tok toke tok tok, das rappt nun!
(Tok toke toke tok tok)
Ja, ich rappe so toll und ich bin gut drauf.
Und beim Rappen hab ich immer eine Mütze auf.

1 Warum findet sich das Raphuhn so toll? Was halten die anderen Tiere von ihm?

2 Untersuche das Reimschema und das Metrum des Lieds genauer. Was fällt dir auf?

3 Bereitet einen Vortrag des Raphuhn-Lieds vor. Probiert dabei verschiedene Möglichkeiten aus, z. B. einzeln, mit einer Lernpartnerin / einem Lernpartner oder in einer Gruppe.

Gruselett   *Christian Morgenstern*

Der Flügelflagel gaustert
durchs Wiruwaruwolz,
die rote Fingur plaustert
und grausig gutzt der Golz.

❶ Passt der Titel zum Gedicht? Begründe.
② Bestimmte Konsonanten kommen in dem Gedicht gehäuft vor. Einen solchen Gleichklang
  am Anfang betonter Silben nennt man Stabreim oder Alliteration. Suche sie im Gedicht.
③ Stelle selbst Verse mit Stabreimen her. Es können auch Unsinnsverse sein.
Singende Seeleute segeln in salziger Suppe.

Der Zipferlake   *Lewis Carroll / Christian Enzensberger*

Verdaustig wars, und glasse Wieben
Rotterten gorkicht im Gemank;
Gar elump war der Pluckerwank,
Und die gabben Schweisel frieben.

5 „Hab acht vorm Zipferlak, mein Kind!
Sein Maul ist beiß, sein Griff ist bohr!
Vorm Fliegelflagel sieh dich vor,
Dem mampfen Schnatterrind!"

Er zück' sein scharfgebifftes Schwert,
10 Den Feind zu futzen ohne Saum,
Und lehnt' sich an den Dudelbaum
Und stand da lang in sich gekehrt,

In sich gekeimt, so stand er hier:
Da kam verschnoff der Zipferlak
15 Mit Flammenlefze angewackt
Und gurgt' in seiner Gier.

Mit eins! und zwei! und bis aufs Bein!
Die biffe Klinge ritscheropf!
Trennt er vom Hals den toten Kopf,
20 Und wichernd sprengt er heim.

„Vom Zipferlak hast uns befreit?
Komm an mein Herz, aromer Sohn!
O blumer Tag! O schlusse Fron!"
So kröpfte er vor Freud.

25 Verdaustig wars, und glasse Wieben
rotterten gorkicht im Gemank;
Gar elump war der Pluckerwank,
Und die gabben Schweisel frieben.

❶ Alles Unsinn? Überlegt gemeinsam, worum es in dem Gedicht gehen könnte.
② Versuche, eine der Strophen so zu übersetzen, wie du sie verstehst.
③ Wie stellst du dir den Zipferlaken vor? Male ihn.

Das große Lalula   *Christian Morgenstern*

Kroklokwafzi? Sememmemi!
Seiokrontro – prafriplo:
Bifzi, bafzi; hulalemi:
quasti basti bo ...
5 Lalu lalu lalu lalu la!

Hontraruru miromente
zasku zes rü rü?
Entepente, Leiolente
klekwapufzi lü?
10 Lalu lalu lalu lalu la!

Simarar kos malzipempu
Silzuzankunkrei(;)!
Marjomar dos: Quempu Lempu
Siri Suri Sei []
15 Lalu lalu lalu lalu la!

❶ Worum könnte es in diesem Gedicht gehen? Nenne Beispiele aus dem Text.
② Untersuche das Reimschema und das Metrum des Gedichts (→ S. 185).
③ Bereite einen lebendigen Vortrag des Gedichts vor.

Klapphornverse

Zwei Knaben stiegen auf einen Baum,
die beiden wollten Äppel klau'n.
Sie fanden keinen Appel,
der Baum war nämlich 'ne Pappel.

Zwei Knaben machten sich den Jokus
und tranken Most im Keller,
da mussten beide auf den Lokus,
jedoch der Most war schneller.

Zwei Knaben stiegen auf einen Gletscher,
sie wurden matsch und immer mätscher.
Da sprach der Mätschere zum Matschen:
Komm, lass uns wieder runterlatschen.

Zwei Knaben zogen an den Nil,
den andren fraß ein Krokodil.
Der eine starb an Fieber,
drum geh nicht hin, mein Lieber!

❶ Welcher Klapphornvers gefällt dir am besten? Begründe.
② Vergleiche die Klapphornverse: Was haben sie gemeinsam?
③ Entwickle nach diesem Muster selbst einen Klapphornvers.

Die Fabel von Schnabels Gabel   *Erich Kästner*

Kannten Sie Christian Leberecht Schnabel?
Ich habe ihn gekannt.
Vor seiner Zeit gab es die vierzinkige,
Die dreizinkige
5 Und auch die zweizinkige Gabel.
Doch jener Christian Leberecht Schnabel,
Das war der Mann,
Der in schlaflosen Nächten die einzinkige Gabel
Entdeckte bzw. erfand.

10 Das Einfachste ist immer das Schwerste.
Die einzinkige Gabel
Lag seit Jahrhunderten auf der Hand.
Aber Christian Leberecht Schnabel
War eben der Erste,
15 Der die einzinkige Gabel erfand!

Die Menschen sind wie die Kinder.
Christian Leberecht Schnabel
Teilte mit seiner Gabel
Das Schicksal aller Entdecker bzw. Erfinder.

20 Einzinkige Gabeln,
Wurde Schnabeln
Erklärt,
Seien nichts wert.

Sie entbehrten als Teil des Bestecks
25 Jeden praktischen Zwecks,
Und man könne, sagte man Schnabeln,
Mit seiner Gabel nicht gabeln.

Die Menschen glaubten tatsächlich,
dass Schnabel
30 Etwas Konkretes bezweckte,
Als er die einzinkige Gabel
Erfand bzw. entdeckte!

Ha!

Ihm ging es um nichts Reelles.
35 (Und deshalb ging es ihm schlecht.)
Ihm ging es um Prinzipielles!
Und insofern hatte Schnabel
Mit der von ihm erfundenen Gabel
Natürlich recht.

❶ Warum hat Herr Schnabel eine einzinkige Gabel erfunden? Begründe mit dem Text.
② Untersuche die Endreime des Gedichts. Was fällt dir auf?
③ Welche Rolle spielt das lyrische Ich in diesem Gedicht? Belege deine Einschätzung mit Textbeispielen.

Der alte Marabu *(eine dunkle Geschichte)*
Edwin Bormann

Im Schneegebirge Hindukuh,
Da sitzt ein alter Marabu
Auf einem Fels von Nagelfluh
Und drückt das rechte Auge zu.

5 Weshalb wohl, fragst du, Leser, nu,
Weshalb wohl sitzt der Marabu
Im Schneegebirge Hindukuh
Auf einem Fels von Nagelfluh
Und drückt das rechte Auge zu?

10 Hab Dank, o lieber Leser du,
Für dein Int'ress' am Marabu!
Allein weshalb im Hindukuh
Er drückt das rechte Auge zu
Auf einem Fels von Nagelfluh –
15 Weiß ich so wenig als wie du!

❶ Worin besteht das Witzige dieses Gedichts? Suche nach Erklärungen im Text.

② Untersuche das Gedicht genauer:
- Lies es mehrere Male laut und klatsche dazu das Metrum (auf betonten Silben laut, auf unbetonten Silben leise). Um welches Metrum handelt es sich? (→ S. 185)
- Untersuche die Reimwörter: Wie viele gibt es und was hat der Dichter in den drei Strophen mit ihnen gemacht?

③ Ein solches Gedicht kannst du auch schreiben. Probiere es aus:
Denke dir ein Tier aus, zu dem du die nötige Zahl von Reimwörtern bilden kannst (Floh, Elefant, …), und schreibe dein Gedicht. Auch Unsinnswörter sind beim Reimen erlaubt.

Gedichte untersuchen

Merkmale eines Gedichts	Beispiele
Vers und Strophe: Die Zeilen eines Gedichts nennt man **Verse**. Als **Strophe** bezeichnet man einen Abschnitt eines Gedichts, der aus mehreren Versen besteht.	
Reim: Der Reim ist ein **Gleichklang von Lauten**. Werden zwei oder mehrere Verse durch einen Gleichklang am **Ende** verbunden, spricht man von **Endreim**. Das Muster des Reims nennt man Reimschema. Man unterscheidet z. B.	Der Himmel ist bl<u>au</u>, sagte der Pf<u>au</u>. Zeit zu verr<u>eisen</u>, sagten die M<u>eisen</u>.
Paarreim aa bb **Kreuzreim** ab ab **umarmenden Reim** ab ba	H<u>aus</u> – M<u>aus</u> – H<u>of</u> – d<u>oof</u> H<u>aus</u> – H<u>of</u> – M<u>aus</u> - d<u>oof</u> H<u>aus</u> – H<u>of</u> – d<u>oof</u> – M<u>aus</u>
Die Wiederholung eines oder mehrerer Laute am **Wortanfang** nennt man **Stabreim** oder **Alliteration**.	*<u>G</u>eld und <u>G</u>ut; <u>m</u>it <u>M</u>ann und <u>M</u>aus*
Metrum (Versmaß): In einem Vers gibt es meist eine regelmäßige Abfolge **betonter (x́)** und **unbetonter (x) Silben**. Sie wird Metrum genannt. Man unterscheidet z. B. - **Jambus:** x x́ x x́ und - **Trochäus:** x́ x x́ x	x́ x x́ x x́ x x́ *Was ich / gerne / an dir / mag …* x x́ x x́ x x́ x x́ x *Ein Karp-/ fen sprach / zu ei- / nem Mäd-chen* x́ x x́ x x́ x x́ x *Karp-fen / spre-chen / nicht zu / Mäd-chen*
Lyrisches Ich: Das lyrische Ich ist die Person oder Sache, die im Gedicht spricht. Es darf nicht mit der Dichterin / dem Dichter verwechselt werden.	*Ich bin ein einsamer Schaukelstuhl …*

8 Detektive des Alltags

Sachtexte erschließen

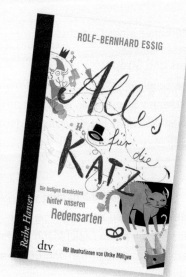

- Warum kann ich nicht richtig schmecken, wenn ich mir die Nase zuhalte?
- Warum ist die Banane krumm?
- Warum tränen die Augen, wenn man Zwiebeln schneidet?
- Wie kann Knoblauch Mäuse vertreiben?
- Warum laufen Athleten im Stadion immer gegen den Uhrzeigersinn?
- Warum braucht ein Kugelschreiber die Schwerkraft?
- Können Pferde wirklich nicht kotzen?
- Ist es gefährlich, im Flugzeug ein Handy zu benutzen?

❶ Kannst du eine der hier formulierten Fragen beantworten? Versuche es.

❷ Hast du schon einmal etwas zu diesen Fragen gelesen? Wenn ja, wo?

❸ Welche weiteren Fragen habt ihr? Sammelt sie.

❹ Lest die drei kurzen Texte auf der rechten Seite. Welche Erklärungen werden hier zu der Frage „Warum rauscht das Meer in der Muschel?" gegeben?

Warum rauscht das Meer in der Muschel?

A Die Muschel schirmt dein Ohr vor allen Geräuschen um dich herum ab. Ihr hohler Resonanzkörper verstärkt die Geräusche, die aus deinem Inneren kommen. Das Rauschen, das du hörst, ist die Zirkulation deines Blutes.

B In der Muschel leben unzählige kleine Mikroorganismen (Bakterien, Pilze ...). Die Trichterform der Muschel verstärkt die Geräusche der kleinen Lebewesen wie ein Megafon und dringt wie ein Rauschen an unser Ohr.

C Muscheln haben durch ihre kalkhaltige Schale die Möglichkeit, Geräusche zu speichern. Da die meisten Muscheln jahrhundertelang auf dem Meeresgrund ruhten, bevor sie an Land gespült wurden, hören wir in ihnen tatsächlich das abgespeicherte Rauschen des Meeres.

In diesem Kapitel ...

- beschäftigst du dich mit interessanten Fragen und Problemen des Alltags genauer.
- kannst du dein Wissen durch das Lesen von Texten erweitern.
- untersuchst du Sachtexte, die Fragen und Probleme behandeln.
- lernst du Strategien zum Lesen und Verstehen von Sachtexten kennen.

Strategie: Sich einen Überblick verschaffen

Woher kommt das Meeresrauschen in Muscheln?

Text 1:

Das Rauschen, das du in der Muschel hörst, entsteht durch die sogenannte Eigenfrequenz der Muschel. Jeder Hohlkörper hat so eine Eigenfrequenz. Vielleicht hast du es selbst schon einmal bemerkt. Wenn du in einem Raum singst, in dem ein Musikinstrument steht, zum Beispiel eine Gitarre, kannst
5 du diesem Instrument bei einer ganz bestimmten Tonhöhe einen Ton entlocken, als würde es mitsingen. Dann hast du die Eigenfrequenz des Instruments erwischt. Mit deinem Gesang bringst du die Luft im Raum zum Schwingen (es entstehen sogenannte Schallwellen) und die Luft bringt dann wiederum die Luft im Instrument zum Schwingen – allerdings nur, wenn du
10 auch die bestimmte Tonhöhe (Eigenfrequenz) erreichst.

Und genau das passiert in der Muschel. Sämtliche Geräusche bzw. Schallwellen, besonders die, die das Pulsieren deines eigenen Blutes verursacht, bringen die Luft in der Muschel zum Schwingen. Das Resultat ist ein für uns wahrnehmbares Rauschen, das an Meeresbrausen erinnert.

Text 2:

Erst einmal sind es genau genommen gar keine Muscheln, die wir uns da ans Ohr halten, sondern Schnecken, wissenschaftlich korrekt „Gastropoden" genannt. Das Alter der Schnecken hat […] keinen Einfluss auf die Töne, die wir hören, sondern allein der Aufbau der Schnecken und damit der Reso-
5 nanzkörper. Doch was hören wir da genau?

Eine bekannte Interpretation, die sich hartnäckig hält, ist die vom Blutrauschen. Danach wird das durch unser Ohr strömende Blut durch den Resonanzkörper der Schnecke für uns hörbar. Als Beweis dafür wird angeführt, dass das Geräusch auch bei jedem anderen Hohlkörper zu hören ist,
10 den wir uns ans Ohr halten. Die Schlussfolgerung daraus scheint logisch: Das Geräusch muss von uns kommen und hat mit dem, was wir uns ans Ohr halten, nichts zu tun. Doch leider ist diese Erklärung falsch.

Es sind zwar nicht Geräusche aus der Schnecke, die wir hören, aber die Geräusche kommen auch nicht aus dem Ohr oder von uns. Vielmehr sind es
15 die Außengeräusche, die durch den besonderen Bau der Muschel akustisch[1] verstärkt werden. Überprüfen lässt sich diese These übrigens ganz einfach: Hält man eine Schnecke ganz, ganz dicht ans Ohr, sodass so gut wie keine Außengeräusche eindringen können, dann hört man auch nichts mehr.

---

1 akustisch: den Schall, Klang betreffend

❶ Überfliege Text 1 und Text 2 auf Seite 188. Welche Aussage (A oder B) gibt die Antwort des jeweiligen Textes richtig wieder?

Tipps & Hilfen (→ S. 310)

Text 1: A Das Pulsieren des Blutes bringt die Luft in der Muschel zum Schwingen. Dies hört sich wie Meeresrauschen an.

            B Muscheln speichern das Geräusch des Meeres.

Text 2: A In der Muschel hört man das Geräusch des eigenen Blutes.

            B Man hört Außengeräusche, die durch die Muschel verstärkt werden.

② Erkläre mithilfe der Informationen aus dem Text:
- Was versteht man unter Eigenfrequenz eines Hohlkörpers?
- Was ist ein Resonanzkörper?

Wie funktioniert ein Kugelschreiber?

Es waren zwei Ungarn, Ladislaus und Georg Biro, die 1938 das heute meist-verwendete Tintenschreibgerät erfanden: den Kugelschreiber. Er setzte sich rasch durch, denn er ist viel einfacher zu bedienen als ein Füllfederhalter.

    Der geniale Trick im Kugelschreiber ist die winzige Kugel, die man fast
5 nur mit einer Lupe erkennen kann. Sie besteht aus sehr hartem Wolfram-Metall, sitzt drehbar gelagert vorn an der Spitze der tintengefüllten Mine und hat zwei Funktionen: Erstens sperrt sie die Mine ab und verhindert Ausfließen und Austrocknen der Tinte. Und zweitens verteilt sie beim Schreiben die Tinte aufs Papier. Das geschieht, weil sich die Kugel beim
10 Schreiben dreht. Dabei nimmt sie ständig an der Innenseite eine dünne Schicht Tinte an, bringt sie beim Drehen nach außen und überträgt sie aufs Papier. Damit das gut funktioniert, ist Kugelschreibertinte sehr dickflüssig und trocknet an der Luft sehr rasch. Allerdings braucht ein Kugelschreiber die Schwerkraft, die immer wieder Tinte zur Kugel fließen lässt – kopfüber
15 schreibt das Gerät auf Dauer nicht.

❸ Überfliege den Text und beantworte die folgenden Fragen:
- Welche beiden Funktionen hat die winzige Kugel im Kugelschreiber?
- Warum funktionieren Kugelschreiber in Raumstationen nicht?

④ Wenn man Fragen an Texte hat, dann kann man die Texte sehr viel schneller lesen. Stimmt das? Begründe deine Meinung.

Strategie: Informationen markieren

Warum ist die Banane krumm?

Text 1:

Kleine Kinder haben auf diese Frage schnell eine Antwort parat: „... weil niemand in den Dschungel zog und die Banane grade bog." Die Antwort stillt zwar unseren Humor-Hunger, aber leider nicht unseren Wissens-Durst. Dazu müssen wir uns schon auf das weite Feld der Pflanzenkunde begeben.

5 Dort erfahren wir, dass die Bananenpflanze ihre Fruchtstände unter großen schützenden Hüllblättern ausbildet. Zu Beginn wachsen die Bananen noch nach unten, einfach der Schwerkraft folgend. Wenn aber nach einiger Zeit die Schutzblätter abfallen, aktiviert die Pflanze ein spezielles Hormon, das bei den kleinen, noch unreifen Bananen bewirkt, dass diese nun dem Licht

10 – und nicht mehr der Erde – entgegenwachsen. Dabei muss sich die Frucht ordentlich nach oben biegen.

Text 2:

Unbemerkt von der Öffentlichkeit hat die Wissenschaft eine der größten Fragen der Menschheitsgeschichte beantwortet. Die erste Antwort kam allerdings aus der ehemaligen DDR[1]. Dort konnte man vor dem Fall der Mauer nur selten Bananen kaufen. Die Banane wurde krumm, so erzählt es

5 der Witz [...], weil sie ständig einen großen Bogen um die DDR machen musste.

Pflanzenforscher halten dies natürlich für baren Unsinn. Ihrer Meinung nach ist die Banane krumm, weil sie krumm wächst.

Bananen gehören zu den Staudengewächsen. Die Früchte dieser Staude

10 hängen nicht wie Kirschen, Äpfel oder Orangen nach unten. Sie liegen auch nicht wie Gurken, Kürbisse oder Zucchini auf dem Boden. Bananen wachsen vielmehr im rechten Winkel aus der Staude – so, als ob sie den Menschen mit ihrer Spitze ansähen.

Je länger und größer die Bananen jedoch werden, desto stärker bewegen

15 sich ihre Spitzen zum Boden hin. Dabei werden die Bananen krumm.

Das ist eine Naturerscheinung. Pflanzen wachsen entweder zum Licht oder zum Boden. [...] Nur in einem Punkt sind sich die Wissenschaftler noch uneins: Krümmen Bananen sich nun wegen der Schwerkraft nach unten, oder ist die Krümmung nach Zehntausenden von Bananengenerationen

20 bereits in der Erbanlage der gelben Frucht verankert?

Das Rätsel der krummen Banane ist also noch nicht völlig gelöst.

1 DDR: Deutsche Demokratische Republik (1949–1990)

1 Überfliege beide Texte. Welche Antworten auf die Frage „Warum ist die Banane krumm?" geben sie? Fasse kurz zusammen.

2 Untersuche die Texte genauer:

Lege eine Folie über die Texte und markiere darauf in zwei verschiedenen Farben alle Informationen zu den folgenden Fragen:

– Grün: Wo befinden sich die Früchte der Bananenpflanze?

– Rot: Wie krümmt sich die Banane?

3 Vergleiche die Informationen aus beiden Texten. Notiere dazu Stichpunkte in einer Tabelle wie im Beispiel.

	Text 1	Text 2
Wo befinden sich die Früchte der Bananenpflanze?	*Früchte werden am Anfang durch Blätter eingehüllt ...*	*Früchte wachsen ...*
Wie krümmt sich die Banane?	*...*	*...*

4 Überprüfe anhand der beiden Bilder, welche Informationen aus den Texten zutreffen.

Tipps & Hilfen (→ S. 310)

Strategie: Einen Text durch Fragen gliedern

Warum kann ich nicht richtig schmecken, wenn ich mir die Nase zuhalte? *Guy Campbell*

Bei unserer Geburt haben wir etwa 10 000 Geschmacksknospen im Mund. Die meisten von ihnen befinden sich auf der Zunge. Sie können süßen, herzhaften, sauren, bitteren und salzigen Geschmack identifizieren. Jede dieser Geschmacksknospen in der Zunge enthält sehr empfindliche, mikro-
5 skopisch kleine, haarfeine Fäden. Sie untersuchen genau, was man isst, und senden entsprechende Nachrichten an das Gehirn. Das kann lebenswichtig sein, wenn sie einen auf verdorbene oder vergiftete Nahrung hinweisen, bevor man sie herunterschluckt.

Um aber Speisen zu identifizieren, deren Geschmack besonders viel-
10 schichtig ist, wie bei Nüssen, Rosinenschokolade oder Pizza Peperoni, braucht der Körper mehr Informationen, als die Fäden in der Zunge bereit-stellen können. Hier kommt unsere Nase ins Spiel: Wenn du eine Thunfisch-pizza mit Käse und Tomaten isst, riechst du nämlich genauso viel, wie du schmeckst.

15 Dabei ist es gar nicht die Nase allein, die dir Informationen zum Ge-schmack liefert. Auch in deinem Rachen und sogar auf deinen Augen sitzen Rezeptoren, die für dich Informationen sammeln. Das glaubst du nicht? Kleiner Tipp: Schäl einmal eine Zwiebel und schau, wie schnell deine Augen anfangen zu tränen!

20 Wenn du dir die Nase zuhältst, verhinderst du die Luftzufuhr zu einigen dieser Rezeptoren. Die Luft transportiert all die Geschmacksinformationen, aus denen sich die komplizierte Beschreibung dessen zusammensetzt, was du gerade isst. Auf diese Weise ist das „Essensbild", das so entsteht, recht undeutlich. Mit zugehaltener Nase kannst du vielleicht noch sagen, ob
25 etwas bitter, süß, herzhaft, salzig oder sauer ist. Darüber hinausgehende In-formationen werden nicht an dein Gehirn gelangen. Kneif dir einmal die Nase zu und versuch dann, den Geschmacksunterschied zwischen einem Apfel und einer Birne zu beschreiben. Du wirst dich äußerst schwertun! Und die tolle Thunfischpizza mit Käse und Tomaten wird schmecken wie eine
30 warme, weiche Fußmatte!

❶ Formuliere zu jedem Absatz eine Frage, die in diesem Absatz beantwortet wird.
Tipps & Hilfen (→ S. 310)

② Gib den Inhalt des Textes mithilfe deiner Fragen wieder.

③ Erkläre aus dem Zusammenhang, was unter „Rezeptoren" zu verstehen ist.

Strategie: Schwierige Begriffe klären

Beim Lesen eines Sachtextes stellst du manchmal fest, dass du nicht alle Wörter verstehst. Rico, der Held eines Romans von Andreas Steinhöfel, erschließt sich die Bedeutung unbekannter Wörter oft aus dem Zusammenhang und erklärt sie auf ganz eigene Weise.

Ricos Erklärungen

Lot: Ein Metallding an einem Faden, mit dem man rauskriegen kann, ob irgendetwas gerade ist. Zum Beispiel eine Mauer. Es muss aber hängen. Wenn es liegt, funktioniert es nicht. Die Mauer ist also höchstens von oben nach unten oder umgekehrt gerade, aber nicht von vorn bis hinten bzw. rückwärts.

Visier: Ein Durchguckding. Ich habe Berts danach gefragt, der fährt ein Motorrad.

Display: Ein Leuchtdings, das alle möglichen Sachen anzeigt, zum Beispiel Telefonnummern oder den Preis an der Kasse im Supermarkt oder den Filmtitel im DVD-Spieler. Es ist ein komisches englisches Wort und ich weiß echt nicht, warum alle es benutzen. Man könnte schließlich genauso gut Leuchtdings sagen.

Lexikonartikel

Lot [das]:
1. *Bauwesen: Senklot, Senkblei,* eine Schnur mit daran befestigtem Gewicht, Hilfsgerät des Bauhandwerkers zum Messen u. Prüfen des senkrechten (lotrechten) Verlaufs einer Kante.
2. *Geometrie:* die von einem Punkt gezogene Gerade, die auf einer zweiten Geraden oder einer Ebene senkrecht steht.

❶ Vergleiche Ricos Erklärung des Begriffs „Lot" mit dem Lexikonartikel.
Tipps & Hilfen (→ S. 310)
❷ Welche Erklärung ist verständlicher? Begründe deine Meinung.
❸ Überarbeite Ricos Erklärung zu „Display" mithilfe eines Lexikons.
Formuliere deine Erklärung so, dass sie für Kinder gut verständlich ist.
Tipps & Hilfen (→ S. 311)

Strategie: Inhalte wiedergeben

Warum tränen die Augen, wenn man Zwiebeln schneidet?
Joachim Hecker

Die Küchenzwiebel stammt aus dem Gebiet des heutigen Afghanistan und wird seit über 5000 Jahren als Gemüse gegessen und als Gewürz- und Heilpflanze verwendet. Sie ist mit Porree, Schnittlauch und Knoblauch verwandt
5 und gehört zu den Lauchgewächsen. In der Küche wird überwiegend die Zwiebel selbst verwendet, ihre Laubblätter und die langen grünlich weißen Blüten werden kaum beachtet.

Solange die Zwiebel auf dem Küchenbrett vor einem liegt, breitet sich
10 lediglich ein leichter Zwiebelgeruch aus. Auch wenn die äußere braune, trockene Schale vorsichtig mit dem Messer abgezogen wird, ist noch alles in Ordnung. Aber sobald ihr mit dem Messer die Zwiebel halbiert und sie in Ringe oder Würfel schneidet, tritt der Saft aus der Zwiebel aus. Und kurz darauf steigen einem auch schon die Tränen in die Augen. Der Grund hierfür
15 ist ein gasförmiger Stoff, der sich erst bildet, wenn die Zwiebel angeschnitten wird. Dieses Gas ist für die Zwiebel wichtig, denn es gehört zu dem ausgeklügelten Abwehrsystem der Pflanze gegen Fressfeinde.

Zwiebeln bestehen, wie alle Pflanzen, aus vielen kleinen Bausteinen, den Zellen. Jede Zelle grenzt sich von der nächsten durch eine Zellwand ab.
20 Wenn die Zwiebel klein geschnitten wird, zerstört das Messer die Zellwände und der Zwiebelsaft kann austreten. Das Besondere hieran ist, dass jetzt Stoffe miteinander in Berührung kommen, die vorher durch die Zellwand getrennt waren. In der äußeren Zellschicht ist ein geruchloser Stoff, das Alliin, eingeschlossen, das Schwefel enthält. Im Zellinneren gibt es eine Sub-
25 stanz[1], die Alliinase heißt und wie eine chemische Schere arbeitet. Wenn diese beiden Stoffe aufeinandertreffen, spaltet die Alliinase das Alliin so, dass es an der Luft als Gas aufsteigt. Dieser Stoff reizt die Augenschleimhäute sehr stark, und die Tränendrüsen setzen die Tränenflüssigkeit frei, um die reizenden Stoffe wegzuschwemmen.
30 Und genau dieser Tränen auslösende Stoff ist eine geniale Waffe gegen Fressfeinde. Wenn Mäuse oder Ratten in die Zwiebel beißen, merken sie sehr schnell, wie unangenehm das für sie wird, und lassen alle anderen Zwiebeln in der Nachbarschaft unberührt. Dies wiederum nutzen manchmal sogar die Gärtner aus. Sie setzen Zwiebeln und Knoblauch, der den

---

1 die Substanz: Stoff

35 gleichen Abwehrtrick hat, zwischen Blumenreihen und hoffen, so die Mäuse
zu vertreiben.

Wenn ihr also demnächst in der Küche steht und Zwiebeln schneidet,
wisst ihr, was für eine trickreiche Pflanze ihr vor euch habt. Da das aber
natürlich auch nicht vor tränenden Augen bewahrt, sind hier die besten
40 Zwiebelschneidetricks für euch aufgelistet:
- Schneidet die Zwiebel unter fließendem Wasser. Dann wird der schleim-
hautreizende Stoff sofort weggespült.
- Benutzt ein scharfes Messer. Dann werden die Zellwände wirklich zer-
schnitten. Ein stumpfes Messer zerdrückt die Zellwände und es kann
45 mehr Saft austreten.
- Manche Menschen behalten einen Schluck Wasser im Mund, während sie
die Zwiebel zerkleinern.
- Setzt eine große Sonnen- oder Schwimmbrille auf.
Die Stoffe aus der Zwiebel wirken auch gut gegen einige Bakterien. Das ist
50 schon lange bekannt und wird seit vielen Jahren als Hausmittel genutzt. Bei
Ohrenschmerzen verwendet man ein Zwiebelsäckchen. Hierzu wird eine
Zwiebel klein geschnitten und in ein Tuch eingewickelt. Die Zwiebelstücke
werden zu Brei gestampft, damit möglichst viel Saft austritt. Das Tuch wird
mit dem Zwiebelbrei auf das schmerzende Ohr gelegt und mit einem Schal
55 befestigt. Dadurch bleibt das Ohr schön warm und das Zwiebelsäckchen
besonders wirkungsvoll.

❶ Formuliere zu jedem Absatz eine Frage, die darin beantwortet wird.
Tipps & Hilfen (→ S. 311)

❷ In welchem Absatz wird erklärt, warum die Augen tränen?
Schreibe den Ablauf in einer nummerierten Liste in dein Heft:
1. Das Messer zerschneidet die Zellwand.
2. ...
Tipps & Hilfen (→ S. 311)

❸ Auch im Text findest du eine Liste – sie ist aber nicht nummeriert. Erkläre, warum.

❹ a) An welchen Stellen des Textes findest du Antworten zu folgenden Fragen? Nenne genaue
Zeilenangaben.
A Wofür kann die Zwiebel verwendet werden?
B Was ist eine Zwiebel?
C Wofür nutzen Gärtner manchmal Zwiebeln?
D Wie kann man Tränen beim Zwiebelschneiden vermeiden?
b) Beantworte die Fragen in Stichpunkten.
Tipps & Hilfen (→ S. 311)

⑤ Notiere weitere Fragen, die der Text beantwortet, und gib die Textstellen an.

Einen Kurzvortrag halten

Fragen stellen und Ideen sammeln

Am Anfang eines Kurzvortrags steht eine **Frage**, die du für deine Mitschüler/-innen klären willst, bzw. ein **Thema**, über das du sie informieren willst, z. B.:
- *Warum kann ich nicht richtig schmecken, wenn ich mir die Nase zuhalte?*
- *Warum tränen die Augen, wenn man Zwiebeln schneidet?*

❶ Über welches Thema möchtest du einen Kurzvortrag halten? Formuliere Fragen dazu.
❷ Sammle anschließend in einem Brainstorming alle Begriffe, Fragen und Informationen zum Thema deines Vortrags. Dafür kannst du z. B. einen Cluster nutzen.

> **Info: Einen Cluster anlegen**
>
> Ein **Cluster** hilft dir, **Ideen** zu einem bestimmten Thema zu **sammeln**.
> - Schreibe das Thema in die Mitte eines Blattes.
> - Notiere anschließend wichtige Ideen, Merkmale, Fragen zum Thema und verbinde sie mit dem Thema in der Mitte des Blattes.

Informationen beschaffen

❸ Besprecht, welche im Info-Kasten genannten Informationsquellen besonders geeignet sind, Informationen zum Thema „Die Katze als Haustier" zu beschaffen.

> **Info: Informationen beschaffen**
>
> Nutze mehrere **Informationsquellen**:
> - **Menschen**: Frage Eltern, Bekannte oder Freunde, die Ahnung von deinem Thema haben.
> - **Bücher und Zeitschriften**: In deiner Stadt- oder Schulbibliothek findest du Fachbücher, Lexika und Zeitschriften, die dir weiterhelfen.
> - Im **Internet** helfen dir Suchmaschinen dabei, Informationen zu finden. Hier musst du passende Suchbegriffe eingeben (z. B. *Katze Haustier* zum Thema „Eine Katze als Haustier halten"). Die Suchmaschine liefert dir dann eine Liste von Internetseiten, die den Suchbegriff enthalten.

Informationen ordnen

Wenn du viele Texte gelesen, Internetseiten zu deinem Thema besucht und Informationen notiert hast, dann beschleicht dich vielleicht das Gefühl, dass dir vor lauter Wissen der Kopf raucht und du gar nicht weißt, wie und womit du deinen Kurzvortrag beginnen sollst.
Hier hilft es dir, die Informationen zu ordnen. Das kannst du mithilfe einer **Mindmap** tun.

4 a) Beschreibe den Aufbau der Mindmap im Info-Kasten.
   b) Welche Fragen/Punkte fehlen hier noch, die du wichtig findest?
      Übertrage die Mindmap in dein Heft und ergänze sie.

Info: Eine Mindmap (Gedankenlandkarte) anlegen

Mit einer **Mindmap** kannst du deine Ideen ordnen und ein Sachgebiet übersichtlich darstellen. Dabei helfen dir **Ober- und Unterbegriffe**:
- Schreibe in die Mitte den **zentralen Begriff** oder deine **zentrale Frage**. Ergänze, davon ausgehend, **Schlüsselbegriffe** oder weitere wichtige Fragen zum Thema.
- Ordne den Schlüsselbegriffen/Fragen weitere Fragen und **passende Unterbegriffe** zu.

Den Vortrag vorbereiten

❺ Wähle aus deiner Mindmap Unterthemen aus, über die du informieren willst, und lege Vortragskarten an. Notiere auf jeder Vortragskarte eine Frage oder einen Oberbegriff und dazu wenige Stichpunkte.

Wie ernähre ich eine Katze richtig?
- _spezielles Katzenfutter: artgerechte Mischung (Fleisch, aber auch kleine Mengen von Gemüse)_
- _Wahl zwischen feuchtem und trockenem Futter (Unterschied: ...)_
- _keine pure Milch geben_
- _..._

Ernährung
- _Katzenfutter: artgerecht_ ⟶ _vor allem Fleisch_
- _feuchtes oder trockenes Futter_ ⟶ _Unterschiede erklären_
- _M̶i̶l̶ch_
- _..._

❻ a) Informiere dich im Info-Kasten über den Aufbau eines Vortrags. Erstelle eine Gliederung.
  b) Ordne deine Vortragskarten entsprechend der Gliederung.

Info: Einen Vortrag gliedern

Ein guter Kurzvortrag ist in **Einleitung, Hauptteil** und **Schluss** gegliedert:
Einleitung: Formuliere das Thema des Vortrags deutlich. Erkläre, warum die Frage interessant für die Zuhörer/-innen ist.
Hauptteil: Präsentiere die einzelnen Informationen in einer sinnvollen Reihenfolge. Dabei helfen dir deine Notizen aus der Mindmap.
Schluss: Fasse das Wichtigste zusammen. Formuliere eine eigene Meinung oder Empfehlung.
Deine Zuhörer/-innen können deinem Vortrag leichter folgen, wenn sie die Gliederung vor Augen haben. Hierfür kannst du die Gliederung an die **Tafel** schreiben oder am Computer ein sogenanntes Handout – ein Informationsblatt – erstellen und verteilen. Bei der Darstellung der Gliederung gibt es verschiedene Möglichkeiten, z. B.:

Wie hält man eine Katze?	_Eine Katze halten_
1. Einleitung	_1. Einleitung_
2. Wie/Wo bekomme ich eine Katze?	_2. Erwerb der Katze_
3. Welche Ausstattung brauche ich?	_3. Ausstattung_
_4. ..._	_4. ..._

Ein Informationsplakat gestalten

Deine Zuhörer/-innen können die Informationen leichter verstehen, wenn sie sie nicht nur hören, sondern auch sehen.

❼ Betrachtet das folgende Plakat. Was findet ihr gelungen? Was sollte verbessert werden? Sammelt Plus- und Minuspunkte.

Woher bekomme ich meine Katze?

Anbieter von Katzen:
- Tierheim
- Züchter
- private Haltung

Welche Katze passt zu mir?
Katze oder Kater?
Rassekatze oder Hauskatze?
Lang- oder Kurzhaar?

Unterbringung und Ausstattung
- Näpfe für Futter und Wasser
- Kratzbaum, denn die Katze ist immer noch ein Wildtier
- Katzentoilette und Einstreu

Katze als Haustier

Die Katze ist zu Hause:

Tipps zur Eingewöhnung
- der Katze **auf Augenhöhe** begegnen
- **leise** sprechen und ruhige, **langsame** Bewegungungen
- die Katze **nicht aus dem Schlaf oder Schlummer reißen** (Katzen schlafen 16 oder 20 Stunden am Tag)
- **warme Plätze** für die Katze bieten
- anfang **kein Parfüm** benutzen
- **leckeres Essen** anbieten (Handfütterung nur in Ausnahmefällen)

Gesunde Ernährung
Fertignahrung besitzt heute eine hohe Qualität und ist zu empfehlen – besteht aus Rohfleisch, Fisch und Gemüse

Wichtige Fütterungsregeln:
- **pünkliche** Essenszeit
- **ruhiger Standort,** getrennt von der Wasserschale
- **keine Störungen** beim Essen
- **nur Katzenfutter** (handwarm servieren)
- **sparsam mit Leckerbissen** sein

❽ Entwirf ein Plakat zu deinem Vortragsthema. Die Tipps im Info-Kasten helfen dir dabei.

Info: Ein Informationsplakat gestalten

Überlege, wie du dein Plakat aufteilen willst:
- Wo soll das **Thema** stehen?
- Wie viele **Unterthemen** möchtest du auf dem Plakat darstellen?
- An welchen Stellen möchtest du das Thema durch **Bilder**, **Zeichnungen** oder **Grafiken** veranschaulichen?

- **Ordne die Informationen** zu deinem Thema **nach Unterthemen** und formuliere Stichpunkte oder kurze Texte. Schreibe in gut lesbarer Handschrift oder mit dem Computer.
Tipp: Schreibe auf einzelne Zettel, die du anschließend auf das Plakat aufklebst. So kannst du erst einmal ausprobieren, wie das Plakat aussieht.
- **Suche,** z. B. im Internet, **Bilder oder Grafiken**, mit denen du dein Thema veranschaulichen kannst, und ordne sie den Texten zu.

Zum Schmökern, Schauen, Weiterdenken

Warum laufen Athleten im Stadion immer gegen den Uhrzeigersinn? *Martin Borré / Thomas Reintjes*

Die Frage lässt sich einfach beantworten: weil es so in den Regeln steht. Für Kurz-, Mittel- und Langstreckenläufer aller Disziplinen gelten die Vorschriften des Internationalen Leichtathletikverbands IAAF. Da heißt es in Regel 163.1: "The direction of running shall be left-hand inside." Oder auf Deutsch:
5 „Der Innenraum muss in Laufrichtung links liegen."

Eine Begründung für die seit 1912 gültige Richtungsentscheidung liefert die IAAF allerdings nicht, weshalb Spekulationen[1] Tür und Tor geöffnet sind. Viele vermuten hinter der Anweisung eine historische Verbindung zum Linksverkehr der Briten, andere glauben, dass die linksorientierte
10 Laufrichtung der menschlichen Anatomie[2] entgegenkommt.

Das Herz, so die Anhänger der letztgenannten These, liege schlicht auf der linken Körperseite, weshalb es dem Menschen leichter falle, den Körper nach links zu wenden. Dieser vermeintliche „Linkssinn" hat aber wohl mehr mit der Gewöhnung an bestimmte Bewegungsmuster zu tun.

15 Plausibler[3], wenn auch genauso unbestätigt, ist der vermutete Zusammenhang mit der sogenannten Händigkeit. Nur etwa jeder Zehnte bevorzugt seine linken Gliedmaßen, um zu schreiben, einen Ball zu werfen oder sich bei einem Sprung abzudrücken. Eine Studie[4] mit 2000 Soldaten hat

1 die Spekulation: auf bloßer Vermutung beruhende Behauptung
2 die Anatomie: Aufbau des Körpers
3 plausibel: einleuchtend, verständlich
4 die Studie: wissenschaftliche Untersuchung

gezeigt, dass die stark genutzten rechten Gliedmaßen meist sogar etwas
20 länger und kräftiger sind als die linken. Bei den hohen Laufgeschwindig-
keiten von fast 38 km/h könnte vor allem das kräftige rechte Bein den auf-
tretenden Fliehkräften[5] bei der Laufrichtung gegen den Uhrzeigersinn
besser entgegenwirken – es drückt den Läufer zurück in die Kurve. Auch ein
starker rechter Armschwung hilft, nicht aus der Bahn geworfen zu werden.
25 Gut zu beobachten ist dies bei Eisschnellläufern, die ihre Wettkämpfe,
genau wie Bahnradsportler und Rennpferde, ebenfalls stets linksdrehend
austragen. Ob derartige Erkenntnisse 1912 bei der Entscheidung der
Funktionäre[6] eine Rolle gespielt haben, ist allerdings ungewiss.

Bleibt noch die „Linksverkehrtheorie": Die Briten wollen neben dem
30 Fußball auch den Lauf- und Pferdesport in seiner heutigen Form erfunden
haben. So starteten die ersten Pferderennen auf der Insel wegen Galopp-
bahnmangels noch auf öffentlichen Straßenrundkursen. Weil die Wagenlen-
ker schon damals rechts auf dem Bock saßen, blieb man der besseren Ein-
sicht wegen bei Strecken mit Linkskurven. Als dann die Mittel- und
35 Langstreckenläufer ebenfalls auf die Idee kamen, im Oval[7] zu rennen, taten
sie dies zuerst auf den Pferdebahnen. Die Laufrichtung übernahmen sie
dann in ihre Laufstadien.

Es gibt aber auch Hinweise, dass durchaus in beide Richtungen gelaufen wurde. Denn auf Naturbahnen spielt der Geländeverlauf eine wichtige
40 Rolle. Sollte eine Zielgerade beispielsweise nicht bergan führen, könnte dies
einen Richtungswechsel nötig gemacht haben. Auch in der Formel 1[8] gibt
es sowohl rechts- als auch linksgeführte Strecken – je nach landschaftlicher
Gegebenheit.

Wirklich gesichert ist keine dieser Begründungen. Eine allerdings ist
45 noch übrig, die alle anderen Erklärungsversuche überflüssig macht: So sollen die Herren von der IAAF die Wahl der Laufrichtung ganz ohne Rücksicht
auf Sportlerkörper oder Traditionen getroffen haben – indem sie einfach das
Los entscheiden ließen.

5 die Fliehkraft: Schwungkraft, nach außen gerichtete Kraft
6 der Funktionär: Führungsperson bzw. Entscheidungsträger (hier in einem Sportverband)
7 das Oval: hier: die (ovale/eiförmige Sportarena)
8 die Formel 1: hier: Serie von Autorennen mit bestimmten Rennwagen

❶ Fasse die im Text genannten Erklärungsversuche jeweils in einem Satz zusammen.
Welche Erklärung überzeugt dich am ehesten?
② Wähle einen der Erklärungsversuche aus und vertritt ihn gegenüber deiner Klasse.
③ Erfinde eine eigene Begründung und formuliere sie möglichst glaubwürdig.

Können Pferde wirklich nicht kotzen?

Martin Borré / Thomas Reintjes

Pferdemägen verkraften nicht alles an Nahrung, und wenn ihnen etwas nicht bekommt, haben sie ein echtes Problem: Ist einem Pferd übel, kann es den verdorbenen Fraß tatsächlich nicht wieder auf direktem Weg nach draußen befördern. Kehlkopf und Speiseröhre sind dafür nicht konstruiert,
5 Pferde kennen keinen Würgereflex und können die Schluckbewegung nicht umkehren.

Dennoch ist es nicht völlig ausgeschlossen, dass sie ihren Magen wieder über die Speiseröhre entleeren. Der Ausspruch „Ich habe schon Pferde kotzen sehen" hat also seine Gültigkeit – für ein sehr unwahrscheinliches, aber
10 nicht unmögliches Ereignis.

Denn es ist tatsächlich sehr selten, dass Pferde sich übergeben. Und dann ist es kein richtiges Würgen, sondern eher ein „Herauslaufen" von Verdauungssäften. Die Ursache ist niemals Übelkeit, sondern eher mechanischer Natur: meistens eine Schlundverstopfung durch einen zu wenig zerkauten
15 Apfel oder Ähnliches. Dadurch wird die Speichelproduktion stark angeregt; schon im Normalfall produziert ein Pferd mehrere Liter Speichel am Tag. Bei verstopfter Speiseröhre läuft dann die Flüssigkeit durch Maul und Nase einfach wieder heraus.

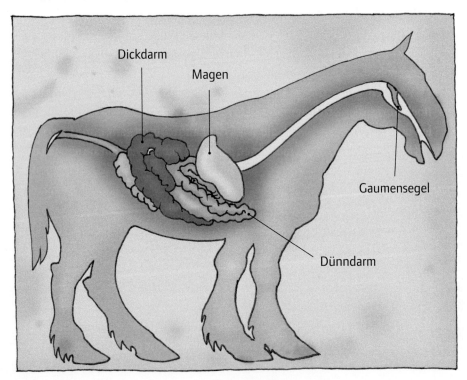

Ähnliches kann passieren, wenn der Magen überladen ist. Ursache kön-
20 nen beispielsweise ungeeignete und quellende Futtermittel sein, denn der
Pferdemagen ist mit 10 bis 20 Litern verhältnismäßig klein und lässt sich
nur wenig dehnen. Lebensbedrohlich wird es, wenn sich der Magen des
Tieres immer weiter mit Verdauungssäften anfüllt, weil der Darm an einer
Stelle abgeklemmt oder eingeschnürt ist. Allein der Dünndarm eines Pfer-
25 des ist etwa 30 Meter lang und kann sich verknoten oder von anderen Orga-
nen eingeklemmt werden. Wenn der Hinterausgang also derartig verstopft
ist, müssen Nahrung und Verdauungssäfte zwangsläufig den Rückwärts-
gang einlegen. Das Pferd übergibt sich – wegen seines großen Gaumensegels
allerdings nicht durch das Maul, sondern durch die Nüstern.
30 Ähnliche Probleme haben übrigens Ratten. Dabei könnte das Erbrechen
lebensrettend sein: Ohne diese Fähigkeit können sich Ratten nicht dagegen
wehren, dass der Körper einmal gefressenes Rattengift aufnimmt. Wenn Sie
also das nächste Mal unterstreichen wollen, dass etwas sehr unwahrschein-
lich ist, sagen Sie besser: „Ich habe schon Ratten kotzen sehen."

❶ Welche Informationen aus dem Text findest du im Bild wieder? Nenne die Zeilenangaben
der entsprechenden Textstellen.

❷ Beantworte die Frage, warum Pferde nicht kotzen können, möglichst knapp in eigenen
Worten. Das Bild kannst du zur Veranschaulichung nutzen.

❸ „Man hat schon Pferde kotzen sehen."
Erkläre die Bedeutung dieser Redewendung. Formuliere einen Satz (ohne Redewendung),
der das Gleiche aussagt.

❹ Suche im Internet nach weiteren Redewendungen, bei denen Tiere eine Rolle spielen, und
erkläre ihre Bedeutung mit eigenen Worten.

Info: Redewendungen

Im Alltag verwenden viele Menschen Redewendungen, um eine Sache anschaulich
auszudrücken.
Beispiele:
So werden wir nie auf einen grünen Zweig kommen. (So werden wir nie Erfolg haben.)
Du wirst noch dein blaues Wunder erleben! (Du wirst unangenehm überrascht werden.)
Ich werde das im Auge behalten. (Ich werde das weiterverfolgen / weiter daran denken.)

Oft sind die Herkunft und die ursprüngliche Bedeutung dieser Ausdrücke nicht mehr be-
wusst. Hier kannst du zur Klärung durch eigene kleine Sachtexte beitragen. Beispiele findest
du auf den nächsten Seiten. Weitere Redewendungen findest du auf Seite 243.

Vom Pferd erzählen

Wenn Ottokar wieder mit einer seiner Geschichten daherkommt, winken seine Freunde nur noch müde ab: „Der kann uns lange was vom
5 Pferd erzählen!" Das heißt, sie glauben seine Geschichten nicht mehr. Einst war es ein Grieche, der von Odysseus vor den Toren Trojas zurückgelassen worden war, um den
10 Trojanern etwas „vom Pferd zu erzählen". Diese glaubten seine Lüge und holten das riesige Holzpferd – es sollte ein Opfergeschenk an die Göttin Athene sein, beherbergte in
15 Wahrheit jedoch feindliche Krieger – nichts ahnend in die Stadt. Seitdem lässt man sich nicht mehr unbedarft vom Pferd erzählen.

Da liegt der Hund begraben

Wenn jemand eine überraschende Erkenntnis hat, vielleicht auf etwas stößt, das verheimlicht wurde, so mag er erfreut ausrufen: „Ach, da liegt der Hund begraben!" Um unseren vierbeinigen Freund handelt es sich hier allerdings nicht. Früher war ein „alter Hund" eine alte Sache, auch ein alter Wertgegenstand, der eventuell irgendwo versteckt wurde. Das Wort „Hund" oder auch „die Hunde" wurde ein Synonym für einen Schatz, wobei auch der Name des Hüters mit dem Gehüteten vertauscht worden sein mag. Die Freude ist also verständlich, man könnte auch ausrufen: „Da liegt der Schatz begraben!"

❶ Lies zunächst nur die Überschriften der beiden Texte und formuliere eigene Erklärungen für die beiden Redewendungen.
② Lies die Texte und erkläre in eigenen Worten die Entstehung der beiden Redewendungen.
③ Schreibe eine Geschichte, in der eine der beiden Redewendungen vorkommt.

Etwas im Schilde führen   *Lexikonartikel*

Etwas beabsichtigen, etwas vorhaben, was der andere nicht ahnt. Diese Redensart bezieht sich auf Wahlspruch und Abzeichen, die der Turnierritter auf seinem Schild führte und die, für die Zuschauer oft ein Rätsel, ihn nur eingeweihten Freunden kenntlich machten. Ursprünglich fehlte der Wen-
5 dung der Unterton des Hinterhältigen, Heimlichen und Bösen [...].

Am Wappenbild des Schildes konnte der Wächter einer Burg ablesen, was der nahende Reiter „im Schilde führte", ob er Freund oder Feind war. Die Redewendung wurde nun auf die Absicht, die der Ritter hegte, übertragen und erhielt immer mehr eine negative Bedeutung, vielleicht auch, weil der
10 Feind seine Waffen hinter dem Schild verstecken konnte.

Etwas im Schilde führen   *Schülertext*

Wappen waren im Mittelalter so etwas wie Nummernschilder. Auch heute kann man jemanden, der von Kopf bis Fuß in einer Rüstung steckt, nicht identifizieren. Im 12. Jahrhundert konnte man Kampfspiele nicht verfolgen, weil sie aus genau diesem Grund unübersichtlich waren. Deswegen hatten die Kämpfer farbige Symbole auf ihrem Schild. Wenn ein gewappneter Ritter auf eine Burg zuritt, führte er also nichts Gutes im Schilde. Gemeint ist damit, dass man schlechte Absichten hat!

❶ Vergleiche die Aussagen der beiden Texte. Suche dazu im Lexikonartikel Passagen, die mit der Erklärung des Schülers übereinstimmen.

② Formuliere zu einer der folgenden Redewendungen eine eigene Erklärung. Ihr könnt in der Klasse auch ein Redewendungen-Memory gestalten.

schlafen wie ein Murmeltier
ins Fettnäpfchen treten
Feuer und Flamme sein
seinen Senf dazugeben
die Klappe halten
etwas ausbaden
eine Leiche im Keller haben
Schwein haben
Schmiere stehen
aus dem Schneider sein
alles ist in Butter

Tierisch klug   *Laura Hennemann*

Können Delfine sich selber neue Kunststücke ausdenken? Sprechen Vögel zwitschernd miteinander? Mit cleveren Tests versuchen Forscher herauszufinden, wie schlau Tiere sind. Wir stellen euch erstaunliche Erkenntnisse vor.

Wer einen Wellensittich als Haustier hat, kann einen Spiegel mit in den Käfig hängen. So glaubt der Vogel, er sei nicht allein, denn er hält sein Spiegelbild für
5 einen Artgenossen. Allerdings ist das schädlich für den Vogel, denn er wird immer wieder versuchen, seinen vermeintlichen Kollegen zu füttern. Durch diese unmögliche Aufgabe kann er ganz krank
10 werden.

Wer nun meint, Wellensittiche seien eben nicht besonders klug, dem sei gesagt, dass auch Menschen nicht von Geburt an wissen, dass das Spiegelbild sie
15 selbst zeigt! Man kann das testen, indem man einem Kleinkind unbemerkt einen Punkt ins Gesicht malt und es dann in den Spiegel blicken lässt. Ein älteres Kind wird gleich den Fleck sehen und verstehen, dass er im eigenen Gesicht ist. Wahrscheinlich wird es dann den Fleck wegmachen. Aber Kinder, die
20 jünger als etwa zwei Jahre sind, machen das noch nicht. Man nennt das den Spiegeltest und kann damit die Entwicklung von Kindern testen.

Aber den Spiegeltest kann man nicht nur mit Kindern machen. Er ist auch gut geeignet, um herauszufinden, ob Tiere ganz wörtlich ein Selbst-Bewusstsein haben. Dass Schimpansen sich selbst erkennen, überrascht
25 vielleicht niemanden. Aber auch Elefanten sind in dieser Hinsicht erstaunlich schlau. Und wie machen Forscher den Spiegeltest mit Elefanten? Natürlich mit einem riesigen Spiegel! Den haben Forscher in New York in das Zoogehege von drei Elefantendamen gestellt und ein paar Tage gewartet, damit die Tiere sich an ihr Spiegelbild gewöhnen konnten. Dann malten die
30 Menschen ihnen ein weißes Kreuz auf die Stirn. Und tatsächlich: Nach einem Blick in den Spiegel betasteten die Elefanten mit ihren Rüsseln diese Markierung am eigenen Kopf. Sie hatten also verstanden, dass da etwas Ungewöhnliches war und dass es sich an ihrer eigenen Stirn befand.

Saumäßig lernfähig

Schweine reagierten bei ei-
35 nem ähnlichen Test zwar
nicht auf solche Markierungen. Vielleicht aber auch nur,
weil sie zu häufig Schmutz-
flecken am Körper haben.
40 Aber sie konnten den Spiegel
für einen anderen Trick nutzen. Wissenschaftler hatten

einen Futtertrog hinter einer Trennwand aufgestellt, die Schweine konnten
das Fressen also nicht direkt sehen. Wieder gab es aber einen Spiegel im
45 Pferch. Er war so aufgestellt, dass die Schweine damit ums Eck schauen
konnten auf die Stelle, wo der Futternapf stand.

Manche Schweine suchten hinter dem Spiegel nach dem Fressen. Aber
andere lernten schnell, dass der Spiegel das Bild vom Trog um die Ecke
lenkte: Sie liefen zielstrebig hinter die Trennwand, wo die Futterbelohnung
50 auf sie wartete. Wer hätte gedacht, dass Schweine so klug sind?

Sogar Delfine können sich im Spiegel selbst erkennen. Immer wieder gibt
es Geschichten, die von der Intelligenz dieser Meeressäuger erzählen. Eine
davon geht so: Die Zoologin Karen Pryor arbeitete mit zwei Rauzahndelfi-
nen. Sie belohnte die beiden jedes Mal mit einem Fisch, wenn sie ein neues
55 Verhalten zeigten. Die Tiere brauchten ein paar Tage, bis sie diese Regel
verstanden hatten. Übrigens ähnlich lange wie Menschen, wenn man ihnen
die Regeln nicht erklärt! Aber dann vollbrachten die Delfine ständig neue
Kunststückchen. So viele, bis Karen Pryor das Experiment abbrechen musste, weil sie selbst den Überblick verlor! Wer weiß, wie lange die Kreativität
60 der Delfine noch angehalten hätte […]

Gebärdensprache und Zwitschergrammatik

Viele Wissenschaftler halten Menschenaffen für die klügsten Tiere. Lange
haben sie darum versucht, ihnen das Sprechen beizubringen. Dass das nicht
funktionieren konnte, mussten dann erst einmal die Menschen begreifen:
Der Mund der Affen ist einfach anders gebaut, sie können darum beim
65 besten Willen nicht die gleichen Laute formen wie wir. Dann aber hatten
Psychologen eine großartige Idee: Sie brachten der jungen Schimpansin
Washoe die Gebärdensprache bei, in der auch taubstumme Menschen miteinander kommunizieren.

Roger Fouts heißt der Mann, der für Washoe bald zu einem echten
70 Freund wurde. Er zog sie so auf, wie Eltern ein gehörloses Kind erziehen

würden. Und Washoe zeigte den Menschen, dass Affen wirklich denken können. Als sie das Wortzeichen für „Geruch" noch nicht kannte, machte sie stattdessen kurz entschlossen das Zeichen für „Blume". Als sie einen Schwan sah, nannte sie ihn „Wasservogel". Würden wir nicht das Gleiche machen,
75 wenn wir eine neue Sprache erlernen würden und uns noch niemand das Wort für „Schwan" beigebracht hätte? Als man Washoe fragte, was das im Spiegel sei, antwortete sie: „Ich, Washoe." Und dann geschah noch etwas: Washoe bekam den Schimpansen Loulis als Adoptivsohn und brachte ihm die Zeichensprache bei. Bald unterhielten sich die Schimpansen unterein-
80 ander – mit Wortzeichen, die Loulis niemals bei einem Menschen gesehen hatte. [...]

Instinkt oder Grips?
Diese Versuche geben uns einen kleinen Einblick in den Verstand von Tieren. Eines ist klar: Die meisten Tierarten kommen prima über die Run-den, indem sie sich einzig auf ihre Instinkte verlassen. Ein Chamäleon etwa
85 denkt wahrscheinlich nicht groß nach, bevor es seine Farbe der des Unter-grundes anpasst – es tarnt sich einfach instinktiv. Meeresschildkröten, die am Strand aus dem Ei schlüpfen, wissen von ganz alleine, dass sie ins schüt-zende Meer kriechen müssen. Katzenbabys kommen blind zur Welt, finden aber trotzdem sofort die Zitzen der Mutter. Mehrere Millionen Zugvögel
90 fliegen im Herbst nach Süden. Es gibt zahlreiche Beispiele für solche Hand-lungen aus einem Naturtrieb heraus, und es ist faszinierend und schön, all das zu beobachten. Aber inzwischen wissen wir eben auch von einigen Fähigkeiten bei Tieren, die weit über den reinen Trieb hinausgehen. Sie zei-gen uns, dass manche doch tierisch viel Grips haben.

❶ Welche Tests wurden mit welchen Tieren gemacht und was kam dabei heraus? Erstelle eine Tabelle und trage die wichtigsten Informationen aus dem Text ein.

Tier	Test	Ergebnis
Wellensittich	...	...
...		

② Informiere dich über die Gebärdensprache, mit der taubstumme Menschen miteinander kommunizieren, und bereite einen 5-Minuten-Vortrag mit Beispielen vor.

③ Woher wissen Zugvögel, dass sie im Herbst in den Süden aufbrechen müssen? Wie finden sie ihren Weg? Informiere dich über Zugvögel und schreibe einen kleinen Sachtext.

Sachtexte erschließen

Sachtexte findest du überall, z. B. als Nachricht in der Zeitung oder im Radio, auf Webseiten im Internet oder in Sachbüchern. Mithilfe von Sachtexten kannst du dich informieren und Antworten auf viele Fragen finden. Wie du einen Sachtext liest, hängt davon ab, wie der Text gestaltet ist und welche Ziele du bei der Lektüre verfolgst, ob du dich z. B. umfassend über ein Thema informieren möchtest oder ob du nur eine Antwort auf eine ganz bestimmte Frage suchst. Die folgenden Strategien helfen dir, einen Sachtext zu lesen und zu verstehen.

Strategie: Sich einen Überblick verschaffen
- Lies die Überschrift und betrachte die Abbildungen, falls vorhanden. Was erfährst du bereits hier über das Thema des Textes?
- Lies den gesamten Text einmal zügig durch. Zu welchem Themenbereich liefert er Fakten? Welche Fragen beantwortet er?

Strategie: Informationen in Texten markieren
Markiere wichtige Begriffe oder Textteile farbig.

Strategie: Einen Text durch Fragen gliedern
- Die meisten Sachtexte sind bereits gegliedert, z. B. in Kapitel und Absätze. Das hilft dir bei der schnellen inhaltlichen Orientierung.
- Formuliere zu jedem Absatz eine Frage, z. B.:
  - *Absatz 1: Was ist die Küchenzwiebel?*
  - *Absatz 2: Warum tränen die Augen beim Zwiebelschneiden?*
- Du kannst anstelle der Fragen auch Zwischenüberschriften für die Absätze suchen, z. B.:
  - *Die Küchenzwiebel*
  - *Tränen beim Zwiebelschneiden*
- Falls der Text nicht gegliedert ist, unterteile ihn selbst in Sinnabschnitte.

Strategie: Schwierige Begriffe klären
- Versuche, schwierige Begriffe zunächst aus dem Zusammenhang zu erschließen.
- Wenn das nicht gelingt oder du unsicher bist, schlage in einem Lexikon/Wörterbuch nach oder informiere dich im Internet.

Strategie: Textinhalte wiedergeben
- Die Informationen aus einem Text werden oft besser verständlich, wenn du sie neu zusammenstellst, z. B. als nummerierte Liste oder als Tabelle.
- Oft ist es auch eine Hilfe, wenn du Textinhalte in einer anderen Form wiedergibst, z. B. als Zeichnung oder als Diagramm.

9 Sprache erforschen

Wortarten, Satzglieder und Sätze untersuchen

Donnerstag – Pflaster – Fahrrad – Kinn – Schule – Winnie – Keller – Asphalt –
Schultasche – Kreuzung – Lastwagen – Auto – Taschentuch – Fahrer – Gehweg – Morgen – Schreck

❶ Seht euch die Wörter im Bild an und diskutiert die folgenden Fragen:
 - Sind Wörter „Sprache"?
 - Kann man allein mit Wörtern etwas mitteilen?
 Begründet eure Antworten.

❷ Schreibe eine kleine Geschichte, in der du die Wörter im Bild verwendest.
 Überlege zunächst, welche Wörter auf der linken und der rechten Seite zusammenpassen.
 Am Donnerstag packte Winnie wie immer ihre Schultasche, holte ihr Fahrrad aus dem Keller und radelte zur Schule. Als sie unterwegs an die zweite Kreuzung ...

❸ Vergleicht eure Geschichten. Tragt zusammen, wie ihr vorgegangen seid:
 - Wie habt ihr die vorgegebenen Wörter verändert?
 - Welche Wörter habt ihr ergänzt?
 Nennt Beispiele.

abtupfen – packen – holen – aussteigen – geben
– radeln – kommen – einbiegen – gehen – sich
bedanken – aufstehen – bluten – bremsen –
wackeln – stürzen – anhalten

In diesem Kapitel ...

- lernst du, wodurch sich die verschiedenen Wörter unterscheiden und dass jede Wortart etwas anderes „kann".
- untersuchst du, wie Wörter aufgebaut sind und warum sie sich in Sätzen verändern.
- lernst du, wie Sätze aufgebaut sind.
- wendest du dein Wissen über den Satzbau zur Überarbeitung von Texten an.
- lernst du, die Satzzeichen richtig zu verwenden.

Wortarten unterscheiden

Was unterscheidet die Wortarten voneinander?

Felipe, der aus Spanien nach Deutschland gekommen ist, findet es gar nicht so leicht, die deutsche Sprache richtig zu benutzen: Welche Wörter gehören wohin im Satz? Welche verändern sich und welche nicht? „Erklär mir, was an diesem Satz falsch ist", bittet er Anna: „Das Pferd haben vielleichten hun-
5 ger." „Das geht nicht", sagt Anna. „Das muss heißen: Das Pferd *hat* vielleicht Hunger. Ist ja nur *ein* Pferd. Und ‚Hunger' musst du großschreiben. Das ist ein Nomen."

„Ach ja?", fragt Felipe. „Und woran soll ich erkennen, dass Hunger ein Nomen ist? Und warum bleibt *vielleicht* ohne Endung? Es heißt doch auch:
10 *großen* Hunger haben." Anna stellt fest, dass sie ihre eigene Sprache nicht erklären kann. Sie überlegt: Wenn man so viele unterschiedliche Wortarten braucht, muss ja jede irgendwie anders funktionieren als die übrigen. Sie beginnt deshalb, Wörter zu vergleichen und sie nach Ähnlichkeiten zu sortieren – in ihrem „Wörtersortierer".

❶ Schau dir Annas Wörtersortierer an und gib wieder, was sie herausgefunden hat.

❷ Übernimm den Wörtersortierer in dein Heft. Lass in den Spalten Platz für weitere Eintragungen im Laufe dieses Kapitels.

Ordne die Wörter im Trichter oben in die richtigen Töpfe unten ein.

es – bluten – bremsen – ihr – Montag – hart – lang – Kinn – Schule – Winnie – ob – das – du – holen – aussteigen – die – radeln – denn – weiche – und – obwohl – sie – klein – ein

Verb	Nomen	Artikel	▬	▬	Adjektiv	▬
verändert sich im Satz …	wird großgeschrieben, verändert sich im Satz …	Nomenbegleiter, verändert sich im Satz …	verändert sich im Satz …	verändert sich im Satz …	verändert sich im Satz; gibt an, wie etwas ist …	verändert sich nicht …
holen, fragen …	Rad …	das …	sein, ihre …	er, Ihnen …	neu …	und, …

Das Nomen / Substantiv

Das Nomen/Substantiv und seine Begleitwörter

auf dem fliegenplaneten *Christian Morgenstern*

auf dem fliegenplaneten,
da geht es dem menschen nicht gut:
denn was er hier der fliege,
die fliege dort ihm tut.

5 An bändern voll honig kleben
die menschen dort allesamt,
und andre sind zum verleben
in süßliches bier verdammt.

In einem nur scheinen die fliegen
10 dem menschen vorauszustehn:
Man bäckt uns nicht in semmeln,
noch trinkt man uns aus versehn.

1 a) Suche in dem Gedicht alle Nomen. Woran hast du sie erkannt?
   b) Schreibe die Nomen, die von einem Artikel begleitet werden, in der richtigen Groß- und
      Kleinschreibung mit Artikel heraus.
      dem Fliegenplaneten, …

2 Haben die Nomen noch weitere Begleitwörter? Schreibe Beispiele aus dem Gedicht heraus,
   und zwar in der richtigen Groß- und Kleinschreibung.

Merke	**Das Nomen/Substantiv und seine Begleitwörter**

Das häufigste Begleitwort des **Nomens** ist der **Artikel**. Artikel und Nomen gehören im Satz
immer zusammen, auch wenn sich ein Adjektiv „dazwischendrängelt", z. B.: *das neue Rad*.
Zum Nomen kann auch ein anderes **Begleitwort** gehören, z. B. *dieser, jenes, solche, mein,*
dein, unser, euer, ihr, sein: <u>mein</u> Honig, <u>diese</u> Menschen, <u>dein</u> Vogel.

Genus und Numerus des Nomens/Substantivs

1 a) In den folgenden Sätzen stimmt etwas nicht. Ordne die Wörter mit richtigem Artikel in deinem Heft in eine Tabelle ein: *der* (Maskulinum), *die* (Femininum), *das* (Neutrum).

b) Ergänze in jeder Spalte drei weitere Beispiele.

Der Fliege liebt Honig.
Die Mensch fühlt sich auf dem Fliegenplaneten nicht wohl.
Das Semmel schmeckt gut. Der Bier ist bitter.

der (Maskulinum)	die (Femininum)	das (Neutrum)
...	...	...

c) Was sagt uns der Artikel über das Nomen? Formuliere einen Satz.

2 a) Verstehst du den folgenden Satz? Mache ihn verständlicher, indem du die Artikel ergänzt.

Wenn hinter fliegen fliegen fliegen, fliegen fliegen fliegen nach.

b) Wie muss der Satz mit Artikeln lauten, wenn es nur um zwei Fliegen insgesamt geht? Schreibe den Satz mit Artikeln um.
Wenn die Fliege hinter ...

3 Was verändert sich, wenn aus einem viele werden?
Probiere es mit den Wörtern im Wortspeicher aus: *der Schwan – die Schwäne*

> der Schwan · der Biber · die Spinne · das Nashorn · das Huhn ·
> der Tiger · das Schwein · der Hund · die Katze · die Ente · der Pfau · der Frosch ·
> der Luchs · der Flamingo · die Schildkröte

Merke **Genus und Numerus des Nomens/Substantivs**

Jedes Nomen hat ein **Genus (grammatisches Geschlecht)**. Dieses erkennt man am **Artikel**:
- **Maskulinum:** *der Mond, der Hund, der Regen*
- **Femininum:** *die Sonne, die Katze, die Uhr*
- **Neutrum:** *das Mädchen, das Kind, das Eis*

Das grammatische Geschlecht hat meistens nichts mit dem biologischen Geschlecht zu tun.
Nomen haben auch einen **Numerus**, d. h., sie stehen entweder im
- **Singular** (in der **Einzahl**), z. B. *die Fliege, der Hund, das Tier* oder im
- **Plural** (in der **Mehrzahl**), z. B. *die Fliegen, die Hunde, die Tiere.*

Die Veränderung des Nomens/Substantivs im Satz

Auf dem Spinnenplaneten

Gäbe es einen Spinnenplaneten, würde es den Menschen dort sicher auch
nicht gut gehen. Die Spinnen würden uns vermutlich nicht fangen oder tot-
schlagen, wie wir es mit den Spinnen häufig tun. Sondern sie würden uns in
ihren Netzen einspinnen oder uns mit einem Giftbiss überwältigen.

5   Die meisten Spinnen verfügen zwar über Gift, das Gift unserer heimi-
schen Spinnen gefährdet den Menschen jedoch in der Regel nicht. Im Garten oder in der freien Natur fühlt sich kaum jemand durch Spinnen gestört.
Wenn aber die armen Tiere im Herbst die Wärme in Häusern und Wohnungen
suchen, verfolgen die Bewohner die Spinnen meist erbarmungslos. Sie rücken

10 den Spinnen mit Staubsauger und Besen zu Leibe oder treten sie tot. Und
auch die kunstvoll gewebten Netze der Spinnen werden gnadenlos zerstört.

1 a) Übernimm die folgenden Fragen zum Text in dein
    Heft und beantworte sie in ganzen Sätzen:
- **Wer** verfügt über Gift?
- **Wessen** Gift gefährdet den Menschen nicht?
- **Wem** rücken die Bewohner der Häuser zu Leibe?
- **Wen** verfolgen die Bewohner?

b) Unterstreiche in den Fragen die Fragewörter und in deinen Antwortsätzen die Nomen mit
Artikel, die auf die Fragen antworten. Wie verändern sich Nomen und Artikel?

c) Stellt euch gegenseitig weitere W-Fragen zum Text und beantwortet sie.

Merke	**Die Deklination des Nomens/Substantivs**

Im Satz erscheint ein Nomen in einem bestimmten **Kasus** (Fall), das nennt man **Deklinieren**
(Beugen). Auch den Kasus kann man am Artikel erkennen.
Im Deutschen gibt es **vier Kasus**. Fragen helfen dir, den Kasus zu bilden und zu bestimmen.

Kasus	Beispiele	Frage
Nominativ (1. Fall)	*Die Spinne* stört den Menschen.	*Wer oder was* stört den Menschen?
Genitiv (2. Fall)	*Die Netze der Spinne werden zerstört.*	*Wessen* Netze werden zerstört?
Dativ (3. Fall)	*Im Haus wird der Spinne das Leben schwergemacht.*	*Wem* wird das Leben schwergemacht?
Akkusativ (4. Fall)	*Menschen treten die Spinne tot.*	*Wen oder was* treten sie tot?

2 a) Übernimm die folgende Tabelle in dein Heft und vervollständige sie. Die Frageprobe hilft dir, die richtige Form des Nomens und des Artikels zu finden.

Wem tut Sonnenlicht gut? – dem Baum

Kasus (Fall)	Maskulinum (der)	Femininum (die)	Neutrum (das)
Singular (Einzahl)			
Nominativ Wer oder was ...?	der Baum	die Blume	das Gras
Genitiv Wessen ...?	des Baumes	der Blume	des ...
Dativ Wem ...?	...	...	...
Akkusativ Wen oder was ...?	...	...	...
Plural (Mehrzahl)			
Nominativ Wer oder was ...?	die Bäume	die ...	die Gräser

b) Markiere die Verändung des Nomens und des Artikels farbig.

c) Lege nach dem Muster oben eine Tabelle an und dekliniere das Fantasiewort *Quilz*: zunächst als Maskulinum *(der Quilz)*, dann als Femininum *(die Quilz)*, dann als Neutrum *(das Quilz)*.

d) Woher wusstest du, wie du dieses Fantasiewort deklinieren musst? Begründe.

3 a) Vervollständige die folgenden Sätze zu den Merkmalen des Nomens und schreibe sie in dein Heft.

Nomen haben ein festes ...

b) Suche zu jeder Aussage Beispiele und schreibe sie ebenfalls in dein Heft.

Beispiel: der Hund, die Katze, das Huhn

Nomen ...
A ... haben ein festes ▆▆: das Maskulinum, Femininum oder Neutrum.
   Man kann das ▆▆ am ▆▆ und an den ▆▆ erkennen.
B ... werden im Satz ▆▆. Sie bilden Fälle oder ▆▆: den Nominativ,
   den ▆▆ , den ▆▆ und den ▆▆.
C ... können ▆▆ und Plural bilden, den ▆▆.

Der Artikel

Der Daumerling

Ein Schneider hatte einen Sohn, der war klein geraten und nicht größer als ein Daumen, darum hieß er der Daumerling. Er hatte aber Mut im Leibe und sagte zu seinem Vater: „Vater, ich soll und muss in die Welt hinaus." – „Recht, mein Sohn", sprach der Alte, nahm eine lange Stopfnadel und machte am Nadelöhr einen Knoten von Siegellack daran, „da hast du auch einen Degen mit auf den Weg."

① a) Man unterscheidet zwischen bestimmten (der, die, das) und unbestimmten (ein, eine) Artikeln. Untersuche anhand des Textes, wann der bestimmte und wann der unbestimmte Artikel verwendet wird. Formuliere eine vorläufige „Regel".

b) Überprüfe deine „Regel" am folgenden Märchenanfang.

> Es war einmal **ein** armes, frommes **Mädchen**, das lebte mit seiner Mutter allein und sie hatten nichts mehr zu essen. Da ging **das Kind** hinaus in den Wald …

② Setze den Märchenanfang in den Plural. Was passiert mit dem unbestimmten Artikel?

Merke **Nomen/Substantiv und Artikel im Satz**

Der Artikel begleitet das Nomen und zeigt dessen **Genus, Numerus** und **Kasus** an, z. B.:
Das Märchen vom Aschenputtel gefällt mir. Der blutige Schuh verrät die Schwestern.
Der Prinz erkennt den Betrug der bösen Schwestern an den blutigen Schuhen.

Der Artikel kann im Satz nicht alleine stehen, sondern erscheint immer mit dem Nomen zusammen. Man unterscheidet in:
- **bestimmte Artikel:** *der (Prinz), die (Prinzessin), das (Kind)* und
- **unbestimmte Artikel:** *ein (Prinz), eine (Prinzessin), ein (Kind).*
Das Nomen dagegen kann ohne Artikel im Satz stehen, z. B.:
Fast alle Kinder kennen Märchen der Brüder Grimm.

Artikel richtig verwenden

Der Maulwurf Grabowski *nach Luis Murschetz*

Grabowski lebte unter ▬ großen, bunten Wiese am Stadtrand. An ▬ weichen, samtenen Fell, an ▬ großen Grabekrallen und an ▬ rosa Nase erkannte man, dass Grabowski ▬ Maulwurf war.

Tagsüber arbeitete er schwer. Er grub ▬ Gänge unter ▬ Wiese und warf ▬ Erdhügel auf. Dabei schafften seine Grabekrallen wie ▬ richtiger kleiner Bagger. „Hoppla", murmelte er, wenn er auf ▬ Stein stieß, und schubste ihn zur Seite. Am Abend, wenn ▬ Lichter in ▬ nahen Stadt aufleuchteten, kroch Grabowski aus ▬ Erde heraus, säuberte ▬ Grabekrallen und genoss ▬ Frieden auf ▬ Wiese. Eines Tages ...

1️⃣ Schreibe den Anfang der Geschichte vom Maulwurf Grabowski in dein Heft. Entscheide jeweils, wo du einen bestimmten, einen unbestimmten oder keinen Artikel brauchst.

2️⃣ Wie könnte die Geschichte weitergehen? Schreibe sie zu Ende und prüfe dabei, wo der bestimmte und wo der unbestimmte Artikel passt.

3️⃣ Schreibe eine eigene Tiergeschichte, zum Beispiel zur Biene Maja oder zu Pu, dem Bären. Überprüfe den Gebrauch des bestimmten und des unbestimmten Artikels.

Das Adjektiv

Mit Adjektiven beschreiben

Lukas der Lokomotivführer *Michael Ende*

Lukas der Lokomotivführer war ein kleiner, etwas rundlicher Mann [...].
Er trug eine Schirmmütze und einen Arbeitsanzug. Seine Augen waren so
5 blau wie der Himmel über Lummerland bei Schönwetter. Aber sein Gesicht und seine Hände waren fast ganz schwarz von Öl und Ruß. Und obwohl er sich jeden Tag mit einer besonderen Loko-
10 motivführer-Seife wusch, ging der Ruß doch nicht mehr ab. Er war ganz tief in die Haut eingedrungen, weil Lukas sich eben seit vielen Jahren jeden Tag bei seiner Arbeit wieder schwarz machen
15 musste. Wenn er lachte – und das tat er

oft –, sah man in seinem Mund prächtige weiße Zähne blitzen, mit denen er jede Nuss aufknacken konnte. Außerdem trug er im linken Ohrläppchen einen kleinen goldenen Ring und rauchte aus einer dicken Stummelpfeife.

1 a) Auch Adjektive begleiten Nomen. Tragt zusammen, was ihr sonst noch über Adjektive wisst.

b) Suche alle Adjektive in dem Text „Lukas der Lokomotivführer".

c) Übernimm die Tabelle in dein Heft und sortiere die Adjektive aus dem Text richtig ein.

d) Vergleiche die Adjektive in beiden Spalten. Beschreibe den Unterschied.

Adjektive, die ein Nomen begleiten	Adjektive, die kein Nomen begleiten
ein *kleiner, rundlicher* Mann	Seine Augen waren *blau*.
…	…

2 a) Überprüfe: Kämen wir auch ohne Adjektive aus? Begründe mit Beispielen aus dem Text.

b) Welcher Satz funktioniert bzw. welche Sätze funktionieren gar nicht ohne Adjektiv? Nenne Beispiele.

3 Überprüfe, welche der folgenden Wörter Adjektive sind. Begründe deine Entscheidung. Tipp: Formuliere dazu Wortgruppen oder Sätze, z.B.:

eine neue Jacke.

NEU · ZUFRIEDEN · LAUFEN · WASSER · REGENREICH · REGNEN · WINDSTILL · AUS · BITTER · BITTE · HINÜBER · ÜBRIG · ÜBER · SCHARF · SCHÄRFE · EINZIGARTIG · BEINAHE · GRÜN

4 a) Übernimm den folgenden Text in dein Heft. Unterstreiche alle Adjektive und markiere farbig, was sich an den Adjektiven verändert.

b) Erkläre die Gründe für die Veränderung: Wonach richten sich die Adjektive?

> Lukas ist ein kleiner Mann, der auf einer kleinen Insel lebt. Er bewohnt ein kleines Haus. Auffällig sind sein weißes Gebiss und seine eigentlich weiße Haut. Meistens ist sie jedoch von schwarzem Öl verschmiert und schwarzer Ruß klebt an vielen Stellen. Mit schwarzen Händen setzt Lukas sich aber nie an den Tisch. Man sieht Lukas immer in einem blauen Arbeitsanzug, blauer Schirmmütze und einem roten Halstuch.

5 a) Wie stellst du dir Jim Knopf vor? Ergänze in der Beschreibung geeignete Adjektive. Achte darauf, dass du sie in der richtigen Form einsetzt.

b) Vergleicht eure Beschreibungen. Was bewirken die Adjektive hier?

> Jim Knopf ist ein Junge. Er hat einen Kopf mit Haut, Haaren und einer Mütze darauf. Jim Knopf trägt meist eine Hose und ein Hemd.

Merke Das Adjektiv

Adjektive beschreiben, wie etwas ist oder geschieht. Sie geben **Eigenschaften** von Lebewesen, Dingen oder Vorgängen an, z.B.: *der **junge** Hund; die **neuen** Taschen; sie fährt **schnell***. Wenn ein Adjektiv ein Nomen begleitet, wird es **dekliniert** (gebeugt).

Das **Adjektiv** stimmt dann in **Genus** (Geschlecht), **Numerus** (Zahl) und **Kasus** (Fall) mit dem rechts von ihm stehenden Nomen überein, z.B.:

- *ein schwarz<u>er</u> Hals* (Maskulinum, Nominativ Singular)
- *schwarz<u>e</u> Hände* (Femininum, Nominativ Plural)
- *mit schwarz<u>em</u> Gesicht* (Neutrum, Dativ Singular)
- *wegen des schwarz<u>en</u> Rauches* (Maskulinum, Genitiv Singular)

Mit Adjektiven vergleichen

Herr Tur Tur, der Scheinriese   *Michael Ende*

In „Jim Knopf und Lukas der Lokomotivführer" treffen Jim und Lukas auf den Scheinriesen Tur Tur, vor dem Jim zunächst große Angst hat. Dann aber passiert Folgendes:

Der Riese kam Schritt für Schritt näher und bei jedem Schritt wurde er ein Stückchen kleiner. Als er etwa noch hundert Meter entfernt war, schien er nicht mehr viel größer zu sein als ein hoher Kirchturm. Nach weiteren fünf-zig Metern hatte er nur noch die Höhe eines Hauses. Und als er schließlich
5 bei Emma anlangte, war er genauso groß wie Lukas der Lokomotivführer. Er war sogar fast einen halben Kopf kleiner. […]

Herr Tur Tur erklärt das so:

„Sehen Sie, meine Freunde: Wenn einer von Ihnen jetzt auf-stünde und wegginge, würde er doch immer kleiner und kleiner werden, bis er am Horizont schließlich nur noch wie
10 ein Punkt aussähe. Wenn er dann wieder zurückkäme, wür-de er langsam immer größer werden, bis er zuletzt in seiner wirklichen Größe vor uns stünde. Sie werden aber zugeben, dass der Betreffende dabei in Wirklichkeit immer gleich groß bleibt. Es scheint nur so, als ob er erst immer kleiner
15 und dann wieder größer würde."

„Richtig", sagte Lukas.

„Nun", erklärte Herr Tur Tur, „bei mir ist das einfach um-gekehrt. Das ist alles. Je weiter ich entfernt bin, desto größer sehe ich aus. Und je näher ich komme, desto mehr erkennt
20 man meine wirkliche Gestalt."

1 Wie kann jemand gleichzeitig „kleiner", „größer" und (genauso) „groß" genannt werden? Formuliere Herrn Tur Turs Erklärung in eigenen Worten.

2 a) Übernimm die Tabelle mit dem vorgegebenen Beispielwort „klein" in dein Heft.
   Trage die Adjektivformen aus dem Text über Herrn Tur Tur (→ S. 221) in die richtige Spalte ein und ergänze die fehlenden Formen.

   b) Ergänze weitere Adjektive und probiere auch Fantasiewörter aus, z. B. *quorm*, *grulig*, *bolz* oder *wamm*.

Grundstufe (Positiv)	Vergleichsstufe (Komparativ)	Höchststufe (Superlativ)
klein	*kleiner*	*am kleinsten*
...	...	...

c) Unterstreiche in deiner Tabelle farbig, was sich im Komparativ und im Superlativ verändert. Fasse zusammen, wie diese beiden Steigerungsstufen in der Regel gebildet werden.

3 a) Welche Adjektive im Wortspeicher lassen sich nicht steigern? Begründe.

   b) Schreibe mithilfe dieser Adjektive eine kleine Geschichte. Nutze die Adjektive möglichst oft auch im Komparativ und im Superlativ zum Vergleichen.

riesengroß · dunkel · heiß · kalt · nah · unheimlich · gruselig · grässlich · glücklich
· messerscharf · gut · schlimm · schwarz · hell · still

Merke   Adjektive steigern

Adjektive kann man steigern, z. B.: *groß – größer – am größten / der größte (Mensch)*.
So kann man Lebewesen oder Dinge miteinander **vergleichen**.

Es gibt drei **Steigerungsstufen**:

- die **Grundstufe** (den **Positiv**):   *Herr Tur Tur ist so groß wie Lukas.*
- die **Vergleichsstufe** (den **Komparativ**):   *Je weiter er wegging, desto größer schien er.*
- die **Höchststufe** (den **Superlativ**):   *Aus weiter Ferne sah er am größten aus.*

Vergleiche mit dem Positiv werden mit *wie* gebildet, z. B.: *Marlene ist so alt wie Mia.*
Vergleiche mit dem Komparativ werden mit *als* gebildet, z. B.: *Marlene ist älter als Ege.*

Richtig und sinnvoll vergleichen

1 a) Übertrage die Tabelle in dein Heft und formuliere mit den Adjektiven *schnell, schön, lustig* Vergleiche wie in der Tabelle.

b) Formuliere zu jedem der drei Adjektive einen Beispielsatz mit einem Vergleich.

Je schneller ich laufe, desto eher bin ich zu Hause.

Positiv	Komparativ	Superlativ
so gut wie …	*je besser …, desto …*	*am besten …*
genauso gut wie …	*je besser …, umso …*	*das beste Buch, …*
ebenso gut wie …	*viel/weitaus/kaum besser als …*	*der Beste …*

2 a) Welche Wörter aus dem folgenden Wortspeicher passen in die Lücken? Schreibe den Text ab und ergänze passende Vergleiche.

Achtung: Einige Adjektive musst du mehr als einmal verwenden.

b) Unterstreiche die Vergleiche in deinem Text.

gut · schlecht · interessant · wichtig · lieb · wenig · schwierig · viel

Gut, besser, am besten …

Anna und Felipe unterhalten sich über die Schule. Felipe beschwert sich:
„Immer wird gemessen und verglichen! Man soll in der zweiten Klassenarbeit möglichst eine ▨▨ Note erreichen ▨▨ bei der ersten Arbeit, auf keinen Fall aber eine ▨▨. Wenn das nicht klappt, heißt es, man soll sich ▨▨
5 anstrengen, auch wenn man schon ▨▨ gelernt hat." Anna stimmt ihm zu:
„Da hast du recht. Zum Glück sind meine Eltern da ganz gelassen. Sie finden,
dass ich nicht überall gleich ▨▨ sein kann, weil ich eben einige Fächer ▨▨
finde ▨▨ die anderen. Außerdem finden sie ausreichend freie Zeit ▨▨
Hausaufgabenzeit! Was sind denn deine Lieblingsfächer?"
10 Felipe überlegt: „Mathe und Physik sind klasse, die mag ich von allen
Fächern am liebsten. Englisch mochte ich am Anfang ▨▨. Aber ▨▨ ich
verstehen und sprechen kann, ▨▨ gefällt mir die Sprache. Englisch ist sogar
fast mein ▨▨ Fach geworden, obwohl ich die Aussprache immer noch ▨▨
finde ▨▨ die Aussprache im Deutschen."

3 Sieh dir das Bild mit Herrn Tur Tur auf Seite 221 an.
Erfinde eine kleine Geschichte, die zu diesem Bild passt. Verwende Adjektive zum
anschaulichen Beschreiben und Vergleichen.

Die Pronomen

Sie hat zwei Flügel	Er hat vier Beine	Immer muss ich gehen,
und kann nicht fliegen,	und kann nicht gehen,	niemals darf ich stehen,
sie hat einen Rücken	muss immer	darf mich weder zu langsam
und kann nicht liegen.	auf allen vieren stehen.	noch zu schnell drehen.

❶ a) Worum handelt es sich jeweils? Ersetze die Personalpronomen durch passende Nomen.

b) Schreibe selbst ein Rätsel, in dem du anstelle von Nomen Personalpronomen verwendest. Lass deine Mitschüler/-innen raten, um welches Nomen es sich handelt.

❷ Ersetze in den folgenden Sätzen die markierten Nomen durch Personalpronomen.
- Unser Auto steht in der Garage. ⟶ *Es steht in der Garage.*
- Mein Bruder spielt Basketball. ⟶ ?
- Meine Schwester spielt Handball. ⟶ ?
- Meine Geschwister sind gute Spieler. ⟶ ?
- Bei Wettkämpfen fiebert die ganze Familie mit meinen Geschwistern mit. ⟶ ?

❸ a) In diesem Text sind viele Nomen durch Personalpronomen ersetzt worden. Wie findest du das Ergebnis? Begründe.

b) Im Wortspeicher unten findest du die Wörter, die im Text durch Personalpronomen ersetzt worden sind. Entscheide, wo du sie anstelle der Pronomen einsetzen musst und wo die Personalpronomen stehen bleiben können.

Im Schlaraffenland *Nacherzählung*

Sie liefen immer weiter ins Schlaraffenland hinein. Auf ihrem Weg liefen sie manchmal gackernd an ihnen vorbei. Hinter sich zogen sie sie her. Wenn sie Leute entdeckten, blieben sie sofort stehen. Sie legten schnell ein Spiegelei hinein oder machten ein Omelett mit Spargel. Er wollte jedoch nichts essen, weil er bereits satt war. „Hier gibt es ja gar keine Menschen", staunte er. „Natürlich gibt es welche", meinte er. Sonst hätten sie ja gar keinen Sinn. „Wo wohnen sie denn?", wollte er wissen. Als sie um die Ecke bogen, sahen sie sie plötzlich. Sie hatten Räder und wurden von Pferden gezogen. So konnten sie im Bett liegen bleiben und kamen trotzdem dorthin, wo sie wollten.

Automatenbäume · Konrad · der Onkel · Häuser · Bratpfannen · Bewohner · Hühner

❹ Stelle eine Regel auf, wann du Personalpronomen als „Stellvertreter" einsetzen darfst.

⑤ Schreibe die folgenden Sätze in dein Heft und setze passende Personalpronomen in der richtigen Form ein. Die Frageprobe und die Übersicht im Merkkasten helfen dir.

  A Wen oder was beschenken alle? – dich (Akkusativ) Wem wünschen alle Glück? – dir (Dativ)
    ⟶ Alle beschenken dich und wünschen dir Glück.

  A Du hast Geburtstag. Alle beschenken ▮▮▮ und wünschen ▮▮▮ Glück.
  B Hallo! Seht ihr mich nicht? ▮▮▮ bin hier! Holt ▮▮▮ hier heraus!
  C Ein Autofahrer hat uns angefahren. Aber ▮▮▮ hatten Glück, es ist ▮▮▮ nichts passiert.
  D Kalle Blomquist ist ein Meisterdetektiv. ▮▮▮ hat schon etliche Verbrecher zur Strecke gebracht. Die Polizei verdankt ▮▮▮ viel und hat ▮▮▮ oft gelobt.
  E Kalle zu Anna-Lotte und Rasmus: ▮▮▮ müsst keine Angst haben, ▮▮▮ beschützen ▮▮▮.
  F Wenn wir ein Baumhaus bauen, muss ▮▮▮ groß genug sein für ▮▮▮ alle. ▮▮▮ müssen uns in ▮▮▮ verstecken können und niemand soll ▮▮▮ erobern können.
  G Lilo chattet mit ihrer Freundin vom Urlaub aus und sagt ▮▮▮ , dass ▮▮▮ ▮▮▮ vermisst.

⑥ Possessivpronomen (besitzanzeigende Fürwörter) zeigen an, wem etwas gehört. Sie können ein Nomen nicht ersetzen, sondern begleiten es.
  Schreibe folgende Sätze ab. Setze passende Possessivpronomen in der richtigen Form ein.

  A Ich schreibe ▮▮▮ Freundin, dass ich ▮▮▮ Lachen im Urlaub vermisst habe.
  B Jan kann ohne ▮▮▮ Zwillingsbruder ▮▮▮ Geburtstag gar nicht richtig genießen.
  C Mara und Sina mussten ▮▮▮ Hamster wegen ▮▮▮ Tierhaarallergie abgeben.
  D Könnten wir ▮▮▮ Ball für ▮▮▮ Beachvolleyball-Turnier ausleihen?

Merke Personal- und Possessivpronomen

Die **Personalpronomen** *er, sie, es* im Singular und *sie* im Plural können **Nomen ersetzen**, die zuvor schon genannt wurden. Mit ihnen kann man Wiederholungen vermeiden.
Die Personalpronomen *ich, du, wir* und *ihr* zeigen an, wer spricht *(ich, wir)* oder angesprochen wird *(du, ihr)*. Personalpronomen werden im Satz **wie die Nomen dekliniert** (gebeugt):

	Singular:					Plural:		
Nominativ	ich	du	er	sie	es	wir	ihr	sie
Genitiv	meiner	deiner	seiner	ihrer	seiner	unser	euer	ihrer
Dativ	mir	dir	ihm	ihr	ihm	uns	euch	ihnen
Akkusativ	mich	dich	ihn	sie	es	uns	euch	sie

Die **Possessivpronomen** *mein, dein, sein/ihr, unser, euer, ihr* zeigen an, wem etwas gehört.
Possessivpronomen begleiten meist ein Nomen und stehen im selben Kasus wie dieses:
Ich wünsche meiner Freundin zu ihrem Geburtstag viel Glück.

Personalpronomen richtig verwenden

Die Königin des Sprungturms

In dem Roman „Die Königin des Sprungturms" geht es um zwei Mädchen. Sie verbindet eine besondere Freundschaft. Karla ist die Königin des Sprungturms. Sie faszi-
niert Nadja, weil sie so perfekte Sprünge ausführen kann. Gleichzeitig ist sie aber
auch etwas neidisch, weil sie immer in Karlas Schatten steht. Doch plötzlich klappen
5 bei Karla keine Sprünge mehr und sie hört mit dem Springen auf. Nachdem sie
Nadja das Geheimnis ihres Erfolgs verraten hat, springt sie den besten Sprung ihres
Lebens.

1 a) Auf welches Nomen verweisen die markierten Personalpronomen? Schreibe den Text mit
genügend Abstand zwischen den Zeilen ab und kennzeichne die Bezüge durch Pfeile.

... geht es um zwei Mädchen. Sie verbindet eine besondere ...

b) Zwei Stellen im Text sind missverständlich formuliert. Suche sie und verbessere sie so,
dass der Text verständlicher wird.

Tom Sawyers Abenteuer

Mein Lieblingsbuch ist „Tom Sawyers Abenteuer" von Mark Twain. Er wächst bei
seiner Tante Polly auf und hat einen braven Bruder namens Sid, den er oft verprü-
gelt, weil er ihn verpetzt. Sein Freund ist Huckleberry Finn. Er ist verliebt in Becky.
Huckleberry Finn ist der Sohn eines Trunkenbolds und alle Mütter hassen ihn, weil er
5 frech, faul und ordinär ist, aber genau deshalb bewundern
ihn die Kinder, auch wenn sie ihnen verbieten, mit ihm zu
spielen. Statt in die Schule zu gehen, treffen sich Huck und
Tom und gehen schwimmen.
    Eines Tages beobachtet er einen Mord. Indianer-Joe ist
10 der Mörder und er hat, weil er Zeuge des Mordes ist,
große Angst vor ihm. Aber dann ist er verschwunden. Am
Ende verirren Tom und Becky sich in einer Höhle, und als
er den Ausgang sucht, entdeckt er ihn. Er ist in der
Höhle verhungert. Schließlich findet er mithilfe einer
15 Drachenschnur wieder heraus und sie sind gerettet.

2 Überarbeite diese Buchvorstellung in deinem Heft.
Achte darauf, dass immer deutlich wird, auf welches Nomen sich das Pronomen bezieht.

Die Präpositionen

1 a) Beschreibe, wo sich die Mäuse befinden.

  b) Notiere alle Wörter, an denen du erkennst, wo die einzelnen Mäuse sind.

2 a) Was könnte die folgende Botschaft bedeuten? Ergänze weitere Wörter, damit sie verständlich wird.

Ich gehe Marie Kino Lukas und Anna.

  b) Vergleicht eure Lösungen miteinander. Was stellt ihr fest?

  c) Die von dir eingesetzten Wörter heißen Präpositionen, im Deutschen „Verhältniswörter". Erkläre anhand dieses Beispiels, wie es zu dieser Bezeichnung kommt.

3 a) Suche aus dem folgenden Text alle Präpositionen heraus.

  b) Welche Präpositionen drücken eine zeitliche und welche eine räumliche Beziehung aus? Ordne die Präpositionen in zwei Gruppen.

  Achtung: Eine der Präpositionen drückt einmal eine räumliche und einmal eine zeitliche Beziehung aus.

> (1) Im Kino läuft ein neuer 3D-Film. (2) Marie hat sich mit ihren Freunden Lukas und Anna um 16:00 Uhr vor dem Kino verabredet, direkt unter der Anzeigentafel, die über dem Eingang hängt. (3) Im Internet hat sie vorher Plätze in der 12. Reihe reserviert. (4) Vor Beginn des Films holen sich die Kinder noch an der Kasse Popcorn und etwas zu trinken. (5) Während der Vorstellung schauen alle drei gebannt auf die Leinwand. (6) Nach dem Kino gehen sie noch gemeinsam zu Lukas und Anna.

4 a) Schreibe die folgenden Sätze ab und setze dabei die Wörter in Klammern
im richtigen Fall ein.

b) Unterstreiche alle Präpositionen in den abgeschriebenen Sätzen.

c) In welchem Fall folgen die Nomen und ihre Begleiter jeweils?
Nutze die Frageprobe.

Mit wem durfte Jan ins Kino gehen? – mit seinen Freunden (Dativ)

A Jan durfte mit (seine Freunde) am Nachmittag ins Kino gehen. Weil er unbedingt
pünktlich sein wollte, ist er rechtzeitig aus (das Haus) gegangen.

B Für (ihr älterer Bruder) hat sich Lisa ein besonderes Geburtstagsgeschenk ausgedacht:
Sie wird ihn mit (ein Kinogutschein) überraschen.

C Simon ärgert sich, dass vor (der Hauptfilm) immer so lange Werbung kommt.

D Vor (jede Vorstellung) kauft sich Carla eine Riesenportion Popcorn.

E Nach (der Film) fährt Jakob zusammen mit (seine Schwester) mit (der Bus) nach
Hause.

5 a) Probiere Folgendes aus: Ersetze alle in Klammern stehenden Nomen aus Aufgabe 4 durch
das Nomen *Keks* und füge dieses Nomen in der richtigen Form in die Sätze ein.
Überprüfe, ob du *Keks* im gleichen Fall einsetzen musst wie die in Klammern stehenden
Nomen.

b) Welche Schlussfolgerungen kannst du aus diesem Test ziehen?
Formuliere eine vorläufige Regel.

Der Fall eines Nomens und seiner Begleiter ...

6 Lies die Regeln im Merkkasten und bilde zu allen Präpositionen Beispielsätze. Überprüfe im
Anschluss mithilfe der Frageprobe, ob du den richtigen Fall verwendet hast.

Merke	**Die Präpositionen**

Präpositionen sind kleine, unveränderbare Wörter. Sie stellen z. B. zeitliche und räumliche
Beziehungen zwischen den Wörtern und Wortgruppen im Satz her, z. B.:
Ich gehe <u>mit</u> Marie <u>nach</u> dem Kino <u>zu</u> Lukas und Anna.
Ich gehe <u>mit</u> Marie <u>vor</u> dem Kino <u>zu</u> Lukas und Anna.
Präpositionen bestimmen den **Fall des Nomens** (oder Pronomens) und seiner Begleiter, z. B.:

aus, bei, mit, nach, seit,	*durch, für, gegen,*	*an, auf, hinter, in, neben, über,*
von, zu	*ohne, um*	*vor, zwischen*
|	|	|
verlangen	verlangen	verlangen
↓	↓	↓ ↘
den **Dativ**	den **Akkusativ**	den **Dativ** oder **Akkusativ**

Das Verb

Der Infinitiv und die Personalformen

... und rein in den Korb: Basketball

In der Sporthalle herrscht ein höllischer Lärm. Denn heute trainieren die Basketballkids. Die Jungen und Mädchen dribbeln, bis der Schweiß tropft. Sie stoppen, passen, ziehen zum Korb. Aber das Treffen gelingt nicht so leicht. „Es ist ganz wichtig, dass ihr beim Passen die Bauchmuskeln an-
5 spannt", sagt der Trainer. „Wie kann ich an meinen Bauch denken, wenn ich mich auf den Korb konzentriere?", stöhnt eine 10-Jährige verzweifelt. „Wir wollen endlich spielen!", schreit eine andere und der Trainer teilt schließlich die Mannschaften ein.
   Vor allem seit Dirk Nowitzkis Erfolgen in der deutschen Nationalmann-
10 schaft und in der NBA (National Basketball Association) interessieren sich zunehmend Kinder für Basketball. Der Deutsche Basketballbund fördert Jugendliche, die Lust auf Leistung haben, in einer Nachwuchs-Liga und hofft, dass sich mit dieser Unterstützung viele junge Talente wie Dirk No-witzki entwickeln. Für den Anfang reichen aber schon ein Ball und ein Korb.
15 Dann kannst du im Hof oder in der Garageneinfahrt spielen.

1 Lest einander den Text ohne die blau geschriebenen Verben vor und diskutiert: Was „fehlt"?

2 a) Im Wörterbuch findest du nicht die Formen der Verben, wie sie im Text stehen, sondern die Grundform (den Infinitiv), z. B.: *herrschen, trainieren*. Bilde die Infinitive zu den Verb-formen im Text.
   b) Woran erkennst du den Infinitiv? Markiere das Erkennungsmerkmal.
   (er) herrscht – herrschen ...

3 a) Die Verbformen im Text heißen **Personalformen**. Übernimm die Tabelle in dein Heft und trage in jede Zeile mindestens eine passende Personalform aus dem Text ein.
   b) Wonach richten sich die Endungen der Personalformen? Markiere sie und formuliere eine vorläufige Regel.

Person	Singular	Plural
1. Person	*ich* ...	*wir* ...
2. Person	*du kannst (spielen),* ...	*ihr* ...
3. Person	*er/sie/es* ...	*sie interessieren sich* ...

④ Bilde die Personalformen für alle Personen zu den Verben *aussagen, losbinden, aufgeben, abgießen.* Was kannst du beobachten? Ergänze deine Regel aus Aufgabe 3.

Merke **Das Verb: Infinitiv und Personalformen**

Mit Verben macht man **Aussagen** über jemanden oder etwas. Sie geben meist an, was jemand tut oder was geschieht, z. B.:
Ich konzentriere mich. Du spannst den Bauch an. Die Kids trainieren.
Der Basketballbund fördert Kinder und Jugendliche. Der Korbwurf gelingt nicht immer.
Verben erscheinen im Wörterbuch im **Infinitiv** (Grundform). Dieser endet meist auf *-en,* selten auf *-n,* z. B.: *rennen, passieren, haben, schließen; rudern, betteln, tun, sein.*

Im Satz richten sich die Verbformen nach den „Personen", über die das Verb etwas aussagt. Man spricht deshalb von den **Personalformen** des Verbs:
Sie (die Basketball-Kids) bewundern Dirk Nowitzki. Sie schreibt. Ich rede. Du rennst.
Die Veränderung des Verbs nach der Personalform und dem Numerus (Singular/Plural) nennt man **Konjugation** (Beugung).

Der Imperativ

1 a) Welche Anweisungen gibt ein Basketballtrainer?
 Schreibe Beispiele in wörtlicher Rede auf.
 b) Vergleicht eure Ergebnisse in der Klasse.
 Achtet vor allem auf die Verbformen.
2 Formuliere mit den Verben im Wortspeicher
 Anweisungen.
 Achte auf die Unterschiede zwischen den Verbformen.

---

machen · tun · geben · werfen · sehen · sein · sich hinsetzen · aufstehen · zupacken

---

Merke **Der Imperativ: Befehlsform des Verbs**

Mit der Verbform **Imperativ** kann man auffordern oder einen Befehl erteilen.
Der **Imperativ Singular** besteht nur aus dem Stamm des Verbs (trinken → trink). Manchmal wird an den Stamm die Endung -e (reden → rede) angehängt und bei einigen Wörtern ändert sich der Stammvokal (essen → iss): *Gib den Ball ab! Konzentriere dich beim Wurf! Lauf dich frei!*
Der **Imperativ Plural** wird in der Regel mit dem Stamm des Verbs und der Endung -t gebildet:
Gebt den Ball ab! Konzentriert euch beim Wurf! Lauft euch frei!

Die Tempusformen des Verbs

Dirk Nowitzki

Dirk Werner Nowitzki ist ein deutscher Basketballspieler. Er spielt seit 1998 in der nordamerikanischen Profiliga bei den Dallas Mavericks. 2011 gewann er mit den Mavericks als erster Deutscher
5 die NBA-Meisterschaften. Dirk Nowitzki gilt als einer der besten internationalen Spieler in der Geschichte des Basketballsports.

Dirk Nowitzkis Mutter war ebenso wie seine Schwester Basketballnationalspielerin. Sein Vater
10 war Handballspieler. Dirk selbst kam erst relativ spät, nämlich im Alter von 13 Jahren, zum Basketball. Er hatte sich zuvor auf Turnen, Handball und Tennis konzentriert. Zunächst spielte er in der Schulmannschaft seines Gymnasiums und im Sportverein seines Heimatortes. Sein Mentor[1] entdeckte ihn zufällig im Sommer 1995, überzeugte ihn, sich ganz auf den Bas-
15 ketballsport zu konzentrieren, und trainierte intensiv mit ihm. Er hat ihn seitdem immer mit Rat und Tat begleitet.

Trotz einiger Verletzungen geht Nowitzki davon aus, dass er noch einige Jahre in der NBA spielen wird. Als UNICEF-Botschafter wird er aber auch sein Engagement für benachteiligte Kinder ausweiten.

1 der Mentor: Förderer, Berater

❶ Verben bilden nicht nur Personalformen, sondern auch Tempusformen (Zeitformen).
Übernimm die Tabelle in dein Heft und ordne die Verbformen aus dem Text ein.
Wie viele verschiedene Tempusformen (Zeitformen) erkennst du?

In der Vergangenheit	← Heute / Jetzt →	In Zukunft
...	*ist*	...

Merke **Verben bilden Tempusformen** (Tempora, Zeitformen)

Mit den **Tempusformen** (Zeitformen) des Verbs kann man angeben, ob es um die **Gegenwart**, die **Vergangenheit** oder die **Zukunft** geht.
Dirk gilt als einer der besten Spieler der Welt.
Er kam zum Basketball, nachdem er zuvor Handball gespielt hatte.
Er wird sich für benachteiligte Kinder engagieren.

Präteritum und Plusquamperfekt

U11 – Mädchen zogen in einer Zitterpartie den Kürzeren

BG Duisburg West – Sterkrade 69ers 56:55

Gespannt wie ein Flitzebogen auf ihr erstes Saisonspiel war die Sterkrader U11. Zu Beginn setzten die Sterkrader Spielerinnen den Gegner eindrucksvoll unter Druck und erspielten die Führung. Aus Nervosität vergaben sie
5 dann aber hochprozentige Chancen und verpassten die Gelegenheit, in der Punkteskala weiter fortzuziehen. Damit hielten sie die gegnerische Mannschaft im Spiel. Im letzten Viertel gelang den Duisburgerinnen dann der Anschluss und die beiden Mannschaften boten bis zum
10 Ende einen dramatischen Schlagabtausch. Leider gelang der BG Duisburg West kurz vor Schluss der Führungswechsel.

1 a) Suche die finiten (gebeugten) Verbformen aus dem Text heraus und schreibe sie mit dem Infinitiv auf, z. B.:
war (sein), setzten (setzen), …

b) Was fällt dir an den Formen auf? Markiere, was sich gegenüber dem Infinitiv verändert.

c) Sortiere die Formen mithilfe des Merkkastens unten in starke und schwache Verben.

2 Bilde die Präteritumformen in der Ich-Form zu den Verben in der Tabelle. Notiere hinter jedem Verb in Klammern, ob es sich um ein starkes oder ein schwaches Verb handelt:
ich beginne – ich begann (starkes Verb) …

beginnen – ?	fliegen – ?	heben – ?	gehen – ?	laufen – ?
gewinnen – ?	siegen – ?	geben – ?	sehen – ?	saufen – ?
verrinnen – ?	liegen – ?	weben – ?	stehen – ?	kaufen – ?

Merke **Das Präteritum**

Das **Präteritum** ist eine einfache **Zeitform der Vergangenheit**. Es wird vor allem beim schriftlichen Erzählen und Berichten verwendet. So wird es gebildet:
Bei **starken Verben** ändert sich im Präteritum der Vokal im Wortstamm, z. B.:
ich sehe ⟶ ich sah; ich rufe ⟶ ich rief; ich finde ⟶ ich fand.
Bei **schwachen Verben** wird im Präteritum ein -t- zwischen Stamm und Endung eingefügt, z. B.: *ich lebe ⟶ ich lebte; ich lache ⟶ ich lachte; ich rede ⟶ ich redete.*

Nervosität verhinderte Sieg

Trotz der Niederlage konnten die Mädchen zeigen, dass sie schon viel gelernt hatten. Das Handwerkszeug stimmte! Aber den erfahrenen Spielerinnen war die erfolglose letzte Saison noch zu sehr in den Köpfen. Vor allem als etliche alte Bekannte auf der gegnerischen Seite aufliefen, gegen die die Spielerinnen in der letzten Saison verloren hatten. Zudem bestand die halbe Mannschaft aus Neulingen, die noch kein Saisonspiel mitgemacht hatten.

Nachdem die Mädchen etliche Chancen vergeben und Gelegenheiten verpasst hatten, wurden sie nervös, und auch in der Defensive klappte nichts mehr. Insgesamt fehlte ihnen noch die Mentalität eines Siegers.

3 a) In diesem Bericht wird neben dem Präteritum eine weitere Vergangenheitsform verwendet.

Schreibe die Textbeispiele für diese Verbform heraus:

..., dass sie schon viel <u>gelernt hatten</u>.

b) Unterstreiche die Verbformen in deinen Beispielen.

Nachdem die Mädchen Chancen <u>vergeben hatten</u>, <u>wurden</u> sie nervös.

c) Was sagt die Zeitform über die zeitliche Abfolge aus?

Zeichne einen Zeitstrahl und trage die Beispiele aus dem Text ein.

Was war vorher geschehen?	Was geschah? (Präteritum)
...	←
	← *Die Mädchen konnten zeigen ...*

Merke   **Das Plusquamperfekt**

Mit der Zeitform **Plusquamperfekt** macht man deutlich, dass etwas vor dem passiert ist, wovon im **Präteritum** erzählt wird. Deshalb heißt diese Zeitform auch **Vorvergangenheit**. Man nutzt die Verbindung von Präteritum und Plusquamperfekt beim schriftlichen Erzählen und Berichten.

Das **Plusquamperfekt** wird zusammengesetzt aus dem Präteritum von *haben* oder *sein* (z. B. *hatte, war*) und dem **Partizip II des Verbs** (*getan, vergeben*), z. B.:
Sie <u>hatten</u> noch nie an einem Turnier <u>teilgenommen</u>. (Deshalb waren sie nervös.)
Viele bekannte Gegnerinnen <u>waren</u> <u>aufgelaufen</u>. (Deshalb war das Team unsicher.)

Das **Partizip II** beginnt meist mit der Vorsilbe *ge-*, z. B.: *singen* → *gesungen*.
Hat das Verb bereits eine Vorsilbe (*ge-, be-, ver-*), dann wird keine weitere Vorsilbe hinzugefügt, z. B.: *gefrieren* → *gefroren*; *beginnen* → *begonnen*; *verlieren* → *verloren*.

Präsens und Perfekt

Kinder laufen für Kinder

Der zehnjährige Constantin und die elfjährige Mia haben an der Aktion „Kinder laufen für Kinder" teilgenommen. Hier berichten sie von ihren Erfahrungen.

Frage: Worum geht es bei der Aktion?
Mia: Es geht darum, Geld für einen guten Zweck zu sammeln. Dieses Jahr wurde z. B. für ein Kinderhaus in Peru gesammelt und für die Aktion „Save the children", die sich dafür einsetzt, dass überall auf der Welt die Kinder-
5 rechte beachtet werden.
Constantin: An der Aktion nehmen viele Schulen teil. Jedes Kind muss sich einen Sponsor suchen, z. B. die Großeltern, ein Hotel im Ort oder eine Auto-werkstatt. Mit den Sponsoren vereinbart man, wie viel Geld sie für jeden gelaufenen Kilometer spenden.

10 **Frage: Wie oft habt ihr schon an der Aktion teilgenommen?**
Mia: Ich bin schon zum vierten Mal mitgelaufen, weil es mir so viel Spaß macht.
Constantin: Ich bin dieses Jahr das erste Mal gelaufen und im nächsten Jahr bin ich in jedem Fall wieder dabei.

15 **Frage: Wie bereitet ihr euch auf den Lauf vor?**
Constantin: Ich bin in den letzten zwei Monaten regelmäßig mit meinem Vater gejoggt. Das hat viel gebracht.
Mia: Ich bereite mich eigentlich gar nicht extra vor, weil ich regelmäßig Bas-ketball spiele. Da gehört Lauftraining dazu.

1 a) Wie viele verschiedene Tempusformen entdeckst du in dem Interview? Notiere für jede Tempusform ein Beispiel aus dem Text.
b) Übernimm die Tabelle in dein Heft und ordne die Verben ein. Was fällt dir bei den Aus-sagen zur Vergangenheit auf? Nenne Beispiele.

Vorher, ⟵ in der Vergangenheit	Gegenwärtig, gewöhnlich, ⟶ immer		In Zukunft, später
Dieses Jahr wurde …	*Es geht um …*	*…*	

Kurz und verständlich: Die wichtigsten Basketballregeln

Jede Mannschaft besteht aus bis zu zwölf Spielern. Fünf davon müssen während der Spielzeit auf dem Feld sein. Die übrigen sind Auswechselspieler. Ein Spiel besteht aus vier Vierteln zu je zehn Minuten. Anders als beim Fußball sind die 40 Minuten eines Spiels effektive Spielzeit. Ein Spiel kann mit Aus-
5 zeiten und Pausen bis zu zwei Stunden dauern.

Wirft ein Spieler innerhalb des Halbkreises, den die „Dreier-Linie" markiert, einen Korb, zählt dies zwei Punkte. Treffer jenseits der „Dreier-Linie" zählen drei Punkte. Freiwürfe, die die Schiedsrichter für Fouls geben, zählen ein bis drei Punkte. Hat ein Spieler fünf Fouls gesammelt, wird er vom Spiel
10 ausgeschlossen.

2 a) Untersuche die Tempusformen in diesem Text und erkläre, weshalb welche Tempusform verwendet wird.

b) Informiere dich im Merkkasten, wie die Zeitformen heißen und wie sie gebildet werden.

3 Bilde die Perfektformen zu den folgenden Verben in der Ich-Form. Sortiere: Welche werden mit *sein* gebildet, welche mit *haben*?

Ich habe gefroren.   *Ich bin ...*

frieren · schwitzen · schreiben · lesen · rennen · schleichen · essen · hüpfen

4 Bilde vier Sätze, in denen Präsens und Perfekt zusammen verwendet werden.
Überprüfe die zeitliche Abfolge: *Wenn du den Hund ausgeführt hast, kannst du ...*

Merke **Präsens und Perfekt**

Das **Präsens (die Gegenwartsform)** verwendet man für Aussagen über etwas,
- das **in der Gegenwart** geschieht, z. B.: *Ich laufe dieses Jahr mit.*
- das **allgemein** und immer gilt, z. B.: *An der Aktion nehmen viele Schulen teil.*
- das in der **Zukunft** geschieht. In diesem Fall verweist man meist mit einer Zeitangabe auf die Zukunft, z. B.: *Nächstes Jahr laufe ich wieder mit.*

Das **Perfekt** verwendet man
- als Vergangenheitsform zum **Präsens** (ähnlich wie das Plusquamperfekt zum Präteritum), z. B.: *Ich habe schon viermal teilgenommen und laufe dieses Jahr wieder mit.*
- beim **mündlichen** Erzählen oder Berichten über Vergangenes, z. B.: *Ich bin viel gelaufen.*
Das Perfekt wird **zusammengesetzt** aus dem **Präsens von** *haben* oder *sein* und dem **Partizip II des Verbs** (→ S. 233): *Ich habe trainiert. Ich bin gelaufen. Es hat Spaß gemacht.*

Das Futur

Nach dem Spiel ist vor dem Spiel

„Wir werden sehen, wie unsere Mannschaft sich nächste Woche gegen Düsseldorf schlagen wird. Die Mannschaft ist den Mädchen völlig fremd, und ich hoffe, dass sie trotz der heutigen Niederlage mit Selbstbewusstsein und Siegeswillen antreten werden", so der Coach der Sterkrader U11.

1 a) Untersuche die Tempusformen in diesem Text. Welche neuen Formen findest du?
b) Was passiert wann? Erkläre die Verwendung der Tempusformen.

2 Entscheide dich für vier verschiedene Verben. Bilde alle Personalformen des Futur I zu diesen Verben, wie im Merkkasten gezeigt.

Merke **Das Futur I**

Mit dem **Futur I (Zukunftsform)** drückt man aus, dass etwas in der Zukunft geschieht.
Es wird mit dem **Präsens von *werden*** und dem **Infinitiv** gebildet, z. B.:
Ich werde feiern. Du wirst sehen. Wir werden leben. Ihr werdet antworten.

Die Tempusformen in der Übersicht

3 Wähle aus dem Wortspeicher zwei Verben aus, deren Tempusformen mit *haben* gebildet werden, und zwei, deren Tempusformen mit *sein* gebildet werden.
Schreibe alle Tempusformen wie in der Tabelle mit einem Satzbeispiel auf.
Tipp: Verben der Fortbewegung bilden das Perfekt mit *sein*, die meisten anderen mit *haben*.

> malen · beginnen · sagen · fangen · stehen · kennen · helfen ·
> stolpern · singen · tauchen · feiern · fliegen · frieren · gehen

Tempus	Bildung mit *haben*	Bildung mit *sein*
Präsens	*Er liest das Buch.*	*Sie schwimmt.*
Futur I	*Er wird das Buch lesen.*	*Sie wird schwimmen.*
Präteritum	*Er las das Buch.*	*Sie schwamm.*
Perfekt	*Er hat das Buch gelesen.*	*Sie ist geschwommen.*
Plusquamperfekt	*Er hatte das Buch gelesen.*	*Sie war geschwommen.*

Tempusformen richtig verwenden

Der geheime Garten – Mary erzählt ihre Geschichte

„Ich habe meine Kindheit in Indien verbracht. Als meine Eltern gestorben sind, hat mein Onkel mich nach England geholt. Da besitzt er ein Riesenherrenhaus, in dem er aber kaum wohnt. Ich bin immer alleine gewesen und habe mich schrecklich gelangweilt. Dann aber habe ich einen geheimen Garten entdeckt. Nachdem ich den Schlüssel für die Pforte gefunden hatte, habe ich jeden Tag darin zugebracht. Lange nachdem ich in dem Haus meines Onkels angekommen war, habe ich bemerkt, dass da auch der Sohn meines Onkels, mein Cousin Colin, gewohnt hat. Eines Nachts habe ich Schreie gehört und dann habe ich Colin in einem versteckten Zimmer entdeckt."

1 a) Auf welche Form des Erzählens (schriftlich oder mündlich) deutet das Tempus in diesem Text hin?

b) Wie muss der Text fortgeführt werden, wenn er so beginnt: *Ich verbrachte …?*
Schreibe diese Fassung in dein Heft.

Unser Schulfest

Wie jedes Jahr feierten wir im Juli unser Schulfest. Das fand immer draußen statt, denn der Juli war ja ein Hochsommermonat und es gab eigentlich immer viel Sonne. Da es dieses Jahr aber schon drei Tage vorher unentwegt regnete und der Wetterbericht auch keine Wetteränderung vorhersagte, bauten alle Klassen ihre Stände im

5 Schulgebäude auf. Dadurch war alles etwas eng, aber man blieb immerhin trocken. Unseren Klassenraum bauten wir zu einer Geisterbahn um. Die Fenster verklebten wir dunkel und die Leute mussten sich durch enge Gänge aus Betttüchern, Tischen und Polstern tasten. Ab und zu griffen sie dabei in einen nassen Schwamm oder in eine Wasserschüssel. Dann schrien sie ganz laut. Manchmal bliesen wir ihnen auch mit

10 einem starken Föhn plötzlich einen Schwall Luft ins Gesicht, sodass sie erschraken.
Am tollsten sind aber immer noch die Wollfäden, die von der Decke hängen. Wenn man durch diese durchging, hat man das Gefühl, als liefe man durch Spinnweben. Besonders die kleinen Kinder haben sich hier gegruselt. Vor dem Schulfest machten wir aus, dass die Geisterbahn 20 Cent pro Rundgang kostete. Am Ende des

15 Tages waren wir ganz stolz, als unsere Klassenlehrerin verkündete: „Ihr nehmt 40 Euro ein!" Das war eine stolze Summe! Ich glaubte aber, dass einige Erwachsene mehr als 20 Cent gaben.

2 In diesem Text stimmen nicht alle Tempusformen. Schreibe ihn überarbeitet in dein Heft.

Wortbildung und Wortbedeutung

Zusammensetzungen und Ableitungen

1 a) Bilde neue Wörter, indem du Wörter zusammensetzt. Wer findet das längste Wort?
   Achtung: Manchmal musst du ein Fugenelement (-s-, -n-, -en-) zwischen die Wort-
   bestandteile schieben, z. B.: *Mitglied-s-karte*.

> Ausweis · Blume · Deckel · Nummer · Karte · Koch · Mitglied · Topf

   b) Schreibe die Wörter mit Artikel in dein Heft. Welches der Wörter entscheidet jeweils über
   das Genus (grammatisches Geschlecht) der Zusammensetzung?

2 Vertausche bei den folgenden zusammengesetzten Wörtern die Einzelwörter um und erkläre
   die Bedeutungsänderungen.
   Kartenspiel: ein Spiel mit Karten; Spielkarte: eine Karte in einem Spiel

> Wiesenblume · Salatgurke · Ballspiel · Himmelsstern · weinrot · Eckhaus · Notenbank

3 Schreibe die Zusammensetzungen in der richtigen Groß- und Kleinschreibung in dein Heft.
   Begründe jeweils deine Entscheidung.

> bärenstark · bösewicht · mordfall · blutrot · geheimdienst · schlapphut · fleißarbeit ·
> glasklar · fluchtgefahr · scharfsinn · butterweich · spurensuche · wissbegierig ·
> übeltäter · riesengroß · bettelarm · riesenerfolg

4 a) Setze folgende Bestimmungs- und Grundwörter zu Adjektiven zusammen: *rabenschwarz*.
   - Bestimmungswörter: der Rabe, das Gold, das Haar, die Feder, der Schnee
   - Grundwörter: weiß, richtig, schwarz, leicht, scharf
   b) Erkläre den Zusammenhang zwischen dem Grund- und dem Bestimmungswort.

Merke   **Zusammensetzungen**

Setzt man zwei Wörter zu einem neuen Wort zusammen, nennt man dies **Zusammensetzung**.
Das zweite Wort ist das **Grundwort** und legt die Wortart des neuen Wortes fest, z. B.:
das Hoch<u>haus</u> (Nomen), *haus<u>hoch</u>* (Adjektiv), *klein<u>reden</u>* (Verb).
Das erste Wort nennt man **Bestimmungswort**, da es das Grundwort näher beschreibt, z. B.:
<u>Hand</u>ball, <u>Gummi</u>ball, <u>Eck</u>ball.
Manchmal braucht man ein **Fugenelement** (-s-, -e-, -es-, -n-, -en-) zwischen den Bestandteilen, z. B.: *der Geburt-<u>s</u>-tag, das Krank-<u>en</u>-haus*.

⑤ a) Bilde mit den folgenden Wortbausteinen Wörter. Sortiere nach Groß- und
Kleinschreibung.

klein: leben, erleben, ...
groß: das Erlebnis, ...

b) Sortiere die gebildeten Wörter nach Wortarten. Markiere die Wortbausteine, an denen du
die Wortart erkannt hast.

Verben: leben, ...
Nomen: das Erlebnis, ...

er-, ent-, ab-, un-, miss-, aus-, ge-, über-, weg-, ver-, be- , auf-, zer-

-spür-, -beweg-, -leb-, -heil-, -lauf-, -spät-, -lieb-, -schmerz-, -wohn-, -fahr-

-heit, -keit, -schaft, -ig, -lich, -bar, -ung, -nis, -er, -tum, -haft, -sam, -en

⑥ Manche Bausteine verändern die Bedeutung eines Wortes, z. B. *beweglich – unbeweglich*.
Nenne weitere Beispiele anhand deiner notierten Wörter.

⑦ Leite aus den Verben im Wortspeicher Nomen ab. Verwende dazu das Präfix (die Vorsilbe)
ge-. Formuliere zu jedem Nomen einen Satz, z. B.:

backen – das Gebäck.
Er verkauft frisches Gebäck.

backen · packen · fühlen · fallen · hören · heulen · stellen · sprechen · wühlen

⑧ a) Leite aus den Nomen im Wortspeicher unten Adjektive ab. Verwende dazu das passende
Suffix (die Nachsilbe): -ig, -lich, -isch, -bar, -haft.
Tipp: Manchmal gibt es mehrere Möglichkeiten.

b) Verwende das Adjektiv sinnvoll in einem Satz.

Das Wunder ⟶ wunderbar
Das ist eine wunderbare Überraschung.

das Wunder · das Rätsel · die Rose · der Verkauf · der Staub · der Schein · das Kind

---

Merke   Ableitungen

Mithilfe von **Präfixen** (Vorsilben) und **Suffixen** (Nachsilben) kannst du aus Wörtern bzw.
Wortstämmen weitere Wörter **ableiten**. Die Präfixe und Suffixe können die Wortart verändern,
z. B.: *die Furcht – furchtbar, denken – das Gedenken, sanft – die Sanftheit.*

Den treffenden Ausdruck finden

Wörter über Wörter

Mit „Mama" und „Papa" hast du einmal angefangen zu sprechen. Heute verfügst du bestimmt schon über 8000 bis 10 000 Wörter und dieser Wortschatz kann sich täglich erweitern. Die Gesamtgröße des deutschen Wortschatzes beträgt nämlich um die 500 000 Wörter.

Die meisten Wörter lernt man „nebenbei". Manchmal muss man sich Wörter und ihre Bedeutung aber auch erarbeiten, z. B. wenn man schwierige Texte verstehen und sich genau und abwechslungsreich ausdrücken will. Die Kenntnis von Ähnlichkeiten und Unterschieden in der Bedeutung von Wörtern hilft dir, klar zu formulieren und Missverständnisse zu vermeiden.

❶ Lies den Text und erkläre dann mit eigenen Worten: Warum ist es hilfreich, sich mit der Bedeutung von Wörtern zu beschäftigen?

❷ a) Was ist den Begriffen in einem Wortspeicher jeweils gemeinsam? Suche zu jedem Wortspeicher einen Oberbegriff, der diese Gemeinsamkeit deutlich macht.

> Stuhl · Sessel · Hocker · Schemel · Bank · Sofa

> laufen · rennen · gehen · wandern · spazieren · pilgern · schlendern · hasten · eilen

b) Gehe umgekehrt vor: Lege einen Oberbegriff fest und sammle sechs Wörter dazu, z. B.:
Niederschlagsarten: Regen, Hagel, Schauer, …

❸ Im folgenden Wortspeicher findest du Gegensatzpaare. Schreibe fünf weitere Paare auf.

> schnell – langsam · groß – klein · alt – jung · schlafen – wach sein · kommen – gehen ·
> wenig – viel

❹ a) Bilde zu den Wörtern im Wortspeicher unten Gegensatzpaare.
b) Notiere zu jedem Wort so viele „Ersatzbegriffe" (Synonyme) wie möglich.

Gegensatzpaare:　　　　　　　　*Ersatzwörter:*
fragen ⟵⟶ antworten　　　*fragen: sich erkundigen, …*
　　　　　　　　　　　　　antworten: erwidern, …

> fragen · sauber · oft · reich

5 Sind die „Ersatzbegriffe" (Synonyme) für ein Wort immer austauschbar?

Probiere es anhand deiner „Ersatzbegriffe" (Synonyme) aus Aufgabe 4 mithilfe von Beispielsätzen aus.

Ich frage ihn, ob er einen Radiergummi hat.

Ich erkundige mich, ob er …

6 a) Gleich und doch nicht gleich!

Erkläre die Bedeutungen der unterstrichenen Wörter, indem du sie durch einen „Ersatzbegriff" (ein Synonym) ersetzt.

A Ich bin froh, dass mein Rad bei dem Sturz <u>unbeschädigt</u> geblieben ist.

A	Ich bin froh, dass mein Rad bei dem Sturz <u>ganz</u> geblieben ist.
B	Keine Angst, deine Tafel Schokolade ist noch <u>ganz</u>! So hungrig bin ich nicht.
C	Mein Opa hat zum 75. Geburtstag die <u>ganze</u> Verwandtschaft eingeladen.

D	Alles lief <u>glatt</u>.
E	Vorsicht, das Parkett ist <u>glatt</u>!
F	Du musst den Teig auf dem Blech <u>glattstreichen</u>.

b) Und wenn das Gegenteil der Fall wäre?

Formuliere zu den Wörtern in Aufgabe a) jeweils einen Satz mit einem „Gegenbegriff" (einem Antonym).

A Das Rad ist <u>beschädigt</u>.

Merke   **Sinnverwandte und (fast) sinngleiche Wörter**

Eine Gruppe von Wörtern, die **sinnverwandt** sind, d. h. Ähnliches aussagen, bildet ein **Wortfeld**, z. B.: *gehen, schlendern, spazieren, marschieren, schreiten …*

Wörter mit (fast) **gleicher Bedeutung** nennt man **Synonyme**, z. B.:
trödeln/bummeln; Ehemann/Gatte; schlau/klug.
Das Erkunden von Wortfeldern hilft dir dabei, deinen Wortschatz zu erweitern und dich **treffend und genau** auszudrücken. Synonyme können dir helfen, **abwechslungsreich** zu schreiben und Wiederholungen zu vermeiden, z. B.:
Ege <u>rannte</u> zur Kreuzung, sah sich prüfend um und <u>sprintete</u> dann zum wartenden Bus.

Mit einem **Antonym (Gegenwort)** kannst du einen Gegensatz ausdrücken, z. B.:
hell – dunkel, möglich – unmöglich, Armut – Reichtum.

Der Elefant auf Papas Auto   *nach D. H. Wilson*

„Mama", sagte Jeremy James, „auf Papas Auto sitzt ein Elefant."

„Ja, mein Junge", sagte die Mama, die Augen auf den Händen, die Hände auf dem Teig, der Teig auf dem Tisch.

„Mama, warum sitzt der Elefant auf Papas Auto?"

5 „Ich nehme an, er ist müde. Wahrscheinlich steht er bald wieder auf und geht weiter."

„Er sitzt immer noch da", sagte Jeremy James zwei Minuten später. „Er ist noch nicht aufgestanden. Das Auto hat sich hingesetzt, aber der Elefant ist nicht aufgestanden. Mama, meinst du, ich soll Papa Bescheid sagen?"

10 „Nein, lass deinen Vater in Ruhe", sagte die Mama. „Du weißt, er kann es nicht leiden, wenn man ihn bei der Arbeit stört." [...]

„Aber ein Elefant sitzt auf seinem Auto!", sagte Jeremy James.

Mama drückte Sultaninen in den Teig, als Augen und Nasen.

„Und dem Auto gefällt das nicht", sagte Jeremy James.

15 „Jeremy James", sagte die Mama, „Elefanten sitzen nicht auf Autos."

Nach einer Weile gibt Jeremy James es auf, seine Mutter zu überzeugen. Erst als sein Vater das Auto waschen will, sieht er die Bescherung:

„Das Auto!", sagte Papa. [...] „Das Auto!", sagte er noch einmal.

„Was ist mit dem Auto?", sagte Mama und strich Handcreme auf das Brot. [...] „So etwas habe ich noch nicht gesehen. Eine ganze Kuhherde muss auf dem Ding herumgetrampelt sein!"

20 „Es war keine Kuhherde", sagte Jeremy James, „es war ein Elefant. Und ich hab ihn gesehen, und ich hab's Mama gesagt, aber sie hat nicht gehört."

„Ein Elefant!", sagte Papa. „Du hast einen Elefanten auf dem Auto gesehen?"

„Ja", sagte Jeremy James [...].

„Und warum zum ... hat mir keiner etwas gesagt?"

25 „Hm", sagte Mama, und Jeremy James spielte weiter mit seiner Eisenbahn.

7 Man kann etwas sehr unterschiedlich „sagen".

Überarbeite den Text so, dass deutlich wird, wie die Figuren etwas sagen. Nutze den Wortspeicher.

> fragen · sich wundern · staunen · beruhigen · feststellen · murmeln · sich empören · betonen · widersprechen · erwidern · entgegnen · einwenden · ergänzen · wiederholen · beharren · schimpfen · toben · sich aufregen · behaupten · zustimmen · brummen · triumphieren · einwerfen · äußern · protestieren · flüstern

8 Sehen oder gaffen? Hier ist wohl etwas durcheinandergeraten.
Schaffe Ordnung, indem du die Sätze mit dem jeweils passenden Verb aufschreibst.

A   Ich würde gerne das Stadtschloss gaffen.

B   Die Museumsbesucher beobachten Bilder.

C   In den Alpen konnten wir Murmeltiere spicken.

D   Die Urlaubsfotos müssen noch erkannt und sortiert werden.

E   Der kleine Leon versucht durch das Schlüsselloch zu betrachten, aber er kann nichts gucken.

F   Ohne Brille kann ich niemanden in 5 Metern Entfernung entdecken.

G   Auf dem Dachboden einer alten Villa wurde ein wertvolles Gemälde gesichtet.

H   Nach dem Unfall haben wieder viele Leute besichtigt.

I   Kann ich auch einmal durch das Fernglas erspähen?

9 Redewendungen treffen oft den Nagel auf den Kopf.
Wähle eine der folgenden Redewendungen aus und schreibe eine kleine Geschichte dazu,
in der der Sinn der Redewendung gut zum Ausdruck kommt.
Du kannst auch mehrere Redewendungen in einer Geschichte unterbringen.

- Katzenwäsche machen
- sich in die Höhle des Löwen wagen
- sich einen Klotz ans Bein binden
- vom Regen in die Traufe kommen
- unter die Haube kommen
- mit einem lachenden und einem weinenden Auge
- Tomaten auf den Augen haben
- aus einer Mücke einen Elefanten machen
- am längeren Hebel sitzen
- den Faden verlieren
- die Suppe auslöffeln, die man sich eingebrockt hat
- die Katze im Sack kaufen

Der Satz und seine Gliederung

A läuteten … ein – Markttage – Kirchenglocken – im – in – Mittelalter – vielen – die – Städten

B Straße – Leute – dann – der – auf – die – schritten … aus – kräftig

C Pferde – Reiter – Kutschfahrer – ihre – oder – trieben … an

D Waren – wollten – erwerben – von – ihnen – die – meisten

E kauften – Seidengewänder – Adlige – Damen – aus – oder – Leder – dem – glänzende – spanisches – feines – Orient

1 a) Verteilt die „Schnipsel-Sätze" auf Gruppen. Schreibt jedes Wort auf einen Papierschnipsel und setzt die Schnipsel zu einem sinnvollen Satz zusammen.
Überprüft dabei, ob es mehrere Möglichkeiten gibt.
Im Mittelalter …

b) Verschiebt die Wörter eures Satzes so, dass der Sinn erhalten bleibt.
Schreibt alle Möglichkeiten auf, die sich dabei ergeben.
  – Im Mittelalter …
  – In vielen Städten …
  – Kirchenglocken …

c) Kreist die Wörter oder Wortgruppen ein, die beim Umstellen immer zusammenbleiben.

d) Nummeriert die eingekreisten Wortgruppen. Erkennt ihr ein „Muster"?
Tipp: Achtet auf das finite (gebeugte) Verb.

2 Stelle das finite (gebeugte) Verb an die Spitze der Sätze: Was für Sätze entstehen dadurch?

A Viele leibeigene Bauern liefen ihren Grundherren weg.

B In den Städten bekamen sie nach einem Jahr ihre Freiheit geschenkt.

C In der mittelalterlichen Stadt hatten reiche Kaufleute den größten politischen Einfluss.

D Ihre Macht regte die Handwerker natürlich auf.

E In Paris und anderen großen Städten Europas zettelten sie deshalb oft Aufstände an.

F Danach räumte der König den Handwerkern größere politische Rechte ein.

③ Übertrage die Tabelle in dein Heft und trage die Sätze wie im Beispiel ein. Nutze auch den Merkkasten.

Vorfeld	Linke Satzklammer: finiter Prädikatsteil	Mittelfeld	Rechte Satzklammer: 2. Teil des Prädikats
Viele leibeigene Bauern	*liefen*	*ihren Grundherren*	*weg.*
…	…	…	…

④ Alle Teile des Satzes, die du ins Vorfeld verschieben kannst, sind Satzglieder. Probiere es aus und rahme die Satzglieder in deinem Heft ein.

Merke   **Das Prädikat und die Satzglieder**

Mit dem **Prädikat** wird die „Satzaussage" gemacht. Es wird aus einem Verb gebildet. Manchmal besteht es nur aus einem Teil, z. B.:

Die Adligen kauften warme Pelze.

Meist ist das Prädikat jedoch **mehrteilig** und bildet dann die sogenannte Satzklammer. Der **finite (veränderliche, gebeugte) Teil des Prädikats** steht in einem Aussagesatz dabei immer in der linken Satzklammer.

Satzglieder nennt man die Wörter oder Wortgruppen, die beim Umstellen des Satzes (**Umstellprobe**) immer zusammenbleiben und die im Vorfeld des Satzes stehen können.

		Satzklammer		
Vorfeld	linke Satzklammer: finiter Prädikatsteil		Mittelfeld	rechte Satzklammer: 2. Teil des Prädikats
Kirchenglocken	*läuteten*	*im Mittelalter*	*die Markttage*	*ein.*
Im Mittelalter	*läuteten*	*Kirchenglocken*	*die Markttage*	*ein.*
Die Markttage	*läuteten*	*im Mittelalter*	*Kirchenglocken*	*ein.*

Besondere Prädikate: Das Prädikativ

1 a) Du hast bisher gelernt, dass mit dem Prädikat eine Aussage gemacht wird.
   Stimmt das immer?
   Untersuche die folgenden Beispiele:
   - Die Bauern sind.
   - In der Stadt werden die Bauern.
   - Die Handwerker werden.

b) Welche zusätzlichen Informationen müssen diese Sätze enthalten, damit sie verständlich
   werden? Ergänze die Beispiele zu vollständigen und verständlichen Sätzen und unterstreiche deine Ergänzungen.

2 a) Schreibe die folgenden Sätze in dein Heft und unterstreiche die Verben.

b) Entscheide, was noch zum Prädikat dazugehören muss, damit der Satz verständlich wird.
   Unterstreiche diese Teile ebenfalls.

   A Die Kirchenglocken waren sehr laut.
   B Die Kirchen waren voll.
   C Handwerkersöhne wurden auch Handwerker.
   D Die Söhne der Adligen blieben Adlige.
   E In den Städten wurden die Leibeigenen freie Bürger.
   F Die Standesordnung galt als gottgegeben.
   G Die Menschen fanden diese Ordnung selbstverständlich.
   H Sie erschien ihnen unveränderbar.

Merke   Das Prädikativ

Mit manchen Verben allein kann man keine sinnvolle Aussage machen. Dazu zählen z. B.:
sein, werden, bleiben, aber auch *scheinen, machen, gelten (als)* und *finden*.
Bei diesen Verben entsteht erst durch die Ergänzung eines Nomens oder eines Adjektivs eine
Aussage. Diese Ergänzungen nennt man **Prädikative**, z. B.:
Die Ordnung war selbstverständlich.
Handwerkersöhne wurden wieder Handwerker.
Adlige blieben Adlige.

In diesen Fällen bilden Verb und Prädikativ zusammen das Prädikat, z. B.:

Subjekt	Prädikat
Adlige	blieben Adlige.
Handwerkersöhne	blieben Handwerker.

Das Subjekt

Das Leben auf einer mittelalterlichen Burg

? war Heim und Festung zugleich für ihre Bewohner. ? fand aber glücklicherweise nur etwa alle hundert Jahre statt. ? musste sich um seine umliegenden Ländereien kümmern. ? empfing die von ihm abhängigen Lehensleute. Auch ? gehörte zu seinen Aufgaben. ? war es, für Lebensmittel und die Zubereitung des Essens zu sorgen. ? verrichteten die unterschiedlichsten Arbeiten für die Ritterfamilie. Morgens las ? die Messe in der Burgkapelle für alle Familienmitglieder. Später wurden ? von ihm unterrichtet. Die Erziehung ihrer Kinder überwachte ? .

1 a) Welche Fragen musst du stellen, um die fehlenden Textstellen zu ergänzen? Schreibe sie auf.

Wer/Was war Heim und Festung für die Bewohner? – eine mittelalterliche Burg

b) Beantworte deine Fragen mithilfe der Informationen im Wortspeicher.

> der Ritter, der auf der Burg wohnte · eine mittelalterliche Burg · viele Diener ·
> die Burgherrin · die Hauptaufgabe seiner Verwalter · eine Belagerung ·
> die Rechtsprechung · die Kinder · ein Geistlicher · er

c) Bestimme mithilfe des Merkkastens den Kasus, in dem die ergänzten Satzglieder stehen.

Merke   **Das Subjekt**

Das **Subjekt** ist der wichtigste „Partner" des Prädikats.
Es steht immer im **Nominativ** (1. Fall, → S. 215).
Man erfragt es also mit „Wer?" oder „Was?", z.B.:
Wer unterrichtete die Kinder? *Was* ist die Aufgabe des Burgherrn?
Das **Subjekt** besteht oft aus:
- einer **Wortgruppe**, z.B.: *eine mittelalterliche Burg, die Aufgabe des Verwalters* oder
- einem **Pronomen**, z.B.: *er, sie.*

Kinderkram

Hans Stempel und Martin Ripkens

Taschenmesser, Luftballon,
Trillerpfeife, Kaubonbon,
Bahnsteigkarte, Sheriffstern,
Kuchenkrümel, Pflaumenkern,
5 Bleistiftstummel, Kupferdraht,
Kronenkorken, Zinnsoldat,
ja, sogar die Zündholzdose
finden Platz in Peters Hose.
Nur das saubere Taschentuch
10 findet nicht mehr Platz genug.

2 a) Wie viele Sätze hat das Gedicht? Benenne in jedem Satz das Subjekt und das Prädikat.
b) Untersuche die Prädikate. Wonach richtet sich ihre Form? Formuliere eine Regel.

3 a) Bestimme in den folgenden Sätzen die Subjekte mithilfe der Frageprobe.
b) Schreibe die Sätze ab und setze die Prädikate in Klammern in der richtigen Form ein.

    A Gewitter ▆▆ man am besten in Gebäuden. (überstehen)
    B Auch Autos aus Metall ▆▆ sicheren Schutz. (bieten)
    C Ein Wohnwagen aus Kunststoff oder ein Cabriolet hingegen ▆▆
        gegenüber Blitzen elektrisch offen. (sein)
    D Im Gegensatz zu der alten Bauernregel „Vor den Eichen sollst du
        weichen, nur die Buchen sollst du suchen" ▆▆ weder Eiche noch
        Buche Schutz vor Blitzen. (bieten)
    E Menschen im freien Feld ▆▆ ein Experte: (empfehlen)
    F „Du ▆▆ am besten in die Hocke und ▆▆ die Arme um die Beine."
        (gehen, schlingen)

Merke	Subjekt und Prädikat

Das **Subjekt** bestimmt die Personalform des Prädikats:
Die Burgherrin kümmer*te* sich um die Erziehung der Kinder.
Viele Diener arbeite*ten* für den Burgherrn.

Die Objekte

Handel im Mittelalter

A Handwerker und Bauern aus der Umgebung boten den Städtern nach der sonntäglichen Messe ihre Erzeugnisse an.

B Die Bauern lieferten den Stadtbewohnern notwendige Nahrungsmittel.

C Auch reisende Händler konnten ihre Waren verkaufen.

D Der zunehmende Handel förderte das Wachstum der Städte.

E Die wachsende Macht des Bürgertums schränkte die Macht des Adels ein.

F Die freien Bürger dienten nur ihrem König.

❶ a) Wozu braucht man eigentlich neben dem Subjekt und dem Prädikat noch weitere Satzglieder? Probiere es aus: Schreibe die Sätze in dein Heft und lass dabei alles außer dem Subjekt und dem Prädikat weg.

A Handwerker und Bauern aus der Umgebung boten an.

b) Prüfe das Ergebnis: Welche Teile des Satzes kannst du weglassen und welche nicht? Begründe.

c) Wie erfragst du die Satzglieder, die du unbedingt benötigst? Schreibe die Fragen auf und beantworte sie.

→ *Frage: Wen/Was boten Handwerker und Bauern an? – ihre Erzeugnisse*

Merke **Die Objekte**

Ein **Objekt** ist eine Satzergänzung, die sich auf das Prädikat bezieht und ein wichtiger Teil der Satzaussage ist, z. B.: *Die Kinder schenkten ihrer Mutter einen Kinogutschein.*

Das **Akkusativobjekt** antwortet auf die Fragen „Wen ...?" oder „Was ...?", z. B.:
Was schenkten die Kinder ihrer Mutter? – einen Kinogutschein

Das **Dativobjekt** antwortet auf die Frage „Wem ...?", z. B.:
Wem schenkten die Kinder einen Kinogutschein? – ihrer Mutter

2 a) Wovon hängt es ab, ob in einem Satz ein Dativ- oder ein Akkusativobjekt oder gar kein Objekt auftaucht? Probiere es bei den Verben im Wortspeicher aus, z. B.:

Die Zeit vergeht. (kein Objekt) Dein Geschenk gefällt mir. (Dativobjekt)

b) Übernimm die Tabelle in dein Heft und sortiere die Verben ein:

> vergehen · gefallen · schaden · liegen · kritisieren · gleichen · verbieten · schließen · hören · verlassen · senden · zeigen · schenken · erlauben · gehören · fallen · schreiben · beben · lachen · nennen · ärgern · kommen · fehlen

Erfordert kein Objekt	Erfordert ein Akkusativobjekt	Erfordert ein Dativobjekt	Erfordert ein Akkusativ- und ein Dativobjekt
...	...	...	...

3 a) Wähle aus jeder Spalte aus Aufgabe 2 ein Verb aus und bilde einen Satz.

b) Vergleiche deine Sätze mit den folgenden Satzmustern und notiere zu jedem Satz, welches Satzmuster du verwendet hast.

Der Schmerz vergeht. = Satzmuster A

Zucker schadet ihrer Gesundheit. = Satzmuster B

Abkürzungen: S (Subjekt), P (Prädikat), AO (Akkusativobjekt), DO (Dativobjekt)

A   Die Katze schläft.
       S   +   P

B   Timo hilft seinem Bruder.
       S + P +   DO

C   Celia hat ihrem Hund einen Knochen gegeben.
       S + P + DO +   AO   + P

D   Die Katze jagt einen Vogel.
        S   + P   +   AO

E   Die Katze hat den Sessel zerkratzt.
       S   + P + AO +   P

F   Anna hat es Felipe erklärt.
       S + P + AO + DO + P

4 Welche deiner Beispielsätze aus Aufgabe 3 kannst du umstellen? Probiere es aus und kennzeichne die Satzglieder mit den Abkürzungen aus Aufgabe 3.

Zucker schadet ihrer Gesundheit. → Ihrer Gesundheit schadet Zucker.
   S   P   DO   DO   P   S

Frauen im Mittelalter

Frauen hatten im Mittelalter deutlich weniger Rechte als Männer. Sie mussten ihre Rolle als Ehefrau und Mutter erfüllen. Eine wichtige Bedeutung hatte auch die Zugehörigkeit zu
5 einem bestimmten Stand. Adlige Männer und Frauen hatten viel mehr Möglichkeiten als Bauern. Adlige Eltern schickten ihre Töchter oft schon sehr früh ins Kloster. Die Nonnen gaben ihnen dort Unterricht. Die Mädchen
10 durften Lesen, Schreiben und Latein lernen. Die adligen Eltern zahlten dafür dem Kloster einen recht hohen Betrag. Ärmere Familien konnten diesen Betrag nicht aufbringen. Das Klosterleben ermöglichte den Nonnen ein
15 Stück Unabhängigkeit.

Sie konnten viele Entscheidungen selbstständig treffen. Manche adligen Frauen leiteten sogar Klöster. Das Abnehmen der Beichte und das Lesen der Messe erlaubte ihnen die Kirche aber nicht.

(5) Bestimme in diesem Text jeweils die Satzklammer und dann das Subjekt und das Dativ- und Akkusativobjekt. Gehe Satz für Satz vor:
- Suche das Prädikat. Achte darauf, ob es ein- oder zweiteilig ist.
- Nutze die Umstellprobe (→ S. 245), um die Satzglieder voneinander zu trennen.
  Frauen hatten im Mittelalter deutlich weniger Rechte als Männer. ⟶
  | Deutlich weniger Rechte als Männer | hatten | Frauen | im Mittelalter. |
- Nutze die Frageprobe: Welche Satzglieder kannst du mit „Wer?" oder „Was?" (Subjekt), „Wem?" (Dativobjekt) oder „Wen?" oder „Was?" (Akkusativobjekt) erfragen?
  <u>Wer</u> *hatte deutlich weniger Rechte als Männer? – die Frauen (Subjekt)*
  <u>Was</u> *hatten die Frauen im Mittelalter? – deutlich weniger Rechte als Männer (Akkusativobjekt)*

(6) Überprüfe an dem folgenden Satz mit einem zweiteiligen Prädikat: Wo können Objekte stehen?
- vor der linken Satzklammer
- im Mittelfeld
- nach der rechten Satzklammer

Sie konnten viele Entscheidungen selbstständig treffen.

Die adverbialen Bestimmungen (Adverbiale)

Rätsel   *Eva Hinze*

Auf den Kopf schlägt mich der Hammer,
ich bin ein armer kleiner Wicht.
Ich ertrag' es ohne Jammer,
doch oft pariere ich auch nicht.
5 „Au weh", schreist du – ich hüpfe fort!
Doch braucht man mich an jedem Ort
auf unserer Welt, so schön und bunt.
Bin flach, bin spitz, mein Kopf ist rund.
Schau dich nur um in Dorf und Stadt,
10 ob's einen gibt, der mich nicht hat.

Rätsel

Ich wandle mit dir Tag und Nacht
im Sonnen- und im Mondenschein.
Auf leichten Sohlen schleich' ich sacht
bald vor dir her, bald hinterdrein:
Hinab das Tal, hinan den Berg,
bald wie ein Ries', bald wie ein Zwerg.

1 a) Löse die beiden Rätsel.

b) Welche Fragen beantworten die blau gedruckten Wortgruppen? Schreibe sie auf.

Wohin schlägt mich der Hammer? – auf den Kopf

Merke   **Die adverbialen Bestimmungen (Adverbiale)**

Adverbiale Bestimmungen sind Satzglieder, die **zusätzliche Informationen** liefern, zum Beispiel über **Ort, Zeit, Grund** oder **Art und Weise**.

Man kann sie mit folgenden Wörtern erfragen:

Adverbiale Bestimmung ...	Frage:	Beispiel
des Ortes	*Wo? Woher? Wohin?* ...	*Wo* ist das Buch? – Das Buch ist *hier*.
der Zeit	*Wann? Wie lange?* ...	*Wann* fuhr er weg? – Er fuhr *gestern* weg.
des Grundes	*Warum? Weshalb?* ...	*Warum* fehlt Max? – Max fehlt *wegen Husten*.
der Art und Weise	*Wie? Womit?* ...	*Wie* schlief sie? – Sie schlief *tief und fest*.

Städte im Mittelalter

(1) Wegen möglicher Angriffe von außen hatte jede Stadt eine hohe Mauer und einen Wassergraben. (2) Zugbrücken führten die Besucher zu den Toren. (3) In der Nähe des Haupttores stand der Galgen. (4) Oft ließ man zur Abschreckung den Leichnam eines Gehenkten dort hängen.

(5) Die Häuser in den Städten hatten zwei oder mehr Stockwerke. (6) Die oberen Stockwerke standen sehr häufig vor. (7) Folglich warfen sie Schatten auf die unteren Stockwerke und die Straße. (8) Händler und Handwerker arbeiteten eifrig in offen stehenden Läden.

(9) Hunde und Schweine liefen überall herum. (10) Sie fraßen gierig den herumliegenden Abfall.

(11) Im Zentrum jeder Stadt gab es einen gepflasterten Platz für Märkte, Feste und Versammlungen. (12) An einer Seite des Platzes stand die Hauptkirche. (13) An den anderen Seiten befanden sich das Rathaus, das Gericht und die Häuser der Kaufmannsgilden[1] und Handwerkszünfte[2].

(14) Tag und Nacht mussten die Bewohner Feuersbrünste fürchten.

(15) Wegen der Enge der Häuser konnten sich Feuer schnell ausbreiten.

1 die Kaufmannsgilde: Vereinigung von Kaufleuten
2 die Handwerkszunft: Vereinigung der Handwerker

2 Erfrage die adverbialen Bestimmungen in allen Sätzen.

Achtung: Oft enthalten Sätze mehrere adverbiale Bestimmungen!

 1) <u>Warum</u> hatte jede Stadt eine hohe Mauer und einen Wassergraben? –
    wegen möglicher Angriffe von außen (Grund)

3 a) Erfrage die unterstrichenen adverbialen Bestimmungen in den folgenden Sätzen.

 b) Ersetze sie durch andere adverbiale Bestimmungen derselben Art. Probiere verschiedene Möglichkeiten aus. Wie verändert sich die Aussage der Sätze dadurch?

 Die Schweine liefen <u>überall</u> herum.
 Die Schweine liefen <u>nirgends</u> herum.

A Die Schweine liefen <u>überall</u> herum.

B Sie fraßen <u>gierig</u> den Abfall.

C Die Städter beteten <u>des Morgens und des Abends</u>, Gott möge sie verschonen.

D <u>Wegen der Enge</u> breitete ein Feuer sich schnell aus.

Texte mithilfe der Umstellprobe überarbeiten

1 Die Kenntnis der Satzstruktur hilft dir auch bei der Überarbeitung von Texten. Du kannst zum Beispiel die Satzglieder so umstellen, dass die Satzanfänge nicht immer gleich sind.
a) Probiere es bei den folgenden Sätzen aus.
b) Überlege: An welcher Stelle im Satz wird ein Satzglied besonders betont?

Nachts im Museum

Ich habe mit meinen Eltern am letzten Wochenende einen spannenden Ausflug gemacht.
Ich war mit ihnen bei der „Langen Nacht der Museen".
Ich habe mir als erste Station das Naturkundemuseum ausgesucht.
Ich habe dort an einer Taschenlampenführung durch die Ausstellung teilgenommen.
Ich fand dabei die ausgestopften Tiere allerdings etwas gruselig.

2 Überarbeite den folgenden Text und schreibe die neue Fassung in dein Heft.
Sara freut sich schon seit Monaten auf die Ferien. Dieses Jahr ...

Endlich Ferien!

Sara freut sich schon seit Monaten auf die Ferien. Sie will mit ihren Eltern dieses Jahr an die Ostsee fahren. Sie war schon oft am Meer. Sie freut sich aber trotzdem immer wieder. Ihr gefällt besonders das Baden bei hohen Wellen. Sie liegt aber auch gerne im warmen Sand.

3 Überarbeite den Text „Kann man Fieber vortäuschen?" Schritt für Schritt:
a) Bestimme in jedem Satz die Satzklammer und markiere sie.
   1) Max <u>möchte</u> wegen einer Klassenarbeit die Schule <u>schwänzen.</u>

Kann man Fieber vortäuschen?

(1) Max möchte wegen einer Klassenarbeit die Schule schwänzen.
(2) Er will durch Anhauchen des Fieberthermometers die Temperaturanzeige nach oben treiben. (3) Kann das funktionieren?
(4) Die Körpertemperatur eines Menschen beträgt normalerweise 36,2 bis 37,4 Grad Celsius. (5) Der Atem kann deshalb nicht wärmer sein.
(6) Es gibt jedoch deutliche Temperaturunterschiede zwischen der Körperoberfläche und dem Körperinneren. (7) Der warme Atem übersteigt häufig die Hauttemperatur. (8) Das erklärt Max' Irrtum.

b) Stelle jeden Satz aus Aufgabe 3 a) so oft um wie möglich. Welche Teile des Satzes kannst du ins Vorfeld des Satzes verschieben? Probiere verschiedene Möglichkeiten aus und überarbeite den Text.

	Satzklammer		
	linke		rechte
Vorfeld	Satzklammer	Mittelfeld	Satzklammer
Max	möchte	wegen einer Klassenarbeit die Schule	schwänzen.
Wegen einer Klassenarbeit	möchte	Max die Schule	schwänzen.
Die Schule	möchte	Max wegen einer Klassenarbeit	schwänzen.

c) Entscheide dich für eine Satzstellung und schreibe den Satz in dein Heft.

4 Überarbeite den folgenden Text durch Umstellen der Satzglieder so, dass er besser verständlich wird.

Schreibe ihn mit deinen Verbesserungen ins Heft.

Nach jedem harten Winter kommen Frostaufbrüche ...

Die Sprengkraft des Eises

Zum Vorschein kommen nach jedem harten Winter Frostaufbrüche auf den Straßen. Beulen sind das, worüber die Asphaltdecke zerbröckelt. Doch wie kommt es zu diesen Straßenschäden? Sind diese Frostaufbrüche bei lang anhaltendem, starkem Frost stärker oder bei mehrmals abwechselnden Frost- und Tauperioden?

5 Unter die Straßendecke gelangt Wasser durch feine Haarrisse. In Hohlräumen sammelt es sich dort. Seinen Rauminhalt vergrößert es beim Gefrieren. Die Asphaltdecke drückt folglich hoch das Eis. Mehr Raum für neues Wasser entsteht bei Tauwetter in den vergrößerten Hohlräumen. Bei abermaligem Gefrieren dehnt sich wieder aus das neue Wasser. Die Beulen vergrößern sich bei jedem winterlichen Wetterwechsel auf

10 diese Weise.

Satzarten und Satzschlusszeichen

So, so! *nach Kurt Schwitters*

Vier Maurer saßen einst auf einem Dach
Da sprach der erste: „Ach"
Der zweite: „Wie ist's möglich dann"
Der dritte: „Dass das Dach halten kann"
Der vierte: „Ist doch kein Träger dran"
Und mit einem Krach
Brach das Dach

1 a) Hier sind einige Satzzeichen nicht mit abgedruckt.
Lies das Gedicht laut vor und achte darauf, wie du die einzelnen Sätze betonst.
b) Schreibe das Gedicht ab und setze die fehlenden Satzzeichen.

2 a) Wie lässt sich der folgende Text lesen und verstehen? Probiere es aus.
b) Schreibe den Text mit Satzzeichen in dein Heft. Begründe deine Entscheidungen.

> *Was für ein grässlicher Tag in der Schule fehlten ganz viele Schülerinnen und Schüler wegen Grippe im Unterricht kamen wir Übrigen deshalb unentwegt dran in Mathe musste ich eine Aufgabe lösen zur Zeichensetzung befragte mich meine Deutschlehrerin im Sportunterricht musste ich viel mehr üben als sonst am Abend fühlte ich mich auch ganz krank.*

3 a) Welche Absicht verfolgt der Sprecher dieser Sätze? Begründe.
b) Beschreibe, wie die einzelnen Sätze auf dich wirken.
- Räum dein Zimmer auf!
- Ich möchte, dass du dein Zimmer aufräumst.
- Könntest du mal dein Zimmer aufräumen?

Merke **Satzarten und Satzschlusszeichen**

Satzzeichen sind eine wichtige Lesehilfe, die das Verständnis eines Textes erleichtert:
An den **Satzschlusszeichen** erkennt man in der geschriebenen Sprache die Satzarten und
Aussage-Absichten, d. h., ob jemand etwas **fragt, mitteilt, ausruft** oder **befiehlt**. In der
gesprochenen Sprache erkennt man dies meist an der Stimmführung.
- **Aussagesatz:** *Ich gratuliere dir zum Geburtstag.*
- **Fragesatz:** *Hast du Fabian zum Geburtstag gratuliert?*
- **Ausrufe- oder Aufforderungssatz:** *Herzlichen Glückwunsch! Komm jetzt bitte!*

Die Kommasetzung

Krabat und sein Meister   *nach Otfried Preußler*

Der Meister belehrte ihn: „Du musst wissen Krabat dass du in einer Schwarzen Schule bist. Man lernt hier nicht Lesen und Schreiben und Rechnen – hier lernt man die Kunst der Künste. Das Buch das da angekettet vor mir auf dem Tisch liegt ist der Koraktor, der Höllenzwang. Wie du siehst hat es schwarze Seiten die Schrift ist weiß. Es enthält alle Zaubersprüche der Welt. Ich allein darf sie lesen weil ich der Meister bin. Euch aber dir und den anderen Schülern ist es verboten, darin zu lesen das merke dir! Und versuche nicht, mich zu hintergehen, das würde dir schlecht bekommen! "

1️⃣ In diesem Text sind einige Kommas nicht mit abgedruckt. Wo würdest du ein Komma setzen? Begründe.

2️⃣ Überprüfe deine Vorschläge zu Aufgabe 1 mithilfe der folgenden Grundregeln.

Merke	Grundregeln der Kommasetzung

- Das Komma kennzeichnet **Unterbrechungen** im Satz, z. B. bei Anreden:
  Krabat, du musst wissen … / Du, Krabat, musst wissen …
- Das Komma trennt die Bestandteile einer **Aufzählung**, z. B.:
  Man lernt hier nicht lesen, schreiben, rechnen.
  Das Komma entfällt, wenn die Elemente durch *und/oder* verbunden sind, z. B.:
  Man lernt hier nicht lesen, schreiben <u>und/oder</u> rechnen.
- Das Komma trennt „**Sätze**", z. B.:
  Das Buch hat schwarze Seiten, die Schrift ist weiß.
  Ich allein darf sie lesen, weil ich der Meister bin.

Das Komma bei Anreden

Wenn der Topf aber nun ein Loch hat ...

Wenn der Topf aber nun ein Loch hat lieber Heinrich was dann?
Stopf es zu liebe Liese stopf es zu!
Womit soll ich es denn aber zustopfen lieber Heinrich womit?
Mit Stroh liebe Liese mit Stroh!
...

1 Schreibe die vier Zeilen des Liedes ab und setze die Kommas. Beachte: Die Anrede muss in Kommas eingeschlossen werden, wenn sie nicht am Satzanfang oder -ende steht.

2 Schreibe die folgenden Sätze mit Anreden ab und setze die Kommas.

> Sehr geehrte Frau Blum ich interessiere mich für das angebotene Fahrrad.
> Ich schreibe dir lieber Lorenz mein Lieblingsrezept auf.
> Über dein Geschenk habe ich mich sehr gefreut liebe Sophie.

Das Komma in Aufzählungen

A   Messer Gabel Schere Licht
     sind für kleine Kinder nicht.

B   Der Mensch hat eine Nase einen Mund einen
     Hals zwei Ohren zwei Arme zwei Hände zehn
     Finger zwei Beine zwei Füße und zehn Zehen.

C   Gestern hatte ich extrem
     schwierige langwierige öde
     Hausaufgaben auf.

1 Schreibe die Sätze in dein Heft und setze die Kommas.

2 Manchmal ist es nicht leicht, die Bestandteile einer Aufzählung zu erkennen. Überprüfe, wo du in den folgenden Sätzen ein Komma setzen musst. Gehe so vor:
- Probiere aus, wo du ein „und" einfügen kannst. Dort musst du ein Komma setzen.
- Schreibe die Sätze mit den notwendigen Kommas in dein Heft:

Achtung: Wenn bereits ein „und" zwischen den aufgezählten Elementen steht, darfst du kein Komma setzen.

A   Du brauchst für die Wanderung einen kleinen Rucksack mit ausreichendem
     Proviant für einen Tag feste Schuhe ein Regencape und etwas Taschengeld.

B   In unserem Gartenbeet blühen im Frühjahr Tulpen und Narzissen im Sommer Rosen
     im Herbst Astern und Dahlien im Winter Christrosen und Schneeglöckchen.

Das Komma zwischen Haupt- und Nebensätzen

1 a) Untersuche die Sätze unten: Wo könntest du anstelle eines Kommas auch einen Punkt setzen? Begründe.

b) Schreibe die Sätze in dein Heft und unterstreiche den finiten (gebeugten) Teil des Prädikats. Was stellst du fest?

c) Informiere dich im Merkkasten, wie man Haupt- und Nebensätze unterscheidet. Bestimme dann die Haupt- und Nebensätze in den Beispielen.
Der Meister klappte das Buch zu. – (Hauptsatz)

    A Der Meister klappte das Buch zu, damit war Krabat entlassen.
    B „Du musst gut zuhören, damit du dir das Vorgelesene einprägen kannst."
    C „Ich darf allein im Koraktor lesen, weil ich der Meister bin."

2 a) Untersuche die Ausdrücke im Wortspeicher: Welche sind keine Sätze? Begründe.

b) Übernimm die Tabelle unten in dein Heft und ordne die Haupt- und Nebensätze aus dem Wortspeicher ein.

> mit allen Kräften · sie arbeiteten lange · sodass sie lange arbeiteten ·
> heute nicht · ob er rechtzeitig kommt · er kommt rechtzeitig ·
> der musste dem Meister gehorchen · es stimmt · dass es stimmt ·
> ein Fuhrwerk mit sechs rabenschwarzen Rössern · obwohl es regnete ·
> und das Mühlrad drehte sich · weil sie ihren Meister fürchteten

Hauptsatz (ist abgeschlossen; Prädikat steht an zweiter Satzgliedstelle)	Nebensatz (ist abhängig von einem Hauptsatz; Prädikat steht an letzter Satzgliedstelle)
Sie arbeiteten lange.	*…, sodass sie lange arbeiteten.*
…	…

Merke   **Haupt- und Nebensätze**

– Von einem **Hauptsatz** spricht man, wenn der Satz abgeschlossen ist und mindestens ein Subjekt und ein Prädikat enthält. Der finite Prädikatsteil steht im Hauptsatz an der zweiten Satzgliedstelle, z. B.: *Es wird dir nützen.*
– Von einem **Nebensatz** spricht man, wenn der Satz von einem Hauptsatz abhängt. Der finite Prädikatsteil steht in der Regel an der letzten Satzgliedstelle, z. B.:
…, wenn du dir das einprägst.
Haupt- und Nebensätze werden durch **Kommas** voneinander getrennt.

Die Satzreihe

1 a) Handelt es sich bei folgenden Sätzen um Hauptsätze oder Nebensätze? Begründe.

b) Lies die Sätze laut. Wie unterscheiden sie sich? Benenne alle Unterschiede.

A Hiermit schloss der Meister die Unterweisung. Die Tür tat sich auf.
Die Raben schwirrten davon.

B Hiermit schloss er die Unterweisung. Die Tür tat sich auf, die Raben schwirrten davon.

C Hiermit schloss er die Unterweisung, die Tür tat sich auf, die Raben schwirrten davon.

D Hiermit schloss er die Unterweisung, die Tür tat sich auf und die Raben
schwirrten davon.

E Hiermit schloss er die Unterweisung und die Tür tat sich auf und die Raben
schwirrten davon.

2 a) Welche Hauptsätze aus dem linken und dem rechten Kasten passen zusammen?

b) Verknüpfe die beiden Sätze mithilfe einer passenden Konjunktion. Schreibe sie in dein
Heft. Achte auf die Kommasetzung.

Krabat hatte die Mitgesellen längst überflügelt, denn er ...

aber · sondern · denn · doch

Krabat hatte die Mitgesellen längst überflügelt.	Sie hatte schon von ihm geträumt.
Kantorka kannte Krabat nicht.	Er lernte wie ein Besessener.
Krabat war nicht mehr der Krabat von früher.	Krabat verriet nichts.
Der Meister stellte Krabat zur Rede.	Er war innerlich längst weit weg von der Mühle.

Merke **Die Satzreihe**

Einen aus Hauptsätzen zusammengesetzten Satz nennt man **Satzreihe**. Die einzelnen
Hauptsätze einer Satzreihe werden durch Kommas voneinander abgetrennt. Verknüpft
werden die Hauptsätze häufig durch Konjunktionen (Bindewörter), z. B. durch *aber, sondern,
doch, denn, deshalb*:
Der Meister öffnete die Tür, aber die Raben flogen nicht hinaus.
Der Meister öffnete die Tür, deshalb flogen die Raben hinaus.
Wenn die Sätze durch *und/oder* verbunden werden, kann das Komma entfallen. Beispiele:
Der Meister beendete seine Belehrung, die Tür ging auf, die Raben flogen hinaus.
Der Meister beendete seine Belehrung, die Tür ging auf (,) und die Raben flogen hinaus.

Der Meister und seine Mühlknappen *nach Otfried Preußler*

Drei Tage und drei Nächte lang schloss der Müller sich in der schwarzen
Kammer ein die Mühlknappen schlichen auf Zehenspitzen durchs Haus. [...]
Am Abend des vierten Tages war es so weit der Meister erschien unterm
Abendbrot in der Gesindestube und holte sie von den Schüsseln weg. [...]

5 Er musste getrunken haben sie rochen es gegen
den Wind hohlwangig stand er vor ihnen er war
bleich wie der Tod [...].

Die ganze Nacht lang mussten die Burschen
sich in der Mühle abrackern unbarmherzig

10 trieb sie der Meister zur Eile an schreiend und
fluchend jagte er sie umher stieß Verwün-
schungen aus er drohte Strafen an und ließ sie
kaum zur Besinnung kommen es gab keine
Pause während der ganzen Nacht die

15 Mühlknappen konnten keinen Augenblick
verschnaufen.

3 In dem Text sind einige Satzzeichen nicht abgedruckt. Schreibe ihn ins Heft.
Entscheide, ob du zwischen aufeinanderfolgenden Hauptsätzen einen Punkt oder ein
Komma setzen willst.

Das Satzgefüge

1 a) Verbinde jeweils einen Hauptsatz (linke Seite) mit einem passenden Nebensatz (rechte
Seite). Schreibe die Sätze in dein Heft.

b) Untersuche die Nebensätze: An welcher Stelle steht der finite Prädikatsteil? Wie wird der
Nebensatz eingeleitet?

..., *bis es Mitternacht* schlug.

Die Mühlknappen mussten bei der Arbeit so schwitzen ...	..., bis es Mitternacht schlug.
Einer der Burschen begann zu singen ...	..., dass ihnen der Schweiß am ganzen Körper herunterrann.
Zuletzt kam Krabat dran ...	..., nachdem sie gegessen und getrunken hatten.
Zum Schluss tanzten sie...	..., weil er den Schluss des Liedes singen wollte.

2 a) Verbinde in deinem Heft jeweils einen Satz auf der linken Seite sinnvoll mit einem Satz auf der rechten Seite.

b) Bestimme die Haupt- und Nebensätze. Rahme das Prädikat der Nebensätze ein und unterstreiche den Anfang der Nebensätze.

Weil seine Last so schwer war ...	..., nachdem die Last von ihm genommen worden war.
Der Meister beobachtete Krabat ...	..., fühlte er sich plötzlich federleicht an.
Obwohl der Sack immer noch gleich schwer war ...	..., brach Krabat fast zusammen.
Mit Leichtigkeit schulterte Krabat den Sack ...	..., wie er sich mit letzter Kraft die Treppe hinaufquälte.
Als alle Säcke geleert waren ...	..., gab es Wein und Kuchen.
Nachdem Tonda das Mahlwerk angehalten hatte ...	..., ließen die Burschen den Weizen durchlaufen.

Merke **Das Satzgefüge**

Ein **Satzgefüge** besteht aus mindestens einem **Hauptsatz** und mindestens einem **Nebensatz**. Man erkennt **Nebensätze** daran, dass sie nicht ohne einen Hauptsatz stehen können und dass der **finite Prädikatsteil am Ende** steht. Ein weiteres Erkennungsmerkmal sind bestimmte **Konjunktionen** (Subjunktionen), die den Nebensatz einleiten, z. B.: *weil, da, (so)dass, obwohl, bis, nachdem, während, bevor, als, wenn*:
Krabat lernte wie ein Besessener, <u>weil</u> er den Meister überwinden <u>wollte</u>.

Ein Nebensatz kann im Satzgefüge vor, hinter oder in einem Hauptsatz stehen.
Zur Leseerleichterung wird der Nebensatz vom Hauptsatz oder von anderen Nebensätzen **durch Kommas getrennt**, z. B.:

Kantorka rettete die Burschen in der Mühle, <u>obwohl</u> sie große Angst \boxed{*hatte.*}

_____ Hauptsatz _____ ,
\~\~\~\~ Nebensatz \~\~\~\~.

<u>Obwohl</u> Kantorka große Angst \boxed{*hatte,*} *rettete sie die Burschen in der Mühle.*

_____ Hauptsatz _____.
\~\~\~\~ Nebensatz \~\~\~\~ ,

Kantorka rettete, <u>obwohl</u> sie große Angst \boxed{*hatte,*} *die Burschen in der Mühle.*

__ Hauptsatz __ _____ Hauptsatz ____.
, \~\~\~\~ Nebensatz \~\~\~\~ ,

3 a) Bestimme die Haupt- und Nebensätze in den folgenden Satzgefügen.
Entscheide dann, wo ein Komma gesetzt werden muss.

b) Zeichne zu den Satzgefügen Satzbaumodelle wie im Merkkasten auf der linken Seite.

A <u>Hauptsatz</u>, <u>Nebensatz</u>.

A In der zweiten Woche nach Ostern wurden die Mühlknappen
eines Nachts aus den Betten geholt weil es Arbeit gab.

B Krabat fand in der Aufregung seine Schuhe nicht sodass er barfuß
hinauslaufen musste.

C Die Nacht war wegen des Neumondes so schwarz dass die Mühlknappen die Hand
nicht vor den Augen sahen.

D Krabat fluchte laut weil ihm im allgemeinen Gedränge jemand mit seinen Holzschuhen
auf die Zehen getreten war.

E Tonda hielt ihm weil sie ein Schweigegebot hatten den Mund zu.

F Seit sie geweckt worden waren hatte keiner der Burschen gesprochen.

G Krabat befürchtete dass ihnen eine ähnliche Arbeit wie in einer anderen Neumond-
nacht bevorstand.

H Sobald der geheimnisvolle Fremde mit seinem Fuhrwerk dahergerasselt kam stürzten
die Burschen zum Wagen und schleppten die Säcke ins Haus.

I Obwohl Tonda schon länger für den Meister arbeitete wusste er nichts über den Inhalt
der Säcke und über den Fremden.

Sprachliche Besonderheiten

Wie spricht man wo? – Mundart oder Dialekt

① Erläutere die Karte:
- Welche Bezeichnungen für *Kartoffel* gibt es in der deutschen Sprache?
- In welchen Gegenden Deutschlands sind welche Bezeichnungen gebräuchlich?

② Zeichne selbst eine Karte und trage die mundartlichen Bezeichnungen für *Brötchen* ein wie angegeben. Nimm einen Atlas zu Hilfe, wenn du unsicher bist.
- Schleswig-Holstein: *Rundstück*
- Berlin und Brandenburg: *Schrippe*
- Bayern: *Semmel*
- Baden-Württemberg, Hessen und Saarland: *Weckle, Wecken* oder *Weck*
- Nordrhein-Westfalen und Niedersachsen: *Brötchen*

3 In welchen der folgenden Situationen würdest du Dialekt sprechen und in welchen eher nicht? Begründe deine Entscheidung.

Du hast eine französische Austauschschülerin zu Gast.

Du hältst in der Schule einen Kurzvortrag über dein Lieblingsbuch.

Du bist bei deiner Oma zum Geburtstag eingeladen.

Du telefonierst mit deiner Tante, die vor drei Jahren nach Spanien gezogen ist.

4 a) Übertrage die Tabelle unten in dein Heft und ordne die Ausdrücke im Wortspeicher danach, ob sie zum süddeutschen Dialekt oder zum Hochdeutschen gehören. Begründe deine Zuordnung.

b) Welche Ausdrücke, die du dem Dialekt zugeordnet hast, würdest du auch in einem Deutschaufsatz verwenden? Begründe deine Entscheidung.

> das Nachtessen – das Abendessen · aufklauben – aufheben · das Blaukraut – der Rotkohl · der Christbaum – der Weihnachtsbaum · die Möhre – die Gelbrübe · mit Fleiß – mit Absicht · die Ferse – die Hacke · kehren – fegen · der Putzlumpen – der Putzlappen · die Mücke – die Schnake · die Stiege – die Treppe · das Brötchen – der Wecken · zuschließen – zusperren

Süddeutscher Dialekt	Hochdeutsch
…	…

5 Wo haben sich bei den folgenden Sätzen Dialektbegriffe eingeschlichen? Überarbeite die Sätze so, dass du sie in einem Deutschaufsatz verwenden könntest.
Bevor er losging, holte er noch schnell einen dicken Pullover aus dem Kasten.
Ihr war eiskalt und sie zog ihren Teppich hoch bis zur Nasenspitze.

6 Diskutiert: Aus welchem Grund werden Dialekte nicht in der Schriftsprache verwendet? Begründet mit Beispielen.

7 Wähle ein Märchen aus dem Märchenkapitel (→ S. 110 ff.) aus und formuliere den Anfang in deinen Dialekt um. Tragt euch im Anschluss eure Texte gegenseitig vor.

Merke **Mundart oder Dialekt**

Als **Mundart oder Dialekt** bezeichnet man sprachliche Besonderheiten, die auf **bestimmte Regionen in Deutschland begrenzt** sind. Bekannte deutsche Dialekte sind z. B. Badisch, Bayerisch, Sächsisch, Schwäbisch oder Thüringisch.

Umgangssprache – Standardsprache

① Umgangssprache, Standardsprache – was ist das eigentlich? Formuliere für beide
Begriffe eine Erklärung.

② In welchen Situationen würdest du eher Umgangssprache und in welchen eher
Standardsprache nutzen?
Übertrage die folgenden Cluster in dein Heft und ergänze Beispiele für passende
Situationen.

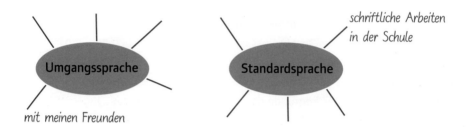

③ Untersuche die E-Mail, die Josefine ihrem Cousin Lukas geschrieben hat. Welche
Formulierungen würdest du als umgangssprachlich bezeichnen? Begründe.

> **lukas @ mail.de**

Super Ferien gehabt

Hi Lukas,
hier an der Ostsee ist es voll schön. Die Sonne knallt total runter. Ich hätte nie gedacht,
dass es Ostern schon so heiß hier ist. Aber Usedom ist ja angeblich die sonnenreichste
Gegend Deutschlands. Das merkt man echt. Am geilsten sind die Riesentrampoline, die
hier überall rumstehen. Leider sind die voll teuer und man darf nur superkurz springen.
Meistens hängen wir aber sowieso im Strandkorb ab. Das ist echt total gechillt. Da lese
ich dann oder höre Musik.
Mama und Papa haben schon versprochen, dass wir in den nächsten Osterferien wieder
hierher fahren. Ihr könntet doch auch mitkommen, oder? Das wäre doch total cool!
Deine Fine

④ Stell dir vor, Josefine möchte ihrer Oma dieselben Urlaubserlebnisse in einer E-Mail
mitteilen. Was sollte sie verändern? Formuliere die E-Mail entsprechend um.

⑤ In welchem der folgenden Sätze kann man das Wort *tun* im Schriftlichen verwenden und in welchen nicht? Suche passende Begriffe, mit denen du das Wort *tun* in diesen Sätzen ersetzen kannst.
- Unser Auto tut nicht mehr.
- In den Obstsalat tu ich immer Äpfel und Bananen.
- Tust du mir das geben?
- Du tust mir weh.
- Simon tut seine Sportsachen in die Tasche.
- Sie tut ihre Schuhe ins Schuhregal.
- Tust du mein Deutschheft auf meinen Schreibtisch?

⑥ Eine besondere Form der Umgangssprache ist die sogenannte Jugendsprache.
Sammelt Ausdrücke, die ihr der Jugendsprache zuordnen würdet.

⑦ Jedes Jahr wird durch eine Online-Abstimmung von Jugendlichen das „Jugendwort des Jahres" gewählt. Die Ausdrücke, die 2012, 2013 und 2014 als „Jugendwort des Jahres" gewählt wurden, waren:
- **2012:** *Yolo*
- **2013:** *Babo*
- **2014:** *Läuft bei dir.*

a) Welche dieser Ausdrücke kennst du? Versuche, sie in Standardsprache zu „übersetzen".
b) Bei welchen Ausdrücken hast du Schwierigkeiten? Erkläre, woran das liegt.
c) Welches Wort würdest du zum Jugendwort des aktuellen Jahres wählen? Begründe deine Entscheidung.

Ey Alter, läuft bei dir?

Klar Alter, alles yolo!

Merke **Die Standardsprache**

Anders als viele Dialekte wird die **hochdeutsche Standardsprache** in ganz Deutschland verstanden. Sie wird in allen deutschsprachigen Gegenden als **Schriftsprache** genutzt und ist sowohl in der Schule als auch in den Medien gebräuchlich.
Die **Umgangs- oder Alltagssprache** wird dagegen eher im mündlichen Sprachgebrauch verwendet. Sie kann sich – abhängig von der Region oder Gruppe, in der sie gesprochen wird – stark unterscheiden.

10 Der Rechtschreibung auf der Spur

Regeln und Strategien nutzen

Willst du keine spitzen Negel mehr in deinen Autoreifen?

Dann geh zur Brücke und lege 1000 Euro unter die alte Eiche!

Und nicht vergeßen: Bring das Geld in kleinen scheinen!

Du wirst ohne Polizei komen – sonst hast du pech gehapt!

1 Detektiv Spürnase lässt sich in seinen alten Ledersessel fallen, greift nach seiner Leselupe und studiert einen Erpresserbrief, den ihm ein verzweifelter Geschäftsmann gebracht hat. Der Erpresser hat seine Nachricht am Computer getippt, damit er nicht an seiner Handschrift erkannt wird. Spürnase will ihm aber anhand seiner Rechtschreibfehler auf die Spur kommen.

   a) Welche Fehler findet der Detektiv im Erpresserbrief? Lies den Text laut und prüfe jedes Wort genau. Schreibe die Wörter verbessert in dein Heft.

   b) Überprüft eure Ergebnisse anschließend in Partnerarbeit oder durch Nachschlagen.

2 Wie hätte der Erpresser seine Fehler vermeiden können?
   Nennt Strategien, die ihr schon kennt, um die richtige Schreibung von Wörtern herauszufinden.

GESPENST SPUCKTE IN GEISTERSCHLOSS

AUSBRUCH –
der gefangene Floh

DIEB HATTE FALSCHGELD IM GEBÄCK

BANDE STECKTE
HOLZHÜTE IN
BRAND

PFARRER
ERTEILT SÄGEN

3 Spürnase liebt es, Rechtschreibfehler aufzuspüren. Auch in der Zeitung findet er welche
und schreibt ab und zu einen freundlichen Leserbrief deswegen. Die zuständige Redakteurin
bedankt sich und ärgert sich über die Fehler: „Klar, dass das Computer-Rechtschreibprogramm hier keine Falschschreibung angezeigt hat."
a) Suche die Fehler in den Schlagzeilen. Warum wurden sie vom Rechtschreibprogramm
   nicht erkannt?
b) Schreibe die Schlagzeilen in richtiger Groß- und Kleinschreibung in dein Heft.

4 Überlegt gemeinsam, wie man die Fehler in den Schlagzeilen vermeiden kann.

> ### In diesem Kapitel …
>
> • untersuchst du, wie Wörter aus Silben aufgebaut sind,
>   und nutzt dein Wissen bei der Rechtschreibung.
> • erschließt du die wichtigsten Rechtschreibregeln.
> • nutzt du Strategien, um die richtige Schreibung eines
>   Wortes zu klären.

Wörter und Silben untersuchen

So viele Wörter und alle sind ganz anders? Keineswegs: Die allermeisten deutschen Wörter sind nach dem gleichen Muster aufgebaut. Es lohnt, den Aufbau dieser Wörter genauer zu untersuchen. So entdeckt man Regelmäßigkeiten, die beim Rechtschreiben helfen.

1 Übertrage die folgenden Sätze in dein Heft und setze dabei die jeweils passenden Buchstaben ein.

D■s Alph■b■t b■st■ht aus 26 B■chst■b■n.
M■n unt■rsch■■d■t: V■k■le, also S■lbstl■■t■,
zum Beispiel a, ■, ■, und Kons■n■nt■n, also Mitl■■t■,
zum Beispiel ■, ■, ■.
Auß■rd■m g■bt ■s ■m D■■tsch■n d■■3 Uml■■te
ä, ■, ■ ■nd d■ ■ ■ D■pp■ll■■te (Diphthonge), z■m B■■sp■■l
■■, ■■.

2 a) Deutsche Wörter sind in Silben aufgebaut. Zerlege die folgenden Wörter in Silben. Schreibe sie untereinander mit einem Silbentrennstrich auf.
die Ber – ge

> die Berge · leise · die Ernte · die Hefte · der Kleber · die Schulter · laufen · loben · raten · spüren · die Freude · die Hunde · die Meise · schlafen · das Auge · springen

b) Unterstreiche die betonte Silbe. Umkreise den Vokalbuchstaben in dieser Silbe.
l(ei)– se

c) Beschreibe den Aufbau der betonten Silbe:
- Welche Art von Lauten bzw. Buchstaben sind in jeder Silbe enthalten?
- Wie beginnt eine betonte Silbe in den meisten Fällen?
- Wie kann sie enden?

Merke **Der Aufbau von Silben**

Zu **jeder Silbe** gehört ein **Vokalbuchstabe**. Das kann ein Vokal (Selbstlaut) sein (a, e, i, o, u), ein Umlaut (ä, ö, ü) oder ein Doppellaut/Diphthong: ei, ai, au, äu, eu.
Dieser Vokalbuchstabe ist der **Silbenkern**, z. B.: *ra - ten, die Kan - te, die Flö - te, die Freu - de.*
Am Anfang oder Ende der Silbe können ein oder mehrere **Konsonantenbuchstaben** stehen, z. B.: *die Lam - pe, we - nig, rei - sen, sprin - gen.*

Lang oder kurz, offene oder geschlossene Silbe?

1 Die Wörter im Wortspeicher sind Beispiele für den typischen Aufbau deutscher Wörter.
Untersuche sie genauer:

a) Lege in deinem Heft eine Tabelle an. Schreibe die Wörter nach Silben getrennt auf und
umrahme den Silbenkern in der betonten Silbe: *die H(i)l-fe, …*

die Hilfe · die Tante · die Farbe · anders · denken · turnen · bremsen · wünschen	komisch · der Käse · mögen · lesen · malen · schreiben · der König · heute · lauter

b) Wie unterscheiden sich die beiden Spalten?
Arbeitet zu zweit. Sprecht die Wörter deutlich aus.
- Hört genau hin, welche Silbe jeweils betont wird.
- Wo wird der betonte Vokalbuchstabe lang, wo wird er kurz gesprochen?

2 Übernimm die folgende Tabelle ins Heft. Sortiere die Wörter aus dem Wortspeicher
unten ein.
Schreibe sie silbiert auf und umrahme den Silbenkern der betonten Silbe.

Die betonte Silbe endet mit einem Vokalbuchstaben. Der Vokal wird lang gesprochen.	Die betonte Silbe endet mit einem Konsonanten. Der Vokal wird kurz gesprochen.
k(ei)-ner g(e)-ben …	br(i)n-gen …

bringen · danken · keiner · geben · halten · kaufen · essen · die Möwe · morgen · der Name · rauchen · springen · die Träume · trinken · warten · der Hase

3 Schreibe zu fünf Wörtern aus Aufgabe 2 möglichst viele Reimwörter auf.
Notiere sie untereinander und in Silben getrennt.

der Ha-se
die Va-se
die Na-se

…

④ Verlängere die Wörter im Wortspeicher und sortiere sie nach lang oder kurz gesprochenem Vokalbuchstaben.

– *offene Silbe, lang gesprochener Vokalbuchstabe: brav* ⟶ *bra - ver, …*
– *geschlossene Silbe, kurz gesprochener Vokalbuchstabe: das Bild* ⟶ *die Bil - der, …*

> brav · das Bad · das Bild · bunt · klar · leicht · der Sprung · der Wert · laut · kalt ·
> der Schrank · das Kalb · das Ding · der Tag · die Not · das Bein · die Hand

⑤ Untersuche den Text über Detektive.
   a) Ordne die rot gedruckten Wörter danach, ob der betonte Vokal kurz oder lang gesprochen wird:
   - offene Silbe, lang gesprochener Vokalbuchstabe, z. B.:
     die Lö-sung
   - geschlossene Silbe, kurz gesprochener Vokalbuchstabe, z. B.:
     der Man - tel
   b) Bilde zu den blau gedruckten Wörtern eine zweisilbige Verlängerung. Schreibe die Wörter silbiert auf, z. B.:
   die Spur ⟶ *die Spu - ren*

Detektive – der Lösung auf der Spur

Brauner Mantel, dunkler Hut, in der Hand eine Lupe – dieses Bild haben viele Menschen vor Augen, wenn sie an einen Detektiv denken.
Viele glauben, dass Detektiven fast jedes Mittel recht ist, um einen Räuber zu fangen. Doch es ist wirklich völlig anders: Heute muss ein Detektiv vor allem scharf beobachten und jeden kleinen Tipp prüfen. Vor allem soll ihn bei seiner Arbeit keiner erkennen.

Merke   **Offene und geschlossene Silben, lang und kurz gesprochene Vokale**

Die meisten deutschen Wörter bestehen aus zwei Silben, von denen die erste betont wird, z. B. *Sil - be*. Für diese typischen Wörter gilt:
Ist die Silbe **offen**, d. h., sie endet auf einen **Vokalbuchstaben**, wird dieser lang gesprochen, z. B.: *mu - tig, der Bo - den, gü - tig, hei - ser*.
Ist die Silbe **geschlossen**, d. h., sie endet auf einen **Konsonanten**, dann wird der Vokalbuchstabe kurz gesprochen, z. B.: *dan - ken, mor - gen, die Schul - ter*.
Um diese Probe auch bei einsilbigen Wörtern anwenden zu können, muss man sie verlängern:
- Bilde bei Verben den Infinitiv (die Grundform), z. B.: *holt* ⟶ *ho - len*.
- Bilde bei Nomen die Pluralform (die Mehrzahl), z. B.: *Kind* ⟶ *Kin - der*.
- Bilde bei Adjektiven die Steigerungsform, z. B.: *laut* ⟶ *lau - ter*.

Wann schreibt man Doppelkonsonanten?

1 a) Übertrage die Wortreihen in dein Heft. Trenne dabei die Wörter in Silben.

fär - ben

b) In jeder Reihe weist ein Wort eine Besonderheit auf. Unterstreiche und begründe deine Entscheidung.

> färben – tanzen – kippen – tarnen – merken
>
> messen – binden – denken – warten – rasten
>
> die Schwester – der Onkel – die Tante – der Neffe – die Nichte

2 a) Suche aus dem Text unten sieben Wörter heraus, die Doppelkonsonanten enthalten.
Schreibe sie silbiert in dein Heft.

Tipp: Trenne Wortzusammensetzungen und untersuche jeden Bestandteil einzeln.

der Pfef - fer

b) Sprich die Wörter deutlich aus.

- Wird der Silbenkern in der betonten Silbe lang oder kurz gesprochen?

- Hörst du im Anschluss an den Silbenkern einen oder verschiedene Konsonanten?

c) Schau dir nochmals die Wörter an, bei denen man nur einen Konsonanten hört.
Warum muss man diesen verdoppeln?

Tipp: Nimm den Merkkasten auf Seite 274 zu Hilfe.

Die Pfefferkörner

Räuber und Gangster, Gauner und Verbrecher: „Die Pfefferkörner" schlagen sie alle in die Flucht. Bereits seit 1999 sammeln die Filmdetektive Indizien und
5 finden immer neue Mittel und Wege zu ihrem Ziel. Inzwischen haben die Jungdetektive bereits über hundert Fälle gelöst. Ihren Namen haben die „Die Pfefferkörner" von ihrem Hauptquartier, einem
10 alten Lagerhaus für Gewürze mitten in der Hamburger Speicherstadt. Von dort aus jagen und schnappen sie dreiste Einbrecherbanden, Hundehändler ohne Skrupel oder Brandstifter, die die ganze
15 Stadt in Angst und Schrecken versetzen.

3 a) Übertrage die Tabelle in dein Heft und sortiere die Wörter unten ein.

ff	ll	mm	nn	pp	ss	tt
hoffen	*alle*	…	…	…	…	…
…	…					

hoffen, alle, kommen, besser, billig, immer, hoffentlich, kennen, fassen, die Gruppe, retten, der Himmel, passen, sammeln, der Kaffee, passieren, füllen, das Bett, die Kartoffel, der Koffer, allein, der Löffel, zusammen, offen, können, die Brille, öffnen, schwimmen,

die Klette, wissen, die Treppe, nennen, das Essen, schaffen, die Matte, nett, küssen, fallen, die Sonne, die Puppe, das Wasser, die Klasse, bellen, das Schiff, lassen, rennen, treffen, kämmen, die Butter, die Nummer, das Zimmer, gewinnen, der Teppich, die Tasse, die Mutter

b) Verwende aus jeder Spalte zwei Wörter in einem Satz, z. B.:
ff: Ich ho__ff__e, dass morgen die So__nn__e scheint. …

Merke   Wann werden Konsonanten verdoppelt?

- In den meisten Wörtern mit geschlossener betonter Silbe stehen an der Silbengrenze **mindestens zwei verschiedene Konsonanten**, z. B.:
  die Ker - ne, ros - tig, die Wes - pe, wär - men.
- In manchen Wörtern mit geschlossener betonter Silbe spricht und hört man nach dem kurzen Vokal nur **einen Konsonanten**. Ist das der Fall, so wird dieser Konsonant beim Schreiben **verdoppelt**, damit die Silbe geschlossen werden kann, z. B.:
  schwim - men, ret - ten, wis - sen, die Lip - pe, die Hal - le.

Man spricht auch von einem **Silbengelenk**, da der eine (gehörte) Konsonant die kurze betonte Silbe schließt und der zweite den Anfang der nächsten Silbe bildet.

k e n – n e n

④ Verlängere die Wörter im Wortspeicher wie im Beispiel, um herauszufinden, ob du einen Doppelkonsonanten schreiben musst.

Tipp: Zerlege Zusammensetzungen.

der Stof(f)?   *die Stof - fe*   ⟶ *der Stoff*

die Schwim(m)weste?   *schwim - men*   ⟶ *die Schwimmweste*

> der Stof(f) · die Schwim(m)weste · der Bal(l) · der Stal(l) · das Ren(n)pferd · der Fal(l) · die Bet(t)decke · hel(l) · dum(m) · der Man(n) · dün(n) · der Her(r) · der Flus(s) · das Schlos(s) · der Schlus(s) · nas(s) · die Nus(s) · das Blat(t) · glat(t) · net(t)

⑤ Wenn du bei Verbformen unsicher bist, ob du einen Doppelkonsonanten schreiben musst, kann dir der Infinitiv (die Grundform) helfen, z. B.:

sie kom(m)t? kom - men: ⟶ *sie kommt.*

Untersuche die Verbformen unten wie im Beispiel. Achtung: Manchmal hat die Grundform des Verbs einen anderen Stammvokal.

es beginnt	es passt	er bestellt
es brennt	sie isst	sie fällt
sie erkennt	er fasst	er füllt
er nennt	es frisst	es rollt
sie rennt	sie küsst	sie stellt
	er lässt	
sie hofft	sie misst	sie bestimmt
er schafft	er vergisst	sie schwimmt
sie trifft		er kämmt

Merke   **Doppelkonsonanten in der Wortfamilie**

Die Verdopplung eines Konsonanten im Wortstamm **bleibt in der Wortfamilie erhalten**. Wenn du bei der Schreibung unsicher bist, kann dir eine verlängerte Form helfen. Bilde bei Verben den Infinitiv, bei Nomen den Plural oder bei Adjektiven eine Steigerungsstufe, z. B.: *net(t)?*

*ne - ter?   ⟶ *Falsch: hier würde das e lang ausgesprochen.*

net - ter?   ⟶ *Richtig: Silbengelenk kurz gesprochenem Vokal.*

Besondere Silbengelenke

1 Schreibe die Wörter in dein Heft und ergänze **ck** oder **tz**.
Unterstreiche diese Konsonanten.

der Schre<u>ck</u>en, die Spi<u>tz</u>e, ...

der Schre___en · die Spi___e · Augenbli___e · entde___en · die Hi___e ·
verle___en · schmu___ig · die Brü___e · das Ka___enauge · ba___en · bli___en ·
pu___en · le___te · die Mü___e · se___en · die Matra___e

2 Schreibe zu folgenden vier Wörtern möglichst viele Reimwörter nach Silben getrennt auf.
Achtung: Du musst vor ch und sch trennen.

ma - chen
die La - sche, ...

machen	pochen	die Lasche	die Frische

3 Übertrage die Tabelle unten in dein Heft. Entscheide dich für die richtige Schreibweise der
Wörter im Wortspeicher und sortiere sie in die Tabelle ein.

sie stop(p)t · er leb(b)t · glat(t) · sie hof(f)t · der Man(n) · der Schwan(n) ·
er pa(c)kt · wis(s)en · sie stem(m)t · es bli(t)zt · sie stel(l)t · das Schif(f) ·
das Kis(s)en · sie rol(l)t · der Mut(t) · das Tal(l) · es bren(n)t

Langer Vokal – einfacher Konsonant	Kurzer Vokal – doppelter Konsonant, ck oder tz
le-ben ⟶ er lebt	*stop-pen ⟶ sie stoppt*
...	...

Merke   Besondere Silbengelenke

Die Konsonanten **k** und **z** werden in deutschen Wörtern nicht verdoppelt.
Stattdessen schreibt man **ck** bzw. **tz**, z. B.:
der Bä<u>ck</u>er, die Ka<u>tz</u>e.

Auch **ch** und **sch** werden nicht verdoppelt.
Bei der Silbentrennung am Zeilenende wird vor **ch/sch** getrennt, z. B.:
der Be - cher, la - chen, mi - schen.

Dehnungs-h und silbentrennendes h

1 a) Gliedere die Wörter im Wortspeicher in Sprechsilben. Was haben sie gemeinsam?

> lohnen · die Bahnen · die Bohne · zählen · nehmen · wählen · stehlen · die Rohre ·
> stöhnen · wohnen · die Stühle · die Mühle · fahren · rühmen · zähmen · strahlen ·
> fühlen · das Fohlen · die Höhle · die Sohle · die Uhren · führen · bohren · die Kohle

b) Untersuche, wie die erste Silbe endet und wie die zweite beginnt. Was fällt dir auf?

c) Schreibe die Wörter alphabetisch sortiert in dein Heft, z. B.: *die Bahnen, die Bohne, ...*

d) Suche vier Wörter aus und schreibe verwandte Wörter in dein Heft.

  lohnen: der Lohn, belohnen, lohnenswert, Entlohnung, ...

2 Bei den folgenden Wörtern hat das h eine ganz andere Aufgabe als in den Wörtern oben.

a) Zu welcher Silbe gehört das h? Sprich die Wörter so, dass man das h hört.

b) Schreibe die Wörter nach Silben getrennt in dein Heft und verwende jedes in einem Satz.

  blü - hen: Der Flieder blüht.

> blühen · drehen · gehen · die Höhe · nähen · die Reihe · die Ruhe · sehen · ziehen

3 Dehnungs-h oder silbentrennendes h? Suche das Kuckucksei in jeder Wortreihe.

> die Zähne – die Zehe – zählen – zehren – zähmen
> nehmen – fehlen – stehlen – nähen – lohnen
> er bohrt – sie stiehlt – er wohnt – sie fährt – er steht

Merke **Dehnungs-h und silbentrennendes h**

Das Dehnungs-h

In manchen Wörtern zeigt ein **h** die offene Silbe mit lang gesprochenem Vokal an.
Dieses Dehnungs-h steht nur (aber nicht immer!) vor **l, m, n** oder **r**, z. B.:
zahlen, nehmen, Bohne, fahren.

Das silbentrennende h

Im Wortinneren kann eine Silbe auch **mit einem h beginnen**. Dieses h kann man hören, z. B.:
zie - hen, ge - hen, ru - hig. Hier spricht man von einem **silbentrennenden h**.
Es bleibt in verwandten Wörtern erhalten. Um es zu hören, verlängert man einsilbige Wörter,
z. B.: *zie ? t*   *zie - hen* ⟶ *zieht.*

Wörter mit lang gesprochenem i

1 a) Suche in jeder Zeile das Kuckucksei. Sprich dazu die Wörter deutlich und nach Silben getrennt, z. B.:

der Pin-sel.

Begründe deine Entscheidung.

> der Pinsel – schieben – biegen – die Liebe – vergießen
> schließen – bieten – bilden – sieben – die Miete
> der Riemen – die Kiemen – der Spiegel – die Niete – tippen
> die Wiege – der Riese – fliegen – kitzeln – die Biene

b) Wann werden Wörter mit ie geschrieben? Versuche, einen Merksatz zu formulieren.

2 a) Bilde zu diesen Wörtern jeweils das Gegenteil:

die Niederlage – der ■ ■ ■ ■
gerade – ■ ■ ■ ■ ■ ■
hoch – ■ ■ ■ ■
böse – ■ ■ ■ ■
der Frieden – der ■ ■ ■ ■ ■
der Start – das ■ ■ ■ ■
wenig – ■ ■ ■ ■

b) Die Schreibung des i-Lauts im Wortstamm bleibt in der Wortfamilie erhalten. Schreibe jeweils mindestens zwei weitere Wörter aus derselben Wortfamilie auf, z. B.:

der Sieg ⟶ siegen, besiegen, siegreich, ...

3 a) Schreibe zu jedem Nomen im Wortspeicher verwandte Verben mit der Endung -ieren auf.

das Programm: programmieren

> das Programm · die Nummer · der Marsch · die Probe · das Training ·
> der Fotograf · das Experiment · das Telefon · der Alarm

b) Formuliere mit jedem Verb, das du mit der Endung -ieren gebildet hast, einen Satz.

Larissa kann schon ein bisschen programmieren.

4 Bei diesen Wörtern wird das lang gesprochene i mit einfachem i geschrieben.
Schreibe die Wortanfänge ab und ergänze passende Silben aus dem Silbengitter.
der Liter

der Li ▮
das Ki ▮
der Ti ▮
der Bi ▮
die Ma ▮ ▮
die Man ▮ ▮ ▮
das Kli ▮
die La ▮ ▮

~~ter~~	ne	no
ber	wi	ger
schi	da	ma
ne	ri	ne

5 In diesem Text fehlen alle i-Laute. Schreibe ihn ab und setze sie in der richtigen
Schreibung ein.
Tipp: Prüfe zunächst, ob der i-Laut lang oder kurz gesprochen wird. Wird er kurz
gesprochen, schreibe ein einfaches i. Wird er lang gesprochen, nutze den Merkkasten.

T ▮ rische Erm ▮ ttler

M ▮ ttlerweile s ▮ nd T ▮ re aus v ▮ len
Bereichen gar n ▮ cht mehr wegzudenken.
So helfen zum Beisp ▮ l Hunde wegen ▮ res
guten R ▮ chers, von Law ▮ nen verschüt-
tete Menschen zu f ▮ nden. Selbst B ▮ nen
werden bei der Sprengstoffsuche eingesetzt,
weil ▮ re Fühler über mehrere K ▮ lometer
h ▮ nweg Explosives r ▮ chen.

Merke	**Wörter mit lang gesprochenem i**

- **Wörter mit ie:** Die meisten Wörter mit lang gesprochenem i werden mit **ie** geschrieben,
  z. B.:
  die - se, Spie - le, bie - gen, Brie - fe, fie - len, flie - gen, Frie - den.
- **Wörter mit i:** Seltener wird der lange i-Laut durch den Buchstaben **i** wiedergegeben.
  Das gilt vor allem für Fremdwörter und einige Merkwörter, z. B.:
  Benzin, Klima, Kino, Maschine, Lawine; wir, dir, mir; Igel, Kaninchen, Tiger.
- **Wörter mit ih:** Merke dir als Ausnahmen die Personalpronomen *ihr, ihn, ihm, ihnen, ihre.*

Merkwörter mit Doppelvokal

1 a) Welche Wörter mit Doppelvokal fehlen hier? Schreibe die Sätze ab und ergänze sie.

Schuhe kauft man immer als ▨▨▨.
Damit gingen die Neandertaler auf Jagd: ▨▨▨.
Der fällt im Winter: ▨▨▨.
Das wächst auf dem Waldboden und ist ganz weich: ▨▨▨.
Auf dem Kopf wachsen ▨▨▨.
Dort kann man Tiere beobachten: ▨▨▨.

b) Überlege dir weitere Wörter mit Doppelvokal. Formuliere zu diesen Wörtern Satzanfänge wie in Aufgabe 1a) und lass deine Mitschüler/-innen raten, um welche Wörter es sich handelt.

c) Untersuche, welche Vokale verdoppelt werden können und welche nicht.

2 Bilde möglichst viele Zusammensetzungen mit folgenden Nomen:

die Beere	der Saal	die Waage	der Zoo

die Beere ⟶ der Beerenkuchen, die Stachelbeere, ...

3 Hier stimmt was nicht: Setze die Wörter richtig zusammen und schreibe sie in dein Heft.

Meeresgut	Kleebrise	Saatfang	Seelenblatt	Aalverwandter

Merke   Wörter mit Doppelvokalen

Nur in wenigen Wörtern wird der lang gesprochene Vokal durch **Vokalverdopplung** gekennzeichnet. Diese Wörter solltest du dir merken, z. B.:
aa: *der Aal, das Haar, das Paar, der Saal, der Staat*
ee: *die Beere, das Beet, die Fee, das Heer, leer, das Meer, der Schnee, der See, der Tee*
sowie **Fremdwörter mit -ee** am Wortende: *die Idee, der Kaffee ...*
oo: *das Boot, doof, das Moor, das Moos, der Zoo*

s-Laute unterscheiden

s oder ß? Der s-Laut nach langem betontem Vokal

1 a) Sprich die Wörter im Wortspeicher laut und deutlich. Welche Unterschiede kannst du erkennen?

> heißen · die Hose · die Dose · außen · grüßen · lösen · stoßen · draußen ·
> beißen · reißen · reisen · lesen · die Straße · hinweisen · der Riese · fließen

b) Schreibe die Wörter nach Silben getrennt ab. Was fällt dir auf?

2 Am Wortende wird der s-Laut immer stimmlos gesprochen. Deshalb musst du die Wörter verlängern, um zu entscheiden, wie du schreiben musst.

der Bewei?	das Ei?	der Fu?	das Gla?	das Glei?	der Krei?	das Ma?
der Prei?	der Spa?	der Sto?	barfu?	gro?	sü?	wei?

3 Rätsel: Schreibe die gesuchten Begriffe in dein Heft. Von oben nach unten gelesen, ergeben die Buchstaben in den rot unterlegten Feldern das Lösungswort.

Wer spukt nachts durch Häuser?

Was tut ein Fluss?

Wo findet man Blumen?

Was hat der Schornsteinfeger an den Händen und im Gesicht?

Was ist das Gegenteil von *laut*?

Wie heißt eine mit kurzem Gras bewachsene Fläche?

Merke   s-Laute unterscheiden

- Wird der s-Laut nach einer offenen Silbe **stimmhaft** (weich, summend) gesprochen, dann wird er mit **s** geschrieben, z. B.: *die Na-se, rei-sen.*
- Wird der s-Laut nach einer offenen Silbe **stimmlos** (hart, zischend) gesprochen, dann wird er als **ß** geschrieben, z. B.: *schlie-ßen, die So-ße.* Diese Schreibungen gelten auch für verwandte Wörter.

Achtung: Am Wortende wird der s-Laut immer stimmlos gesprochen, deshalb musst du das Wort verlängern und dich nach der Aussprache im verlängerten Wort richten, z. B.: *Gra? Grä-ser (stimmhaft)* ⟶ *Gras; Strau? Sträu-ße (stimmlos)* ⟶ *Strauß.*

Langer oder kurzer Vokal, ß oder Doppel-s?

1 a) Sortiere in einer Tabelle: die Wörter mit ß links, die Wörter mit Doppel-s rechts.

> außen · besser · draußen · fassen · fleißig · gießen · größer · grüßen · die Klasse ·
> das Messer · passen · schließen · schließlich · der Sessel · die Tasse · das Wasser

b) Untersuche die Silben der Wörter.
  - Achte auf die Länge des Vokals in der ersten Silbe.
  - Schreibe die Wörter nach Silben getrennt auf und bestimme, ob die erste Silbe offen
    oder geschlossen ist.
c) Formuliere eine Regel, wann man Doppel-s und wann man ß schreibt.

2 Bilde aus den Silben in den Kästen zweisilbige Wörter: *Fü - ße, ...*

> die Fü-, hei-, sto-, die Grü-, die Stra-, flei-, die Spä-,
> drei-, die Grö-, die Sü-
>
> -ße, -ßen, -ßig

3 In folgenden Wortfamilien verändert sich die Länge des betonten Vokals und damit auch
die s-Schreibung.
a) Notiere alle Infinitivformen (Grundformen) aus dem Wortspeicher untereinander in
dein Heft.
b) Schreibe die dazugehörige Präteritumform dahinter und markiere den s-Laut.
  lassen - ließ

> lassen · er goss · schließen · sie vergaß · essen · fließen · er schoss · sie verließ ·
> gießen · messen · er riss · sie ließ · schießen · er aß · verlassen · reißen · er floss ·
> sie maß · sie schloss · vergessen

4 Schreibe eine kleine Geschichte mit möglichst vielen Wörtern aus Aufgabe 3.
Unterstreiche anschließend das Doppel-s oder das ß in diesen Wörtern.
„Ich darf die Blumen nicht vertrocknen lassen!", dachte Kolya. Er goss ...

Merke **Der Wechsel von ß und Doppel-s im Wortstamm**

Wird beim **Wechsel des Stammvokals** in verwandten Wörtern aus dem kurzen Stammvokal
ein langer, dann wird aus Doppel-s ein ß:
verlassen (kurzer Stammvokal) ⟶ *sie verließ* (langer Stammvokal).
Wird umgekehrt aus dem langen Stammvokal ein kurzer, dann wird aus ß Doppel-s:
gießen (langer Stammvokal) ⟶ *er goss* (kurzer Stammvokal).

Groß- und Kleinschreibung

1 Detektiv Spürnase erhält eine Nachricht von Gräfin Jutta von Sonnenwind.
„Die Gräfin ist wirklich sehr aufgeregt, sonst hätte sie nicht so viele Fehler bei der
Groß- und Kleinschreibung gemacht", denkt sich Spürnase.
Suche die elf Fehler in dem Brief. Der Merkkasten hilft dir.

Sehr geehrter Herr Detektiv,

*ich möchte Sie bitten, in einer sehr wichtigen Angelegenheit für Mich zu ermitteln.
Meine Überaus wertvolle Halskette mit Diamanten und Rubinen wurde gestohlen.
Ich bin außer mir. Die kette ist ein Erbstück von meiner Großmutter elvira. alle
Hoffnung liegt nun bei Ihnen, dass sie Sie wiederfinden und den Dieb schnappen.
Von einem Freund wurden Sie mir als sehr Zuverlässiger und findiger ermittler
empfohlen. Ich erwarte Sie heute gegen 14 uhr bei mir zu Hause (Villenweg 12).
bitte seien Sie pünktlich.*

*Hochachtungsvoll
Gräfin Jutta von Sonnenwind*

---

2 Die Wortkette enthält die Lösung
des Falles. Schreibe mithilfe der
Regeln im Merkkasten die drei
Sätze in der richtigen Groß- und
Kleinschreibung in dein Heft.

derfallkonnteschnellgelöstwerdendiekettefandderdetektivimstaubsaugerbeutelsiewarunterdasbettgefallenundunbemerktvonderputzfrauemmaaufgesaugtworden

---

Merke	**Groß schreibt man:**

- am **Satzanfang**, z. B.: *Die Gräfin war entsetzt. Aber Spürnase blieb gelassen.*
- bei **Eigennamen** und **Nomen**, z. B.: *Anton, Sofie; die Katze, der Koffer, der Urlaub.*
- bei der **Anrede** von Personen, die man mit „Sie" anspricht, z. B.:
  Liebe Frau Schlau,
  wir danken Ihnen dafür, dass Sie uns immer so tolle Knobelaufgaben geben.

Strategien zum Rechtschreiben

Strategie: Nomen an typischen Suffixen erkennen

1 Bilde aus den Wortbausteinen Nomen und schreibe sie mit Artikel in dein Heft.
die Freundschaft, ...

Freund-	Kind-	Meister-	Land-	Hellig-	Dunkel-
Wohn-	Erleb-	Geheim-	Reich-	Helden-	Schön-

-nis	-ung	-keit	-tum	-heit	-schaft

2 Bilde mit den Suffixen (Nachsilben) –keit, –heit, ... und den Wörtern im Wortspeicher Nomen und verwende sie in einem Beispielsatz.
aufmerksam – Aufmerksamkeit
Spürnase richtete seine Aufmerksamkeit auf den verdächtigen Fleck am Boden.

> aufmerksam · dunkel · entdecken · finster · lösen · sichern · täuschen · verfolgen

3 Schreibe den Text in der richtigen Groß- und Kleinschreibung ab und unterstreiche die Suffixe (Nachsilben).

(Achtung Fehler!)

> ### die perfekte tarnung
>
> eine gute tarnung ist wichtig für das erfolgreiche beschatten eines verdächtigen. für die anfertigung der verkleidung braucht man etwas geschick. eigenschaften einer fremden person werden vom spion täuschend echt übernommen. dazu benötigt er auch gute sprachkenntnisse, um botschaften zu verstehen. das geheimnis seiner identität soll möglichst lange gewahrt bleiben. so kann es dem ermittler gelingen, den verbrecher zu stellen.

Merke **Typische Nomensuffixe**

Wörter mit den Suffixen (Nachsilben) **-heit**, **-keit**, **-nis**, **-schaft**, **-tum**, **-ung** sind Nomen und werden großgeschrieben, z. B.:
die Kind<u>heit</u>, die Heiter<u>keit</u>, das Geheim<u>nis</u>, die Bot<u>schaft</u>, der Reich<u>tum</u>, die Belohn<u>ung</u>.

Strategie: Nomen an ihren Begleitwörtern erkennen

1 Entscheide bei jedem Satz, ob du die Wörter rechts als Nomen einsetzen musst oder nicht. Begründe deine Entscheidung.

Ich ▮▮ meinen Schlüssel. Kannst du mir bei meiner ▮▮ helfen?   suche / Suche

Die ▮▮ dauert schon sehr lange. Wenn du mir hilfst, ▮▮ ich nicht mehr lange.

Beim Golfen liegt das Zielloch auf dem ▮▮.   grün / Grün

Nicht nur auf dem Golfplatz ist ein Rasen eine Zierde, wenn er schön ▮▮ ist.

Die Mannschaft gewann alle ▮▮.   spiele / Spiele

Wegen des Sturms sagte man die ▮▮ ab.

Am liebsten ▮▮ ich mit Freunden.

Schach ▮▮ ich sehr gut.

2 Übertrage die Tabelle in dein Heft und ordne alle Nomen mit ihren Begleitwörtern aus dem Text ein.

mit Artikel	mit Adjektiv	mit Zahlwort	ohne Begleitwort
...	*wichtige Unterlagen*	...	...

Wohin mit den Unterlagen?

Um wichtige Unterlagen sicher weiterzugeben, braucht ein einfallsreicher Spion gute Verstecke. In einer Mülltüte vermutet keiner einen Geheimauftrag. Auch Bäume und Steine sind geeignet. Raffiniert sind ausgehöhlte Bücher, in denen man Schlüssel oder Briefe vor neugierigen Blicken verbergen kann. Manche Spione haben Pech: Denn was passiert mit den vielen Informationen, wenn der Wind den Laubhaufen verweht oder die Mülltonne von den Stadtwerken abgeholt wird?

③ Nomen können mehrere Begleitwörter haben. Probiere es aus:
- Erweitere die markierten Nomen in den Sätzen A und B um mehrere Begleitwörter (→ Merkkasten).
- Schreibe die Sätze in dein Heft und achte auf die richtige Groß- und Kleinschreibung.
- Markiere das Nomen und unterstreiche die Begleitwörter, z. B.:

Ich habe einen Roller.
Ich habe einen tollen Roller.
Ich habe einen tollen, bunten Roller.

A Gib mir die Tasche!
B Das Kind kauft Gummibärchen.

④ a) Entscheide, welche der Wörter im Text Nomen sind.
Erkläre deine Entscheidung, z. B.: „Geheimnisse": hat das Begleitwort „wichtige".
b) Schreibe den Text in der richtigen Groß- und Kleinschreibung in dein Heft.

WICHTIGE GEHEIMNISSE WAHREN

SICHER BESITZT AUCH DU GEHEIME DINGE, DIE NICHT JEDER ENTDECKEN SOLL. DA DU ALLERDINGS NICHT IMMER DAHEIM BIST, BRAUCHST DU EINE FUNKTIONIERENDE ALARMANLAGE, UM UNERWÜNSCHTE SCHNÜFFLER ABZUWEHREN. BEFESTIGE EINEN AUFGEBLASENEN LUFTBALLON AN DER WAND HINTER DEINER ZIMMERTÜR. AN DIE TÜR SELBST BRINGST DU MIT KLEBEBAND EINE PINNNADEL SO AN, DASS SIE BEIM ÖFFNEN DER TÜR DEN BALLON ZUM PLATZEN BRINGT. BEI DEM KNALL WIRD DER ERSCHROCKENE EINDRINGLING SCHNELL DAS WEITE SUCHEN.

Merke	Nomen an ihren Begleitwörtern erkennen

Nomen kann man an **Begleitwörtern** erkennen, die ihnen im Satz vorausgehen. Das sind z. B.:
- **Artikel:** _der_ Polizist.
- **Adjektive:** _schwierige_ Fälle.
- **Pronomen:** _dieser_ Beweis, _meine_ Juwelenkette.
- **Zahlwörter:** _einige_ Probleme; _viele_ Täter, _fünf_ Beweisfotos.
Manchmal ist das Begleitwort versteckt (z. B. *am Tag = an _dem_ Tag*).
Ist kein Begleitwort vorhanden, kann man **ein gedachtes Begleitwort ergänzen**, z. B.:
Ohne Glück klapptes nicht. → *Ohne _ein wenig_ Glück / Ohne _besonderes_ Glück …*

Strategie: Wörter verlängern

1 Bilde aus den Satzteilen sinnvolle Sätze. Schreibe sie in dein Heft und vergleiche die Schreibung.

Ein Rad ...	... von dir wäre mir wichtig.
Das Schiff ...	... singt.
Der Chor ...	... sinkt.
Ein Rat ...	... ist ein Sportgerät.

2 a) Sprich die folgenden Wörter deutlich aus und achte dabei auf den markierten Buchstaben. Welche Laute hörst du jeweils?

> das Bad · trüb · rund · er liegt · es reibt · der Berg · das Werk

b) Verlängere die Wörter, indem du zum Beispiel folgende Formen bildest:
- bei Nomen den Plural, z. B.: *Rad – Räder,*
- bei Verben den Infinitiv (die Grundform), z. B.: *sie raubt – rauben,*
- bei Adjektiven die erste Steigerungsstufe, z. B.: *schräg – schräger.*

c) Vergleiche die Aussprache bei den Wortpaaren. Was zeigt dir die Verlängerung an?

3 b oder p? d oder t? g oder k?
Schreibe jedes Wort zusammen mit einer verlängerten Form in dein Heft und setze den fehlenden Buchstaben ein, z. B.:
der Ran? ⟶ die Rän<u>d</u>er ⟶ der Rand

> der Ran? · der Aben? · der Erfol? · der Hun? · sie flie?t · gro? · du kle?st · der Kor? · das Kin? · mil? · wun? · al? · der Sta? · er schrei?t · sie glau?t · die Wan? · der Zwer? · er hu?t · er to?t

④ Diktiert euch in Partnerarbeit gegenseitig den folgenden Text und vergleicht eure Schreibungen. Führt bei Bedarf die Verlängerungsprobe durch.

Ständig im Einsatz

Ein Detektiv ist ständig bei Win ■ und Wetter im Einsatz, einen Feieraben ■ gi ■ t es nicht. Gerade will Spürnase in sein Butterbro ■ beißen, als das Telefon klingelt. Ein wertvoller Gol ■ ring wurde gestohlen und der Wachhun ■ verschwan ■. Spürnase greift sich seinen Anzu ■ und macht sich auf den We ■.

Er verfolgt den Die ■ bis in den Wal ■. Hier kann er den Gauner fangen, als er gerade die Beute vergrä ■ t. „Wo ist Bello?", befra ■ t ihn der Detektiv. Doch der Mann schwei ■ t.

⑤ Zerlege die Zusammensetzungen im Wortspeicher und führe die Verlängerungsprobe durch wie im Beispiel.

die Ra?kappe = Ra? + Kappe ⟶ Räder ⟶ Radkappe

> die Ra?kappe · das Aben?essen · der Wer?zeu?kasten · das Han?tuch · ein Mor?fall · das Rin?fleisch · die Lan?luft · der Win?stoß · die Gel?gier

⑥ Was gehört zusammen?
a) Kläre die Schreibung der Wörter im linken Kasten mit der Verlängerungsprobe, z. B.: *Berge ⟶ Berg*.
b) Bilde Zusammensetzungen mit den Wörtern links und rechts, z. B.: *Berghütte*.

> Ber(g/k), Her(d/t), Flu(d/t), Kor(g/k), Wer(g/k), Stau(b/p), Lie(d/t), Lau(p/b)

> Text, Hütte, Baum, Wolke, Tag, Signal, Platte, Boden

Merke **Wörter verlängern (Verlängerungsprobe)**

Am Wortende klingt b wie p, g wie k und d wie t. Hier verwendet man die **Verlängerungsprobe**, um die richtige Schreibung zu ermitteln. Beim Verlängern
- setzt man **Verben** in den **Infinitiv** (Grundform), z. B.: *gibt ⟶ geben*,
- werden **Adjektive gesteigert**, z. B.: *gesund ⟶ gesünder*,
- bildet man bei **Nomen** den **Plural**, z. B.: *der Tag ⟶ die Tage*.
Achtung: Zusammensetzungen müssen zerlegt werden, um die Verlängerungsprobe durchzuführen, z. B.: *Fel?hase = Fel? + Hase ⟶ Felder ⟶ Feldhase*.

Strategie: Die Schreibung aus verwandten Wörtern ableiten

1 Suche zu den Wörtern im Wortspeicher verwandte Formen mit a/au. Schreibe sie in dein Heft, z. B.: *kräftig – die Kraft*, …

> kräftig · der Bäcker · glänzen · häuslich · die Läuferin · rächen · schädlich · träumen · die Wärme · zählen

2 ä oder e, äu oder eu? Schreibe die folgenden Wörter richtig in dein Heft. Notiere bei ä/äu-Schreibung ein verwandtes Wort als „Beweis", z. B.: *äußerlich (außen)*, …

> ?ßerlich · die B?te · das B?mchen · die Fr?nde · h?fig · die M?nschen · pr?chtig · bef?stigen · bem?rken · f?rben · die F?lschung · die Fl?che · gl?nzen · gl?tten · die Gr?ser · die K?lte · k?mmen · k?hren · l?rnen · die S?cke · sch?men · der Verr?ter

3 Verkehrte Welt? Verbessere die Sätze und begründe die richtige Schreibweise.

Das Leuten erschreckt die Läute.

Die gestohlenen Fälle gehören zu seinen schwersten Fellen.

4 Zu den folgenden Wörtern gibt es kein verwandtes Wort mit a. Daher musst du sie dir besonders gut einprägen. Schreibe das Rätsel in dein Heft und löse es.

1. Mäuse essen angeblich gerne K ■ se.
2. eine Insektenart: K ■ ■ ■ ■
3. das Gegenteil von *früh*: ■ ■ ■ ■
4. ein Zeichen von Müdigkeit: ■ ■ ■ ■ ■ n
5. das Gegenteil von *freuen*: ■ rg ■ ■ ■
6. Flüssigkeit des Auges: ■ ■ ■ ■ ■
7. Monat im Frühling: ■ ■ ■ ■

Merke   **Verwandte Wörter suchen (Ableitungsprobe)**

Bist du bei der Schreibung unsicher, hilft oft die Suche nach einem verwandten Wort.
Nutze dies zum Beispiel, wenn du zwischen **e/ä** oder zwischen **eu/äu** entscheiden musst:
Gibt es eine verwandte Form mit **a/au**, schreibe **ä/äu**, z. B.:
Glas ⟶ *Gläser, Raum* ⟶ *räumen.*
Gibt es kein verwandtes Wort mit **a** oder **au**, schreibt man meist **e** oder **eu**.

⑤ Auch bei der Entscheidung, ob du ein Dehnungs-h schreiben musst, hilft dir die Suche nach verwandten Wörtern. Es bleibt in einer Wortfamilie erhalten.

a) Stelle zu den folgenden Wörtern eine Wortfamilie mit jeweils mindestens vier Wörtern zusammen.

b) Unterstreiche in allen Wörtern der Wortfamilie das Dehnungs-h.

fahren, die Fähre, anfahren, das Fahrzeug, …

fahren	lehren	zahlen	der Ruhm

⑥ Überprüfe bei den Wörtern im Wortspeicher, ob du ein Dehnungs-h schreiben musst, indem du ein verwandtes Wort suchst. Schreibe die Wörter richtig in dein Heft.

der Lo?nzettel: der Lohn ⟶ Lohnzettel
die Bana?ne: kein verwandtes Wort mit h ⟶ Banane

der Lo?nzettel · die Bana?ne · der Ba?nverkehr · das Wasserro?r · der Ho?lraum · der U?rzeiger · der Za?nschmelz · die Bo?rmaschine · der Lichtstra?l

die Rücksichtna?me · der Diebsta?l · die Spu?r · die Wo?nung · das Gefä?rt · das Gefü?l · der Schwu?r · das Gemä?lde · der To?n

ho?len · scho?nen · sich lo?nen · gezä?mt · verko?lt

⑦ Schreibe zu den folgenden Wörtern mit s jeweils sieben verwandte Wörter in dein Heft. Unterstreiche dann den s-Laut , z. B.:

das Eis, eisfrei, vereisen, …

das Eis	der Kreis	der Preis
das Gras	das Haus	die Laus

⑧ s oder ß?

Entscheide mithilfe der Verlängerungsprobe oder der Ableitungsprobe, wie du den s-Laut schreiben musst, z. B.:

Bewei?mittel: die Beweise, beweisen ⟶ das Beweismittel.

das Bewei?mittel · das Fu?bad · das Gla?haus · das Bahnglei? · der Krei?verkehr · die Gie?kanne · die Wei?wäsche · der Gra?halm · die Ei?maschine · das Prei?rätsel · der Spa?vogel · die Gro?schreibung · das Ma?band · der Sü?stoff

Zum Wiederholen und Üben

Wörter mit h

① Suche im Text die vierzehn Wörter mit Dehnungs-h und fünf Wörter mit einem silbentrennenden h (→ S. 277).

Als Detektiv hat man es nicht leicht

Detektiv Spürnase wurde ungefähr um Mitternacht sehr unsanft aus dem Schlaf gerissen. Seine Ohren nahmen ein Geräusch aus dem Flur wahr. Was das wohl war – ein Dieb? Ein unangenehm ziehendes Gefühl stieg in ihm auf, während er lauschte. Er schlich auf den Zehenspitzen zur Tür, drückte die Klinke leise herunter und fühlte einen kalten Luftzug. Jetzt hatte er keine Angst mehr: Wahrscheinlich war es nur der Wind! Er hatte einfach den Fehler gemacht, das Fenster offen stehen zu lassen. Jetzt konnte er ruhig zu Bett gehen.

② a) Übertrage die Tabelle in dein Heft und ordne die Wörter mit Dehnungs-h richtig ein:

h vor l	h vor m	h vor n	h vor r
...	...	...	*ungefähr*

b) Ergänze in jeder Spalte fünf weitere Wörter mit Dehnungs-h.

Wörter mit lang gesprochenem i

① Schreibe den Text in dein Heft und ergänze die langen i-Laute (→ S. 278 f.).
Tipp: Meist musst du **ie** schreiben, manchmal auch **i**, einmal **ih**.

Hallo, h■r ist „Feinkost Goldapfel!"! Herr Detektiv, S■■ müssen m■r helfen! Schon w■der ein D■bstahl! D■smal sind gleich v■r Ganoven m■r nichts, d■r nichts durch das Fenster eingest■gen. D■ hatten wohl Vitam■nmangel: S■ haben d■ schönsten Apfels■nen, Auber-g■nen und Mandar■nen geklaut. Und w■ soll ich meiner Frau erklä-ren, dass ■re schöne Saftmasch■ne weg ist?

Wörter mit Doppelkonsonanten

1 a) Schreibe den Text ab und ergänze dabei den passenden Doppelkonsonanten, tz oder ck (→ S. 276).

b) Schreibe zu jeder Verbform mit Doppelkonsonanten den Infinitiv (die Grundform) auf: *angestellt – anstellen.*

Eine Ka▉e in Not

„Ja, was hast du denn angeste▉t?" Spürnase er-
bli▉t seine Ka▉e Minka, die auf dem Te▉ich
kauert und ja▉ert. Da erst sieht er, da▉ Minka
zwischen dem Schrank und einem Ho▉er einge-
5 kl▉t ist.

Schne▉ befreit er sie aus ihrer mi▉lichen Lage.
Die Ka▉e schü▉elt sich und kehrt wieder in die
Küche zurü▉. „Sie hat besti▉t wieder eines ihrer
Kunststü▉e probiert, das ka▉ sie einfach nicht
10 la▉en!", denkt Spürnase. Er ho▉t, da▉ Minka
mit zunehmendem Alter be▉er aufpa▉t.

2 Doppelkonsonant oder nicht? Schreibe den Text in der richtigen Schreibweise auf.
Tipp: Informiere dich auf den Seiten 273–275.

Ein schlauer Ermi(t/tt)ler

Detektiv Spürnase war ein schlauer Ermi(t/tt)ler. Er ste(l/ll)te dem Verdächtigen eine ra(f/ff)inierte Fa(l/ll)e. Eine Reihe von Einbrüchen ha(t/tt)e im
Vi(l/ll)enviertel sta(t/tt)gefu(n/nn)den. Nachdem die Zei(t/tt)ung vom
Fu(n/nn)d der wertvo(l/ll)en Halske(t/tt)e der Gräfin berichtet ha(t/tt)e,
5 ahnte er, dass die Diebe bald bei ihr einbrechen würden. Mit dem Einver-
ständnis der Haushe(r/rr)in befestigte er Kameras und Sensoren. Die Bewohner des Hau(s/ss)es verreisten über das Wochenende.

Das Außenfenster in der Küche ki(p/pp)te er. Ba(k/ck)bleche und Töpfe
ordnete er so an, dass der Täter sie umwe(r/rr)fen und sich erschre(k/ck)en
10 würde. Zeitverse(z/tz)t würde das Licht angehen und ein schri(l/ll)es Signal
ertönen. Der Täter würde fliehen, währenddde(s/ss)en würde die Polizei informiert werden. Am Ende war Spürnases Pla(n/nn) ein großer Erfolg!

e oder ä? eu oder äu?

1 Entscheide jeweils: e oder ä? äu oder eu? Suche verwandte Wörter mit a/au (→ S. 289). Schreibe die gesuchten Wörter in dein Heft, z. B.: *Zwang* ⟶ *eingezwängt*.

Spürnase bei der Arbeit

Schon seit drei Stunden sitzt Detektiv Spürnase eingezw▮ngt im Gestrüpp und beobachtet ein altes Geb▮de. Schweißp▮rlen gl▮nzen auf seiner Stirn. Er jagt h▮te einen Juwelen-
5 dieb und will nicht, dass ihm der R▮ber entkommt. Da bem▮rkt er ein immer lauter werdendes Ger▮sch: ein Hubschrauber! Der T▮ter will fliehen.
    Da kommt der Dieb, er schl▮ndert mit der
10 B▮te über die Wiese. „Da hast du dich zu früh gefr▮t, mein Fr▮ndchen!" Spürnase springt aus seinem Versteck und r▮nnt zum Landeplatz. Der Dieb ist so überrascht, dass er dem Detektiv den Schmuck ohne Widerstand
15 aush▮ndigt.

Wörter mit b, d, g im Auslaut

1 Im folgenden Text gibt es acht Fehler in der Schreibung von b/p, d/t oder g/k. Einer davon kommt zweimal vor.
   a) Suche die Fehler mithilfe der Verlängerungsprobe (→ S. 287 f.), z. B.: *Win?, Winde* ⟶ *Wind.* Zerlege Zusammensetzungen, damit du die Verlängerungsprobe durchführen kannst, z. B.: *Win?rad = Win? + Rad* ⟶ *Windrad.*
   b) Schreibe die fehlerhaften Wörter korrigiert in dein Heft.

Gedult ist alles!

Nach seinem großen Erfolg wird Detektiv Spürnase interviewt. Er erklärt liebend gerne, wie es dazu kam, und gipt auch ein wenig an: „Gedult ist alles, müssen Sie wissen! Das gehört einfach zum Werkzeug eines Detektivs und wirt oft vergessen. Wäre ich dem Diep einfach blint hinterhergerannt, wäre er mir entkommen und schon über alle Berge. So aber habe ich es wohl goltrichtig gemacht und es war ein toller Tak!"

Nomen und Satzanfänge großschreiben

1 a) Schreibe die Sätze in den Wortschlangen in der richtigen Groß- und Kleinschreibung und mit einem Punkt am Satzende in dein Heft.

b) Markiere die Begleitwörter der Nomen.

Achtung: Nicht alle Nomen haben ein Begleitwort! Denke dir bei Bedarf eines dazu.

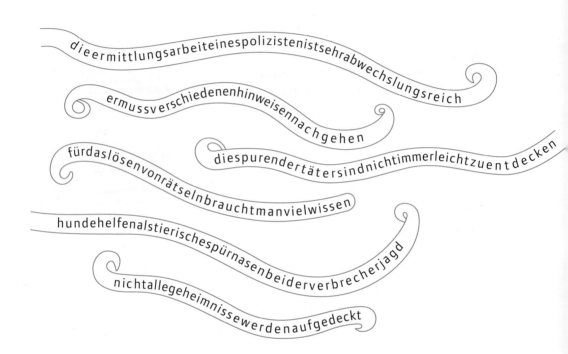

2 Übertrage den Text in der korrekten Groß- und Kleinschreibung in dein Heft.

kein tag für einbrecher

ein ohrenbetäubender knall erschreckte den einbrecher. er entdeckte die ursache: ein schweres backblech war auf den boden der konditorei gefallen. zum glück hatte er wohl nicht die aufmerksamkeit der hausbewohner geweckt, weil alle verreist waren. daher glaubte der räuber sich in sicherheit und schlich weiter.

plötzlich aber ging das licht an und eine schrille sirene heulte auf. in panischer angst kletterte der mann aus dem nächsten fenster. das war wirklich nicht sein tag! jetzt standen ihm die festnahme, mehrere vernehmungen, eine gerichtsverhandlung und am ende wohl eine gefängnisstrafe bevor.

Wörter mit s-Laut

1 s, ß oder Doppel-s?
Übernimm den Text in dein Heft und ergänze die s-Laute in der richtigen Schreibung.

Der Fremde mit der Tasche

Florian sa■ wartend an der Bu■haltestelle. Nach dem Training an diesem hei■en Tag flo■ ihm der Schwei■ in Strömen von der Stirn. Wenigstens blie■ eine leichte Bri■e. Aus den Au-
5 genwinkeln beobachtete er einen Mann, der etwas abseits stand und sich immerzu nervö■ umschaute. In der Hand hielt er eine gro■e, braune, offenbar sehr schwere Tasche, die er nicht losla■en wollte.
10 Florians Intere■e war geweckt. Was für ein Geheimni■ mochte dahinterstecken? Der Junge war sehr wi■begierig. Wie konnte er nur dieses Rätsel lö■en? Er stellte Mutma■ungen über den Tascheninhalt an, aber sicher wu■te er es nicht. Gewi■ würde der Mann nicht antworten, wenn er ihn fragen würde,
15 und Gewalt war schlie■lich keine Lö■ung!
Der ankommende Bu■ ri■ Florian aus seinen Gedanken und bald hatte er den Mann verge■en.

2 Bei den markierten Wörtern wechseln ss/ß im Stammvokal.
a) Schreibe den Text ab und ergänze dabei die Schreibung des s-Lauts.
b) Notiere zu jedem Wort ein verwandtes Wort mit der jeweils anderen s-Schreibung.
Guss – gießen, …

Ein unerwarteter Regengu■

Anna-Lena spazierte gemütlich und a■ einen Schokoriegel. Sie wu■te zwar, dass Regen angekündigt war. Trotzdem war sie überrascht, als es plötzlich go■ wie aus riesigen Gie■kannen. Leider hatte sie ihren Regenschirm verge■en und außerdem war ihr Rucksack noch offen. Sie ri■ heftig am Rei■verschlu■, und schließlich schaffte sie es, ihn zu schlie■en. Da hörte der Regengu■ auch schon wieder auf.

Nachschlagen im Wörterbuch

❶ Die Stichwörter in einem Wörterbuch sind alphabetisch geordnet.
Übt das schnelle alphabetische Sortieren mit folgendem Spiel:
- Reihum nennt jede/r einen Buchstaben.
- Die/Der Nächste muss sagen, welcher Buchstabe vor und
  welcher hinter diesem Buchstaben im Alphabet steht.
- Dann macht sie/er mit einem anderen Buchstaben weiter.

❷ Haben Wörter den gleichen Anfangsbuchstaben, wird nach dem zweiten Buchstaben geordnet. Ist auch der zweite Buchstabe gleich, entscheidet der dritte usw. Umlautzeichen werden dabei nicht beachtet, also: *Argentinien, Ärger, ärgern, Ärgernis, Arglist …*
Schreibe die Wörter im Wortspeicher alphabetisch geordnet auf.
Ärger, Argwohn, …

> Rose · Ärger · unheimlich · malen · Fräse · böse · schlafen · Argwohn · Pass · völlig · schwätzen · vor · rosa · rund · Rad · raten · schlank · Floß · Schluss · stolpern · süß · Stadion · düster · Flößer · überlegen

❸ Schau dir die Wörterbucheinträge zu folgenden Nomen an.
Welche Informationen geben sie?

Floß das, des Floßes, die Flöße

Fuß | ball | län | der | spiel das

❹ Nomen findest du im Wörterbuch im Singular (Einzahl).
Schlage die Nomen im Wortspeicher in einem Wörterbuch nach und schreibe sie mit Artikel in dein Heft. Notiere auch die Pluralform dazu.
das Hindernis – die Hindernisse, …

> Hindernis · Fluss · Wand · Frau · Schülerin · Stuhl · Erlebnis · Entwicklung · Kleinigkeit · Sammlung · Atlas · Zaun

❺ Verben findest du im Wörterbuch im Infinitiv (Grundform).
Schreibe den Infinitiv dieser Verben auf. Überprüfe dein Ergebnis mit dem Wörterbuch.
er floss ⟶ *fließen, …*

> er floss · sie trägt · es hielt · sie kannten · wir dachten · ich sprang · sie entschied ·
> du kamst · sie waren · wir sind geschwommen · es hatte geregnet · wir hatten geplant

❻ Sieh dir die Wörterbucheinträge zu folgenden Verben an. Worüber informieren sie?

> r͟ei | sen; du reist, du reis | test; gereist; reis[e]!
>
> r͟ei | ßen; du reißt, er/sie reißt; du rissest, er/sie riss; gerissen; reiß[e]!
>
> l͟ä | cheln; ich läch[e]le

❼ Adjektive schlägst du in der Grundstufe nach.
Suche folgende Adjektive im Wörterbuch, z. B.: *schnelle* ⟶ *schnell* …

> das schnelle Schiff · auf dem kleinen Boot · die kälteste Nacht · älter als der Kapitän ·
> eine bessere Mannschaft · ein wichtiges Zeichen · mit zaghafter Stimme ·
> gründlicher lesen

❽ Zerlege zusammengesetzte Wörter und schlage bei den Bestandteilen nach, um die Schreibung zu überprüfen. Probiere das bei den Zusammensetzungen im Wortspeicher aus.
Lupe, Tri͟ck ⟶ *Lupentri͟ck*

> Lupentrik · Schockoladenkeks · Ambelanlage · himelblau · Flauschkisen · Schulfäst

❾ Probiere verschiedene Schreibweisen beim Nachschlagen aus.
Wie schreibt man beispielsweise das Wort, das man „Kautsch" ausspricht? Probiere es bei den Wörtern im Wortspeicher aus. Sie werden wie im Kasten gezeigt ausgesprochen, jedoch ganz anders geschrieben.

> „Kautsch" · „Häkse" · „Axel" · „Kwark" · „Schtok" · „kwatschen" · „schpikken"

Häckse? Häxe? Heckse? Hekse? Hekkse? Hexe?

2 Erzählen wie die Profis

Erzählende Texte erschließen

zu ❶ a) Was geht in Markus vor, als er auf dem Sprungbrett steht? ← S. 29
Lies noch einmal die Textstelle von Zeile 30 bis Zeile 40.

b) Untersuche, wie seine Gedanken und Gefühle im Text dargestellt werden.
Achte besonders auf Adjektive und Vergleiche.
- *Er spürt, wie in ihm drin alles ganz <u>starr</u> wird (Zeile 22 f.).*
- *Ein Gefühl <u>wie in einer anderen Welt</u> (Zeile 24).*

zu ❷ Notiere zu jedem Handlungsbaustein Stichpunkte:
- Problem der Hauptfigur: Zeile 11 – Zeile 29
- Lösungsversuche: Zeile 30 – Zeile 47
- Ende der Geschichte: Zeile 48 – Zeile 54

Zu einer Bildergeschichte schreiben

zu ❷ (unten) Du kannst einen dieser Erzählanfänge auswählen und weiterschreiben: ← S. 31
- *Letzten Sonntag hatte ich die Idee, ...*
- *Ich langweilte mich schon den ganzen Tag. „Was machen wir heute?", ...*
- *Die ganze Woche hatte ich mich schon darauf gefreut, ...*

zu ❸ b) (unten) Welche der folgenden Überschriften eignet sich für deine Geschichte?
Wähle einen passenden Vorschlag aus und begründe in Stichpunkten.
– Der Sonntagskuchen	*– Papas verrückteste Idee*
– Mein lustigster Kuchen	*– Wie man Rosinenkuchen backen kann*

zu ❶ b) Mache Vorschläge, wie du die markierten Textstellen überarbeiten kannst. ← S. 32

Ole und sein Vater backen einen Kuchen

An einem Wintertag <u>haben</u> Ole und sein Vater Lust,	falsche Zeitform
<u>einen Kuchen zu backen.</u> Als sie den Kuchen in den Backofen	genauer
geschoben hatten, fand Ole die Rosinen unterm Esstisch.	
<u>Schlechte Laune</u> breitete sich aus.	genauer
Plötzlich hatte Ole eine Idee: <u>In der <u>Küche hing doch ein</u>	falscher Raum
Gewehr an der Wand. Also holte Ole es. Anschließend schoss</u>	hier wörtliche Rede
<u>sein Vater die Rosinen in den Kuchen</u>.	ergänzen
Zum Schluss <u>ist</u> es doch noch ein Rosinenkuchen.	falsche Zeitform

zu ❷ Schreibe deine Geschichte. ← S.33

Du kannst die folgenden Formulierungshilfen für die Satzanfänge nutzen:

Formulierungshilfen: Abwechslungsreiche Satzanfänge

Zunächst … / Kurz darauf … / Im Anschluss … / Plötzlich … / In diesem Augenblick … / Einige Zeit später …/ Kaum hatte er … / Daraufhin … / Gleich darauf … / Sogleich … / Nun … / Da … / Trotzdem … / Obwohl … / Dennoch … / Einerseits … andererseits … / Entweder … oder …

Zu Reizwörtern und Erzählkernen schreiben

zu ❶ Was fällt dir zu den einzelnen Wörtern ein? ← S.37

Lege in deinem Heft einen Cluster wie im Beispiel an und sammle Stichpunkte.

zu ❷ b) Überlege: ← S.39
  - Wer erlebt am meisten?
  - Wer macht sich mehr Gedanken als die anderen?

c) Übertrage den Schreibplan in dein Heft und ergänze ihn.

Bausteine	Handlung *Was passiert?*	Gedanken/ Gefühle *Was denkt/fühlt die Hauptfigur*	Wörtliche Rede *Wo sprechen die Figuren?*
Ausgangssituation	*Kinder sind mit Babysitter allein zu Hause*		
Problem		*Angst*	
Lösungsversuche			*Kinder bieten Räuber ihr Erspartes an*
Ende			

3 Ansichtssache: Freizeit

Begründungen untersuchen

zu ❶ a) Warum streiten Gunnar und Lars? ← S.63

Lies noch einmal die Zeilen 5 bis 26:
- Wie verhält sich Gunnar?
- Wie verhält sich Lars?

d) Welche der beiden folgenden Aussagen stimmst du zu?
Begründe deine Entscheidung mit genauen Textstellen.

A Gunnar verwendet Begründungen (Argumente), die Lars überzeugen müssen,
da sie für alle nachvollziehbar sind.

B Gunnars Begründungen (Argumente) sind nicht überzeugend, weil er nur
seine persönlichen Interessen äußert.

zu ❷ Mit welchen der folgenden Argumente könnte Lars Gunnar besonders gut überzeugen?
Begründe deine Entscheidung.

A Es ärgert mich, dass du im oberen Bett schläfst, …
- weil ich auch gerne oben schlafen möchte.
- weil du es einfach als selbstverständlich ansiehst und wir nicht vorher darüber
gesprochen haben, wer wo schläft
- weil ich es blöd finde, dass du immer alles bestimmst.

B Bevor wir die Sandburg bauen, möchte ich erst im Meer baden, …
- da es so heiß ist und ich dringend eine Abkühlung brauche.
- weil ich auch mal etwas bestimmen möchte.
- weil ich nur deswegen mit euch in den Urlaub gekommen bin.

C Du kannst auch mal Wasser holen gehen, …
- weil ich keine Lust mehr habe.
- weil ich schon zwei Mal Wasser geholt habe.
- weil es gerechter ist, wenn wir uns abwechseln und jeder einmal dran kommt.

D Ich möchte mit dir gemeinsam das Fernsehprogramm aussuchen, …
- weil wir dann etwas auswählen können, was uns beiden gefällt.
- weil die Show langweilig ist.
- weil du schon den ganzen Tag bestimmt hast.

Die eigene Meinung begründen

zu ❶ a) Entscheide dich für drei Gegenstände, die du mitnehmen möchtest. ← S. 64
Begründe deine Auswahl.
- *Besonders wichtig ist für mich Sonnencreme, weil ...*
- *Am wichtigsten finde ich eine Luftmatratze, da ...*
- *Für mich gehört unbedingt ein Kescher dazu, denn ...*
- *An erster Stelle für mich steht eine Frisbeescheibe, weil ...*

zu ❷ a) Welche Aussagen geben nur eine Meinung wieder und wer begründet seinen
Standpunkt? Ordne richtig zu. Arbeite mit Folie.

Ben	gibt eine Begründung
Sven	wiederholt Begründung der Eltern
Lena	gibt eine Begründung
Merve	gibt keine Begründung

b) Nutze die folgenden Ideen und formuliere Argumente für oder gegen das
Fernsehen im Urlaub:
- Man kann Kindernachrichten ansehen.
- Fernsehen bildet.
- Es gibt Wissenssendungen.
- Fernsehen vertreibt Langeweile.
- Es ist interessant, welche Fernsehsendungen es in anderen Ländern gibt.
- Man hört andere Sprachen.
- Fernsehen macht träge.
- Fernsehen kann man auch zu Hause.
- Durch zu viel Fernsehen verpasst man andere spannende Dinge.

Einen Leserbrief schreiben

zu ❷ Verfasse mithilfe der folgenden Textbausteine einen Leserbrief zur Frage: ← S. 67
„Schulfrei für ein besonderes Abenteuer?"

Sehr geehrte ...,
ich fand Ihren Bericht über Laura Decker ...
Aus meiner Sicht ..., da .... Außerdem bin ich der Meinung, dass ..., weil ....
Am wichtigsten ist aber, dass ..., denn ...
Mit freundlichen Grüßen
Ihr/e ...

4 „Ich sehe was …"

Ähnliche Tiere beschreiben

zu ❷ b) Ergänze in deinem Steckbrief die allgemeinen äußeren Merkmale.   ← S. 92
Du kannst dafür passende Wörter aus dem Wortspeicher verwenden.

> riesig · groß · mittelgroß · klein · winzig · schlank · dick · schmal · gedrungen ·
> lang · kurz · struppig · länger · weich · glatt · drahtig · braun · weiß ·
> ockerfarben · weiß-braun · gefleckt · gescheckt · meliert · weiße Brust ·
> weiße Vorderläufe · weiße Hinterläufe · weißer Bauch · hängend ·
> leicht hängend · stehend

zu ❸ b) Die unterstrichenen Textstellen sind besonders gut gelungen.   ← S. 93
Begründe, warum das so ist.

> _Hund entlaufen_
> Wer kann mir helfen, meinen Hund wiederzufinden? Mein Hund Charly ist _am_
> _2. Juli in der Innenstadt von Rottweil_ weggelaufen.
> Er ist _mittelgroß und kräftig gebaut_. Charly hat wunderbar flauschiges,
> braun-weißes Fell, eine _ockerfarbene Schnauze_ und leicht herabhängende Ohren.
> _Wenn Sie ihn gesehen haben, rufen Sie mich bitte an unter 0170-123456._

c) Welche der folgenden Formulierungen eignet sich besser für den Zweck der
Beschreibung? Begründe.
– _langes, braun-weißes Fell_
– _langes braunes Fell, eine weiße Brust und weiße Vorder- und Hinterläufe_
– _langes braunes Fell mit einigen weißen Stellen_

zu ❹ Entscheide, ob du einen Lexikonartikel, eine Suchanzeige oder eine Vermittlungsanzeige
verfassen möchtest. Du kannst so beginnen:

Lexikonartikel:
> _Der … gehört zur Tierart … . Er ist zwischen … und … groß …_

Suchanzeige:
> _Ich suche meinen …, der mir am … in … entlaufen ist. …_

Tiervermittlung:
> _Ich muss leider meine … abgeben. Er ist … alt und … ._

Gegenstände beschreiben

← S. 94

zu ❷ Verfasse eine Suchanzeige. Du kannst so beginnen:

Ich habe am … meine/n … vermutlich … verloren. …
Sie/Er/Es ist …. Ein besonders gutes Erkennungsmerkmal ist …
Wenn Sie … gefunden haben, melden Sie sich bitte bei …

← S. 95

zu ❺ Verfasse eine Beschreibung für einen Museumskatalog.
Ergänze den folgenden Lückentext mit passenden Informationen.

Bei dem abgebildeten Gegenstand handelt es sich um … .
Er/Sie/Es wurde Anfang des 20. Jahrhunderts vor allem für …
benutzt. Andere Verwendungszwecke waren …
Neben dem/der ausgestellten … gab es auch noch
andere spezielle Arten des/der …, z.B. ….
Diese wurden z.B. für … genutzt.

Personen beschreiben

← S. 96

zu ❸ a) Ordne die Wörter im Wortspeicher zunächst danach, welche Teile des
Gesichts man damit beschreiben kann. Nutze dafür die Tabelle aus
Aufgabe 2 (→ S. 96).

Haare: lang, …
Gesicht: kantig, länglich, schmal, …
Augen: schmal,
Nase: gerade, lang, …
Mund/Lippen: breit, …

b) Beschreibe das Gesicht nun so genau, dass die Leser/-innen deines Textes erkennen
können, um welches Gesicht es sich handelt. Nutze den folgenden Lückentext.

Der Junge, den ich beschreibe, hat ein … Gesicht.
Seine Haare sind … und … .
Besonders auffällig ist/sind … .

Vorgänge beschreiben

← S. 98

zu ❷ Verfasse einen Schreibplan für eine schriftliche Bastelanleitung.
Du kannst folgende Formulierungshilfen nutzen:

obere Ecken zur Mittellinie falten; untere Kanten jeweils nach oben klappen; vordere Ecken
nach hinten klappen; hintere Ecken nach vorne klappen; Dreieck öffnen; Ecken aufeinander-
legen; untere Ecken nach oben falten; Ecken nach unten drücken; Seiten auseinanderziehen

5 Einfach märchenhaft ...

Märchen lesen

zu ❷ Erkläre, woran du erkennst, dass „Die Bienenkönigin" ein Märchen ist.   ← S.113
Die folgenden Fragen helfen dir:
- Ist das Märchen in typischer Märchensprache geschrieben?
- An welchem Ort spielt das Märchen?
- Müssen die Figuren bestimmte Prüfungen bestehen?
- Gibt es Figuren mit magischen Fähigkeiten?
- Werden die Guten belohnt und die Bösen bestraft?
- Enthält das Märchen magische Zahlen, z. B. 3, 7 oder 12?

zu ❶ Welches Problem hat die Hauptfigur in diesem Märchen und   ← S.115
wie löst sie das Problem? Orientiere dich an diesen Fragen:
- Wie reagieren die Eltern von „Kleiner Ein-Zoll" auf die Besonderheit ihres Sohnes?
- Wie bewältigt „Kleiner Ein-Zoll" das Problem, das ihm in Form des menschenfressenden Riesen begegnet? Nutzt es ihm dabei, dass er so klein ist?
- Was passiert, als „Kleiner Ein-Zoll" plötzlich wächst?

Märchen schreiben

zu ❶ a) und b) Untersuche das Märchen absatzweise anhand   ← S.116
der folgenden Fragen:

1. Absatz (Z.1 bis Z.10):   Welche Märchenkarten spielen hier eine Rolle? Was ist hinzuerfunden?

2. Absatz (Z.11 bis Z.17):   Welches Ziel verfolgt die Königin?

3. Absatz (Z.18 bis Z.28):   Welche Belohnung erhält sie, nachdem sie die drei Kleider genäht hat? Welche drei Märchenkarten sind hinzuerfunden?

c) Notiere Zeilenangaben für die Handlungsbausteine:
- Ausgangssituation Zeile 1 – Zeile ...
- Problem Zeile .... – Zeile ...
- Lösungsversuche Zeile ... – Zeile ...
- Ende Zeile ... – Zeile ...

zu ❷ Sammle Ideen mithilfe eines Clusters. ← S. 117

zu ❸ Plane dein Märchen. Übertrage den Schreibplan in dein Heft und ergänze Stichpunkte.

Ausgangssituation	Problem	Lösungsversuche	Ende
- Hat der Junge einen Namen? - Wo lebt er? - Wer stellt ihm eine Aufgabe?	- Welche Gefahren gibt es? - Gibt es Hindernisse oder Gegenspieler?	- Wie hilft ihm der fliegende Teppich? - Gibt es weitere Helfer?	- Wie wird der Junge belohnt? - Welche Strafe erhalten die Gegenspieler?
…	…	…	…

zu ❺ Verfasse ein Märchen zu den Märchenkarten von Seite 117. ← S. 118
Du kannst so beginnen:

Der fliegende Teppich

In einer eiskalten Nacht – vor langer, langer Zeit – fand ein reicher Bauer vor seiner Tür einen Korb, in dem ein kleiner Junge lag …

Ein Märchen fortsetzen

zu ❶ Wie soll das Märchen weitergehen? Notiere Stichpunkte zu diesen Fragen: ← S. 119

Problem:
- Welche Prüfungen müssen die drei Brüder bestehen?
- Welche Hindernisse oder Gegenspieler treten auf?

Lösungsversuche:
- Wer hilft den drei Brüdern?
- Gibt es Personen oder Gegenstände mit Zauberkräften?

Ende:
- Welcher Bruder liefert das beste Meisterstück ab?
- Was passiert mit den anderen beiden Brüdern?

6 Kolossal komisch

Lügengeschichten untersuchen

zu ❶ Erläutere, warum es sich bei den „Zwergpiraten" um Seemannsgarn   ← S. 143
handelt. Gehe dabei so vor:
- Lies den Text noch einmal bis Zeile 23. Wo bleibt der Erzähler hier nicht
  bei der Wahrheit? Nenne drei Textbeispiele.
- Untersuche nun den Text von Zeile 24 bis zum Ende. An welchen
  Stellen werden Ereignisse übertrieben oder hinzuerfunden?
  Nenne ebenfalls drei Textbeispiele.

zu ❷ a) Suche die vier Handlungsbausteine in Münchhausens drittem   ← S. 145
Seeabenteuer und notiere, wo ein neuer Baustein beginnt (Zeilennummer).
Ausgangssituation: Zeile 1 bis Zeile ...
Problem: Zeile ... bis Zeile 9
Lösungsversuche: Zeile 9 bis Zeile ...
Ende: Zeile ... bis Zeile 47

    b) Schreibe zu jedem Baustein in Stichpunkten auf, was passiert.
Ausgangssituation: Todesgefahr: ...
Problem: ...
Lösungsversuche: Münchhausen strampelt und tanzt im Innern des Fisches, ...
Ende: ...

Eine Schelmengeschichte untersuchen

zu ❶ Überprüfe, ob du die Handlungsbausteine auch in dieser Geschichte   ← S. 147
wiederfindest. Nenne genaue Zeilenangaben.
Ausgangssituation: Zeile 1 bis Zeile ...
Problem: Zeile ...
Lösungsversuche: Zeile ... bis Zeile 36
Ende: Zeile ... bis Zeile ...

zu ❹ b) Begründe dein Urteil. Ergänze dazu den folgenden Lückentext mit passenden
Beispielen aus dem Text.
– Der betrunkene Mann in der Maske des Todes verhält sich ..., weil er ... .
– Der feiste Herr im kostbaren Pelzmantel verhält sich arrogant, denn ... .
– Er ist aber auch .... Das zeigt sich daran, dass ... .

Literarische Figuren beschreiben

zu ❷ Welche Eigenschaften passen zur Beschreibung der Hobbits? ← S. 148
Wähle aus und begründe.

> empfindlich · täppisch · ungeschickt · friedliebend · sanft · flink · geschickt ·
> unfreundlich · gewandt · gutmütig · lustig · listig

Verhalten und Eigenschaften beschreiben

zu ❷ Welche Eigenschaften kannst du aus dem Verhalten von Pippi ableiten? ← S. 150
Ergänze die folgenden Aussagen.
Pippi macht viel Quatsch. Das zeigt, dass sie ... ist.
Pippi .... Das zeigt, dass sie unternehmungslustig ist.
Pippi kauft ihren Freunden Bonbons. ...

Übertreibend schreiben

zu ❶ Untersuche, wodurch der Text komisch wirkt. ← S. 151
Achte dabei besonders auf
- die Adjektive und
- verstärkende Wörter, z. B.: *sehr, gewaltig.*

zu ❷ Übertrage die Tabelle in dein Heft und ergänze sie.

das Adjektiv steigern	Verstärkende Wörter verwenden	Sprachliche Bilder einsetzen
groß, größer, ...	*gigantisch groß, ...*	*riesengroß, groß wie ...*
..., am kleinsten	*mikroskopisch klein, ...*	*so winzig wie ein Zwerg, ...*
stark, ...	*besonders stark, ...*	*bärenstark, ...*
..., am schwächsten	*auffällig schwach, ...*	*schwach wie ein Kind, ...*
schlau, ...	*beeindruckend schlau, ...*	*schlau wie ein Fuchs, ...*
dumm, ...	*extrem dumm, ...*	*dumm wie Bohnenstroh, ...*
weit, ...	*unglaublich weit ...*	*meilenweit, ...*
..., am längsten	*überaus lang ...*	*ellenlang, ...*

7 Lauter Unsinn?

Den Klang von Gedichten untersuchen

zu ❷ Lies noch einmal die folgenden Zeilen, um die Begriffe zu erläutern. ← S. 166
- Metrum: Zeile 10–11
- Vers: Zeile 16–17
- Strophe: Zeile 16
- Reim: Zeile 12–13

zu ❸ Vergleiche die beiden Gedichte: ← S. 167
Was haben sie gemeinsam? Worin unterscheiden sie sich? Achte z. B. auf:
- den Inhalt,
- die Sprache,
- den Reim,
- die Betonung der Silben beim Klatschen.

Reimformen entdecken

zu ❻ c) Untersuche die Reime des Gedichts. Was fällt dir auf? ← S. 169
Tipp: Schreibe alle Reimwörter in deinem Heft untereinander und verbinde
die Reimwörter mit einem Bogen:

Degen
Regen
Stirm
Schirm

Das Metrum untersuchen

zu ❼ b) Was fällt dir im zweiten und dritten Abzählreim auf? ← S. 173
Übertrage die folgenden Verse in dein Heft und markiere die betonten
und die unbetonten Silben, wie du es gelernt hast.

Zwibbel di bibbel boneratschen [...]
sibeti, bibeti, bonchen, battchen,
sibeti, bibeti, buff.

Vers und Satz untersuchen

zu ❶ Versuche, die Verse des Gedichts wieder herzustellen. Hier erhältst du einige Hinweise:

← S. 174

Drei Bären von Heinz Erhardt

Ein Brombär, froh und heiter, schlich
durch einen Wald. Da traf es sich,
�altiger ▬▬▬▬▬▬▬▬▬▬▬▬ *wie's*
▬▬▬▬▬▬▬▬▬▬▬▬▬▬▬▬▬
▬▬▬▬▬▬▬▬▬▬▬▬▬ –
▬▬▬▬▬▬▬▬▬▬▬▬ *ist tot!*
Am eignen Stachel ▬▬▬▬▬▬▬
▬▬▬▬▬▬▬▬▬▬▬▬▬▬▬▬▬
▬▬▬▬▬▬▬▬▬▬▬▬▬▬▬

weiter ...
▬▬▬▬▬▬▬▬▬▬▬▬▬▬▬▬▬
▬▬▬▬▬▬▬▬▬▬▬▬ *vorgefunden,*
▬▬▬▬▬▬▬▬▬▬▬▬▬ *meinen:*
▬▬▬▬▬▬▬▬▬▬▬▬▬▬▬
'nen Bären aufgebunden!

zu ❷ Versuche auch hier, die Versform wieder herzustellen. Du kannst den folgenden Lückentext als Hilfestellung nutzen.
Tipp: Es sind insgesamt 19 Verse.

Satz für Satz von Peter Härtling

Einen Satz machen.
Mit einem Satz
ins falsche Ende krachen.
Mit einem Satz

...

mit einem Satz.
Doch ein Satz

...

Ein Satz, der Wörter braucht,
kann nicht hüpfen,

...

8 Detektive des Alltags

Strategie: Sich einen Überblick verschaffen

zu ❶ Überfliege Text 1 und Text 2 auf Seite 188. ← S. 189
Welche Aussage (A oder B) gibt die Antwort des jeweiligen Textes
richtig wieder? Tipp: Achte beim Überfliegen der beiden Texte auf
die Schlüsselwörter:
- Pulsieren des Blutes,
- Luft,
- Geräusche.

Strategie: Informationen markieren

zu ❹ Überprüfe anhand der Bilder, welche Informationen aus den Texten zutreffen. ← S. 191
Achte besonders auf folgende Punkte:
- Wo und in welcher Richtung wachsen die Bananen an den Bananenstauden?
- In welche Richtung biegen sich die Früchte?

Strategie: Einen Text durch Fragen gliedern

zu ❶ Ordne die folgenden Fragen den vier Absätzen zu und belege deine ← S. 192
Entscheidung mit genauen Textstellen.
- Wie unterstützt die Nase das Schmecken?
- Was sind Geschmacksknospen?
- Wie ist das Geschmacksergebnis bei zugehaltener Nase?
- Welche weiteren Rezeptoren spielen beim Schmecken eine Rolle?

Strategie: Schwierige Begriffe klären

zu ❶ Vergleiche Ricos Erklärung des Begriffs „Lot" mit dem Lexikonartikel. ← S. 193
Achte auf
- die Wortwahl,
- die Anschaulichkeit und
- die sachliche Richtigkeit.

zu ❸ Überarbeite die unterstrichenen Textstellen in Ricos Erklärung zu „Display" ← S.193
mithilfe eines Lexikons. Formuliere deine Erklärung so, dass sie für Kinder
gut verständlich ist.

Display: Ein Leuchtdings, das alle möglichen Sachen anzeigt, zum Beispiel
Telefonnummern oder den Preis an der Kasse im Supermarkt oder den Filmtitel im
DVD-Spieler. Es ist ein komisches englisches Wort und ich weiß echt nicht,
warum alle es benutzen. Man könnte schließlich genauso gut Leuchtdings sagen.

Strategie: Inhalte wiedergeben

zu ❶ Ordne die folgenden Fragen den Absätzen zu. ← S.195
Zu einem Absatz fehlt die Frage. Formuliere sie selbst.
- *Welcher Stoff reizt die die Augenschleimhäute?*
- *Woher stammt die Zwiebel?*
- *Welche gesundheitliche Wirkung hat die Zwiebel?*
- *Welche Tricks helfen gegen das Tränen beim Zwiebelschneiden?*
- *Welche Wirkung hat die tränenauslösende Wirkung in der Natur?*

zu ❷ In welchem Absatz wird erklärt, warum die Augen tränen?
Ordne die folgenden Angaben in deinem Heft so, dass sie mit den
Informationen aus dem Text übereinstimmen und nummeriere sie.
- Die Tränendrüsen setzen Tränenflüssigkeit frei.
- Das Messer zerschneidet die Zellwand.
- Das Gas reizt die Augenschleimhäute.
- Die Alliinase spaltet das Alliin.
- Es kommen Stoffe miteinander in Berührung, die vorher getrennt waren.
- Alliien und Alliinase verbinden sich.
- Das Alliin steigt als Gas auf.
- Zwiebelsaft tritt aus.

zu ❹ b) Ordne die folgenden Stichpunkte den vier Fragen zu und ergänze sie
mit weiteren Informationen.
- *scharfes Messer verwenden*
- *wird zwischen Blumenzwiebeln gesetzt*
- *gehört zu den Lauchgewächsen*
- *unter fließendem Wasser schneiden*
- *wird als Hausmittel genutzt*
- *Abwehr von Schädlingen*
- *Gewürz zum Kochen*

Orientierungswissen
Sprechen und Zuhören

Gesprächsregeln nutzen → S. 22 f.

Bei Gesprächen werden oft unterschiedliche Meinungen ausgetauscht. Bestimmte Gesprächsregeln helfen dabei, die Verständigung zu erleichtern. Die wichtigsten Regeln:
- Wir äußern uns nur zu dem Thema, um das es jeweils geht.
- Wir melden uns zu Wort und reden nicht einfach drauflos.
- Wir hören uns gegenseitig aufmerksam zu.
- Wir unterbrechen uns nicht gegenseitig.
- Wir folgen den Hinweisen der Gesprächsleiterin oder des Gesprächsleiters.
- Wir beleidigen oder verspotten andere nicht wegen ihrer Äußerungen.

Die eigene Meinung begründen → S. 60–87

In Gesprächen und Diskussionen gibt es oft unterschiedliche Ansichten zu einem Thema oder Problem. Um andere von der eigenen **Meinung** zu überzeugen, braucht man gute **Begründungen (Argumente)**, z. B.: *Geschäfte sollten auch am Sonntag geöffnet sein, denn viele Berufstätige haben unter der Woche kaum Zeit zum Einkaufen.*
→ Hinweise zum **schriftlichen Begründen** und zum Formulieren von überzeugenden Argumenten findest du auf Seite 314.

Mündlich nacherzählen → S. 122–125

So kannst du das mündliche Nacherzählen **vorbereiten:**
1. **Lies** die Geschichte mehrmals **laut** durch und präge dir den **Handlungsverlauf** ein: Wie fängt die Geschichte an? Was geschieht im Hauptteil? Wie endet die Geschichte?
2. **Notiere wichtige Handlungsschritte** in Stichpunkten. Dabei helfen dir **W-Fragen** (Wer? Was? Wann? Wo? …).
   Auch die **Handlungsbausteine** können dir helfen. Notiere Stichpunkte zur Ausgangssituation der Hauptfigur(en), zum Problem, zu den Lösungsversuchen und zum Ende. Beachte beim Nacherzählen:
   - Halte dich eng an die Textvorlage (einschließlich Tempusform).
   - Gib den Inhalt richtig und zusammenhängend wieder. Erfinde nichts dazu.
   - Erzähle möglichst anschaulich mit eigenen Worten.
3. Lerne **wichtige Textstellen auswendig.**
4. **Erzähle** die Geschichte anhand deiner **Stichpunktliste.**

Hinweise zur Vorbereitung eines Vortrags findest du auf Seite 335.

Hier ein paar Tipps zum mündlichen Vortragen:

1 **Üben, üben, üben**
 - Übe, um dich an das möglichst freie Sprechen zu gewöhnen – am besten vor dem Spiegel.
 - Übe auch das Sprechen vor Zuhörern. Ideal ist es, wenn sie sich bei deinem Thema nicht auskennen: So merkst du, was noch nicht verständlich genug ist.

2 **Ruhig, frei und strukturiert vortragen**
 - Stelle zu Beginn Thema und Gliederung deines Vortrags vor.
 - Sprich langsam, deutlich und möglichst frei. Halte Blickkontakt zu den Zuhörenden.

Szenisch lesen und spielen → S. 152 f.

Beim Theaterspielen kommt es nicht nur darauf an, **was** gesagt wird. Ganz entscheidend ist, **wie** etwas gesprochen und gespielt wird. Damit kannst du so viel ausdrücken wie mit Worten:

- **Stimme/Sprechweise:** Eine bestimmte Sprechweise zeigt, wie sich jemand fühlt oder wie etwas gemeint ist. So kann eine Stimme klingen: *ängstlich, streng, zärtlich, vorwurfsvoll …*
- **Gesichtsausdruck (Mimik):** Am Gesichtsausdruck kann man erkennen, wie sich eine Person fühlt und was sie denkt. So kann der Ausdruck sein: *traurig, besorgt, entspannt …*
- **Körpersprache (Gestik):** So kann man Gefühle und Stimmungen ausdrücken: *Mit der Faust drohen, Schulterzucken, in die Luft springen, mit dem Fuß aufstampfen …*

Gedichte vortragen → S. 178 f.

Beantworte folgende **Fragen vor dem Gedichtvortrag**:

- Welche **Stimmung** kennzeichnet die einzelnen Strophen? *(glücklich, bedrohlich …)*
- Hat das Gedicht einen **Höhepunkt**? Falls ja, wie kannst du ihn hervorheben?
- Unterstreiche alle Wörter, die du **besonders betonen** willst.
- Welcher **Tonfall** passt zu genau dieser Stelle? Notiere am Rand, z. B. *aufgeregt, wütend*.
- Wo passt eine **kurze Pause** (vor einem neuen Gedanken, zum Spannungsaufbau …)?
- Wo musst du **langsamer oder schneller** (vielleicht sogar gehetzt) sprechen?
- Wo musst du **leiser oder lauter** sprechen (vielleicht sogar rufen)?
- Passen bestimmte **Gesten** (Bewegungen) zu bestimmten Textstellen?

Trage **Betonungszeichen für den Gedichtvortrag** ein:

besonders betonen: <u>unterstreichen</u>	leiser werden: ↘
schneller sprechen: ᴧᴧᴧ	lauter werden: ↗
langsamer sprechen: ⌒⌒⌒	kurze Pause: I
	lange Pause: I I

Schreiben

Einen persönlichen Brief schreiben → S. 20 f.

Briefe werden an einen oder mehrere Empfänger (Adressat/-en) geschickt. Nach diesen richten sich Inhalt und Sprache (Wortwahl). An deine Oma schreibst du anders als an die Schulleitung. Baue deinen Brief nach dem folgenden Muster auf (→ Briefbeispiel S. 20):

Briefkopf

Ort und Datum (rechts oben)

Anrede

- Freunde, Verwandte und gute Bekannte: *Hallo, Tante Ulla, … / Liebe Celina, …*
- andere Erwachsene: *Sehr geehrter Herr Kemper, … / Liebe Frau Richter, …*

Nach der Anrede setzt du ein Komma und schreibst dann in der nächsten Zeile klein weiter.

Liebe Lorena,

wie geht es dir?

Brieftext

- Achte auf die **Anredepronomen:** Duzt du den Adressaten, kannst du die Anredewörter klein- oder großschreiben: *Ich habe Dich (dich) so lange nicht mehr gesehen.*
- Siezt du jemanden, musst du großschreiben: *Ich wünsche Ihnen alles Gute.*
- Gliedere deinen Brief in Einleitung, Hauptteil, Schluss und trenne die Teile durch Absätze.

Grußformel und Unterschrift

Beende deinen Brief mit einer Grußformel und deiner Unterschrift – ohne Satzeichen.

Mit freundlichem Gruß	*Herzliche Grüße*	*Lieben Gruß*	*Viele Grüße*
Sara Ludwig	*Sara Ludwig*	*Sara*	*deine Sara*

Schriftlich begründen → S. 60 – 87

Wenn man seine **Meinung** schriftlich begründet, kommt es zum einen auf gute **Begründungen (Argumente)** an, zum anderen auf deren sprachliche Ausgestaltung. Je mehr gute, nachvollziehbare Argumente du anführst, desto eher überzeugst du andere. Mit einem **Beispiel** kannst du ein Argument stärken und veranschaulichen, z. B.:

In der Schule sollte mehr Sportunterricht stattfinden,	Meinung
da Sport gut für die Gesundheit ist.	Argument
Beispielsweise fördert Ausdauersport wie Schwimmen das Immunsystem.	Beispiel

Diese Formulierungen kannst du beim Begründen verwenden:

Grund: *weil, denn, da …*	*…, da Sport gesund ist.*
Folge: *sodass, folglich, darum …*	*…, darum sollte mehr Sportunterricht stattfinden.*
Aufzählung: *außerdem, darüber hinaus …*	*Außerdem macht Sport stärker.*
Beispiel: *beispielsweise, so …*	*So baut Laufen die Muskulatur auf.*
Hervorhebung: *Besonders/Wichtig …*	*Besonders wichtig ist regelmäßiges Training.*

Eine Erzählung schreiben → S. 26–59

Einen Text planen:

Lege vor dem Schreiben einen **Schreibplan** an. Darin notierst du die Hauptfigur (es können auch mehrere Hauptfiguren sein) und die **Handlungsbausteine**:

- Die **Hauptfigur** befindet sich in einer bestimmten **Ausgangssituation** (Ort, Zeit, Figuren).
- Die Hauptfigur hat ein **Problem**, oft ausgelöst durch ein **Ereignis**.
- Die Hauptfigur unternimmt **Lösungsversuche** und muss dabei Hindernisse überwinden.
- Am **Ende** hat die Hauptfigur Erfolg oder Misserfolg.

Eine Erzählung schreiben:

Stelle beim Schreiben lebendig dar, was eine Figur sagt, denkt und fühlt. Du hast mehrere Möglichkeiten, **Gefühle** einer Figur in Worte zu fassen (→ S. 34):

- das Gefühl **direkt benennen** *(sie fühlte ihre Angst; ängstlich)*
- das Gefühl **veranschaulichen** *(ohnmächtig vor Angst)*
- der Figur **Gedanken** durch den Kopf gehen lassen *(„Das gibt es doch nicht!")*
- **Handlungen und körperliche Reaktionen** der Figur darstellen, die mit dem Gefühl verbunden sind *(Sein Magen zog sich zusammen.)*

Wörtliche Rede der Figuren macht deine Geschichte lebendig (→ S. 36). Beachte die Zeichensetzung bei der wörtlichen Rede (→ S. 330).

Eine Erzählung überarbeiten:

- Überprüfe die **Handlungsbausteine**: Wird die Ausgangssituation deutlich? Ist das Problem der Hauptfigur verständlich dargestellt? Können die Leser/-innen die Lösungsversuche der Hauptfigur verstehen? Ist das Ende der Geschichte nachvollziehbar?
- Überprüfe die **Figurensicht**: Erzählst du stimmig aus der Sicht einer bestimmten Figur?
- Sind die **Gedanken und Gefühle** deiner Figuren nachvollziehbar dargestellt?
- Hast du an passenden Stellen **wörtliche Rede** eingebaut?
- Macht der **Titel** neugierig und verrät nicht zu viel?

Zu einer Bildergeschichte schreiben (→ S. 30-32):

Die vorgegebenen Bilder einer Bildergeschichte zeigen **die wichtigsten Momente** der Geschichte.

So schreibst du eine Erzählung zu einer Bildergeschichte:

- Sieh dir jedes Bild genau an und finde heraus, worum es geht. Achte auf die Körpersprache (Gestik, Mimik) der gezeichneten Figuren.
- Notiere Stichpunkte zum Ablauf.
- Schreibe eine Erzählung nach den Schritten, die oben genannt sind.
- Überprüfe, ob dein Text zu den Bildern passt, also keine Widersprüche auftreten.

Einen Erzähltext fortsetzen (→ S. 33, S. 119):

So setzt du einen Erzähltext, z. B. ein Märchen, fort:

1 **Notiere alles, was vorgegeben ist.**

   Titel: Vom Fischer und seiner Frau

   Figuren: Fischer, Frau des Fischers, Butt

   Ausgangssituation: Ein armer Fischer fängt einen Butt, den er wieder freilässt.

   Magische Elemente: Verwandlungen (Butt: verwunschener Prinz)

2 **Ergänze fehlende Bestandteile.**

   Berücksichtige dabei die Handlungsbausteine (→ S. 29, S. 114, S. 145, S. 315).

3 **Schreibe den Erzähltext.**

   - Beachte die **Textsorte**. Verwende z. B. beim Schreiben eines Märchens märchentypische
     Wendungen und Formulierungen *(Es war einmal … Und wenn sie nicht gestorben sind …)*
     oder gestalte Erzählungen lebendig durch den Einbau von wörtlicher Rede (→ S. 36,
     S. 330).

   - Mache dir die **Erzählabsicht** klar: Welches Ziel hat die Geschichte? Soll sie belehren,
     unterhalten …?

   - Behalte den **Sprachstil** deiner Vorlage bei (Wortwahl, Satzbau) und schreibe in der
     gleichen **Tempusform**, z. B.:
     *Der Fischer sagte: „Ich mache das gerne." Tatsächlich tat er das nur widerwillig und
     dachte …*

Literarische Figuren beschreiben → S. 140–163

Gehe so vor, wenn du eine literarische Figur beschreiben willst:

1 Suche im Text alle Informationen über das **Äußere** der Figur. Oft findest du nur wenige
   Merkmale. Manchmal sind die Figuren aber auch sehr genau beschrieben, z. B.:
   Michel war fünf Jahre alt, hatte lockige blonde Haare und trug eine Schirmmütze.

2 Gib Auskunft darüber, wie die Figur **handelt** oder sich anderen gegenüber **verhält**.
   Nenne **Ursachen und Gründe** für dieses Verhalten, falls du sie dem Text entnehmen kannst,
   z. B.:
   *Michel versteckte sich oft in einem alten Schuppen. Damit hoffte er der Bestrafung für seine
   zahlreichen Streiche zu entgehen.*
   Begründen kannst du mit:
   - **Konjunktionen:** *denn, da, weil*
   - **Adverbien:** *nämlich, deshalb, deswegen*
   - **Präpositionen** und **Präpositionalausdrücken:** *wegen, aus diesem Grund*

3 Aus dem Verhalten einer Figur und den Gründen dafür kannst du oft bestimmte
   Charaktereigenschaften ableiten. Formuliere diese, z. B.:
   Michel ist einfallsreich, aufgeweckt und immer zu Streichen aufgelegt.

Zu einem Gedicht schreiben → S. 164–185

Ein Parallelgedicht schreiben (→ S. 175 f.):
Übernimm die äußere Form, sozusagen den Rahmen des Gedichts:
die Zahl der Strophen und Verse, eventuell auch Reimschema und Metrum.
Fülle diesen Rahmen mit deinen eigenen Ideen und sprachlichen Bildern zum gleichen oder ähnlichen Gedichtthema aus.

So beschreibst du ein Gedicht (→ S. 173, S. 175):
In einer Gedichtbeschreibung beschreibst du – abhängig von der Aufgabenstellung – entweder alle wichtigen Merkmale des Gedichts oder einen ausgewählten Aspekt. Gehe so vor:

1   Nenne **Titel** und **Autor/-in:**
    Das Gedicht „Alles Glück" wurde von Christine Nöstlinger geschrieben.

2   Benenne **Thema** und **Inhalt** des Gedichts:
    In dem Gedicht beklagt sich das lyrische Ich über seine Eltern.

3   Beschreibe den **Aufbau,** gegebenenfalls auch **Reimschema** und **Metrum:**
    Das Gedicht besteht aus zwei Strophen und insgesamt 18 Versen. Beim Reimschema handelt es sich um einen Paarreim. Das Metrum ist unregelmäßig.

4   Formuliere deine Beobachtungen zum **Inhalt** und zur Sprache des Gedichts:
    Dass das lyrische Ich mit seinen Eltern unzufrieden ist, zeigt sich an zahlreichen Adjektiven, z. B. mies, fies, grausig.

Beschreiben → S. 88–109

1   **Die Beschreibung vorbereiten**
    - Beachte die Aufgabe: Für wen und zu welchem Zweck verfasst du die Beschreibung?
    - Lege einen Schreibplan an, z. B. als Steckbrief oder als Liste.

2   **Die Beschreibung verfassen**
    Tiere beschreiben: Überlege, was der Zweck deiner Beschreibung ist. Abhängig davon musst du z. B. nur die äußeren Erkennungsmerkmale (Suchanzeige) oder auch den Charakter des Tieres (Vermittlungsanzeige) beschreiben.
    Gegenstände beschreiben: Konzentriere dich auf die besonderen Merkmale. Beschreibe die allgemeinen Merkmale nur, wenn sie den Leser/-innen unbekannt sind.
    Personen beschreiben: Beschreibe vor allem die besonderen Merkmale, die diese Person von anderen unterscheidet. Abhängig vom Zweck kannst du auch den Charakter beschreiben.
    Vorgänge beschreiben: Gib die einzelnen Schritte in der richtigen Reihenfolge wieder.
    Verfasse deine Beschreibungen im Präsens. Achte auf passende Adjektive und Verben. Verwende, wenn notwendig, Fachausdrücke.

3   **Die Beschreibung überarbeiten:** Überprüfe, ob deine Beschreibung ihren Zweck erfüllt, und überarbeite sie, falls notwendig.

Mit Texten und Medien umgehen

Erzählungen → S. 26–59, S. 140–163

Erzählungen handeln von Ereignissen, die tatsächlich passiert oder erfunden sind.

Die meisten Erzählungen haben folgende **Handlungsbausteine:**
- Die **Hauptfigur** befindet sich in einer bestimmten **Ausgangssituation** (Ort, Zeit, Figuren).
- Die Hauptfigur hat ein **Problem**, oft ausgelöst durch ein **Ereignis**.
- Die Hauptfigur unternimmt **Lösungsversuche** und muss dabei Hindernisse überwinden.
- Am **Ende** hat die Hauptfigur Erfolg oder Misserfolg.

Figuren einer Erzählung
- Die **Personen**, die **in einer Geschichte** vorkommen bzw. handeln, nennt man **Figuren**.
- Sie haben **bestimmte Eigenschaften und Absichten**.
- In den meisten Geschichten gibt es eine **Hauptfigur** (manchmal sind es auch mehrere), über die die Leser/-innen besonders viel erfahren.
- Auch Tiere können handelnde Figuren in Erzähltexten sein, z. B. in einem Märchen.

Erzählweisen (→ Erzählen, S. 26–59; Kolossal komisch, S. 140-163)
Man kann auf unterschiedliche Weise erzählen.
Spannend wird erzählt, wenn z. B.
- Ort und Zeit unheimlich wirken,
- eine Figur in eine gefährliche Situation gerät,
- etwas Rätselhaftes geschieht oder der Ausgang einer Situation ungewiss bleibt.
- Die Spannung kann durch bestimmte Wörter und Wendungen gesteigert werden, z. B.: *plötzlich … / auf seltsame Weise …*
Lustig wird erzählt, wenn z. B.
- eine beschriebene Situation zum Lachen reizt,
- eine Figur durch ihr Aussehen, ihre Redeweise oder ihr Verhalten komisch wirkt,
- etwas stark übertrieben wird (→ S. 151),
- eine Sprache verwendet wird, die nicht zur geschilderten Situation passt (z. B. förmliche, vornehme Sprechweise in komischen Situationen).

Filmbilder untersuchen: Einstellungsgrößen der Kamera → S. 40–43

Eine Kamera zeigt nur einen Ausschnitt aus einer Szene. Je nachdem, wie nah am Geschehen der Betrachter sein soll, wählt man die Größe des Bildausschnitts. Je nach Bildmotiv und erwünschter Wirkung werden also unterschiedliche Kamera-Einstellungen verwendet. Auf den Seiten 40–43 findest du Beispiele für Einstellungsgrößen.

Gedichte → S. 164–185

Was ist ein Gedicht?

Ein **Gedicht** ist ein (meist) **kurzer Text**, der in Verse und Strophen unterteilt ist, ähnlich wie bei einem Lied. Das **Reimschema** und das **Metrum** eines Gedichts erzeugen einen besonderen Klang, ähnlich wie Melodie und Rhythmus bei einem Musikstück. Auch bei ungereimten Gedichten ist der Klang bestimmter Wörter wichtig.

Vers und Strophe:

Die Zeilen eines Gedichts nennt man **Vers**. Als **Strophe** bezeichnet man einen Abschnitt eines Gedichts, der aus mehreren Versen besteht.

Reim:

Der Reim ist ein **Gleichklang von Lauten**. Werden zwei oder mehrere Verse durch einen Gleichklang am **Ende** verbunden, spricht man von **Endreim**.

> *Der Himmel ist blau,*
> *sagte der Pfau.*
> *Zeit zu verreisen,*
> *sagten die Meisen.*

Das Muster des Reims nennt man **Reimschema**. Man unterscheidet z. B. in

- **Paarreim**	*Haus – Maus – Hof – doof*	aa bb
- **Kreuzreim**	*Haus – Hof – Maus - doof*	ab ab
- **umarmenden Reim**	*Haus – Hof – doof – Maus*	ab ba

Die Wiederholung eines oder mehrerer Laute am **Wortanfang** nennt man **Stabreim** oder **Alliteration**.

> *Geld und Gut; mit Mann und Maus*

Metrum (Versmaß):

In einem Vers gibt es meist eine regelmäßige Abfolge **betonter (x́)** und **unbetonter (x)** Silben. Sie wird Metrum genannt. Man unterscheidet z. B.

- **Jambus**: x x́ x x́ und

$$x \quad x́ \quad x \quad x́ \quad x \quad x́ \quad x \quad x́ \quad x$$
Ein Karp-/ fen sprach / zu ei- / nem Mäd-chen

- **Trochäus**: x́ x x́ x

$$x́ \quad x \quad x́ \quad x \quad x́ \quad x \quad x́$$
Was ich / gerne / an dir / mag …

Lyrisches Ich:

Das lyrische Ich ist die Person oder Sache, die im Gedicht spricht. Es darf nicht mit der Dichterin / dem Dichter verwechselt werden.

> *Ich bin ein einsamer Schaukelstuhl*

Märchen → S.110–139

Das Märchen ist eine sehr alte Erzählform, die es zu allen Zeiten und bei allen Völkern gab. Früher wurden Märchen nur mündlich weitergegeben. **Typische Merkmale** von Märchen sind:

Die **Figuren**
- sind auf ihre wesentlichen Eigenschaften festgelegt: *gut – böse, schön – hässlich …*
- haben oft einen Gegenspieler: *böser Zauberer, eifersüchtige Stiefschwester …*
- können teilweise zaubern oder sind Fantasiewesen: *Hexe, sprechender Frosch …*

Es gibt **magische Elemente** wie
- Zauberkräfte, Verwandlungen: *verwunschener Prinz (Frosch, Bär, Biest) …*
- Reime, Zaubersprüche: *Ach, wie gut, dass niemand weiß, dass ich Rumpelstilzchen heiß!*
- besondere Zahlen: *drei Wünsche, sieben Zwerge, zwölf Schwäne …*

Ort und Zeit
- sind nicht genau festgelegt: *in einem dunklen Wald, in einem fernen Land …*
- bergen ein Geheimnis.

Die **Erzählweise** ist durch märchentypische sprachliche Wendungen gekennzeichnet:
Es war einmal … / Vor langer Zeit … / Und wenn sie nicht gestorben sind …

Handlungsverlauf
Typisch für Märchen ist, dass am **Ende** die **Mühe belohnt wird**: Das Gute siegt über das Böse und das Böse wird bestraft.

Schelmengeschichten → S.140–163

Eine **Schelmengeschichte** (auch: **Schwank**) ist eine **kurze, humorvolle Erzählung**, in der meist ein gerissener Spaßvogel auf scherzhafte Art das unmöglich Scheinende zu vollbringen vorgibt und daraus seinen Vorteil zieht. Oft legt er eine höhergestellte Figur herein und erteilt ihr so eine Lehre. Berühmte Schelme sind **Till Eulenspiegel** (schon im 16. Jahrhundert beliebt, → S.146 f., S.160 f.) oder **Nasreddin Hodscha** (lebte im 13. Jahrhundert in der Türkei).

Lügengeschichten → S.140–163

Lügengeschichten gab es schon in der Antike, im frühen Judentum und in der orientalischen Dichtung. Seemannsgarn (→ S.140) und Jägerlatein sind besondere Formen der Lügengeschichte. Dies sind **typische Merkmale**:
- **Die Erzählerin / Der Erzähler** erzählt meist in der Ich-Form und beteuert immer wieder die eigene Glaubwürdigkeit. Oft werden die Lügen gereiht (Lügenreihe) und dabei gesteigert (Lügentreppe → Beispiel: S. 162).
- **Inhalt und Handlung** sind durch höchst unwahrscheinliche Ereignisse bestimmt, die der Erzähler (oft auf Reisen) erlebt haben will. Durch die Übertreibung wirkt das Erzählte komisch.
- Für den Handlungsverlauf ist typisch, dass ein Problem auf unglaubliche Weise gelöst wird und die Hauptfigur am Ende ihr Ziel erreicht.

Sachtexte erschließen → S. 186–209

Wie du einen Sachtext liest, hängt davon ab, wie der Text gestaltet ist und welche Ziele du bei der Lektüre verfolgst (sich informieren, Antworten auf Fragen finden, zu einem Thema Fakten zusammentragen). Folgende Strategien sind immer wieder hilfreich:

- **Sich einen Überblick verschaffen**

  Lies den Text zügig ganz durch. Zu welchem Themenbereich liefert er Fakten? Welche Fragen beantwortet er? Beachte auch die Überschrift und die Abbildungen im Text.

- **Begriffe und Textteile markieren**

  Markiere entscheidende Begriffe und Textteile farblich oder durch Unterstreichen, um sie schnell wiederzufinden oder um das Wichtigste im Text herauszuarbeiten.

- **Unbekannte Begriffe klären**

  Versuche, unbekannte Begriffe zunächst aus dem Zusammenhang zu erschließen. Wenn das nicht gelingt oder du unsicher bist, dann schlage z. B. in einem Lexikon nach.

- **Einen Text gliedern**

  Wenn ein Text nicht bereits in Absätze unterteilt ist, gliedere ihn selbst. Überlege dazu, wo jeweils ein neuer Sinnabschnitt beginnt. Formuliere Überschriften zu Absätzen und halte damit fest, worum es jeweils geht, z. B. in Form von Stichworten oder Fragen:

  Absatz 1: Nahrung von Katzen / Wie füttere ich eine Katze?

  Absatz 2: Pflege der Katze / Wie pflege ich eine Katze?

- **Textinhalte strukturiert darstellen** (→ Kurzvortrag, S. 335)

  Texte werden oft klarer und sind leichter wiederzugeben, wenn man die Informationen neu zusammenstellt. Dafür eignen sich z. B. Listen, Tabellen, Skizzen …

Diagramme lesen → S. 70 f., S. 86

Diagramme stellen Zahlenwerte und Größenverhältnisse in einer übersichtlichen Form dar.
Um Diagramme zu verstehen, gehe folgendermaßen vor (→ Beispieldiagramme S. 71, S. 86):

1 **Verschaffe dir einen Überblick über das Diagramm.**

   Lies die Überschrift oder Bildunterschrift. Worüber informiert das Diagramm? Benenne das Thema.

2 **Betrachte das Diagramm genau.**

   - Welche Angaben kannst du ablesen?
   - Welche Maßeinheiten werden verwendet (kg, Liter, km)?
   - Gibt es zusätzliche Erklärungen?

3 **Vergleiche die Angaben im Diagramm.**

   - Welches ist der höchste und welches der niedrigste Wert?
   - Welche Werte sind ähnlich oder gleich groß?

4 **Fasse zusammen, was im Diagramm gezeigt wird.**

   Welche Angaben findest du erstaunlich, welche hast du erwartet?

Nachdenken über Sprache

Wortarten

Das Nomen/Substantiv → S. 213–216

- Nomen (das Nomen; Plural: die Nomen) bezeichnen Lebewesen/Eigennamen *(Katze, Peter)*, Gegenstände *(Buch)* und Begriffe (Gedanken, Gefühle usw.: *Ferien, Mut*).
- Nomen werden immer **großgeschrieben**. Sie werden oft von Wörtern begleitet, an denen du sie erkennen kannst. Das ist meist der Artikel *(der Ball)*, es kann aber auch ein anderes **Begleitwort** sein *(diese, jener, solches, mein, dein, unser, euer, ihr, sein …)*.

Genus (grammatisches Geschlecht → S. 214)
Jedes Nomen hat ein Genus, das man an seinem Artikel erkennt:
- **Maskulinum** (männliches Nomen): *der Tisch, der Vogel, der Garten*
- **Femininum** (weibliches Nomen): *die Schule, die Blume, die Maus*
- **Neutrum** (sächliches Nomen): *das Haus, das Kaninchen, das Fahrrad*

Das grammatische Geschlecht hat meistens nichts mit dem biologischen Geschlecht zu tun.

Numerus (Anzahl → S. 214)
Nomen haben einen **Numerus**, d. h., sie verändern sich nach ihrer **Anzahl**. Sie stehen entweder im **Singular** (Einzahl), z. B. *der Stern*, oder im **Plural** (Mehrzahl), z. B. *die Sterne*.

Kasus (Fall → S. 215 f.)
Im Satz erscheint ein Nomen in einem bestimmten **Kasus (Fall)**, erkennbar am Artikel.
Wenn man ein Nomen in einen anderen Kasus setzt, nennt man dies **Deklinieren** (Beugen).
Im Deutschen gibt es **vier Fälle**. Fragen helfen dir bei deren Bildung und Bestimmung:

Kasus	Beispiele	Frage
Nominativ (1. Fall)	*Das Kind hilft dem Vater.*	*Wer oder was hilft dem Vater?*
Genitiv (2. Fall)	*Die Hände des Kindes sind verschmiert.*	*Wessen Hände sind verschmiert?*
Dativ (3. Fall)	*Im Garten läuft der Hund dem Kind hinterher.*	*Wem läuft der Hund im Garten hinterher?*
Akkusativ (4. Fall)	*Der Hund mag das Kind.*	*Wen oder was mag der Hund?*

Der Artikel → S. 217 f.

Der Artikel (Plural: die Artikel) **begleitet das Nomen** und zeigt dessen **Genus, Numerus** und **Kasus** an, z. B.:

Das Eis schmeckt mir gut. Der Torwart hält den Schuss.

Der Artikel erscheint **nur zusammen mit einem Nomen** im Satz und kann nicht alleine stehen. Das **Nomen** dagegen kann ohne seinen Begleiter im Satz stehen, z. B.:

Viele Menschen mögen Eis.

Zwei Arten von Artikeln können das Nomen begleiten:

- **der bestimmte Artikel:** *der (Ball),* **die** *(Tür),* **das** *(Eis)*
- **der unbestimmte Artikel:** *ein (Ball),* **eine** *(Tür),* **ein** *(Eis)*

Das Adjektiv → S. 219–223

Das Adjektiv (Eigenschaftswort; Plural: die Adjektive) beschreibt, wie etwas ist. Es gibt **Eigenschaften** eines Lebewesens, Gegenstands oder Vorgangs an, z. B.:

der grüne Baum, das teure Restaurant; sie lacht laut.

Wenn ein Adjektiv ein Nomen begleitet, wird es **dekliniert** (gebeugt). Das Adjektiv stimmt dann in **Genus** (Geschlecht), **Numerus** (Zahl) und **Kasus** (Fall) mit dem rechts von ihm stehenden Nomen überein, z. B.:

ein nasses T-Shirt (Neutrum, Nominativ Singular)
die nassen Hunde (Maskulinum, Akkusativ Plural)
mit nasser Hose (Femininum, Dativ Singular)
wegen des nassen Rasens (Maskulinum, Genitiv Singular)

Steigerung (→ S. 221 f.)

Adjektive kann man **steigern.** So kann man Lebewesen oder Dinge miteinander **vergleichen**, z. B.:

schnell – schneller – am schnellsten / das schnellste (Tier).

Es gibt **drei Steigerungsstufen:**

Grundstufe (Positiv): *Ein Tiger ist so schnell wie ein Löwe.*
Vergleichsstufe (Komparativ): *Eine Maus ist schneller als eine Schildkröte.*
Höchststufe (Superlativ): *Der Gepard ist von allen Tieren am schnellsten.*

Vergleiche mit dem Positiv werden mit *wie* gebildet, z. B.:

Micha ist so groß wie Aisha.
Ich kann das genauso gut wie du.

Vergleiche mit dem Komparativ (von lateinisch *comparare:* vergleichen) werden mit *als* gebildet, z. B.:

Ein Buch ist dicker als eine Zeitschrift.
Ich kann das besser als du.

Die Pronomen $\rightarrow$ S. 224–226

Es gibt unterschiedliche Arten von Pronomen (Fürwörtern).

Die **Personalpronomen** *er, sie, es* im Singular und *sie* im Plural können **Nomen ersetzen**, die zuvor genannt wurden. Sie sind nur als „Fortführer" möglich. Mit ihrem Einsatz kann man Wiederholungen vermeiden, z. B.:

Heute wollen <u>Lennart, Maria und Marika</u> ins Schwimmbad. Vorher wollen <u>sie</u> noch zur Eisdiele.

Die Personalpronomen *ich, du, wir, ihr* hingegen verweisen auf die Rolle des Sprechers *(ich, wir)* und des Adressaten *(du, ihr)*, z. B.: *Heute will ich ins Schwimmbad. Kommst du auch mit?*

Die Personalpronomen werden im Satz **wie die Nomen dekliniert** (gebeugt).

Die **Possessivpronomen** *mein, dein, sein/ihr, unser, euer, ihr* zeigen an, wem etwas gehört. Possessivpronomen begleiten meist ein Nomen und stehen im selben Kasus wie dieses, z. B.:

Ich gehe mit <u>meinen</u> Freunden in <u>unseren</u> Garten.

Die Präpositionen $\rightarrow$ S. 227 f.

Präpositionen (Verhältniswörter) sind kleine, unveränderbare Wörter. Sie stellen z. B. zeitliche und räumliche Beziehungen zwischen den Wörtern und Wortgruppen im Satz her:

<u>Nach</u> der Kinovorstellung entdecken sie eine Maus <u>hinter</u> der letzten Reihe, <u>unter</u> dem Schild.

Präpositionen bestimmen den Fall des Nomens (oder Pronomens) und seiner Begleiter:

aus, bei, mit, nach, seit, von, zu verlangen den **Dativ**	*durch, für, gegen, ohne, um* verlangen den **Akkusativ**	*an, auf, hinter, in, neben, über, vor, zwischen* verlangen den **Dativ** oder **Akkusativ**

Das Verb $\rightarrow$ S. 229–237

Mit dem **Verb** (Tätigkeitswort; Plural: die Verben) macht man **Aussagen** über jemanden oder etwas. Verben geben meist an, was jemand tut oder was geschieht, z. B.:

Ich lese ein Buch; du wäschst dich; der Zug fährt los.

Verben erscheinen im Wörterbuch im **Infinitiv** (Grundform). Dieser endet meist auf *-en*, selten auf *-n*, z. B.: *spiel<u>en</u>, mög<u>en</u>, geh<u>en</u>, könn<u>en</u>; albern, angel<u>n</u>, ärger<u>n</u>, klettern.*

Konjugation (Beugung $\rightarrow$ S. 229 f.)

Im Satz richten sich die Verbformen nach den „Personen", über die das Verb etwas aussagt. Man spricht deshalb von den **Personalformen** des Verbs.

<u>Ich</u> les<u>e</u> gerne Pippi Langstrumpf; <u>er</u> malt; <u>wir</u> rudern; <u>du</u> schwimm<u>st</u>.

Die Veränderung des Verbs nach der Personalform und dem Numerus (Singular/Plural) nennt man **Konjugation** (Beugung).

Mit der Verbform **Imperativ** (Befehlsform) kann man auffordern oder einen Befehl erteilen:
Singular: *Bearbeite die Aufgabe! Sei leise! Lies das Buch!*
Plural: *Bearbeitet die Aufgabe! Seid leise! Lest das Buch!*

Die Tempusformen des Verbs → S. 231–237

Mit den **Tempusformen** des Verbs kann man angeben, ob es um die **Gegenwart**, die **Vergangenheit** oder die **Zukunft** geht:

Als Kind habe ich Geige gespielt. Jetzt singe ich im Chor.
In einem Jahr werde ich Gitarre lernen.

Tempusformen (Zeitformen) im Überblick:

	Bildung mit *haben*	Bildung mit *sein*
Präsens	*Er singt.*	*Sie läuft.*
Futur I	*Er wird singen.*	*Sie wird laufen.*
Präteritum	*Er sang.*	*Sie lief.*
Perfekt	*Er hat gesungen.*	*Sie ist gelaufen.*
Plusquamperfekt	*Er hatte gesungen.*	*Sie war gelaufen.*

Das Präsens (→ S. 234 f.)
Das **Präsens** (Gegenwartsform) verwendet man für Aussagen über etwas,
- das **in der Gegenwart** geschieht, z. B.: *Sie weiß es nicht.*
- das **allgemein und immer gilt**, z. B.: *Frische Luft tut gut.*
  das man **für gewöhnlich so macht**, z. B.: *Beim Fahrradfahren trägt man einen Helm.*
- das in der **Zukunft** geschieht. In diesem Fall verweist man meist mit einer Zeitangabe auf die Zukunft, z. B.: *In drei Wochen fliege ich in die USA.*

Das Perfekt (→ S. 234 f.)
Das **Perfekt** verwendet man
- als Vergangenheitsform zum **Präsens**, z. B.:
  Wenn ich den Führerschein bestanden habe, kaufe ich mir ein Mofa.
  Gestern hast du gewonnen, heute gewinne ich.
- beim **mündlichen** Erzählen oder Berichten über Vergangenes, z. B.:
  „Gestern bin ich im Schwimmbad gewesen. Da habe ich auch Marika getroffen."
Das Perfekt wird **zusammengesetzt** aus dem **Präsens von** *haben/sein* und dem **Partizip II**:
ich habe geweint, wir sind geschwommen, es hat gedauert.
Das **Partizip II** beginnt meist mit der Vorsilbe *ge-*, z. B.: *stehen* ⟶ *gestanden*.
Hat das Verb bereits eine Vorsilbe *(ge-, be-, ver-)*, dann bekommt das Partizip keine mehr:
gefrieren ⟶ *gefroren; beginnen* ⟶ *begonnen; verlieren* ⟶ *verloren.*

Das Präteritum (→ S. 232 f.)

Das **Präteritum** ist eine einfache, d. h. nicht zusammengesetzte **Zeitform der Vergangenheit**.
Es wird vor allem beim schriftlichen Erzählen und Berichten verwendet. Es wird folgendermaßen
gebildet:

- Bei **starken Verben** ändert sich im Präteritum der Vokal im Wortstamm, z. B.:
  ich laufe —→ *ich lief; ich gehe* —→ *ich ging; ich trinke* —→ *ich trank.*
- Bei **schwachen Verben** wird ein *-t-* zwischen Stamm und Endung eingefügt, z. B.:
  ich rechne —→ *ich rechnete; ich wohne* —→ *ich wohnte; ich kaufe* —→ *ich kaufte.*

Das Plusquamperfekt (→ S. 232 f.)

Mit der Zeitform **Plusquamperfekt** macht man deutlich, dass etwas vor dem passiert ist, wovon
im **Präteritum** erzählt wird. Deshalb heißt diese Zeitform auch **Vorvergangenheit**. Man nutzt die
Verbindung von Präteritum und Plusquamperfekt beim schriftlichen Erzählen und Berichten.
Das Plusquamperfekt wird zusammengesetzt aus dem Präteritum von *haben/sein* (z. B. *hatte,
war*) und dem **Partizip II des Verbs**, z. B.:

> *Er hatte schon zwei Tore geschossen. (Deshalb war er sehr stolz.)*
> *Der Torwart war vor Wut rot angelaufen. (Deshalb bekam er ein wenig Angst.)*

Das Futur (→ S. 236)

Mit dem **Futur I (Zukunftsform)** drückt man aus, dass etwas in der Zukunft geschieht.
Es wird gebildet mit dem **Präsens von *werden*** und dem **Infinitiv**, z. B.:

> *ich werde schlafen; du wirst lachen; er wird besuchen*
> *wir werden wohnen; ihr werdet fahren; sie werden angeln*

Sätze und Satzglieder

Der Satz und seine Gliederung

→ S. 244 f.

Mit dem **Prädikat** wird die „Satzaussage" gemacht. Es wird aus einem Verb gebildet. Manchmal
besteht es nur aus einem Teil, z. B.:

> *Im Sommer ging Peter immer an den Strand.*

Meist ist das Prädikat jedoch **mehrteilig** und bildet dann die Satzklammer, z. B.:

Satzklammer

In den Ferien stehen die Kinder spät auf.

Der **finite (veränderliche, gebeugte) Teil des Prädikats** steht in einem Aussagesatz immer an
der **zweiten Satzgliedstelle.** Nur in Frage- und Aufforderungssätzen rutscht er an die erste
Satzgliedstelle, z. B.:

> *Stehen die Kinder in den Ferien spät auf?*   *Seht euch das an!*

Besondere Prädikate: Das Prädikativ (→ S. 246)

Mit manchen Verben kann man keine inhaltlichen Aussagen machen. Dazu zählen vor allem: *sein, werden, bleiben*, aber auch *scheinen, machen, gelten (als), finden* …

Erst mit der Ergänzung eines Nomens oder eines Adjektivs entsteht eine Aussage.

Diese Ergänzungen nennt man **Prädikative. Verb und Prädikativ bilden das Prädikat**, z. B.:

Subjekt	Prädikat
Die Feier	*war toll.*
Sie	*gilt als fair.*
Ich	*werde Pilot.*

Satzglieder mit der Umstellprobe erkennen → S. 244 f.

Satzglieder nennt man die Wörter oder Wortgruppen, die beim Umstellen des Satzes (**Umstellprobe**) immer zusammenbleiben und im Vorfeld des Satzes stehen können, z. B.:

Satzklammer

Vorfeld		Mittelfeld	
Die Bauern	liefen	ihren Grundherren	weg.
Ihren Grundherren	liefen	die Bauern	weg.

Das Subjekt → S. 247 f.

Das **Subjekt** ist der wichtigste „Partner" des Prädikats. Es ist der **Satzgegenstand**, über den mit dem Prädikat eine Aussage gemacht wird, z. B.:

Der geschickte Friseur schnitt die Haare.

Das **Subjekt** steht immer im **Nominativ**:

Wer schnitt die Haare? – der Friseur

Das **Subjekt** bestimmt die Personalform des Prädikats, z. B.:

Der Friseur schneidet die Haare.   *Friseure schneiden täglich Haare.*

Das **Subjekt** besteht oft aus einer **Wortgruppe** *(der geschickte Friseur)* oder einem **Pronomen** *(er, sie …).*

Das Objekt → S. 249–251

Ein **Objekt** ist eine Satzergänzung, die sich auf das Prädikat bezieht und ein wichtiger Teil der Satzaussage ist, z. B.:

Die Tierpflegerin   gibt   der Robbe   einen Fisch.

Das **Akkusativobjekt** antwortet auf die Frage „Wen oder was …?", z. B.:

Wen/Was gibt die Tierpflegerin der Robbe? - einen Fisch

Das **Dativobjekt** antwortet auf die Frage „Wem …?", z. B.:

Wem gibt die Tierpflegerin einen Fisch? - der Robbe

Die adverbiale Bestimmung → S. 252 f.

Adverbiale Bestimmungen sind Satzglieder, die **zusätzliche Informationen** liefern, z. B. über **Ort, Zeit, Grund** oder **Art und Weise**. Man ermittelt sie mithilfe der Frageprobe:

Frageprobe	Adverbiale Bestimmung …	Beispiel
Wo? Woher? Wohin? …	des Ortes	*Oskar ist nach Hause gefahren.*
		Wohin ist Oskar gefahren?
Wann? Wie lange? …	der Zeit	*Oskar fuhr vor einer Stunde los.*
		Wann fuhr er los?
Warum? Weshalb? …	des Grundes	*Oskar fuhr wegen Übelkeit.*
		Weshalb fuhr er?
Wie? Womit? …	der Art und Weise	*Oskar fuhr mit dem Bus nach Hause.*
		Womit fuhr er nach Hause?

Sätze und Zeichensetzung

Satzarten und Satzzeichen → S. 256

Satzzeichen sind eine Lesehilfe, die das Verständnis eines geschriebenen Textes erleichtert:
- An den **Satzschlusszeichen** erkennt man die Satzarten und Aussageabsichten,
  d. h., ob jemand etwas fragt, mitteilt, ausruft oder zu etwas auffordert.
  Nach einem **Aussagesatz** steht ein Punkt, z. B.:
  Ich wünsche dir alles Gute.
  Nach einem **Fragesatz** steht ein Fragezeichen, z. B.:
  Habt ihr Tom verabschiedet?
  Nach einem **Ausrufe- oder Aufforderungssatz** steht meist ein Ausrufezeichen, z. B.:
  Alles Gute! Räum endlich dein Zimmer auf!
- Der **Doppelpunkt** kündigt an, dass etwas folgt, z. B. wörtliche Rede:
  Celina fragte: „Fahren wir heute Nachmittag an den See?"

Was ist ein Satz? → S. 259–263

Ein **Satz** besteht mindestens aus einem **Prädikat** mit **finitem Prädikatsteil** und den **Satzgliedern**, die das Verb verlangt.
- Von einem **Hauptsatz** spricht man, wenn der Satz abgeschlossen ist.
  Der finite Prädikatsteil steht an der zweiten Satzgliedstelle, z. B.:
  Das hat mir geholfen.
- Von einem **Nebensatz** spricht man, wenn der Satz von einem Hauptsatz abhängt.
  Der finite Prädikatsteil steht an der letzten Satzgliedstelle, z. B.:
  …, wenn du mich abholst.

Grundregeln der Kommasetzung → S. 257–263

- Das Komma kennzeichnet **Unterbrechungen** im Satz, z. B. bei Anreden (→ S. 258):
  Kinder, ihr dürft … / Ihr, Kinder, dürft …
- Das Komma trennt die Bestandteile einer **Aufzählung** (→ S. 258), z. B.:
  Ich brauche Toastbrot, Erdnussbutter, Marmelade.
  Das Komma entfällt, wenn die Elemente durch *und/oder* verbunden sind, z. B.:
  Ich brauche Toastbrot, Erdnussbutter und Marmelade.
- Das Komma trennt **Sätze** (→ S. 259–263), z. B.:
  Der Sommer kommt, die Ferien beginnen.

Die Satzreihe: Hauptsatz + Hauptsatz → S. 260 f.

Die **Satzreihe** ist ein aus Hauptsätzen zusammengesetzter Satz. Hier werden die einzelnen
Hauptsätze durch **Kommas** voneinander getrennt, z. B.:
Er kam nach Hause, er warf den Rucksack hin, ein Apfel fiel heraus.
Wenn die Sätze durch *und/oder* verbunden werden, kann das Komma entfallen, z. B.:
Er kam nach Hause, warf den Rucksack hin(,) und ein Apfel fiel heraus.

Eine Reihung von Sätzen ist nur sinnvoll, wenn die Sätze einen **Zusammenhang** haben.
- Mit *aber, sondern, doch* kann man **Gegensätze** verdeutlichen, z. B.:
  Sie wollten eigentlich einen Spaziergang machen, <u>doch</u> dann fing es an zu regnen.
- Mit *denn* kann man **Gründe** verdeutlichen, z. B.:
  Ich kann in der nächsten Zeit nicht joggen, <u>denn</u> ich habe mir den Fuß verstaucht.
Achtung: Vor *aber, sondern, doch, denn* setzt man ein **Komma**!

Das Satzgefüge: Hauptsatz + Nebensatz → S. 261–263

Ein **Satzgefüge** besteht aus mindestens einem **Hauptsatz** und mindestens einem **Nebensatz**.
Nebensätze beginnen mit einem **Einleitewort**, z. B. einer **Konjunktion** (Subjunktion), die den
Nebensatz **unterordnet**, z. B.:
  weil, da, (so)dass, obwohl, bis, nachdem, während, bevor, als, wenn.
Nebensätze **enden mit der finiten Prädikatsform**, z. B.:
  Weil ich mir eine neue Hose kaufen <u>möchte</u>, spare ich mein Taschengeld.

Ein Nebensatz kann im Satzgefüge **vor, hinter oder in einem Hauptsatz** stehen.
Zur Leseerleichterung wird **der Nebensatz** vom Hauptsatz oder von anderen Nebensätzen **durch
Kommas getrennt**, z. B.:
  <u>Wenn ich meine Lieblingsband höre</u>, bin ich glücklich.
  Ich reise gerne nach Spanien, <u>weil es dort warm ist</u>.
  Ich schlafe, <u>wenn ich mir gruselige Filme ansehe</u>, immer schlecht ein.

Zeichensetzung bei der wörtlichen Rede → S. 36

Die wörtliche Rede steht in einem Text in Anführungszeichen. Die Satzzeichen ändern sich, je nachdem, ob der Redebegleitsatz vor, hinter oder zwischen der wörtlichen Rede steht.

- Der **Redebegleitsatz vor der wörtlichen Rede** wird durch einen Doppelpunkt von der wörtlichen Rede abgetrennt, z. B.:
  Pippi sagte: „Ich erzähle gerne Geschichten."
- Der **Redebegleitsatz hinter der wörtlichen Rede** wird durch ein Komma von der wörtlichen Rede abgetrennt, z. B.:
  „Ich erzähle gerne Geschichten", sagte Pippi.
- Der **Redebegleitsatz zwischen der wörtliche Rede** wird durch Kommas von der wörtlichen Rede abgetrennt, z. B.:
  „Ich", sagte Pippi, „erzähle gerne Geschichten."

Vergiss bei Fragen und Ausrufen das **Frage-/Ausrufezeichen** nicht, z. B.:
„Hörst du gerne Geschichten?", fragte Annika. „Erzähl!", forderte Tommy.

Wortbildung und Wortbedeutung

Wortbedeutung: Sinnverwandte und (fast) sinngleiche Wörter → S. 238–243

- Eine Gruppe von Wörtern, die **sinnverwandt** sind, d. h. Ähnliches aussagen, bildet ein **Wortfeld**, z. B.: *flüstern, murmeln, zischen, tuscheln, wispern, hauchen …*
- Wörter mit (fast) **gleicher Bedeutung** nennt man **Synonyme**, z. B.:
  dösen/schlummern; Geschenk/Mitbringsel; schön/hübsch …
- Das Erkunden von Wortfeldern hilft dir dabei, deinen **Wortschatz** zu erweitern und dich **treffend und genau** auszudrücken. Synonyme können dir helfen, **abwechslungsreich** zu schreiben und Wiederholungen zu vermeiden, z. B.: *Erst sah Sofia eine Antilope. Dann entdeckte sie eine Giraffe und beobachtete genau ihre eleganten Bewegungen.*
- Mit einem **Antonym** (Gegenwort) kannst du einen Gegensatz ausdrücken, z. B.:
  langweilig – spannend, Ordnung – Chaos, lieben – hassen.

Wortbildung: Zusammensetzungen und Ableitungen → S. 238 f.

Zusammensetzungen

Setzt man zwei Wörter zu einem neuen Wort zusammen, nennt man dies **Zusammensetzung**.
Das zweite Wort ist das **Grundwort** und legt die Wortart des neuen Wortes fest, z. B.:
  das Küchenmesser (Nomen), *federleicht* (Adjektiv), *lahmlegen* (Verb).
Das erste Wort nennt man **Bestimmungswort**, da es das Grundwort näher beschreibt, z. B.:
  Handschuhe, Lederschuhe, Sommerschuhe.
Manchmal braucht man ein **Fugenelement** (-e-, -es-, -n-, -en-, -er-) zwischen den Bestandteilen, z. B.: *die Weihnacht-s-ferien, das Storch-en-nest.*

Ableitungen

Mithilfe von **Präfixen** (Vorsilben) und **Suffixen** (Nachsilben) kannst du aus Wörtern bzw. Wortstämmen weitere Wörter **ableiten**. Die Präfixe und Suffixe können die Wortart verändern, z. B.:
das Wunder —→ *wunderbar, sauber* —→ *die Sauberkeit, heulen* —→ *das Geheule.*

Rechtschreibregeln und -strategien

Wörter und Silben untersuchen → S. 270–272

Die große Mehrzahl der deutschen Wörter ist nach dem gleichen Muster aufgebaut. Kenntnisse über diese Regelmäßigkeiten helfen dir beim Rechtschreiben.

Silbenkern und Silbenrand (→ S. 270)

- **der Silbenkern:** Zu **jeder Silbe** gehört ein **Vokalbuchstabe**. Das kann ein Vokal (Selbstlaut) sein (a, e, i, o, u), ein Umlaut (ä, ö, ü) oder ein Doppellaut/Diphthong (ei, ai, au, äu, eu), z. B.: *rei-ten, die Kar-te.*
- **der Silbenrand:** Am Anfang oder Ende der Silbe können ein oder mehrere **Konsonantenbuchstaben** stehen. Diese bilden den Silbenrand, z. B.: *die Lam – pe, we – nig, sprin – gen.*

Offene und geschlossene Silben, lang und kurz gesprochene Vokale (→ S. 271 f.)

Die allermeisten deutschen Wörter bestehen aus zwei Silben, von denen die erste betont wird. Für diese typischen Wörter gilt:
- Ist die Silbe **offen** (endet auf einen **Vokalbuchstaben**), wird dieser lang gesprochen: *Bo – gen.*
- Ist die Silbe **geschlossen** (endet auf einen **Konsonanten**), wird der Silbenkern (Vokal) kurz gesprochen: *tan – ken, die Sor – ge.*

Wörter mit Doppelkonsonanten → S. 273–275

- In den meisten Wörtern mit geschlossener betonter Silbe stehen an der Silbengrenze **mindestens zwei verschiedene Konsonanten**, z. B.: *die Bir – ne, hef – tig.*
- In manchen Wörtern mit geschlossener betonter Silbe spricht und hört man nach dem kurzen Vokal nur **einen Konsonanten**. Dieser Konsonant wird beim Schreiben **verdoppelt**, damit die Silbe geschlossen werden kann. („Nach kurzem Vokal eins hören heißt: zwei schreiben"), z. B.: *kom – men, Bet – ten, wis – sen, die Wip – pe.*
- Die **Verdopplung eines Konsonanten im Wortstamm bleibt in der Wortfamilie erhalten**, z. B.: *ken-nen* —→ *kennt, Kenntnis …*
  Wenn du bei der Schreibung unsicher bist, kann dir eine verlängerte Form helfen, z. B.:
  *dün(n)? *dü-ner? —→ falsch: Hier würde das ü lang ausgesprochen.*
  dün-ner? —→ richtig: Silbengelenk nach kurzem Vokal
- Beachte: Die Konsonanten *k* und *z* werden in deutschen Wörtern nicht verdoppelt (→ S. 276). Stattdessen schreibt man *ck* bzw. *tz*, z. B.: *lecker, die Mütze.*

Dehnungs-h und silbentrennendes h → S. 277

- Vom **Dehnungs-h** spricht man, wenn ein h die offene Silbe mit lang gesprochenem Vokal anzeigt. Dieses h steht nur (aber nicht immer!) vor **l, m, n** oder **r**, z. B.:
  prahlen, wohnen, führen, nehmen.
  Diese Wörter sind Merkwörter, die du dir am besten einprägst.
- Vom **silbentrennenden h** spricht man, wenn eine Silbe im Wortinneren mit einem h beginnt. Dieses h hört man, z. B.: *Mü-he, se-hen, ste-hen.* Es bleibt in verwandten Wörtern erhalten. Verlängere einsilbige Wörter, um es zu hören, z. B.: *ste?t   ste-hen —→ ste<u>h</u>t.*

Wörter mit langem i → S. 278 f.

- **Wörter mit ie:** Bei den meisten Wörtern mit lang gesprochenem i ist die betonte Silbe offen und die lange Aussprache des Vokals wird in der Schreibung durch **ie** angezeigt, z. B.:
  sie-ben, Bie-ne, wie-gen, Rie-gel, fie-len, frie-ren, Lie-be.
- **Wörter mit i:** Seltener wird der lange i-Laut durch den Buchstaben **i** wiedergegeben. Das gilt vor allem für Fremdwörter und einige Merkwörter, z. B.:
  Kamin, Klima, Kilo, Risiko, Lawine; wir, dir, mir; Igel, Kaninchen, Tiger.
- **Wörter mit ih:** Merke dir als Ausnahmen die Personalpronomen *ihr, ihn, ihm, ihnen, ihre.*

Merkwörter mit Doppelvokalen → S. 280

Die wenigen Wörter mit **Vokalverdopplung** sind Merkwörter, z. B.:
aa: *der Aal, das Haar, das Paar, der Saal, der Staat …*
ee: *die Beere, das Beet, die Fee, das Heer, leer, das Meer, der Schnee, der See, der Tee …*
Fremdwörter mit -ee am Wortende: *die Idee, der Kaffee, die Armee …*
oo: *das Boot, doof, das Moor, das Moos, der Zoo …*

s-Laute unterscheiden → S. 281 f.

Endet eine Silbe **offen**, dann wird der folgende s-Laut mit **s** oder **ß** notiert.
- Ist der s-Laut nach der offenen Silbe **stimmhaft** (weich, summend gesprochen), dann wird er mit **s** geschrieben, z. B.: *der Ha-se, spei-sen.* Das gilt auch für verwandte Wörter.
- Ist der s-Laut nach der offenen Silbe **stimmlos** (hart, zischend gesprochen), dann wird er mit **ß** notiert, z. B.: *sto-ßen, die Stra-ße.* Das gilt auch für verwandte Wörter.
Achtung: Am Wortende ist der s-Laut immer stimmlos. **Verlängere** daher einsilbige Wörter:
  Hau?   Häu-ser (stimmhaft) —→ Haus   Fu?   Fü-ße (stimmlos) —→ Fuß

Wird beim **Wechsel des Stammvokals** in verwandten Wörtern aus dem kurzen Stammvokal ein langer, dann wird aus **Doppel-s** ein ß, z. B.: *essen* (kurzer Vokal) —→ *sie a<u>ß</u>* (langer Vokal).
Wird umgekehrt aus dem langen Stammvokal ein kurzer, dann wird aus ß ein **Doppel-s**, z. B.:
  schie<u>ß</u>en (langer Vokal) —→ *er scho<u>ss</u>* (kurzer Vokal).

Großschreibung → S. 283–286

Groß schreibt man:

- am **Satzanfang**, z. B.: <u>E</u>s regnete in Strömen. <u>D</u>och Annette fuhr trotzdem Fahrrad.
- bei **Eigennamen** und **Nomen**, z. B.: <u>M</u>erlin, <u>O</u>lga; <u>F</u>ahrrad, <u>B</u>anane.
- bei der **Anrede** von Personen, die man siezt, z. B.: Lieber Herr Schmidt, ich bitte <u>Sie</u> …

Daran erkennt man Nomen:

- an vorausgehenden **Begleitwörtern** wie **Artikel** (<u>die</u> Lehrerin), **Adjektiv** (<u>lustige</u> Witze), **Pronomen** (<u>dieser</u> Hund, <u>dein</u> Wissen), **Zahlwort** (<u>viele</u> Fragen, <u>drei</u> Antworten).
- Manchmal ist das Begleitwort versteckt (zum Geburtstag: zu <u>dem</u> Geburtstag) oder man kann ein Begleitwort dazudenken, z. B.: mit Anstrengung ⟶ mit <u>etwas</u> Anstrengung.
- an typischen **Suffixen** (Nachsilben) wie **-heit, -keit, -nis, -schaft, -tum, -ung**, z. B.: die Schön<u>heit</u>, die Heiter<u>keit</u>, das Hinder<u>nis</u>, die Mann<u>schaft</u>, das Eigen<u>tum</u>, die Wohn<u>ung</u>.

Strategie: Wörter verlängern → S. 287 f.

Am Wortende klingt **b** wie **p**, **g** wie **k** und **d** wie **t**. Nutze die **Verlängerungsprobe**, um die richtige Schreibung zu ermitteln. Beim Verlängern kannst du beispielsweise

- **Verben** in den **Infinitiv** (Grundform) setzen, z. B.: hebt ⟶ heben,
- **Adjektive steigern**, z. B.: spannend ⟶ spannender,
- bei **Nomen** den **Plural** bilden, z. B.: der Käfig ⟶ die Käfige.

Achtung: Zusammensetzungen müssen zerlegt werden, um die Verlängerungsprobe durchzuführen, z. B.: Gel?börse = Gel? + Börse ⟶ Gel<u>d</u>er ⟶ Geldbörse.

Strategie: Die Schreibung aus verwandten Wörtern ableiten → S. 289 f.

Bist du bei der Schreibung unsicher, hilft oft die Suche nach einem verwandten Wort. Nutze dies zum Beispiel, wenn du zwischen **e/ä** oder zwischen **eu/äu** entscheiden musst.

- Gibt es eine verwandte Form mit **a/au**, schreibe **ä/äu**, z. B.:
     Schrank ⟶ Schränke, sauber ⟶ säubern.
- Gibt es kein verwandtes Wort mit **a** oder **au**, schreibt man meist **e** oder **eu**.

Im Wörterbuch nachschlagen → S. 296 f.

- Die **Stichwörter** in einem Wörterbuch sind **alphabetisch** geordnet. Bei gleichem Anfangsbuchstaben wird nach dem zweiten Buchstaben geordnet. Ist auch der zweite Buchstabe gleich, entscheidet der dritte Buchstabe usw.: Flamme, Fleiß, Floß … Umlautzeichen werden dabei nicht beachtet.
- So findest du Wörter im Wörterbuch: **Nomen im Singular** (das Spiel), **Verben im Infinitiv** (spielen), **Adjektive in der Grundform** (gut). Zerlege Zusammensetzungen und schlage ihre Bestandteile nach, um die Schreibung zu prüfen, z. B.: Laptoptasche? ⟶ Laptop, Tasche.

Arbeitstechniken und Methoden

Lesestrategien: Sachtexte erschließen → S. 186–209, S. 321

Auf Seite 321 findest du Strategien zum Erschließen von Sachtexten. Üben kannst du sie z. B. im Kapitel „Detektive des Alltags" auf den Seiten 186–209.

Ideen sammeln: Der Cluster → S. 196

Der **Cluster** hilft dir, Ideen zu einem bestimmten Thema zu finden. Einen Cluster legst du an, indem du das Thema in die Mitte eines Blatts schreibst und sternförmig davon ausgehend Fragen und Begriffe dazu notierst.

Ideen ordnen: Die Mindmap → S. 197

Mit einer **Mindmap** stellst du Ideen und Sachverhalte übersichtlich dar, indem du sie nach Ober- und Unterbegriffen ordnest. In die Mitte schreibst du den zentralen Begriff, davon ausgehend die immer weiter verzweigten Unterpunkte.

Einen Kurzvortrag vorbereiten und halten → S. 196–199

Am Anfang eines Kurzvortrags steht ein **Thema**, über das du deine Mitschüler/-innen informieren willst. Gehe in folgenden **Arbeitsschritten** vor:

1 **Fragen stellen und Informationen sammeln**
- **Sammle** Begriffe, Fragen und Informationen zum Thema deines Vortrags. Dazu kannst du eine Stichwortliste oder einen **Cluster** (→ S. 334) anlegen.
- Beschaffe weitere Informationen. Nutze dazu **mehrere Informationsquellen**:
  Frage **Eltern und Bekannte,** die Ahnung von deinem Thema haben.
  In deiner **Stadt- oder Schulbibliothek** findest du **(Fach-)Bücher, Lexika, Zeitschriften**.
  Im **Internet** helfen dir **Suchmaschinen**. Gib passende Suchbegriffe ein und prüfe die angezeigte Liste von Internetseiten, die den Suchbegriff enthalten. Gute Suchmaschinen sind z. B.: www.blinde-kuh.de, www.fragfinn.de, www.helles-koepfchen.de.

2 **Informationen auswerten und ordnen**
Das kannst du mithilfe einer **Mindmap** (→ S. 334) tun. Aus ihr kannst du dann die Fragen auswählen, die für deinen Vortrag interessant sind.

3 **Vortragskarten anlegen**
Lege Vortragskarten zu den ausgewählten Unterthemen an. Notiere auf jeder Vortragskarte einen Aspekt, eine Frage oder einen Oberbegriff und dazu wenige Stichworte.

4 **Die Gliederung deutlich machen**
- In der **Einleitung** formulierst du das Vortragsthema und weckst Neugier auf den Inhalt. Erkläre z. B., warum die Frage interessant für die Zuhörer/-innen ist.
- Im **Hauptteil** präsentierst du die Informationen in einer sinnvollen Reihenfolge.
- Zum **Schluss** fasst du das Wichtigste zusammen und formulierst z. B. deine eigene Meinung.

5 **Informationen veranschaulichen**
Deine Zuhörer/-innen können dem Vortrag leichter folgen, wenn sie die Gliederung vor Augen haben. Schreibe diese z. B. als **Stichwortliste** an die Tafel. Hilfreich sind auch Anschauungsmaterial (Bilder) und eine **Übersicht** (Infoplakat, Wandpapier): Schiebe die Texte und Abbildungen hin und her, bis es möglichst übersichtlich aussieht. Klebe sie dann auf und gib deiner Übersicht einen **Titel**.

6 **Den Kurzvortrag halten**
Hinweise zum mündlichen Vortragen findest du auf Seite 313.

Eine Schreibkonferenz durchführen

- Setzt euch in kleinen **Gruppen** (höchstens zu viert) zusammen.
- Eine/Einer **liest** den eigenen Text **vor**, die anderen hören gut zu.
- Anschließend geben die anderen eine **Rückmeldung**, was ihnen besonders gut gefallen hat.
- Dann wird der Text in der Gruppe **Satz für Satz besprochen**. Die Überarbeitungsvorschläge werden schriftlich festgehalten. Korrigiert auch die **Rechtschreibung und Zeichensetzung**.
- Zum Schluss **überarbeitet** die Verfasserin / der Verfasser den eigenen Text.

Texte überarbeiten

Prüfe bei der Überarbeitung deiner Texte folgende Punkte:

1   **Aufbau/Inhalt je nach Textsorte, Zweck und Adressat:**
    - persönlicher Brief (→ S. 20 f.)
    - Leserbrief (→ S. 67)
    - Erlebniserzählung (→ S. 37 ff.)
    - Erzählung zu einer Bildergeschichte (→ S. 30 ff.)
    - Märchen (→ S. 116 ff.)
    - Gedicht (→ S. 185)
    - Beschreibung (→ S. 92 f.)

2   **Stil/Grammatik:** Wende folgende Proben an, um deinen Text ggf. zu verbessern:
    Ersatzprobe: Ersetze Wörter und Wortgruppen, die sich im Text wiederholen, z. B.:
    - durch Personalpronomen (→ S. 224 f.):
      Linus und Tonio schauten sich den Film an. Danach gingen ~~Linus und Tonio~~ sie ...
    - durch Synonyme (→ S. 240–243):
      Danach gingen ~~Linus und Tonio~~ die beiden Freunde ...
    Umstellprobe (→ S. 244 f.): Stelle Wörter und Wortgruppen im Text um. So kannst du Satzanfänge abwechslungsreich gestalten (→ S. 254 f.), z. B.:
    Lennard bat um mehr Taschengeld. Er schilderte eindringlich seine Gründe dafür.
    → Lennard bat um mehr Taschengeld. Eindringlich schilderte er ...
    Weglassprobe: Prüfe, wo überflüssige Wörter in einem Text gestrichen werden können.

3   **Rechtschreibung** (→ S. 268–297, S. 331 ff.)

Textquellen

17 Smith, Penny / Shalev, Zahavit: Yiting aus China. Aus dem Englischen von Maria Zettner. In: Dies.: Meine Schule. Kinder aus aller Welt erzählen. München: Dorling Kindersley, 2008, S. 64. **18 f.** Schnippenkoetter, Beatrix: Chile. In: Dies.: Ich wäre gern ein Huhn. Was Kinder aus aller Welt erleben und sich erträumen. Frankfurt a. M.: Campus Verlag, 2006, S. 38 f. **26 f.** Ende, Michael: Zettelkasten. Skizzen & Notizen. Hocke, Roman (Hrsg.). München: Piper, 2011, S. 294. Boie, Kirsten: Wie gehen Sie vor, wenn Sie ein Buch schreiben? Unter *http://www.kirsten-boie.de/kirsten-boie-fragen.php?frage=Wie+gehen+Sie+vor%2C+wenn+Sie+ein+Buch+schreiben%3F&sprache=de&kategorie=Fragen+%26+Antworten* [04.03.2014]. Stromiedel, Markus: Wie sieht Ihr Tag als Autor aus? Unter *http://www.oetinger.de/buecher/autoren-ausgefragt/markus-stromiedel.html* [04.03.2014]. Steinhöfel, Andreas: Nachwort. In: Ders.: Beschützer der Diebe. Hamburg: Carlsen, 2007, S. 291. **28 f.** Boie, Kirsten: Im Schwimmbad. In: Dies.: Kirsten Boie erzählt vom Angsthaben. Hamburg: Oetinger, 2012, S. 40–43. **38** Bumerang. Aus: Fränkischer Tag, 26.09.1997. **39** Räuber erweicht: Holsteiner Courier, 17.11.2011. Quelle: dpa. **44** Schulz, Charles M.: Peanuts. In: Ders: Die Peanuts – Ohne Worte: Reden ist Silber, Schweigen ist Peanuts. Hamburg: Carlsen Verlag, 2009, S. 12, © 2005 United Feature Syndicate, Inc. **45 f.** Funke, Cornelia: Tiger und Leo. In: Giordano, Mario (Hrsg.): Ab morgen bin ich Löwe. Berlin: Aufbau-Verlag, 2011, S. 178 ff. **47 ff.** Ruck-Pauquèt, Gina: Ein Hund mit blauen Augen. In: Höfer, Arno, u. a. (Hrsg.): Schwann Arbeitsbuch Literatur Band 5. Düsseldorf: Pädagogischer Verlag Schwann, 1971, S. 7 ff. **50 ff.** Petit, Xavier-Laurent: Steppenwind und Adlerflügel. Winterabenteuer in der Mongolei. Kap. 5 und 6. Aus dem Franz. von Anja Malich. Hamburg: Cecilie Dressler, 2006, S. 26–33. **55** Pludra, Benno: Die Schwäne auf dem Wasser. In: Gelberg, Hans Joachim (Hrsg.): Geh und spiel mit dem Riesen. 1. Jahrbuch der Kinderliteratur. Weinheim/Basel: Beltz und Gelberg 1971, S. 94 f. (Ausschnitt). **56 ff.** Lind, Åsa: Alle arbeiten sie dauernd! In: Dies.: Zackarina und der Sandwolf. Aus dem Schwedischen von Jutta Leukel. Weinheim, Basel: Beltz & Gelberg, 2008, S. 19–25. **62 f.** Korschunow, Irina: Gunnar spinnt und andere Geschichten für Leseanfänger. Boldt, Renate; Krahl, Gisela (Hrsg.). Reinbek: Rowohlt Taschenbuch, 1985, S. 7–11. **65** Watterson, Bill: Calvin und Hobbes. Band 1. Aus dem Englischen von Waltraud Götting. Hamburg: Carlsen Comics, 2005, S. 111. **66** Sollte man für Abenteuer schulfrei bekommen? Aus: Geolino 1/2010, S. 30 f. **71** Medienpädagogischer Forschungsverbund Südwest: JIM-Studie 2012. Basisstudie zum Medienumgang 12- bis 19-Jähriger in Deutschland. Unter *http://www.mpfs.de/index.php?id=538* [05.03.2014]. **73** Inhaltsverzeichnis aus: Dein SPIEGEL 1/2015. *http://www.spiegel.de/spiegel/*. **74** Inhaltsverzeichnis aus: Geolino 06/2015, S. 5. **75** Regeln der „Geolino-Community". Aus: *http://www.geo.de/GEOlinoforum/register.html* [03.06.2015]. **76 f.** Ruck-Pauquèt, Gina: Ein Fisch sein. In: Steinwede, Dietrich (Hrsg): Neues Vorlesebuch Religion 2. Lahr: Verlag Ernst Kaufmann, 1998, S. 102 f. **77 f.** Maier, Josephina: Skaten in Kabul. Aus: ZEIT LEO 1/2013, S. 18–21. © DIE ZEIT für die Schule. **79** Kinney, Jeff: Gregs Tagebuch – Von Idioten umzingelt! Aus dem Engl. von Collin McMahon. S. 24 © Köln: Baumhaus in der Bastei Lübbe AG, 2008. Original: „Diary of a Wimpy Kid", Amulet Books (Imprint von Harry N. Abrams, Inc., New York), © 2008 Jeff Kinney. DIARY OF A WIMPY KID®, WIMPY KID ™, and the Greg Heffley design ™ are trademark of Wimpy Kid, Inc. **80 f.** Funke, Cornelia: Tintenherz. Hamburg: Cecilie Dressler, 2003, S. 9 f. **82 f.** Nach: Gall, Insa: Oma, wie war das früher, ein Kind zu sein? In: Hamburger Abendblatt. Magazin Junior vom 05.10.2013. Unter *http://www.abendblatt.de/hamburg-tipps/kinder/kinder/article120652940/Oma-wie-war-das-frueher-ein-Kind-zu-sein.html* [31.01.2015]. **84 f.** Irion, Thomas / Fricke, Christian: Brauchen Kinder ein Smartphone? In: Dein Spiegel 04/2014, S. 35. Hamburg: Spiegel Verlag Rudolf Augstein GmbH, 2014. **88** Neumann, Alex / Hasselbeck, Kathrin / Schulz, Bernhard: Papagei – Sprechendes Federvieh. Unter *http://www.br-online.de/kinder/fragen-verstehen/wissen/2005/01156/* [05.03.2014]. **90** Halmahera-Papageien. Unter *http://www.kindernetz.de/oli/tierlexikon/-/id=74986/nid=74986/did=83954/ngjnbu/* [05.03.2014]. **102 f.** Lorenz, Konrad: Zwei Raubtiere im Aquarium. In: Ders.: Er redete mit dem Vieh, den Vögeln und den Fischen. München: dtv, 1984, S. 24 f. **104** Dumon Tak, Bibi: Der Mistkäfer. In: Dies.: Kuckuck, Krake, Kakerlake. Aus dem Niederländ. von Meike Blatnik. Berlin: Bloomsbury, 2010, S. 26 f. **105** Ebner-Eschenbach, Marie von: Krambambuli und andere Tiergeschichten. Husum/Nordsee: Hamburger Lesehefte, 2012, S. 3 f. **105 f.** Süskind, Patrick: Die Geschichte von Herrn Sommer. Zürich: Diogenes, 2000, S. 19–25. **108** Rowling, Joanne K.: Harry Potter und der Gefangene von Askaban. Aus dem Engl. von Klaus Fritz. Hamburg: Carlsen, 2007, S. 59 f. **110** Gebrüder Grimm: Der goldene Schlüssel. In: Rölleke, Heinz (Hrsg.): Grimms Kinder- und Hausmärchen. Zweiter Band. Nach der zweiten vermehrten und verbesserten Auflage von 1819 textkritisch revidiert und mit einer Biografie der Grimmschen Märchen versehen. München: Eugen Diedrichs, 1982, S. 504. **112 f.** Brüder Grimm: Die Bienenkönigin. In: Ebd. Erster Band, S. 240 f. **115** Japanisches Märchen: Kleiner Ein-Zoll. In: Märchen aus aller Welt. Nacherzählt von Neil Philip. Aus dem Engl. von Cornelia Panzacchi. München: Dorling Kindersley, 2006, S. 23. **119** Brüder Grimm: Die drei Brüder. In: Rölleke, Heinz (Hrsg.): Grimms Kinder- und Hausmärchen. Zweiter Band. Nach der zweiten vermehrten und verbesserten Auflage von 1819 textkritisch revidiert und mit einer Biografie der Grimmschen Märchen versehen. München: Eugen Diedrichs, 1982, S. 435 f. **123** Andersen, Hans Christian: Die Prinzessin auf der Erbse. Nach: Ders.: Märchen. Übers. von Heinrich Denhardt. Stuttgart: Reclam, 1986, S. 123 f. **124** Brüder Grimm: Die Sterntaler. In: Dies.: Die schönsten Kinder- und Hausmärchen. Band 2. Neubearb. unter Verwendung der Ausgabe von 1857. Rastatt: Arthur Moewig, S. 168. **126 f.** Eppelin, Dörte: Die Brüder Grimm. Von Märchensammlern und Märchenfrauen. Unter *http://www.tk.de/tk/a-z-navigation/g/die-brueder-grimm-10004622/538072* [05.03.2014]. **128 f.** Boratav, Pertev Naili: Das Töpfchen. In: Ders. (Hrsg.): Türkische Volksmärchen. Aus dem Türk. von Doris Schultz und György Hazai. Berlin: Akademie-Verlag, 1967, S. 147 ff. **130 f.** Nach: Andersen, Hans Christian: Das Liebespaar. In: H. C. Andersens sämtliche Märchen. Leipzig: B. G. Teubner, 1863, S. 256–259. **133 f.** Nacherzählung nach: Der Student und der Kranich. In: Stanek, Dr. V. J. (Hrsg.): Schönheit des Lebens. Hanau: Verlag Werner Dausien, 1968, S. 114–117. **136 f.** Schwarz, Jewgeni: Rotkäppchen. Nach: Jewgeni Schwarz: Rotkäppchen (Ausschnitt, gekürzt). Aus dem Russischen von Rainer Kirsch. © Berlin: henschel Schauspiel Theaterverlag Berlin GmbH. **140** Grimm, Hanna: Das Seemannsgarn. Unter *http://www.*

dw.de/das-seemannsgarn/a-16418778 [06.03.2014].
142 f. Moers, Walter: Zwergpiraten. In: Ders.: Die 13 ½ Leben des Käpt'n Blaubär. Frankfurt a. M.: Goldmann, 2002, S. 18, 21–24. **144 f.** Bürger, Gottfried August: Drittes Seeabenteuer. In: Ders.: Wunderbare Reisen zu Wasser und zu Lande des Freiherrn von Münchhausen. Frankfurt a. M.: Insel Verlag, 1976, S. 84–87. **146 f.** Seliger, Dirk und Anke: Wie Eulenspiegel ein neues Kostüm erwarb und damit in Kronach ein gutes Geschäft machte. In: Dies.: Die Rückkehr des Till Eulenspiegel. Neue Schelmenstreiche. Föritz: amicus-Verlag, 2001, S. 31–34. **148** Tolkien, J. R. R.: Der Hobbit. Aus dem Engl. von Wolfgang Krege. Stuttgart: Klett-Cotta, 1998, S. 12. **151** Moers, Walter: Der gefürchtete Malmstrom. In: Ders.: Die 13 ½ Leben des Käpt'n Blaubär. Frankfurt a. M.: Goldmann, 2002, S. 15. **152 f.** Guggenmos, Josef: Haudenhund, Traumichnicht, Tutmirleid. In: Ders.: Oh, Verzeihung, sagte die Ameise. Weinheim, Basel: Beltz & Gelberg, 2008, S. 198 f. **154 ff.** Gernhardt, Robert: Auf der Insel der weinenden Riesen. In: Ders.: Ein gutes Wort ist nie verschenkt. Gedichte und Geschichten für Kinder. Frankfurt a. M.: Fischer, 2009, S. 241 ff. **156 f.** Lindgren, Astrid: Pippi Langstrumpf. Aus dem Schwed. von Cäcilie Heinig. Mit Zeichnungen von Rolf Rettich. Hamburg: Oetinger, 1987, S. 301 ff. **158 f.** Dahl, Roald: Matilda. Aus dem Engl. von Sybil Gräfin Schönfeldt. Reinbek: Rowohlt Verlag, 1989, S. 63 f., 77 f. **160 f.** Seliger, Dirk und Anke: Wie Eulenspiegel dem Propst des Klosters Roda eine Mondfinsternis verdarb. In: Dies.: Die Rückkehr des Till Eulenspiegel. Neue Schelmenstreiche. Föritz: amicus-Verlag, 2001, S. 47–51. **162** Warum Blaubär lügt. Unter *http://www.wdrmaus.de/kaeptnblaubaerseite/baerchen/blaubaergeschichte_luege.php5* [06.03.2014] **162** Nach: Der Uhrmacher in der Zeitfabrik. Unter *http://www.wdrmaus.de/kaeptnblaubaerseite/* [07.04.2014] **164** Erhardt, Heinz: Warum die Zitronen sauer wurden. In: Ders.: Gedichte für Kinder. Oldenburg: Lappan Verlag, 2009. **165** Ringelnatz, Joachim: Im Park. In: Der neue Conrady. Das große deutsche Gedichtbuch. Hg. von Karl Otto Conrady. Berlin: Artemis und Winkler 2000, S. 626. **167** Goethe, J. W.: Der Musensohn. In: Ders.: Sämtliche Gedichte, Gesamtausgabe, 1. Teil München: dtv 1968, S. 19. **167** Erhardt, Heinz: Die Beichte. In: Ders.: Gesammelte Werke. Oldenburg: Lappan Verlag 2004. **168** Wittkamp, Frantz: Reimreise. In: Hans-Joachim Gelberg (Hrsg.): Wo kommen die Worte her? Neue Gedichte für Erwachsene und Kinder. Weinheim/Basel: Beltz und Gelberg, 2011, S. 45. **169** Klee, Paul: Rach und Degen. In: Deutsche Unsinnspoesie. Hg. v. Klaus Peter Dencker. Stuttgart: Reclam Verlag 1995, S. 250 f. **171** Nach: Pressler, Mirjam: Zauberspruch. In: Hexengeschichten. Bindlach: Loewe-Verlag 1992. **172** Ramnek, Hugo: Herz und Schmerz. In: Hans-Joachim Gelberg (Hrsg.): Wo kommen die Worte her? Neue Gedichte für Erwachsene und Kinder. Weinheim/Basel: Beltz und Gelberg, 2011, S. 32. **173** Menzel, Wolfgang: Unsinnverse. In: Wolfgang Menzel: Fischers Fritz bricht sich die Zunge. Würzburg: Benzinger Edition im Arena Verlag, 1980, S. 60 f. **174** Nach: Erhardt, Heinz: Drei Bären. In: Ders.: Hinter eines Baumes Rinde. Gedichte für Kinder. Oldenburg: Lappan Verlag, 2009. **174** Nach: Härtling, Peter: Satz für Satz. In: Wo kommen die Worte her? Neue Gedichte für Erwachsene und Kinder. Weinheim/Basel: Beltz und Gelberg, 2011, S. 185. **175** Morgenstern, Christian: Der Schaukelstuhl auf der verlassenen Terrasse. In: Ders.: Heimlich träumen Mensch und Erde. Grotesken. Lieder. Phantasien. Berlin: Henschelverlag 1982, S. 67. **176** Naoura, Salah: Monsterliebe In: Hans-

Joachim Gelberg (Hrsg.): Wo kommen die Worte her? Neue Gedichte für Erwachsene und Kinder. Weinheim/Basel: Beltz und Gelberg, 2011, S. 77. **177** Nöstlinger, Christine: Alles Glück. In: Hans-Joachim Gelberg. (Hrsg.): Wo kommen die Worte her? Neue Gedichte für Erwachsene und Kinder. Weinheim/Basel: Beltz und Gelberg, 2011, S. 79. **179** Erhardt, Heinz: Der Mathematiker. In: Ders.: Gesammelte Werke. Oldenburg: Lappan Verlag, 2004. **180** Janosa, Felix: Das Raphuhn, Eres Edition Musikverlag Horst Schubert GmbH, Lilienthal/Bremen, 1995. © VG Musik Edition. **181** Morgenstern, Christian: Gruselett. In: Ders.: Heimlich träumen Mensch und Erde. Grotesken. Lieder. Phantasien. Berlin: Henschelverlag 1982, S. 70. **181** Carroll, Lewis / Enzensberger, Christian: Der Zipferlake. In: Carroll, Lewis: Alice hinter den Spiegeln. Aus dem Engl. von Christian Enzensberger. Berlin: Insel Verlag, 2011. © Frankfurt a. M.: Insel Verlag, 1963. **182** Morgenstern, Christian: Das große Lalula. In: Deutsche Unsinnspoesie. Hg. v. Klaus Peter Dencker. Stuttgart: Reclam Verlag 1995, S. 176. **182** Klapphornverse. In: Halbey, Hans A. (Hrsg.): Schmurgelstein so herzbetrunken. München/Wien: Hanser Verlag 1988, S. 166 f. **183** Kästner, Erich: Die Fabel von Schnabels Gabel. In: Hans-Joachim Gelberg (Hrsg.): Wo kommen die Worte her? Neue Gedichte für Erwachsene und Kinder. Weinheim/Basel: Beltz und Gelberg, 2011, S. 196. **184** Bormann, Edwin: Der alte Marabu. In: Hans A. Halbey (Hrsg.): Schmurgelstein so herzbetrunken. München/Wien: Hanser Verlag, 1988, S. 115. **187 f. o.** Wilhelmi, Friederike: Warum rauscht das Meer in der Muschel? In: Dies.: Warum schmeckt das Meer nach Salz? München: ars edition, 2007, S. 50. **188 u.** Woher kommt das Meeresrauschen in Muscheln? In: Arens, Janka; Peick, Markus; Srowig, Meike: Warum Männer weniger lachen. München: C. H. Beck, 2006, S. 118 f. **189** Köthe, Rainer: Wie funktioniert ein Kugelschreiber? In: Ders.: Tessloffs superschlaues Antwortbuch. Technik. Nürnberg: Tessloff, 2003, S. 114. **190** Staguhn, Gerhard: Warum ist die Banane krumm? In: Ders.: Warum? fallen Katzen immer auf die Füße … und andere Rätsel des Alltags. München: dtv, 2005, S. 161. **190 f.** Fritz, Martin: Warum ist die Banane krumm? In: Ders.: Warum? Warum? Warum? 111 verblüffende Fragen und Antworten. Würzburg: Arena, 1992, S. 9. **192** Campbell, Guy: Warum kann ich nicht richtig schmecken, wenn ich mir die Nase zuhalte? In: Wingate, Philippa (Hrsg.): Kann ich mich nur von Cola ernähren? Aus dem Engl. vom Verlagsbüro Michael Holtmann. Münster: Coppenrath, 2009, S. 15 f. **193** Steinhöfel, Andreas: Rico, Oskar und die Tieferschatten. Hamburg: Carlsen, 2011, S. 32, 121, 177. **193** Lexikonartikel Lot. In: dtv-Lexikon in 24 Bänden. Band 13. München: dtv, 2006, S. 271. **194 f.** Hecker, Joachim: Warum tränen die Augen, wenn man Zwiebeln schneidet? In: Ders.: Frag doch mal … die Maus! Spannende Experimente zum Ausprobieren, Forschen und Staunen. München: cbj-Verlag, 2011, S. 13 ff. **200 f.** Borré, Martin / Reintjes, Thomas: Warum laufen Athleten im Stadion immer gegen den Uhrzeigersinn? In: Dies.: Warum Frauen schneller frieren: Alltagsphänomene wissenschaftlich erklärt. München: C. H. Beck, 2005, S. 44 f. **202 f.** Borré, Martin; Reintjes, Thomas: Können Pferde wirklich nicht kotzen? In: Dies.: Warum Frauen schneller frieren: Alltagsphänomene wissenschaftlich erklärt. München: C. H. Beck, 2005, S. 91 f. **204** Einen vom Pferd erzählen. In: Krone, Dieter (Hrsg.): Woher kommt der Ausdruck? Vergnügliches zum Ursprung der Ausdrücke, Bd 1. Leichlingen: Krone, 2003, S. 21. / Da liegt der Hund begraben. In: Ebd., S. 20. **205** Lexikonartikel: Etwas im Schilde führen.

In: Röhrich, Lutz: Lexikon der sprichwörtlichen Redensarten. Band 4. Freiburg u. a.: Herder, 1994, S. 1333 f. **206 ff.** Hennemann, Laura: Tierisch klug. Unter: *http:// www.geo.de/GEOlino/natur/tiere/tiere-tierisch-klug-70731. html?p=1* [31.01.2015]. **213** Morgenstern, Christian: Auf dem Fliegenplaneten. In: Ders.: Alle Galgenlieder. Insel-Taschenbuch; Frankfurt a. M.: Insel, 1974, S. 200, © 1947 Inselverlag Wiesbaden. **217** Brüder Grimm: Daumerlings Wanderschaft. In: Pietsch, Marianne (Hrsg.): Kinder-Märchen / Brüder Grimm. Stuttgart: Thienemann, 1977, S. 37. **218** Nach: Murschetz, Luis: Der Maulwurf Grabowski. Zürich: Diogenes Kindertaschenbuch, 1977, ohne Seitenzahlen, ©1972 Diogenes Zürich. **219 f.** Nach: Ende, Michael: Jim Knopf und Lukas der Lokomotivführer. Stuttgart: Thienemann, 1983, S. 4 f. **221** Nach: Ende, Michael: Jim Knopf und Lukas der Lokomotivführer. Stuttgart: Thienemann, 1983, S. 132 f., 136. **232** Nach: U11 Mädchen ziehen in einer Zitterpartie den Kürzeren! Unter *http://www. lokalkompass.de/oberhausen/sport/u11-maedchen-ziehen-in-einer-zitterpartie-den-kuerzeren-d349042.html* [13.03.2014]. **242** Nach: Wilson, David Henry: Jeremy James oder Elefanten sitzen nicht auf Autos. Aus dem Engl. von Gerda und Helmut Winter. Hamburg: Oetinger, 1978, S. 7–15. **248** Stempel, Hans; Ripkens, Martin: Kinderkram. In: Kliewer, Heinz-Jürgen (Hrsg.): Die Wundertüte. Alte und neue Gedichte für Kinder. Stuttgart: Reclam, 1989, S. 160. **252** Hinze, Eva: Auf den Kopf schlägt mich der Hammer. In: Arndt, Marga; Singer, Waltraut (Hrsg.): Fingerspiele und Rätsel für Vorschulkinder. Berlin: Volk und Wissen, 1981, S. 191. Dies: Ich wandle mit dir Tag und Nacht. In: Ebd., S. 160. **255** Die Sprengkraft des Eises. In Anlehnung an: Press, Hans Jürgen: Sprengkraft des Eises. In: Ders.: Geheimnisse des Alltags. Entdeckungen in Natur und Technik. Ravensburg: Ravensburger Taschenbücher, 1983, ohne Seitenzahlen, © 1977 Ravensburg: Otto Maier Verlag. **256** Nach: Schwitters, Kurt: So, so! In: Gelberg, Hans-Joachim (Hrsg.): Großer Ozean. Gedichte für alle. Weinheim u. a.: Beltz und Gelberg, 2000, S. 24. **257** Nach: Preußler, Otfried: Krabat. Stuttgart: Thienemann, 1981, S. 41. **261** Nach: Preußler, Otfried: Krabat. Stuttgart: Thienemann, 1981, S. 156.

Bildquellen

5, 12, 90 Eric Isselée-Fotolia.com **8** picture-alliance / Arco © Juergen & Christine Sohns **15 o.** cdrcom-Fotolia.com **15 u.** Drozdowski / Shutterstock.com **16** Julian Germain / Prestel Verlag **17** corbis/ © asiaselects/corbis **18** Cornelsen Verlag, Atlaskartografie **26 a** picture-alliance, **b** Thienemann, 2013 **c** picture-alliance, **d** Oetinger, 2000 **27 a** picture-alliance / Sven Simon, **b** Dressler, 2012, **c** picture-alliance, **d** Carlsen, 2011 **30** Ohser, Erich (e. o. plauen): Die vergessenen Rosinen. In: Ders.: Vater und Sohn. Sämtliche Streiche und Abenteuer. Konstanz: Südverlag, 2003. **34** tunedin-Fotolia.com **40 o., u., 41, 43** akg-images/Album PIXAR ANIMATION STUDIO **40 m.** mauritius images / Radius images **44** © Universal Uclick /Distr. Bulls **65** © Watterson / Distr. Bulls **69** FPWing-Fotolia.com **72 l.** © Geolino (1/2015), Gruner+ Jahr GmbH & Co. KG, Hamburg, **m.** © Dein SPIEGEL 3/2015. *http://www.spiegel.de/spiegel/*, **r.** © ZEIT LEO (2/2015), Zeitverlag Gerd Bucerius GmbH & Co. KG, Hamburg **74** Screenshot Geolino. *http://www.geo. de/GEOlino/* [16.06.2015] **77** gradt-Fotolia.com **79 s.** Textquellen **80** Dressler, 2003 **83** imago / Schöning **88 l.** mauritius images / image BROKER / Konrad Wothe, **r.** elmm/ Shutterstock.com **89 l.** mauritius images / image BROKER /Gerhard Zwerger-Schoner, **m.** imago, **r.** Mauritius images / image BROKER / Stefan Huwiler **90** Eric Isselée-Fotolia.com **92 l.** Thomas Häfner-Fotolia.com, **m.** www. alamy.com, **r.** biglama – Fotolia.com **94 l.** ehrenberg-bilder-Fotolia.com, **o. m.** Werner Fellner-Fotolia.com, **u. m.** markus_marb-Fotolia.com, **r.** by-studio-Fotolia.com **95** Werner Fellner-Fotolia.com **96** Thomas Schulz, Teupitz **99 l.** bennyartist-Fotolia.com, **m.** geocislariu-Fotolia.com, **r.** i9370-Fotolia.com **101 o.** klickerminth-Fotolia.com **101 u.** grafikplusfoto-Fotolia.com **102 f.** mauritius images / Gerard Lacz **104** mauritius images / Kroiss **107** akg-images **126** mauritius images/Alamy; Entwurf Bert Jäger 1959 © Dieter Weber, Nachlass Bert Jäger, Freiburg **127** imago/ Schöning; Entwurf Barbara Dimanski 2012 **140 o. r.** Illustration von Katrin Engelking. © Oetinger, 2013 **141 o. l.** © WDR mediagrouplicensing GmbH **142** Die Zwergpiraten von Walter Moers. © Verlagsgruppe Random House GmbH **148** nook-Fotolia.com **154** Almut Gernhardt, © Robert Gernhardt, durch Agentur Schlück **156** Illustration Katrin Engelking. © Oetinger, 2013 **158** Rowohlt Verlag GmbH, Reinbek **186 a** Carlsen, 2014, **b** Edel Germany, 2010, **c** Deutscher Taschenbuch Verlag, Reihe Hanser, 2013 **187 a** Kiepenheuer & Witsch, 2010, **b** Ullstein, 2004, **c** Oetinger, 2012, **d** Hanser, 2012 **191 l.** picture-alliance / Arco © Juergen & Christine Sohns **191 r.** grafikplusfoto-Fotolia.com **194** Barbara Pheby-Fotolia.com **197** Abu-Fotolia.com **199 o.** Damien Richard / Shutterstock.com, **u.** absolutimages-Fotolia.com **200** Maxisport/Shutterstock. com **204** steve estvanik / Shutterstock **206** Daniel Ernst-Fotolia.com **207** yevgeniy-Fotolia.com **219** Thienemann, 2004 **221** Herr Tur Tur © F. J. Tripp, Thienemann **222** Eric Isselée-Fotolia.com **226** Dressler, 1999 **230** Charles Amundson / Shutterstock.com **231** imago/imago/ Laci Perenyi **232** Brocreative-Fotolia.com **251** akg-images **257** © Herbert Holzig **261** Thienemann **263** Rolf Schulten / VISUM creative-Fotolia.com **273** Studio Hamburg Enterprises **279** Clip Dealer / Christa Eder **296 l., r.** Cornelsen Schulbuchverlage, **m.** Bibliographisches Institut Mannheim

Sachregister

A

Ableitungen 239, 331
Ableitungsprobe **289 f.**, 333
Adjektiv 97, 219–223, 323
Adverbiale → Adverbiale Bestimmung
Adverbiale Bestimmung **252 f.**, 328
Akkusativ **215 f.**, 225, 249 f., 322
Akkusativobjekt 249 f., 327
Alliteration 181, 185, 319
Anführungszeichen → Wörtliche Rede
Anrede 257 f., 283
Antonym 241, 330
Anzeige 92 ff., 101, 109
Arbeitstechniken 334 ff.
- Cluster 196, 334
- Diagramm lesen **70 f.**, **86**, 321
- Kurzvortrag **196–199**, 313, 335
- Lesestrategien 186–209, 321, 334
- Mindmap 197, 334
- Nachschlagen im Wörterbuch 296 f., 333
- Schreibkonferenz 336
- Texte überarbeiten 32, 59, 254 f., **336**
- Übersicht erstellen 197, 334
Argument 62–68, 312
Artikel 213 f., **217 f.**, 323
Aufforderungssatz **256**, 328
Aufzählung 257 f., 329
Ausrufesatz **256**, 328
Ausrufezeichen 256, 328, 330
Aussagesatz 245, **256**, 328

B

Befehlsform → Imperativ
Begleitsatz 36, 330
Begleitwort 213, 217, 322 f.
Begründen 60–87, 312, 314
Berichten 24 f.
- Ereignisbericht 25
- Erlebnisbericht 25
Beschreiben 88–109, 317
- Anzeige 92 ff., 101, 109
- Figuren beschreiben 131, 148 ff., 163
- Gegenstände beschreiben **94 f.**, 97, 108 f., 317
- Lexikonartikel 93, 103
- Personen beschreiben **96**, 106 f., 109, 317
- Steckbrief 15, 92
- Tiere beschreiben **88–93**, 102 ff., 317
- Vorgänge beschreiben 98 f., 109, 317
Bestimmter Artikel **217 f.**, 323
Bestimmungswort 238, 330

Betonte Silbe **270 ff.**, 331 f.
Betonungszeichen 178 f., 313
Beugen → Konjugieren, Deklinieren
Bildergeschichte **30 ff.**, 44, 315
Bindewort → Konjunktion
Brief **20 f.**, **67 ff.**, 81, 314
- Leserbrief **67**, 81
- Persönlicher Brief **20 f.**, 314

C

Cluster 196, 334
Computer-Rechtschreibprogramm 269

D

Dativ **215 f.**, 225, 249 ff., 322
Dativobjekt **249 ff.**, 327
Dehnungs-h **277**, 291, 332
Deklinieren 215 f., 219 f., 322 ff.
- Adjektive 219 f., 323
- Artikel 217, 323
- Nomen 215 f., 322
- Personalpronomen 224 f., 324
Diagramme lesen 70 f., 86, 321
Dialekt 264 f.
Diphthong 270
Doppelkonsonanten 273–275, 292, 331
Doppellaut 270
Doppelpunkt 328, 330
Doppelvokal 280, 332

E

Eigenschaftswörter → Adjektive
Einleitewort → Konjunktion
Einstellungsgrößen 42, 318
Einzahl → Singular
Ersatzprobe 336
Erzählen 26–59, 315 f., 318
- Bildergeschichte **30 ff.**, 44, 315
- Erzählkern ausgestalten 38 f.
- Erzählperspektive 45 f., 59
- Erzähltext fortsetzen 33, 119, 316
- Erzählweisen 318, 320
- Figuren und ihr Verhalten beschreiben 131, 148 ff., **163**, 316, 318, 320
- Gefühle in Worte fassen 34 ff., 44–59, 315
- Geschichte umschreiben 33
- Handlungsbausteine 29, 31 ff., 44, 59, 114 ff., 122, 139, 315, 318
- Schreiben zu Reizwörtern 37, 59
- Schreibplan 31, 33, 37, 39, 59, 315

- Wörtliche Rede 31 ff., **36**, 59, 315

F
Fall → Kasus
Femininum → Genus
Figuren und ihr Verhalten beschreiben 131, 148 ff.,
    163, 316, 318, 320
Filmbilder untersuchen 40–43, 318
Frageprobe 225, 248, 251, 327 f.
Fragesatz **256**, **328**
Fragezeichen 256, 328
Fugenelement 238, 330
Fürwörter → Personalpronomen
Futur 236, 326

G
Gedicht 164–185, 319
- Alliteration 181, 185, 319
- Auswendig lernen 179
- Betonungszeichen 178 f., 313
- Gedichtbeschreibung 317
- Gedichtvortrag **178 f.**, 313
- Lyrisches Ich 176 f., 183, 185, 319
- Metrum 166, 172 f., **185**, 319
- Parallelgedicht **175**, 317
- Reimschema 168, 180, 185, 317, 319
- Stabreim → Alliteration
- Strophe 166, 185, 319
- Vers 166, 174, 185, 319
Gefühle in Worte fassen 29, 31, 33 ff., 59, 315
Gegenstände beschreiben 94 f., 97, 108 f., 317
Gegenwartsform → Präsens
Gegenwort → Antonym
Genitiv 215, 322
Genus **214**, 217, 220, 322
Geschlossene Silbe 271 f., 331
Gesichtsausdruck → Mimik
Gesprächsregeln **22 f.**, 312
Gestik 178 f., 313
Grammatisches Geschlecht → Genus
Großschreibung 283 ff., 294, 333
Grundform des Verbs → Infinitiv
Grundstufe des Adjektivs → Positiv
Grundwort 238, 330

H
Handlungsbausteine 29, 31 ff., 44, 59, 114 ff., 122,
    139, 315, 318
Handlungsschritte 312
Handlungsverlauf 312

Hauptsatz 259 ff., 328 f.
Höchststufe des Adjektivs → Superlativ

I
Imperativ 230, 325
Infinitiv 229 f., 324, 333
Informationen sammeln, auswerten, veranschaulichen
    196 ff.
Inhaltsverzeichnis 73
Interview 14, 17, **19**, 82 f.

K
Kameraeinstellungen 40 ff., 318
Kasus **215 f.**, 217, 220, 225, 322 ff.
Kleinschreibung 238 f., **283 ff.**, 294
Komische Geschichten 140–163
- Lügengeschichten **140–145**, 151, 154 ff., 162,
    320
- Schelmengeschichten **146 f.**, 162, 320
Komma 257–263, 329
Komparativ 222 f., 323
Konjugieren 230, 324
Konjunktion 261 f., 329
Konsonant 270, 273 ff., 331
Konsonantenbuchstabe → Konsonant
Körpersprache → Gestik
Kurzer Vokal 276, 282, 331 f.
Kurzvortrag **196–199**, 313, 335

L
Langer Vokal **276 ff.**, 282, 291, 331 f.
- Dehnungs-h **277**, 290 f., 332
- Doppelvokal 280, 332
- Silbentrennendes h **277**, 291, 332
- Wörter mit langem i **278 f.**, 291, 332
Leserbrief **67**, 81
Lesestrategien 186–209, 321, 334
- Inhalte wiedergeben **194 f.**, 209, 321
- Informationen in Texten markieren **190 f.**, 209, 321
- Schwierige Begriffe klären **193**, 209, 321
- Text durch Fragen gliedern **192**, 195 ff., 209, 321
- Überblick im Text verschaffen **188 f.**, 209, 321
Lexikonartikel 93, 103 f., 193, 205
Lügengeschichten **140–145**, 151, 154 ff., 162, 320
Lyrisches Ich 176 f., 183, 185, 319

M
Märchen 110–139, 316, 320
- Handlungsbausteine **114–118**
- Märchen fortsetzen 119, 316

- Märchenmerkmale 114 ff., 129, 131, 138 f., 316, 320
- Märchen nacherzählen 122, 125, 312
- Märchen schreiben 110, 116 ff., 139
- Märchenspiel 136 f.
Maskulinum → Genus
Mehrzahl → Plural
Meinung 60–87, 312, 314
Metrum 166, 172 f., **185**, 319
Mimik 42, 44, 132, **313**
Mindmap 197, 334
Mundart 264 f.
Mündlich nacherzählen 122–125, 132, 312

N
Nacherzählen 122–125, 132, 312
Nachschlagen im Wörterbuch 229, **296 f.**, 333
Nachsilbe → Suffix
Namenwort → Nomen
Nebensatz 259–263, 328 f.
Neutrum → Genus
Nomen **212–216**, 238 f., 284 ff., 322
- Deklination 215 f., 322
- Genus **214**, 217, 220, 322
- Kasus **215 f.**, 322 ff.
- Begleitwörter 213, 217 f., 285 f., 294, 322, 333
- Nomensuffixe 239, 284, 331, 333
- Numerus **214**, 322
Nominativ **215 f.**, 225, 247, 322
Numerus **214**, 217, 220, 230, 322 f.

O
Objekt 249 ff., 327
Offene Silbe **272**, 277, 281, 331 f.

P
Parallelgedicht **175**, 317
Partizip II 233, 235, 325 f.
Perfekt **234 f.**, 325
Personalform 229 f., 248, 324
Personalpronomen 224 ff., 324, 332
Personen beschreiben **96**, 106 ff., 317
Persönliche Fürwörter → Personalpronomen
Persönlicher Brief **20 f.**, 314
Plural 214, 216, 220, 225, 229 f., 322
Plusquamperfekt **232 f.**, 326
Positiv 222 f., 323
Possessivpronomen 225, 324
Prädikat **245 f.**, 259, 262, 326 ff.
Prädikativ 246, 327

Präfix 239, 331
Präsens **234 f.**, 325
Präteritum 59, 121, **232 f.**, 326
Proben
- Ableitungsprobe **289 f.**
- Ersatzprobe 336
- Frageprobe 216, 225, 248, 251, 327 f.
- Umstellprobe 245, 251, 254 f., 327, 336
- Verlängerungsprobe 288, 290, 293, 333
- Weglassprobe 336
Punkt 256, 328

R
Rechtschreibung 268–297, 331 ff.
Redebegleitsatz 36, 330
Redewendungen 203 ff., 243
Reimschema 168 ff., 180, 182, 185, 317, 319
- Kreuzreim 169 ff., 185, 319
- Paarreim 170 f., 185, 319
- Umarmender Reim 169 ff., 185, 319
Reizwortgeschichte 37, 59

S
Sachtexte erschließen 186–209, 321
- Inhalte wiedergeben **194 f.**, 209, 321
- Informationen in Texten markieren **190 f.**, 209, 321
- Schwierige Begriffe klären 193, **209**, 321
- Text durch Fragen gliedern **192**,194 f., 209, 321
- Überblick im Text verschaffen **188 f.**, 209, 321
Satz 244–263, 326 ff.
Satzarten **256**, 328
Satzgefüge **261 ff.**, 329
Satzglieder 245 ff., 326 ff.
- Adverbiale Bestimmung **252 f.**, 328
- Objekt 249 ff., 327
- Prädikat **245 f.**, 259, 262, 326 ff.
- Prädikativ 246, 327
- Subjekt 247 f., 259, 327
Satzklammer 245, 251, 326
Satzreihe 260 f., 329
Satzschlusszeichen 256, 328
Satzzeichen → Zeichensetzung
Schelmengeschichte 146 f., **162**, 320
Schreibkonferenz 336
Schreibplan 31, 33, 37, 59, **315**
Schülerzeitung 24 f.
Schwaches Verb 232, 326
Schwank → Schelmengeschichte
Selbstlaut → Vokal
Silbe 270–282, 331

Silbengelenk **274 ff.**, 331
Silbenkern **270 f.**, 273, 331
Silbenrand 331
Silbentrennendes h **277**, 291, 332
Singular **214**, 216, 225, 229 f., 322
s-Laut **281 f.**, 290, 295, 332
Stabreim → Alliteration
Stammvokal **282**, 295, 332
Standardsprache 266 f.
Starkes Verb 232, 326
Steckbrief 15, 92, 317
Steigerung 221 ff., 323
Stimmhaftes s 281, 332
Stimmloses s 281, 332
Strophe 185, 319
Subjekt **247 f.**, 250, 327
Substantiv → Nomen
Suchanzeige **93 f.**, 101, 105 f., 109
Suffix 239, 284, 331
Superlativ 222 f., 323
Synonym **240 f.**, 330, 336
Szenisch lesen und spielen 152 f., 313

T
Tabelle 31, 94, 96, 114, 191, 321
Tätigkeitswort → Verb
Tempus/Tempora 121, **231–237**, 325 f.
- Futur 236, 326
- Plusquamperfekt **232 f.**, 326
- Präsens **234 f.**, 325
- Perfekt **234 f.**, 325
- Präteritum **232 f.**, 326
Texte überarbeiten 32, 59, 254 f., 336
Tiere beschreiben **88–93**, 97, 102 ff., 317

U
Übertreibend schreiben 151
Umgangssprache 266 f.
Umlaut 270
Umstellprobe 245, 251, 254 f., 327, 336
Unbestimmter Artikel **217 f.**, 323

V
Verb 229–237, 324 ff.
Vergangenheitsform → Perfekt, Plusquamperfekt, Präteritum
Vergleichsstufe → Komparativ
Verlängerungsprobe 288, 290, 293, 333
Vers 166, 174, 185, 319
Verschiebeprobe → Umstellprobe

Versmaß → Metrum
Vokal 270 ff., 276 ff., 282, 331 f.
Vokalbuchstabe 270 ff., 331
Vorsilbe → Präfix
Vortragen 122–125, 132, 176 f., 196–199, 312 f., 335
Vorvergangenheit → Plusquamperfekt

W
Weglassprobe 336
W-Fragen 25, 39, 215, 312
Wie-Wörter → Adjektive
Wortarten **212–237**, 238 f., 322–326
- Adjektive 97, 219–223, 239, 323
- Artikel 213 f., **217 f.**, 323
- Nomen **213–216**, 238 f., 284 ff., 322
- Personalpronomen 224 ff., 324, 332
- Verb 229–237, 324 ff.
Wortbedeutung 238 f., 240–243, 330 f.
- Antonym **241**, 330
- Synonym **241**, 330
- Wortfeld 241, 330
Wortbildung **238 f.**, 284, 330 f.
- Ableitungen 239, 330 f.
- Zusammensetzungen **238**, 288, 330
Wörterbuch 209, 229 f., **296 f.**, 333
Wörter mit langem i **278 f.**, 291, 332
Wortfamilie 275, 278, 290, 331
Wortfeld 241, 330
Wortgruppe 220, 245, 336
Wörtliche Rede 31 ff., 36, 59, 315, 330
Wortstamm 232, 239, 275, 282, 326, 331

Z
Zeichensetzung 256–263, 328 ff.
- Ausrufezeichen 256, 328, 330
- Doppelpunkt 328, 330
- Fragezeichen 256, 328
- Komma 257–263, 329 f.
- Punkt 256, 328
- Wörtliche Rede 36, 330
Zeitform → Tempus/Tempora
Zeitschrift 72 f.
Zukunftsform → Futur
Zusammensetzung **238**, 288, 330

Wichtige Operatoren

Operatoren	Erklärung
begründen	eine Meinung oder eine Ansicht durch Argumente stützen
belegen	Aussagen durch geeignete Textstellen stützen
(be-)nennen	Gegenstände oder Sachverhalte mit genauen Begriffen bezeichnen
beschreiben	Personen, Situationen, Vorgänge, Sachverhalte oder Zusammenhänge strukturiert darstellen
bestimmen	etwas prägnant und anhand bestimmter Gesichtspunkte feststellen
charakterisieren	Sachverhalte, Vorgänge, Personen usw. in ihren Besonderheiten darstellen
diskutieren	sich argumentativ mit einem Thema, einer Frage oder einem Problem auseinandersetzen
erklären	einen Sachverhalt für andere verständlich darstellen
erläutern	einen Sachverhalt veranschaulichen und verständlich machen
erschließen	einen Text für die weitere Bearbeitung aufbereiten; neue Informationen, Erkenntnisse und Sichtweisen herleiten
formulieren	ein Ergebnis, einen Standpunkt oder einen Eindruck knapp und präzise ausdrücken
gestalten	etwas mithilfe von kreativen Mitteln eigenständig erarbeiten
gliedern	Inhalte nach bestimmten Gesichtspunkten ordnen
prüfen	Aussagen, Behauptungen usw. auf ihre Schlüssigkeit, Gültigkeit und Berechtigung hin betrachten und bewerten
vergleichen	Gemeinsames und Unterschiedliches herausarbeiten und gegenüberstellen
zusammenfassen	Inhalte oder Zusammenhänge in eigenen Worten knapp wiedergeben

Knifflige Verben im Überblick

Infinitiv	Präsens	Präteritum	Perfekt
befehlen	du befiehlst	er befahl	er hat befohlen
beginnen	du beginnst	sie begann	sie hat begonnen
beißen	du beißt	er biss	er hat gebissen
bieten	du bietest	er bot	er hat geboten
bitten	du bittest	sie bat	sie hat gebeten
blasen	du bläst	er blies	er hat geblasen
bleiben	du bleibst	sie blieb	sie ist geblieben
brechen	du brichst	sie brach	sie hat gebrochen
brennen	du brennst	es brannte	es hat gebrannt
bringen	du bringst	sie brachte	sie hat gebracht
dürfen	du darfst	er durfte	er hat gedurft
einladen	du lädst ein	sie lud ein	sie hat eingeladen
erschrecken	du erschrickst	er erschrak	er ist erschrocken
essen	du isst	er aß	er hat gegessen
fahren	du fährst	sie fuhr	sie ist gefahren
fallen	du fällst	er fiel	er ist gefallen
fangen	du fängst	sie fing	sie hat gefangen
fliehen	du fliehst	er floh	er ist geflohen
fließen	du fließt	es floss	es ist geflossen
frieren	du frierst	er fror	er hat gefroren
gelingen	es gelingt	es gelang	es ist gelungen
genießen	du genießt	sie genoss	sie hat genossen
geschehen	es geschieht	es geschah	es ist geschehen
greifen	du greifst	sie griff	sie hat gegriffen
halten	du hältst	sie hielt	sie hat gehalten
heben	du hebst	er hob	er hat gehoben
heißen	du heißt	sie hieß	sie hat geheißen
helfen	du hilfst	er half	er hat geholfen
kennen	du kennst	sie kannte	sie hat gekannt
können	du kannst	er konnte	er hat gekonnt
kommen	du kommst	sie kam	sie ist gekommen
lassen	du lässt	sie ließ	sie hat gelassen
laufen	du läufst	er lief	er ist gelaufen
leiden	du leidest	sie litt	sie hat gelitten
lesen	du liest	er las	er hat gelesen
liegen	du liegst	er lag	er hat gelegen